佐藤岩夫・阿部昌樹 編著

スタンダード
法社会学

The Standard Textbook of
the Sociology of Law

北大路書房

はしがき

　法社会学の基礎を形づくった古典の1つに，次のような有名な1節がある——「法の発展の重心は，いつの時代にあっても，立法にあるのでもなく，また法律学あるいは判決にあるのでもなく，社会そのもののうちにある」（オイゲン・エールリッヒ『法社会学の基礎理論』1913年）。ここに示されるように，法を広く社会との関係で考えようとする点に，法社会学のもっとも大きな特徴がある。そして，法を社会との関係で考えるという関心は，法社会学に，法学の1つの分野であると同時に，社会学，経済学，政治学，人類学，心理学など社会科学の多くの分野にまたがる学際的な学問でもあるという，もう1つの重要な特徴も与えている。本書は，法を広く社会との関わりで考える学際的な学問である法社会学について，その全体像と基礎知識を系統的に示し，さらに今後の発展的な学習の手がかりを与えることをねらいとするテキストである。

　これまでも法社会学のテキストは多く刊行されている。そのなかで本書は，以下のコンセプトに基づき，大学や法科大学院等での授業や読者の多様な関心に幅広く対応できるスタンダードなテキストであることをめざした。

　第1に，本書では，法社会学の方法や関心の多様性を前提とした上で，法社会学の基本概念や重要論点を幅広く取り上げ，本書の全体を通じて，法社会学の多様な広がりを示せるように留意した。本書で取り上げたテーマは，総論，紛争と紛争処理，司法制度の動態，逸脱と統制，法の生成，法の実現，法専門職，市民社会と法，社会変動と法の9部，全30講であり，法社会学の重要なテーマはほぼもれなくカバーしている。

　第2に，本書の各講の叙述では，そこで扱われているテーマをめぐるこれまでの法社会学の成果を過不足なく整理し，その先の発展的な学習の基礎を固める趣旨を徹底した。執筆者の個性を前面に出したテキストももちろん意義があるが，本書では，あえてその点は謙抑し，そのテーマについてぜひとも踏まえてもらいたい基本的な知識を，水準を落とすことなく，バランス良く伝えることに留意した。幸い，本書では，それぞれのテーマについて最先端の研究を行っている執筆者が，本書のこうしたねらいをよく理解した原稿を執筆し，最新の研究成果を踏まえながらも，バランスが良く信頼できる叙述となっている。

　改めて述べるまでもないことであるが，法も社会も日々変化し続けている。新た

な社会問題が発生し，それに対応するために，新たな法律が制定されたり新たな判例が形成されたりする一方で，新たな法律や判例が，社会における人々の行動を変化させてもいる。法社会学という学問は，そうしたそれぞれに変化し続ける法と社会とを研究対象とするものであり，それゆえに，法と社会の変化に対応すべく日々進化している。また，法社会学の学際性ゆえに，他の学問分野における研究の成果を踏まえた理論や方法の彫琢も不断に進行している。

　本書は，そうした法と社会の変化や法社会学という学問の進化を前提としつつ，現時点での法社会学のスタンダードを示したものである。本書から学び，そのうえで，これからさらに生じるであろう新たな法現象や社会現象の解明に取り組み，あるいは法と社会との関わりについて理解するための新たな理論や方法の創出に挑み，本書の地平を超えて法社会学のスタンダードを更新する者があらわれたならば，編者としては望外の喜びである。

　本書の刊行に際しては，北大路書房の関係者に大変お世話になった。特に同社出版コーディネーターの秋山泰氏は，本書の企画の当初からおつきあいくださり，さまざまな有益な助言とともに，本書の編集作業を適切にすすめてくださった。本書が刊行できたのは同氏の尽力のおかげであり，心から感謝の意を表する。

　2022年2月

編　者

第Ⅲ部____ 司法制度の動態

第Ⅴ部____ 法の生成

第IX部____ 社会変動と法

01 講__ 法社会学の生成と発展 ....

▶§1__ 法社会学という学問の誕生

　法社会学とはどのような学問なのかという問いに対しては，これまでしばしば，「『社会』のなかの『法』」を研究対象とした学問であるというという答えが与えられてきた。「法社会学は，社会の中で法が実際にどのように働いているのかを認識する学問である」（棚瀬1994: 3頁）という言明や，「ルールを用いた社会統治の仕組としての法が，実際にどのように社会のなかで作動しているのかを，経験的社会科学の方法を用いて明らかにしていくのが法社会学である」（村山・濱野2019: 1頁）という言明が，その典型である。こうした言明が，法社会学という学問の特徴の一端を的確に捉えたものであることは，疑いのないところである。とりわけ，前者において示されている「認識」に主眼を置いた学問であるという理解や，後者における「経験的社会科学の方法」への言及が，法社会学という学問の法解釈学との相違を端的に表現したものであることは，間違いない。

　しかしながら，法社会学の研究対象は「『社会』のなかの『法』」であるという理解は，法社会学という学問の全体像を捉え切れていない。法社会学は，「『社会』のなかの『法』」を研究対象とした学問であるとともに，「『法』のなかの『社会』」を研究対象とした学問でもあるからである。法社会学という学問が「経験的社会科学の方法」を用いて「認識」し，その理論化に取り組んでいる研究対象は，「『社会』のなかの『法』」と「『法』のなかの『社会』」の2つなのである。

　そのことを念頭に，なぜ，そしてどのようにして法社会学という学問が誕生したのかを，ごく大まかに，かつ図式的に捉えるならば，法社会学という学問の生成には，ふたつの知的関心が作用していたことが見えてくる。ひとつは，社会学者ないしは経済学者や政治学者をも含むより広い意味での社会科学者の「法」への関心であり，もうひとつは，法学者ないしは法律家の「社会」への関心である。そして，これもまたきわめて図式的な整理であるが，19世紀末葉から20世紀初頭にかけての，ヨー

ロッパにおいて法社会学という学問が誕生するその最初期において，社会学者ないしは社会科学者は概して，「法」のなかに「社会」を見ようとしたのに対して，法学者ないしは法律家はおおかた，「社会」のなかに「法」を見ようとしたと言ってよい。

　そうした法社会学の創生期にあらわれた「『法』のなかの『社会』」への関心と「『社会』のなかの『法』」への関心とは，そのいずれもが廃れることなく，それぞれに多様な展開を示し，今日の法社会学へと継承されているのである。

▶▶1__「法」のなかの「社会」への関心

　「法」のなかに「社会」を見ようとした社会学者の典型がエミール・デュルケム（Émile Durkheim）〔デュルケームとも表記される〕である。彼は，1893年に出版された『社会分業論』（デュルケーム2017）において，「社会的連帯」，すなわち，それぞれの社会において，その社会をひとつにまとめ上げている，社会の構成員相互間の結びつきには，2つの異なったものがあることを指摘している。ひとつは，社会の構成員相互間の同質性を基礎とした「機械的連帯」であり，もうひとつは，社会の構成員相互間の異質性を基礎とした「有機的連帯」である。人々が互いを同質の存在として認識しており，そうした同質性の認識が社会的結合の基盤となっている社会では，「機械的連帯」が優位しているのに対して，分業が進展し，異なる職業に従事する人々相互間の異質性が拡大するとともに，人びとが，自分自身ではできないことの達成を他者に依存する程度が高まるにつれて，「有機的連帯」が支配的となると考えられる。

　しかしながら，「機械的連帯」も「有機的連帯」も，その本質は，社会の構成員の大多数に共有された意識ないしは感情であり，社会学者がそれ自体を観察することは不可能である。そこで，デュルケムが着目するのが「法」である。彼によれば，「法」は「社会的連帯」を可視的に示すシンボルであり，それゆえ，社会学者は，それぞれの社会の「法」を観察することをとおして，その社会の「社会的連帯」がどのようなものであるかを知ることができる。

　こうした認識を踏まえて，デュルケムは，「法」の2つのタイプを区別する。ひとつは，刑法のような，違法行為を行った者に懲罰的な制裁を科す「抑止的法」であり，もうひとつは，民法のような，違法行為を行った者に，その違法行為によって他者が被った損害を賠償し，違法行為が行われる以前の状態に回復することを義務づける「復原的法」である。「抑止的法」は「機械的連帯」の象徴であり，「復原的法」は「有機的連帯」の象徴である。したがって，ある社会の法体系のなかに「抑止的法」と「復原的法」のそれぞれが占める割合を調べることによって，その社会において「機械的連帯」と「有機的連帯」とのいずれが優位しているかを知ること

が可能となる。そして実際，分業が進展した社会においては，「復原的法」と分類される法律の割合が高まっており，そのことは，分業の進展とともに，「有機的連帯」が社会の構成員の支配的な意識ないしは感情となってきていることを示している。

　デュルケムのこうした分析は，「法」には，その「法」によって規律されている「社会」の特質が凝縮されたかたちで表象されているはずであり，それゆえに，「法」を分析することによって「社会」についての透徹した理解に到達することができるはずであるという社会学者の認識を，端的に示したものである。

　デュルケムよりもおよそ一世代前に政治経済学的な思索に取り組んだカール・マルクス（Karl Marx）もまた，「法」のなかに「社会」を見出そうとした，重要な人物の一人である。ただし，デュルケムが「法」のなかに見出そうとしたのが，社会成員の多くが共有している連帯意識ないしは連帯感情であったのに対して，マルクスが「法」のなかに見出そうとしたのは，それぞれの社会の経済構造とそれに由来する階級的支配であった。すなわち，マルクスは，資本主義社会の「法」は，資本主義的な生産諸関係から派生したものであり，そこには，資本家の労働者に対する支配が表現されているはずであると考え，そのような発想に基づいて「法」を分析したのである（マルクス2005）。

　これに対して，デュルケムと並んで，法社会学の生成の最初期において重要な貢献を行ったマックス・ウェーバー（Max Weber）〔ヴェーバーとも表記される〕は，「法」を何かの表象として捉えようとしたわけではない。しかしながら，「法」のなかに「社会」の特質を見出そうとした点においては，ウェーバーも，デュルケムやマルクスと大きく異なっているわけではない。

　ウェーバーが関心を寄せたのは，近代ヨーロッパ社会がたどった特殊な合理化のプロセスであった。彼の認識によれば，近代ヨーロッパ社会においてのみ，合理的な資本主義経済，合理的な国家官僚制，そして合理的な「法」が並行的に生成したのであり，なぜそうしたことが可能となったのかを探究することが，彼にとっての最も重要な学問的課題であった。合理的な「法」の生成は，近代ヨーロッパという「社会」のひとつの特質として，社会学的分析の対象とされたのである。それはすなわち，「法」のなかに「社会」の特質を見出そうとしたということにほかならない。

　ウェーバーが近代ヨーロッパに特徴的なものと見なした合理的な「法」とは，法的な判断に際して依拠すべき諸規準が言語化され，相互に体系的に関連づけられており，個別具体的な法的事案における判断は，その法体系に含まれる諸規準から演繹的に導き出されるような，形式的に合理的な「法」である（→02講も参照）。そうした「法」は，法適用者の恣意的な判断を排除することによって，法的判断の予測可能性を高める。そして，そのことが，国家統治の正統性の源泉となるとともに，経済活動に携わる者が，自らの行為の法的な帰結を予想しつつ，計画的に利潤の獲

得を目指すことを容易にする。ウェーバーは，そうした形式的に合理的な「法」が近代ヨーロッパに生成した理由を，政治権力の組織形態，法専門職の職業的利害関心，宗教的伝統等の多様な要因に言及しつつ探究している（ウェーバー1974）。

　これらの社会学者ないしは社会科学者が着目した「法」とは，彼らが生きた社会の同時代の「法」に関する限りは，おおむね国家制定法であった。これに対して，もっぱら国家制定法を「法」と見なすことの問題性を指摘し，「社会」のなかに，国家制定法とは異なるタイプの「法」を見出すことの必要性を説く者が，法学者のなかにあらわれる。

▶▶2__「社会」のなかの「法」への関心

　法学者の「社会」のなかの「法」への関心は，国家制定法に含まれる諸概念の意味内容の明確化と，それを踏まえた国家制定法の諸条項からの演繹的な推論とによって，いかなる法的問題が発生しようとも，その適切な解決策を導き出すことが可能であり，それゆえに，法律家は，その判断に際して，国家制定法以外の何ものかに依拠する必要はないという，いわゆる概念法学的法律実証主義の認識に対する批判に立脚したものであった。すなわち，ウェーバーが近代ヨーロッパ社会に特徴的な合理化のひとつのあらわれと見なした形式的に合理的な「法」は，けっして無欠缺(むけんけつ)の閉じた体系ではなく，その無欠缺性を前提とすることは，裁判官をはじめとする法律家が，法的な判断を行うに際して，実際にはしばしば，国家制定法以外の何ものかに依拠しているという事実を隠蔽することになってしまうという認識が，法律家が法的判断に際して実際に依拠している，あるいは依拠すべき，国家制定法とは異質な「社会」のなかの「法」を探究すべきであるという主張へとつながっていったのである。

　そうした「社会」のなかの「法」を探究することの必要性を，最も早い時期に強調した法律家として広く知られているのが，オイゲン・エールリッヒ（Eugen Ehrlich）である。彼は，1913年に出版された『法社会学の基礎理論』（エールリッヒ1984）において，「社会」のなかで暮らす人々の大多数が，日常的な諸活動に従事するに際して事実として従っている規範であり，その違反が多くの人々の憤激感情を喚起するようなものを，「生ける法」と呼んだ。彼によれば，そうした「生ける法」は，裁判所が判決に際して依拠している規範とは，しばしば大きく異なっている。しかしながら，裁判官をはじめとする法律家は，もっぱら国家制定法のみに依拠して判断を行っているかのように振る舞いつつ，実際には，その国家制定法の解釈に際して，しばしば「生ける法」を参照しているし，また，適用すべき国家制定法の条文が見出せないという法の欠缺状態に直面した場合にも，「生ける法」を手がかりとして判決を下していることが多い。それゆえに，「生ける法」が，立法を

媒介とすることなしに，裁判所が判決に際して依拠する規範の一部となるということもある。彼は，こうした認識を踏まえて，人々の日常的な諸活動を注意深く観察し，人々が事実として従っている「生ける法」がどのようなものであるかを探究することを，「法」の社会科学としての法社会学の，重要な課題と位置づけたのである。

エールリッヒは，こうした「社会」のなかの「法」を探究するという方針を確立することによって，法実務に貢献することを主目的とはしない，純粋な認識を目指した法学が生成するであろうと述べている。その一方で，彼は，「生ける法」の探究が，その成果が裁判官による国家制定法の解釈や欠缺補充に際して参照されることによって，法実務を，社会の実情により適合的なものとしていく可能性を有していることを強調している。法社会学という学問は，純粋な科学的認識を目指すべきなのか，法実務や法解釈学への貢献を重視すべきなのかという問いは，今日においても繰り返されているものであるが，法社会学の創始者の一人と目されているエールリッヒの著作のなかに，この問いに対するアンビヴァレントな態度が，すでにあらわれているのである。

エールリッヒの「社会」のなかに「生ける法」が存在しているという指摘はまた，法社会学という学問が研究対象とすべき「法」とは何かという問題関心を喚起することとなった。「社会」のなかで人々が日常的に従っている規範には，習俗，常識，作法等の多様な名称がつけられているが，エールリッヒは，それらのすべてを「生ける法」と見なしているわけではない。多様な規範のうちで，その違反が多くの人々の憤激感情を喚起するようなもののみが「生ける法」であると考えているのである。しかしながら，規範違反が喚起する感情の相違を，「法」とそれ以外の規範とを区別するメルクマールとすることが，果たして適切なのであろうか。より適切なメルクマールが存在するのではないであろうか。この問いに答えを与えることが，法社会学の重要な課題となり，今日に至るまで，様々な答えが提示されてきているのである（「法」とは何かという問いについては**02講**を参照）。

▶§2__ 法社会学的研究の展開

「法」のなかに「社会」が見出されるのではないかという学問的関心と，「社会」のなかに「法」が見出されるのではないかという学問的関心とは，それぞれに様々な変奏を伴いつつ，多様な研究成果を生み出してきた。その蓄積が，今日における法社会学的研究の，主要部分を構成している（川島編1972; 潮見編1974; 石村1983; 六本1986; 千葉1988; ロットロイトナー1995; 宮澤他2018）。

▶▶1＿「法」のなかの「社会」の研究

「法」のなかに，その「法」によって規律されている「社会」の特質が凝縮されたかたちであらわれているとしたならば，異なる「社会」には異なる「法」が存在しているはずである。そうした想定は，複数の「社会」の「法」を比較したうえで，それら相互間の相違を，それぞれの「社会」の相違に由来するものとして説明しようとする取り組みを活性化させる。そうした取り組みがもたらした成果のひとつが，「社会」の変化に伴って「法」がある類型から別の類型へと段階的に変化していくパターンを描き出した諸研究である。

社会分業が進展し，「機械的連帯」よりも「有機的連帯」がより一般的となるに伴って，「抑止的法」の重要性が低下し，「復原的法」の重要性が高まるというデュルケムの指摘はその典型であるが，マルクスやウェーバーも，それぞれの視点から，「社会」の相違が，「法」にどのような類型的な差違をもたらすかを描き出そうとした。より近年においては，ニクラス・ルーマン（Niklas Luhmann）が，家族や氏族などの相互に同等な部分に環節的に分化した社会から，貴族や平民などの上下関係にある同等でない部分へと階層的に分化した社会を経て，経済，政治，宗教などの部分システムに機能的に分化した社会へと，「社会」が段階的にその複雑性を高めていくに伴って，「法」は，具体的事件への対応としての「原始的な法」から，法曹による裁判手続を踏まえた判断の集積としての「前近代的高文化の法」を経て，立法という決定によって妥当する近代社会の「実定法」へと，段階的に進化していくと論じている（ルーマン1977）。また，フィリップ・ノネ（Philippe Nonet）とフィリップ・セルズニック（Philip Selznick）は，ある発展段階における「法」によっては充たすことのできない社会的要請が高まることによって，その社会的要請に応えるべく「法」が段階的に進化していくという想定に基づいて，統治の道具としての「抑圧的法」，統治権力から相対的に自立し，統治権力を制約する「自律的法」，そして，社会からの諸要求を汲み上げ，実質的正義の実現を目指す「応答的法」という，「法」の発展の3つの段階を描き出している（ノネ／セルズニック1981，→**02**講も参照）。

「法」のなかに入り込む「社会」への関心はまた，こうした法の一般理論の構築を指向した研究とともに，様々な社会的因子が法の運用にどのような影響を及ぼしているのかを経験的なデータに基づいて分析した，より具体的な水準での研究を，数多く生み出している。そうした研究としてはまず，立法過程に着目し，そこに作用している社会的諸要因を析出することをとおして，個別の制定法にどのような価値観や利害関心が，どのように反映されたのか，そして，それはなぜなのかを解明しようとした諸研究をあげることができる。

それに加えて，「法」が定立された後のプロセスに，その「法」の担い手を媒介として「社会」が入り込んでいく，その実相を解明しようとした，多数の研究が蓄

積されている。たとえば，それぞれの裁判官の出身階層や出身大学，政治的イデオロギー等が，その裁判官の具体的事件における法的判断に及ぼす影響を，定量的データの統計的な分析によって解明しようとする，「司法行動論」と総称される諸研究は，その典型である（「司法行動論」については**11講**も参照）。それらの諸研究は，制定法や判例は，個々の具体的な事件における裁判官の判断を，裁量の余地がないほどに厳格に規律しているわけではないという，法の不確定性についてのリアリズム法学的な認識を受け容れたうえで，制定法や判例と同等ないしはそれ以上に裁判官の判断を左右する可能性を有するものとして，それぞれの裁判官が育った家庭，受けてきた教育，成長の過程において身につけた政治的態度等の，裁判官という人に凝縮された「社会」的な諸要因に着目しているのである。すなわち，「法」の担い手である裁判官という人を媒介として，「法」の運用に「社会」が反映しているはずであるという想定に基づいて，そうした「法」のなかの「社会」を見出すべく，統計的な分析が行われているのである。

　「法」の担い手はもちろん，裁判官だけではない。検察官や警察官，さらには環境保護や社会福祉等の行政関連の諸法規の実施に携わる国や自治体の行政部局の職員等も，重要な「法」の担い手である。それぞれの裁判官の社会的諸属性が，その裁判官の法的判断を左右するとするならば，同じことが，裁判官以外の「法」の担い手にもあてはまるはずである。そうした観点から，裁判官以外の「法」の担い手に関しても，その社会的属性と法的判断との間の関連性を分析する研究が行われている（行政部局の職員に着目した研究については**16講**を参照）。

　さらに，「社会」的なるものが「法」の運用を左右するのは，その担い手を媒介としてであるとは限らない。刑事事件の被告人や民事事件の両当事者の人種，性別，年齢等の，法的判断の対象となる者の社会的属性もまた，その者に対して下される法的判断に影響を及ぼすかもしれないし，刑事事件の被害者の社会的属性が，その者が被った被害を争点とする刑事事件における法的判断を左右する可能性を想定することも可能である。その時々の世論が裁判所の判断に影響を及ぼす可能性も，皆無とは言えないであろう。「社会」が，「法」の運用に影響を及ぼすというかたちで「法」のなかに入り込んでいくルートとしては，様々なものが想定可能なのであり，そうしたルートのそれぞれについて，「社会」的なるもののうちの何が，どの程度まで「法」のなかに入り込んできているのかを，経験的なデータに基づいて解明することを目的とした研究が行われている（刑事法の運用への「社会」的なるものの影響については**12講**を参照）。

▶▶**2__「社会」のなかの「法」の研究**

　「社会」のなかに事実として存在している制定法や判例法以外の「法」への関心は，

様々なフィールドにおける、そこで通用しているローカルなルールの探究を活性化させた。そして、その結果、特定の地域社会において、その住民の大多数が受け容れ、住民相互間の関係を規律しているルールや、企業間取引において、大多数の企業の契約担当者が当然に従うべきものと見なし、実際に遵守している、契約不履行への対応に関するルール等が発見されてきた（地域社会のなかの「法」については23講を、企業取引を規律する市場の「法」については24講を参照）。

　また、とりわけ日本においては、20世紀初頭における、末弘厳太郎をはじめとする民法学者によるエールリッヒの法社会学の受容が、法社会学という学問が生成する重要な契機となったために、そのエールリッヒの「生ける法」という概念に刺激を受けた研究が、法社会学の創設期において活発に行われた。すなわち、入会権、水利権、温泉権等の慣行的権利や小作契約、農家における農地相続等の実態調査に、多くの法社会学者や法社会学的な関心を有する民法学者が精力的に取り組んだ。そして、それらの研究の多くが、民法典に規定されている法的なルールとは異なる、ローカルなルールが確かに存在することを明らかにした。さらに、そうした実態調査の延長線上において、制定法や判例によって認められた権利を積極的に主張せず、また、争いごとが生じても、訴訟を提起するようなことはせず、ローカルなルールに従ってそれを穏便に処理することを好む心性が多くの日本人に共有されているのではないかという着想が生まれ、そうした着想に基づいた日本的法意識もしくは法文化の探究が積極的に行われてきている。

　ただし、「社会」のなかの「法」は、制定法や判例法とは異なった内容を含んでいるという想定は、あくまでも実態調査に基づいてその真偽が検証されるべき仮説にすぎない。だからこそ多数の実態調査が行われたのであるが、仮説としてであれば、そうした「異質性仮説」とは逆の、「社会」のなかの「法」は、国家法と内容的に大きくは異なっていないという「同質性仮説」を提示することも可能である。実際、「生ける法」という概念を提示したエールリッヒは、制定法や判例法のルールが「社会」に浸透することによって、それと同化する方向で「生ける法」が変化する可能性に気づいていた。また、たとえば、社会の流動性が高まり、地域社会における住民相互間の共同体的関係が稀薄化するに伴い、そうした共同体的関係の内部における相互監視と、村八分的な制裁の可能性によって維持されてきたローカルなルールは衰退し、それに代わって国家法が浸透していくというシナリオは、十分な説得力を有するものであろう。

　そうしたシナリオを前提とするならば、「社会」のなかの「法」が国家法とどの程度まで一致しているのか、また、完全には一致していないとしたならば、完全な一致を妨げている要因は何なのかということが、実態調査を通して解明すべき重要な研究課題となる。そうした研究課題への取組みは、「社会」のなかの「法」と国

家法とが一致する程度を左右する要因として，どのようなものを想定するかによっ
て，様々な方向に展開していく。そして実際，国家法についての知識の普及の程度，
国家法によって保障された権利を使いこなす能力の発達の程度，弁護士や裁判所へ
のアクセス可能性等を，「社会」のなかの「法」と国家法とが一致する程度を左右
する主たる要因として措定したうえで，それらの要因がどのような状態にあるのか
を探究するとともに，それらの要因に変動をもたらす可能性のある変数としてどの
ようなものがあるかを解明する研究が活発に行われている。また，同様の関心から，
国家法の「社会」への浸透により，その「社会」の構成員の自己認識や他者と関係
を形成するそのやり方が，国家法が「社会」に浸透しはじめる以前と比較してどの
ように変化したのかを，経験的なデータに基づいて分析した研究も散見される。

▶§3__ 法社会学にとっての「法」と「社会」

　「生ける法」という着想を受け容れるとしたならば，「法」とは何かという問いに
答えを与えることが法社会学にとっての重要な課題となることは，既に述べたとお
りである。それでは，「法社会学」という複合語を構成しているもうひとつの語で
ある「社会」については，どうであろうか。「法社会学」という学問を，「社会学」
の研究方法を「法」に適用する，いわゆる「連字符社会学」のひとつと見なすにし
ても，社会学のみならず政治学，経済学，人類学，心理学等の社会諸科学の方法を
柔軟に用いて「法」と「社会」の相互連関を探究する「学」であると見なすにしても，
そして，後者の立場を採るとしたならばとりわけ，「社会」とは何かという問いも，
「法」とは何かという問いと同等に重要な問いとなる。
　人がふたり以上近接して生活しており，その間に何らかの相互作用が展開されて
いれば，「社会」が存在していると考えてよいのであろうか。それとも，「社会」が
存在すると見なしうるためには，何らかの追加的な条件が充たされることが必要な
のであろうか。「社会」とは，その構成員の大多数が文化を共有し，それゆえに，
安定した均衡状態が維持されているものなのであろうか。それとも，複数の集団間
の対立ないしは闘争こそが，「社会」の本質なのであろうか。「社会」の外延は，国
家のそれと一致するのであろうか。それとも，「社会」は，国家よりも小さな，あ
るいは大きなものなのであろうか。「社会」は，「システム」という概念によって捉
え尽くせるものなのであろうか。それとも，「システム」という概念によっては捉
え尽くせない残余部分を含むものなのであろうか。
　こうした「社会」についての問いは，法社会学という学問が生成するその最初期
において，「法」のなかに「社会」を見出そうとした社会学者ないしは社会科学者

にとっては，重要な関心事であったし，法社会学が学問として十分に確立した後の段階においても，法の一般理論の構築を指向した研究においては，繰り返し問い返され続けている。それに対して，「法」のなかの「社会」や「社会」のなかの「法」を，より具体的な水準で探求した諸研究においては概して，「社会」の存在は自明視されるか，あるいは，常識的な「社会」イメージや特定の社会理論家が提示した「社会」の概念が前提とされてきた。しかしながら，小規模で相対的に閉鎖的な村落共同体が，もはやほとんど法社会学者にとっての実態調査の場ではなくなる一方で，いわゆるグローバリゼーションに関連した諸問題への法社会学者の関心が高まってきている現在，先行研究において前提とされてきた「社会」の概念をそのまま前提とし続けてよいのかどうか，改めて問い直す必要がある（グローバリゼーションについては**29**講を参照）。

《参考文献》
石村善助(1983)『法社会学序説』岩波書店
ウェーバー，マックス(1974)『法社会学』(世良晃志郎訳)創文社
潮見俊隆編(1974)『社会学講座9——法社会学』東京大学出版会
エールリッヒ，オイゲン(1984)『法社会学の基礎理論』(河上倫逸／マンフレート・フーブリヒト訳)みすず書房
川島武宜編(1972)『法社会学講座1——法社会学の形成』岩波書店
棚瀬孝雄(1994)「法と法秩序」棚瀬孝雄編『現代法社会学入門』法律文化社，3-44頁
千葉正士(1988)『法社会学——課題を追う』成文堂
デュルケーム，エミール(2017)『社会分業論』(田村音和訳)筑摩書房
ノネ，フィリップ／フィリップ・セルズニック(1981)『法と社会の変動理論』(六本佳平訳)岩波書店
マルクス，カール(2005)「経済学批判・序言」(木前利秋訳)横張誠・木前利秋・今村仁司編訳『マルクス・コレクションⅢ』筑摩書房，253-262頁
宮澤節生・武蔵勝宏・上石圭一・菅野昌史・大塚浩・平山真理(2018)『ブリッジブック法システム入門——法社会学的アプローチ〔第4版〕』信山社
村山眞維・濱野亮(2019)『法社会学〔第3版〕』有斐閣
ルーマン，ニクラス(1977)『法社会学』(村上淳一・六本佳平訳)岩波書店
六本佳平(1986)『法社会学』有斐閣
ロットロイトナー，フーベルト(1995)『現代ドイツ法社会学入門』(六本佳平監修・越智啓三訳)不二出版

【阿部昌樹】

02 講__ 法社会学における「法」の概念 ....

▶§1__ 法の概念と法の理論

「法」とは何か。法社会学を学習しようとする場合には，先ず「法」についてのイメージが持つことが重要であろう。そして，法社会学が対象とする「法」は，実定法学とは異なり，必ずしも最初から国家法（制定法）と決まっているわけではない。法現象を社会の中で捉え，社会学的に探求することにふさわしいかたちで「法」が定義される必要がある（法の社会学的概念）。試みに手許にある法社会学のテキストのいくつかを繙いてみると，そこにはさまざまな「法」の定義を見い出すことができる。それらはいずれも，法現象の社会学的探求という法社会学の目的にそって検討されたものである。

　本講では，これまで法社会学で論じられてきたさまざまな法の概念の中から，代表的ないくつかを紹介したい。読者には，さまざまな法の定義があることに違和感を抱いたり，混乱することもあるかもしれない。しかし，それにたじろぐことなく，それぞれの法の定義の背後にある関心や，それぞれの定義の持つ強みと弱みを読み取り，ぜひ，自分なりの「法」の理解を固める手がかりとしてほしい。

　以下の叙述に入る前にまず確認しておきたいのは，法の概念（定義）と法の理論の区別である（ロットロイトナー1995: 第1章）。ここで法の「概念」は，法社会学が対象とする領域を明確に画定する目的で，「法」とは何であるかを指し示すものである。法の「定義」と言い換えることも出来る。これに対して，法の「理論」とは，法の生成やその機能（働き）などについて説明する命題である。概念と理論の間には，目的や善し悪しの判断基準の点でいくつかの違いがある。①概念は，法とは何であるかを明確に指し示すことによって，法と法ならざるものを区別し，法社会学の議論やコミュニケーションを円滑に進めるための基盤となるものである。他方，法の理論は法の生成や機能についての命題を示すことで，法についての知識や理解を豊かにすることを目的とする。②法の概念の善し悪しは，法社会学の議論や分析，コミュニケーションを円滑に進めるための基盤として有用であるかどうかで判断される。つまり，概念（定義）において重要であるのは，議論や分析，コミュニケーションにとって有用かどうかであり，概念そのものとして正しいとか間違っているとかいうことはない。他方，法社会学における理論の善し悪しは経験的な事実に即して検

証される。そこで示された命題が現実を反映したものであるかどうか，あるいは，現実をうまく説明できているかどうか，経験的事実やデータに基づいて真か偽かが決定される。以下では，このような区別を前提に，「概念（定義）」ということばと「理論」ということばとを適宜使い分けている。

▶§2__ 法社会学における法の概念

「法」をどう捉えるかは，法社会学の歴史の中でも中心的なテーマの一つであり，これまでもさまざまな試みが行われてきた（→**01**講も参照）。ここでは，それぞれ明確な特徴を持ち，また，その後の法社会学の発展に重要な刺激を与えたと思われる3人の学者の概念規定の試みを取り上げ，それぞれの着眼点や，強みと弱みを浮き彫りにすることにしよう。

▶▶1__「生ける法」への注目——E・エールリッヒ

法社会学という新しい学問分野の創始者の一人である，オーストリアの法学者オイゲン・エールリッヒ（Eugen Ehrlich）は，1913年に刊行した著書『法社会学の基礎理論』（エールリッヒ1984）において，「生ける法（「生きる法」とよばれることもある。ドイツ語ではlebendes Recht, 英語ではliving law）」という概念を提案した。この提案は，法社会学が探求すべき「法」を，国家法の狭い枠から解き放ち，法を社会の中に観察する視角を開く重要な意義をもつものであった。

エールリッヒの「生ける法」の基礎にあるのは，法の本質的要素を，「強制」ではなく，社会の秩序づけと見る視点である。それまでの法学では，法というと，国家の刑罰や強制執行などの実力による強制を中心に眺めがちであったが，エールリッヒはそうではなかった。社会の中には，家族，友人や知人の社交団体，近隣団体（地域社会），自発的な結社，学校，職業団体，労働組合など無数の社会集団（団体）がある。人びとはこれらの社会集団に所属し，それを通じて社会的に組織されている。その際，それぞれの社会集団には，メンバーによって実際に受け入れられ，従われている規範がある。エールリッヒは，このような，人びとが日常生活の中で受け入れ従っている規範に注目し，これを「生ける法」と呼んだ。エールリッヒによれば，このような「生ける法」こそが，法の最も基本的な形態である。

もっとも，社会集団の中で常に生ける法が安定的に存在するとは限らない。とくに，社会集団が大きな変化の中に置かれるようになったようなときには，集団の内部で規範の自明性が動揺し，規範を遵守するメンバーとそうでないメンバーとの間に対立が生じることがあるかもしれない。また，異なる社会集団には異なる規範が

あり，集団間の対立が規範をめぐる対立として現れることもある。これらの集団内あるいは集団間の争いは，裁判所で決着をつけられることになるが，この裁判所が定める規範が「裁判規範」である。そして，さしあたりは個別事件に関連して妥当していた裁判規範が，より広い適用範囲を持つようになり，あるいは法技術的に洗練されると，国家がそれを制定法として定めることになる（エールリッヒはこれを「法命題」とよんでいる）。

　一般的には，まず国家法（制定法）があり，それが裁判所で具体的事件に適用された結果が判決（裁判規範）となり，それが人びとの行動を秩序づけるというふうに，国家から社会へと下向きへのベクトルとして考えられがちであるかもしれない。しかし，エールリッヒは，そうではなく，まず，人びとが日常生活の中で受け入れ従っている規範である「生ける法」が社会を秩序づけており，その規範の自明性が揺らいだり，あるいは異なる集団の間で規範を調整する必要が生じたときに裁判所（裁判規範）が登場し，それがやがて制定法になるというふうに，社会から出発する視点を開いた。エールリッヒの有名な文章に，「法発展の重心は，いつの時代にあっても，立法にあるのでもなく，また法律学あるいは判決にあるのでもなく，社会そのもののうちにある」（エールリッヒ1984）があるが，ここに示されているのは，「生ける法」を基盤とする法の生成・発展の理論である。

　もっとも，エールリッヒの「生ける法」の概念については，大きな弱点があることも指摘されている。それは，社会には，慣習や道徳など，法以外のさまざまな社会規範があり，それらの社会規範と法規範との区別が明確でないという問題である。

　しかし，このような弱点は持ちつつも，エールリッヒの「生ける法」の概念は，国家法（制定法）から出発するのではなく，法を社会の中に探求する可能性を開いたものとして重要である。エールリッヒの考え方は，日本の法社会学の創始者たちである末弘厳太郎や川島武宜らにも大きな影響を与え（六本・吉田編2007，川島1981-1986: 第1巻114-137頁），また，今日でも，法を国家法に限定せずに多元的に捉える考え方（法多元主義legal pluralism）の重要な理論的基盤となっている。

▶▶2　規範の妥当を保障する特別の幹部（強制装置）への注目──M・ウェーバー

　ドイツの著名な社会学者であり，エールリッヒとならぶ法社会学の創始者の一人であるM・ウェーバー（Max Weber）は，「法」について次のように述べている。「ある規律（規範）が，その遵守を強要しまたは違反を罰するために特別に設けられた幹部〔「強制幹部」あるいは「強制装置」〕の行為による（身体的または心理的な）強制の可能性によって，外的に保障されている場合に，その規律（規範）を法という」（ウェーバー1972〔原著は1922年刊行。訳文は変えてある。訳文中の〔　〕は著者の挿入〕。原語のOrdnungは「秩序」と訳されるのが普通であるが，近年，この文脈では，秩序を作り出す

ものとしての「規律」ないし「規範」と解すべきであるとの提案が現れている〔水林2015〕）。
やや難解な説明なので，順番に解きほぐしていこう。

　社会における人びとの行為を観察すると，平均的・近似的に，同じ方向で行われることがある。たとえば，私たちが日常見かけるように，道路で自動車が整然と左側を通行している状態である。このとき，人びとが自動車を道路の左側を走らせているのは，たまたまではなく，人びとが「そうすべきであるから」と考えてそのような行為をしているとき，そこには「規範」が存在するといえる。

　しかし，エールリッヒのところでも述べたが，社会には法以外にもさまざまな規範がある。法はそれ以外の社会規範からはいかにして区別されるのか。この点についてウェーバーは，その規範に従った行為が実際に実現されること（規範の妥当）を保障するメカニズムの違いによって説明する。ウェーバーは先ず，a）内的な保障と，b）外的な保障の2つを区別できるという。自動車は左側を通行しなければならないという規範があるとして，それに従った行為が，行為者の内面にある要素（例えば感情や価値観，宗教的信念など）を通じて実現されている場合が「内的な保障」である。これに対して，規範に従った行為が行為者以外の誰かの何らかの強制の可能性によって保障されている場合が「外的な保障」であるが，これについてウェーバーはさらに，b−1）規範に違反する行為があった場合に周囲の人びから非難される可能性によって保障されている場合と，b−2）まさに行為者に規範に従った行為を取らせるよう強制する目的のために特別に設けられた組織（ウェーバーのいう「強制幹部」あるいは「強制装置」）の強制の可能性によって保障されている場合を区別する。ウェーバーは，b−1）の場合を「習律」と呼び，b−2）の場合のみを「法」と呼んでいる。

　このようなウェーバーの法概念は，一見難解であるが，人びとの社会的行為の次元から出発して厳密に概念を整理し，それを通じて，社会の中で観察される単なる規則的な行為の繰り返しや他の社会規範から法規範を明確に識別できる基準を提示している点が大きな強みとなっている。たとえば，「違反に対する制裁が『法幹部』のメルクマールを少なくとも萌芽的なかたちで示しているような特別の人間あるいは集団によって加えられる場合にはじめて，法規範を問題にすることになる」「法は，法幹部が…社会的行為に対して独立することによって成立する」（ロットロイトナー1995）といった理解のなかにはウェーバーの法概念が反映している。

　本項冒頭のウェーバーの法の定義を少しかみくだいていえば，法とは，「特別の幹部（強制装置）による強制の可能性によって外的に保障されている規範」と理解されることになる。このような幹部（強制装置）が具体的にどのようなものであるかは時代や地域によってさまざまでありうる。近代以前の社会においては，強制権力は地域や集団ごとに分散していたため，法もまた分散的・多元的であった。これ

に対して，強制権力が国家に独占されるようになった近代以降の社会では，とりわけ国家の諸機関（裁判所や検察・警察，行政機関など）が重要となっている。しかし，現代において，経済や社会のグローバル化が進む中で，今後，国家以外の機関が，規範の妥当を保障する「特別の幹部（強制装置）」として登場する場面も現れてくるかもしれない。そのような機関による強制の可能性によって規範の妥当が外的に保障される状況が生まれてくるならば，そこには，国家法以外の「法」の生成を語りうることになる。

▶▶3＿ メタ・ルール（二次ルール）の出現への注目──H.L.A.ハート

　法を他の社会規範から識別するもう1つの重要な試みとして，イギリスのH.L.A.ハート（H.L.A. Hart）の法概念がある。

　ハートは，『法の概念』（ハート2014。原著は1961年刊行）において，イギリスで伝統的だった「法」を主権者の命令と捉える見方を退け，法を社会的ルールの一種ととらえる見方を提示した。しかし，社会的ルールには，道徳，宗教，マナー，社交などさまざまなルールが存在する。では，「法」はいかなる点で他の社会的ルールとは異なるのか。この問に対するハートの回答が，「法とは一次ルールと二次ルールの結合である」という彼の有名な法の定義である。

　「一次ルール（primary rule）」とは，人びとに一定の行為を行う責務を課し，それへの違反に対しては罰則を課すルールである。ハートはこれを「責務のルール」と呼んでいる。これに対して，「二次ルール（secondary rule）」とは，この一次ルールのメタ・ルールであり，①いかなるルールが当該社会で妥当するのかを認定する「承認のルール」，②一次ルールへの違反があった場合に誰がいかなる手続でルールを執行するかを定める「裁決のルール」，③一次ルールを変更する必要が生じた場合に誰がいかなる手続でルールを変更するかを定める「変更のルール」の3つからなるものである。ある社会がこの一次ルールと二次ルールを複合的に備えた場合に，そこに「法」が成立することになる。このようなハートの議論は日本の法社会学にも影響を与えており，たとえば，「法とは，規範共同体がメタ・ルールを用いて，その存続にとって重要なルールを意識的に定め，変更し，ルール違反者に制裁を科すことによって，共同体における社会活動を規律する仕組みであるということができる」（村山・濱野2019）という説明は，ハートに影響を受けた法概念の一例である。

　なお，ハートは「一次ルールと二次ルールの結合」と法を定義することによって，法を他の社会的ルールから明確に識別する基準を与えるとともに，たとえば，さまざまな地域や時代を対象として，いつ，どのような条件の下で一次ルールと二次ルールが結合するに至ったかを観察することを通じて，法の生成・発展の経験的な理論を考える手がかりをも与えている。

以上述べてきたエールリッヒ，ウェーバー，ハート以外にも，様々な法の概念（定義）の試みがある。たとえば，ドイツの社会学者であるN・ルーマン（Niklas Luhmann）は，規範とは，社会の複雑性を縮減し，人びとの行動の選択を可能にする機能を営むものであることを確認した上で，規範の意味内容（内容的時限），規範が承認される社会的広がり（社会的次元），規範に対する違反が生じても規範がその後も引き続き維持される（時間的時限）という3つの次元のすべてにおいて整合的に一般化された規範が「法」であるとの定義を与えている（ルーマン1977）。

▶§3__ さまざまなタイプの法

法の概念と関連して，法社会学では，さまざまなタイプの法の類型化が試みられている。たとえば，01講で紹介されているデュルケムの「抑止的法」と「復原的法」の区別もその1つである。以下では，そのほかに法社会学の文献でとり上げられることが多い代表的な分類のいくつかを整理しておく。

▶▶1__ 抑圧的法・自律的法・応答的法（ノネ／セルズニック）

法は，その機能を適切にはたすためには，一方で，それ自体として内的整合性を保ち，また，政治や社会から自立した存在である必要がある一方（法の自律性），社会に開かれ，社会の変化に適切に対応していくことも求められる（法の開放性・応答性）。この2つの要請はときに緊張関係をはらみ，いずれが優勢であるかによって法の性質も異なってくる。この点に注目したのが，アメリカの法社会学者のフィリップ・ノネとフィリップ・セルズニックが提唱した，抑圧的法・自律的法・応答的法の3類型である（ノネ／セルズニック1981）。

「抑圧的法（repressive law）」とは，法が政治的な抑圧のための道具として用いられるような法の姿である。法が政治権力に従属し，権力者の意向や利益に従って便宜主義的に用いられる。法の適用や執行にあたる機関の裁量が大きい半面，社会の人びとの権利主張は妨げられるという特徴を持つ。歴史的には，近代以前の法にしばしば見られるが，現代でも，独裁国家などでは法が抑圧的な存在となる場合がある。

これに対して，「自律的法（autonomous law）」は，法が政治から自律した存在であり，そこでは法的手続が重視され，法規範の適用も厳格に行われる。法は，少なくとも理念としては，権力者にも社会の人びとにも平等に適用され，法に定められている限りで，人びとには積極的に権利を主張する可能性が開かれている。近代社会の法は，このような自律的法の特徴を典型的に示している。

しかし，自律的法は，法としての高い自律性や内的整合性を持つ半面，ときに，

社会の変化に適切に対応できないこともある。そこでノネとセルズニックが提唱するのが、「応答的法（responsive law）」である。応答的法においては、自律的法の基本的特徴を維持しつつも、しかし、法が社会の変化や人びとの要求に対してより適切に対応できる能力を持つことが重要となる。具体的には、法の適用や執行を形式的にルールに従って行うだけでなく、必要に応じて実質的正義の実現をめざしたものとすることが重視される。法の具体的な種類としても、要件と効果が一義的に決まっている「ルール（rule）」だけでなく、必要に応じて、より上位の価値を示す「原理（principle）」にまで立ち戻り、この「原理」によって「ルール」の欠落を埋めたり「ルール」を改訂する形で、実質的正義の実現をめざす。このような「応答的法」の考え方は、法をより良い社会の実現に向けた道具として捉え、法を通じた社会変革をめざす立場とも整合的である。

▶▶2__ 形式的法・実質的法（ウェーバー），法の「プロセス化」

先に見たウェーバーは、法の類型として「形式的に合理的な法」と「実質的に合理的な法」の区別を提唱した（以下、簡単に「形式的法」「実質的法」とよぶことにする）。「形式的法」とは、要件と効果が一義的に明確に定められているような種類の法であり、「A（要件）ならば B（効果）」と定める準則（ルール）がこれに対応する。これに対して、「実質的法」とは、法が実現すべき価値や理念を中心に構成されているような種類の法であり、法的効果を発生させるための要件が具体的ではなく一般的な価値や理念の形を取る一般条項（信義則や公序良俗、借地借家法・労働法の正当事由条項のようなもの）や、基本的人権を定める憲法の条文などが典型的な例である。

ウェーバーの形式的法と実質的法の区別は、近代社会の成立についての彼のマクロな歴史社会学の視点と結びついている。形式的法の特徴は、法の適用の結果についての予測可能性の高さである。要件と効果が明確であるため、それが適用された場合にどのような結果（効果）がもたらされるかを、社会の人びとは予測しやすい。ウェーバーは、この点に注目し、近代ヨーロッパで資本主義が発展したことの重要な原因の１つは、取引の安全を保障する形式的法の発展にあったことを明らかにする理論を発展させた（ウェーバー1974）。

もっとも、ウェーバーは、彼が晩年を過ごした20世紀の初めの時期に、法が大きく姿を変えつつあることも予測していた。当時のドイツでは、資本主義の発展に伴い、貧富の格差が拡大し、市民や労働者からは、賃金や住宅などをめぐって、人間らしく生きるための権利を主張する声が高まっていた。ウェーバーは、法は、より実質的な正義を志向するものに変化するであろうと予言した。実際、その後の時代、特に20世紀後半の福祉国家の下で、法は、ウェーバーが予言したように、実

質的な正義（公平や平等，生存権の保障）を志向するものに変化していった。

　そして，最近では，さらに，法の「プロセス化（手続化）」という新たな変化も観察されている。これは，法の実現や執行において当事者やその問題に関して知識や情報を持つ第三者がより重要な役割をはたすことを認め，それらの人びとの知識や情報をくみ上げながら，問題のより適切な解決をめざす法のあり方である。その背景にあるのは，①何が実質的な正義であるかを決めるのがもっぱら裁判官や行政官であれば，人びとはもっぱらその決定に服するだけの受動的な立場に置かれてしまうこと，また，②現代の複雑化する社会では，状況に応じた柔軟な判断が必要となる場面があり，そのためには当事者や関係者が持つ知識や情報を手続に反映させることが有益であると考えられるようになったことである。

▶▶3__ ハードローとソフトロー

　さらに，「ソフトロー（soft law）」と言う用語も，近年，頻繁に耳にするようになっている（藤田編2008）。国家機関によって定立され，最終的に裁判所等の国家機関によって執行・実現（エンフォースメント）が保障されている「ハードロー（hard law）」に対して，国家機関によって定立されたものではなく，国家機関による執行・実現の保障もないにもかかわらず，企業や私人の行動を事実上拘束している規範を「ソフトロー（soft law）」とよぶ。元々は国際法（学）における概念であったが（→29講），最近では，国際法の文脈を超えて，コーポレートガバナンスや商品・生産物の取扱い等に関する規格（たとえばJAS規格）など多様な分野で用いられるようになっている（コーポレートガバナンスにおけるソフトローの利用については**27講**参照）。その上で，それらを「法（ロー）」とよぶことは，はたして比喩的な表現にとどまるのか，それとも，「ソフトロー」もやはり「法」なのか，後者であるとすれば，そこでの「法」の概念はどうなるのか，法と他の社会規範との区別はどうなるのか。「ソフトロー」の問題は改めて法の概念を考える試金石ともなっている。

▶§4__ 社会の「法化」をめぐる理論（法化論）

　法社会学の文献でしばしば取り上げられるテーマの1つに社会の「法化（legalization）」をめぐる理論（法化論）があり，ここで説明しておこう。「法化」はさまざまに定義されるが，たとえば，六本（1986）は，「社会構造に内在する秩序装置が力を失って，当事者を直接にとりまく人びとからなる紛争準拠集団の機能が低下し，国家の法システムの規範や手続の制裁力によらなければ，紛争の解決が困難になる傾向」を社会秩序の「法化」とよび，また，佐藤（1998）は，「社会的諸

関係が法的に構成される傾向が強まっていく過程」を「法化」とよんでいる。「法化」とは，端的に言えば，社会において法がはたす役割が大きくなる傾向（状態）と言うことができる。なお，ここで「法」とは，主として，国家法，特に西洋近代的な法のあり方が想定されていることが多い。

　戦後日本の法社会学の基礎を築いた川島武宜は，第2次世界大戦までの日本社会の半封建的・前近代的な特徴を批判し，戦後，日本社会を近代化すること強く主張したが，そのときに川島が手がかりとしたのが，西洋近代社会が生み出し，個人の自由・平等を権利として保障する近代法であった。戦前の日本社会は，対等な個人がお互いの権利を尊重する社会とはいえず，前近代的・身分制的な支配・従属の関係がなお根強く残る社会であった（川島1981-1986: 第4巻112-172頁，第10巻2-17頁）。川島は，対等な個人の自由・平等を保障する西洋近代法を日本社会に定着させることによって，日本社会を近代化することをめざした。そこでは，前近代的・身分制的な社会を反映する「生ける法」が克服の対象とされた。「法的生活の近代化ということは，決して近代諸国家の法制を輸入して立法化することを意味するのではない。それは，なされるべき仕事の最小限ないし末端であるにすぎない。われわれの生活の現実における法の——法社会学者のいわゆる「生ける法」の——近代化こそが，問題の核心でなければならない」（川島1982-1986: 第4巻114頁。傍点は原著）。川島自身は「法化」という言葉は用いていないが，川島の近代化論は社会の法化を通じた近代化という角度から理解することができる。

　川島の議論は，法社会学においてさまざまな議論を呼び起こしたが，その1つに，川島の日本社会の法化＝近代化論への懐疑があった。川島の次の世代の代表的な法社会学者である棚瀬孝雄は，法がわれわれの社会的構想力を一面的に規定する権力性を持っていることを指摘し，「『法によるよりももっと良い解決があるかもしれない』という可能性の前に，法を相対化して初めて，われわれは法の援用を，自らの道徳的確信とともに行うことができる」ことを指摘した（棚瀬2002）。棚瀬の議論は，単純な伝統的日本社会への回帰を主張するものではもちろんない。そうではなく，川島がモデルとした欧米において，1980年代頃から，法化の過剰な進行が社会にさまざまなマイナスをもたらしているという問題意識が現れた現象をふまえたものであった。たとえば，アメリカの法社会学では，有力な1つの潮流として，社会のさまざまなできごとを一面的に権利の問題に還元する傾向への懐疑が示され，社会の法化や「権利言説（rights talk）」の過剰な進行が，人びとや社会が本来持っている豊かな社会構想力を制約しているのではないかとの反省が語られるようになっていた。

　確かに，社会の法化は，社会で生じるさまざまな問題を一面的に権利義務の問題に還元する傾向も含んでおり，そのことが社会の豊かな構想力を限定する結果をも

たらしうる。「この問題の解決にとって法的解決は最善か」を顧みることは，法を学ぶうえでの重要な視点の１つである。他方，法には，社会に生じるさまざまな歪みを是正していく力もある。訴訟を通じて社会変革をめざす場面（→**10講**参照）はその典型の１つである。また，2000年代からの司法制度改革（→**26講**参照）は，「法の支配」の実現をめざしたものであるが，これも現代社会において法が果たす役割を積極的に捉え，社会の法化を促進しようとする動きと捉えることができる。法化をめぐる議論は，現実の社会において法が果たしうる役割を多面的に考える手がかりを与えてくれる意義がある。

《参考文献》

ヴェーバー，マックス（1972）『社会学の根本概念』（清水幾太郎訳）岩波書店（原著1922年）

ウェーバー，マックス（1974）『法社会学』（世良晃志郎訳）創文社（原著1922年。翻訳の原典は1972年版）

エールリッヒ，オイゲン（1984）『法社会学の基礎理論』（河上倫逸，マンフレート・フーブリヒト訳）みすず書房（原著1913年）

川島武宜（1982-1986）『川島武宜著作集（全11巻）』岩波書店

佐藤岩夫（1998）「法化論の展開と課題」日本法社会学会編『法社会学の新地平』有斐閣，34-44頁

棚瀬孝雄（2002）『権利の言説――共同体に生きる自由の法』勁草書房

ノネ，フィリップ／フィリップ・セルズニック（1981）『法と社会の変動理論』（六本佳平訳）岩波書店（原著1978年）

ハート，H.L.A.（2014）『法の概念〔第３版〕』（長谷部恭男訳）筑摩書房（原著1961年。翻訳の原典は2012年の第３版）

藤田友敬編（2008）『ソフトローの基礎理論』有斐閣

水林彪（2015）「マックス・ウェーバーにおける法の社会学的存在構造」大島和夫・楜澤能生・佐藤岩夫・白藤博行・吉村良一編『民主主義法学と研究者の使命』日本評論社，3-36頁

村山眞維・濱野亮（2019）『法社会学〔第３版〕』有斐閣

六本佳平（1986）『法社会学』有斐閣。

六本佳平・吉田勇編（2007）『末弘厳太郎と日本の法社会学』東京大学出版会。

ライザー，トーマス（2012年）『法社会学の基礎理論』（大橋憲広監訳，田中憲彦・中谷崇・清水聡訳）法律文化社（原著1987年。翻訳の原典は2009年の第５版）

ロットロイトナー，フーベルト（1995）『現代ドイツ法社会学入門』（越智啓三訳，六本佳平監修）不二出版（原著1987年）

ルーマン，ニクラス（1977）『法社会学』（村上淳一・六本佳平訳）岩波書店（原著1972年）

【佐藤岩夫】

03 講__ 法社会学における「方法」......................

▶§1__ 法社会学における方法論と手法

　法社会学の研究には，純粋な理論研究や哲学的考察もあるが，何らかのデータを使用して分析を行うような種類の研究も多い。本講で言う「方法」（手法やメソッドとも呼ぶ）とは，後者のような研究をするにあたってのデータ収集法やデータ分析のテクニックのことであり，多様なものがある（野村2017）。方法が多様であるため，各方法の効用と限界を踏まえて，自覚的に，なぜその方法を取るのか説明できるようにすることが求められる（和田他編2004: 10章）。こうした「方法のための理論」，すなわち方法の使い方に関する考え方を方法論と呼ぶ。本講では，法社会学における方法論と各種の方法について説明する。

　なお，以下では方法論と区別しやすいように，方法は「手法」と呼ぶ。また，本講では法社会学の研究例を多数挙げるが，あくまで例示であり，網羅的なものでないことに注意してほしい。

▶§2__ 手法の大きな分類

▶▶1__ 量的研究と質的研究

　数量的データを扱う研究を量的研究（定量的研究）といい，非数量的データを扱う研究を質的研究（定性的研究）という（盛山2004）。数量的データとは数量で表現されているデータのことであり，非数量的データとは重要な部分が数量で表現されていないデータのことである。こうしたデータの性質の違いにより，使用可能な手法やよく使用される手法が異なる。そのため，以下では量的研究と質的研究の2つに分けて，手法を紹介することにする。

▶▶2__ 統計的研究と事例研究

　他の分類として統計的研究と事例研究という分類もある。多くの場合に量的研究は統計的研究であり，質的研究は事例研究である。ただし，「量的－質的」の分類と「統計的－事例」の分類は，それぞれ研究の異なる側面に注目したものであり，どちら

も研究の整理のために便利であるので，ここで紹介しておこう。

　統計的研究は，複数の個体から成る個体群の，全体としての傾向に関心を持つ研究である（盛山2004）。研究の対象となる個体は個人とは限らず，企業や役所のような組織などのこともある。例えば，内閣官房の実施した「法曹人口調査」は弁護士に対するニーズ等に関する調査であるが，一般人，法律相談に来た人々，中小企業，大企業，自治体の5種類の個体群を対象にして調査している。

　個体群の全体の傾向をデータから知るための手法として，統計学の学問分野で確立されてきた統計的手法があり，統計的研究ではこれを用いて研究を行う。統計的手法には，記述統計と推測統計の2種類がある。記述統計では，集めたデータの全体の傾向を把握するために，データ中の各変数（統計的手法では，個体や状況によって値が変わる「変数」に着目する）について諸指標を求めたり図表を作成したりする。諸指標として平均，標準偏差などがあり，図表として度数分布表やヒストグラムなどがある。2つ以上の変数の関係を見たい場合には，諸指標として相関係数，図表として散布図やクロス表などがある。推測統計では，集めたデータ（これを標本と呼ぶ）を基に，その背後にある全体（これを母集団と呼ぶ）の傾向を推測する。その推測のために，統計的検定などが用いられる。

　現在のところ，法社会学の教科書で統計的手法を詳しく説明したものは出ていない。ただ，法社会学に関連する書籍で，いくつか参考になるものはある。例えば，佐藤他編（2006）は，法社会学の分野に関連するデータを統計的手法により分析した書籍だが，使用した統計的手法について解説欄を設けている。また，森田（2014）は，法に関連のある題材を多く扱った，統計的手法に関する入門書である。

　事例研究は，社会現象の中で1つのまとまりをなすと考えられるものを，個体として切り取って研究するものである。この場合，どういうものを個体として切り取るかには，無限の可能性がある（盛山2004）。法社会学の研究でいえば，日本や外国の法律や自治体の条例（例えば東京都環境確保条例における，子どもの声等に適用される騒音規制基準に関する規定の改正を扱ったフット他編2019: 14章），訴訟や紛争（例えば米国の婚姻防衛法という同性婚の可能性を阻止するための法をめぐる争いを扱った和田他編2014〔小泉〕），社会規範や慣習法などが，こうした事例として扱われうる。

　統計的研究と事例研究には，それぞれ異なった特徴がある。第1に，統計的研究は個体群に関心を持つため通常はデータの数が多いのに対し，事例研究ではデータの数はそれより少ないことが多い。事例が1つだけでも，事例研究として成り立ちうる。第2に，統計的研究と比較した場合，事例研究には決まった手法がない。統計的研究には統計的手法という確立された手法があるが，事例研究の手法にはそうしたものはない。どんな手法を用いることも可能である。そのため，事例研究で用いられる手法は多様である。第3に，統計的研究は一般化され抽象度の高い道具立

てに依存する度合いが高いのに対し，事例研究では個別的で具体的な現象に即した記述が重視される（盛山2004）。

▶§3＿ 量的研究の手法

▶▶1＿ 外的妥当性と内的妥当性

　量的研究の主な手法としては，サーベイ調査と実験が挙げられる。サーベイ調査は，質問票を調査対象者に配布して，得られた回答の全体の傾向を明らかにしようとする調査である。一般の用語では，アンケート調査とも呼ばれる。実験は，調査対象に対して人為的に何らかの働きかけを行い，その働きかけの引き起こす影響を明らかにしようとする。そのために，被験者（実験参加者）を，働きかけを行う群（実験群）と行わない群（対照群）などに分け，それらの群を比較する。

　サーベイ調査では，外的妥当性を高めることが重要視される。外的妥当性とは，研究から得られた知見を一般化できる度合いのことである（野村2017）。これは，多くの場合，標本に対する調査から得られた知見を，母集団に一般化できる度合いのことをいう。例えば，法に対する日本人の考え方を知りたいとして，日本人全員に対して質問票を配布して調査することは，多くの場合に現実的ではない。そのため，日本人全員を母集団として，そこから一部の人々を標本として選び，その人々に対して調査することになる。このように母集団から標本を選ぶ作業を標本抽出と呼ぶ。標本抽出を慎重に行い，母集団と比べた標本の偏りに気を配ることで，標本に対する調査から導き出された結論が母集団にも当てはまる度合い，すなわち外的妥当性が高まる。

　実験では，内的妥当性を高めることが重要視される。内的妥当性とは，その研究が明確な結論を導ける度合いのことである。例えば「AがBを引き起こす」ということを明らかにしようとする研究では，明確な結論とは，Bが他の要因CなどではなくAにより引き起こされたと明確に言えるということを意味する（野村2017）。実験において実験群と対照群に分ける際に，2群の間の偏りについて気を配ることで，2群の違いが群の偏りではなく与えた働きかけにより引き起こされたと明確に言える度合い，すなわち内的妥当性が高まる。

▶▶2＿ サーベイ調査

　サーベイ調査では，母集団全体を調査する全数調査（悉皆調査やセンサスとも呼ぶ）と，母集団から標本を抽出して調査する標本調査が区別される。全数調査の例として，国勢調査が有名である。法社会学に特に関連する全数調査としては，例えば日

本弁護士連合会が，全会員を対象にして，弁護士の活動実態を調べるために定期的に行っている「弁護士実勢調査」（弁護士センサス）がある。しかし，一般的には標本調査の方がよく行われる。例えば，「法化社会における紛争処理と民事司法」プロジェクトの「紛争行動調査」（松村・村山編2010を参照）は，日本に住所を有する20歳以上70歳以下の男女を母集団とした標本調査である。また，標本として抽出されるのは人とは限らない。同じプロジェクトの「訴訟行動調査」（フット／太田編2010を参照）のうち「訴訟記録調査」「当事者・代理人調査」は，2004年に終局した民事訴訟（家事事件を除く）を母集団として民事訴訟を抽出している。

　標本調査の場合，外的妥当性を高めるには標本抽出の仕方が重要である。母集団からどの対象も等確率で選ばれるようにする無作為抽出が一般的である。無作為抽出では標本が偶然偏る確率を計算でき，標本から母集団の傾向を推測する推測統計はこれを前提とするからである。前述の「紛争行動調査」や「訴訟記録調査」「当事者・代理人調査」も無作為抽出を行っている。しかし，無作為抽出が難しい場合等には，割当抽出も使われる。これは，母集団の一定の性質（例えば性別・年齢構成比）を標本に反映させることで，外的妥当性を高めようとするものである。「訴訟行動調査」のうち「一般人調査」は，割当抽出を用いている（フット／太田編2010: 4章）。

　外的妥当性の観点から他に重要なのは，回収率である。これは，質問票を配布した調査対象者のうち，回答をしてくれた者の割合である。これが低い場合には，関心がある者しか回答していないなど回答が偏っている可能性があり，外的妥当性が低い。近年，一般にも回収率の低下が問題になっている（轟他編2021: 14章）が，特に法社会学の調査では調査対象者の性質から回収率が低くなる場合もある。例えば，前述の「当事者・代理人調査」では，民事訴訟の代理人（弁護士）という職業上忙しい人々や，民事訴訟の当事者というセンシティブな人々（例えば，過去の民事訴訟について思い出したくない人など）が対象になっており，回収率は高くない。

　これまで考えていたのは基本的に，一時点で単一の母集団に調査を行う横断的調査であるが，時点や母集団を複数にした調査もある（轟他編2021: 1章）。比較調査は，一時点で複数の母集団への調査を行うものである。異なる国々の比較をする国際比較調査が１つの例であり，法社会学に関連する調査では例えば日本と米国と中国の人々の法意識の国際比較調査がある（河合・加藤編2003）。繰り返し調査は，複数時点で複数の母集団への調査，すなわち調査対象者を調査のたびに選び直して調査を行うものである。例えば，前述の「紛争行動調査」は2005年に行われているが，その質問票には1976年に行われた法意識に関する調査と同じ質問が含まれており，その点で繰り返し調査になっている（その分析は松村・村山編2010: 1章）。

　調査の実施方法については，調査対象者の家を調査員が訪問し調査員が対象者から回答を聴き取って記録する訪問面接法，対象者の家を調査員が訪問し対象者に質

問票への記入を依頼する留置法，質問票を対象者の家に郵送する郵送法，電話で質問を行う電話法などがある。どれを選ぶかは調査の予算やその他様々な事情による。例えば，前述の法意識の国際比較調査では，日本では留置法で行われたが，広い米国では電話法，中国では役人の立ち合いが必要だったことなどから訪問面接法で行われた。また，最近では，調査会社に登録したモニターがインターネットのブラウザに表示された質問票に回答するインターネット調査も盛んになっている。インターネット調査は実施費用が安く，実施期間が短くてすむなど長所も多いが，モニターに対する調査であることから外的妥当性に疑問符が付きがちであるなどの短所もある。法社会学での使用については，太田他編 (2009: 5章) で扱われている。「訴訟行動調査」でもインターネット調査が行われている（フット／太田編2010: 6章）。

　実際にサーベイ調査の質問を考えるにあたって重要になる考え方の1つとして，構成概念妥当性というものがある。量的研究においては，研究の対象となる抽象的な概念(例えば能力)を，測定可能な指標(例えば学歴)に置き換えることが必要となる。この置き換えが適切になされている度合い（学歴という指標で，研究の対象となる能力を適切に測ることが果たして可能か）のことを，構成概念妥当性と呼ぶ（轟他編2021: 4章，野村編2017）。サーベイ調査でいえば，質問票の質問で，研究の対象となる概念を適切に測ることができているかということが，構成概念妥当性である。例えば，フット他編 (2019: 17章) では，1976年に行われた法意識に関する調査（その詳細は松村・村山編2010: 1章を参照）において，ルール適用の「融通性」に関する質問の構成概念妥当性を疑問視している。すなわち，調査した人が考えていた「融通性」の概念を，質問票の質問で適切に測れていないのではないかということである。

　さらに，サーベイ調査の質問文や選択肢を作成する際の様々な注意事項もある。注意事項の例として，1つの質問に2つ以上の論点が含まれているような質問（ダブルバーレル質問と呼ぶ）は避けるべきだとされる。例えば「今日のセミナーのテーマや内容の選択は適切だったと思いますか」という質問は，テーマは適切だったが内容は適切でなかったと考える回答者が答えにくい。また，質問に対する回答はその質問に先立ってどのような質問がされたかによって影響（キャリーオーバー効果と呼ぶ）を受けるので，質問の順番にも配慮すべきとされる（こうした様々な注意事項の詳細は盛山2004，野村2017，轟他編2021: 6章等を参照）。

▶▶3　実験

　実験で内的妥当性を確保するために，被験者を実験群と対照群に分ける際に，どちらに分けられるかということを，各被験者で等確率であるようにする無作為割当が一般的に行われる。無作為割当を行えば，被験者の中で特殊な性質を持つ人などがいた場合に，そうした人が片方の群に偶然偏って存在する確率を計算できるから

である。この他に，実験群と対照群で被験者の性質（例えば性別・年齢構成比）をできる限りそろえるといったやり方もある。

　社会科学で行われる実験として，実験室実験やサーベイ実験がある。実験室実験は，制御された環境を人為的に作って行う実験である。実験室実験には経済学実験や心理学実験があり，それぞれ違った特徴を持つ。例えば，経済学実験では，制度の変化など何らかの要因により利得が変化した場合に人々の行動がどう変わるかということに関心があるため，実験で獲得した点数に比例する形で金銭が支払われることが多い。それに対して，心理学実験ではこのような比例的な支払いは多くないということが1つの違いとしてある。法社会学においては，例えば太田他編（2009: 11章）で，他の人のとっている行動がサンクションのない法やルールの遵守に与える効果について経済学実験が行われている。

　サーベイ実験は，サーベイ調査と実験を組み合わせたものである。つまり，調査対象者を実験群と対照群に分け，それぞれに質問票を配る。その際に群ごとに質問票の文言を一部変え，文言を変えたことの回答への効果を見るものである。架空の事例（シナリオとも呼ぶ）を読んで，もしその事例が起こった場合に自分ならどう行動するかを尋ねる形式の質問票が多いため，シナリオ実験や場面想定法実験とも呼ばれる。例えば太田他編（2009: 12章）は，契約を破った際にその契約が文書，内金，口頭の各形式で結ばれていた場合の違いなどについてサーベイ実験を行っている。

▶▶4 二次的データの利用

　量的調査は，実施に多額の費用がかかるうえに，外的妥当性の確保などのために気を配らなければならないことが多く，自身で一から実施するのはなかなか難しい。そのため，他者が実施した調査のデータ（二次的データ）を利用した分析（二次分析）も行われている。法社会学の分野での二次分析の例として，佐藤他編（2006）では，司法制度改革審議会の実施した「民事訴訟利用者調査」というサーベイ調査の二次分析を行っている。

　他者から二次的データを得るのは，なかなか難しい場合も多い。そうした中で古くから使われてきた二次的データは，国の機関などが公開しているデータである。例えば，最高裁判所は毎年，裁判所が取り扱った事件に関する司法統計を公表しているが，これを用いて日本の民事訴訟事件数の推移を分析した研究（フット他編 2019: 12章）などがある。

　現在では，データアーカイブという，二次的データの受け渡しを仲立ちする機関がある。この機関には，様々な研究者や機関が行ったサーベイ調査やその他の調査のデータが寄託されている。そして，二次分析を行いたい者は，調査を行った研究者に直接連絡を取らなくとも，このデータアーカイブからデータを得られる。この

ような機関の例としてSSJDA（東京大学社会科学研究所附属社会調査・データアーカイブ研究センター）があり，前述の「紛争行動調査」「訴訟行動調査」や「民事訴訟利用者調査」などのデータもここから得られる。

▶§4__ 質的研究の手法

▶▶1__ フィールドワーク／エスノグラフィー／インタビュー

　フィールドワークとは，広義には，対象地域・現場（フィールド）に赴いて行う多様な調査活動（ワーク）を指す（野村2017）。法社会学においてフィールドワークは，古くからなじみが深い。例えば，末弘厳太郎の中国農村慣行調査や，川島武宜の日本の農村の慣習の調査などは，こうしたフィールドワークである。

　フィールドワークの中でも，ある人々の行為や考え方を理解する目的で，人々の中に，あるいは人々の近くに身を置いて調査し，論文や研究成果報告書等を作成する手法を，エスノグラフィーと呼ぶ。そして特に，人々の集団に一員として参与するという側面や観察を行うという側面が強調される場合には，参与観察と呼ぶ（野村2017）。参与観察には，内部に入り込んで観察することで，外からは察知できないような情報が得られるなどの利点がある。法社会学での例として，法曹養成改革に関連する審議会についての参与観察である太田他編（2009:2章）などがある。

　インタビュー（ヒアリングや聴き取り調査とも呼ぶ）は，調査対象者に面会して質問をし，話を聴き取るものである。インタビューには，質問の内容や順序を決めておく構造化インタビュー，ある程度のみ決めておくが細部はその場の状況に応じて変化させる半構造化インタビュー，決めておかない非構造化インタビューがある。一般的に半構造化インタビューを用いることが多く，法社会学でも例えば，労働審判制度の利用者に対して半構造化インタビューを行った研究などがある（インタビューの記録として佐藤・樫村編2013）。また，個人へのインタビューだけでなく，何らかの基準に沿って選定された少人数のグループに特定の題材について議論してもらうというフォーカス・グループ・インタビューもある（野村2017）。

　エスノグラフィーやインタビューにより収集された非数量的データを整理・分析する手法にも，多様なものがある。ここでは，比較的よく知られた2つの手法を紹介する。KJ法は，文字化されたエスノグラフィーやインタビューのデータなどについて，内容が似ていると感じるデータを1つのカードにまとめてグループ化し，その共通点を意識的に言語化することを繰り返すことで，アイディアを創発していく手法である（野村2017）。また，グラウンデッド・セオリー・アプローチ（GTA）は，文字化されたデータの文や段落に細かくラベルを付け，それらをより抽象的な概念・

カテゴリーへとまとめ上げ，そうして機能的に抽出される複数の概念やカテゴリーを関係づけていき理論を構築する手法である（轟他編2021: 2章，野村2017）。

▶▶2__ ドキュメント分析／学説研究

　ドキュメント分析は，手紙，日記，新聞・雑誌記事などの文書や記録を収集して，それをデータとして分析するものである（盛山2004）。法社会学では，例えば各地の家族協定（日本の農家において，家族員の間で，農業経営や農家生活に関して文書で取り決めた契約）について分析した太田他編（2009: 9章）や，訴訟記録（弁論関係書類，証拠関係書類などを裁判所で編綴した書類の束）を使って住居・店舗の賃貸借をめぐる訴訟事件を分析した太田他編（2009: 10章）などがある。

　学術的なテキストをこのような文書と似たものと捉えるならば，学説研究も質的研究と見ることもできる。学説研究では，ある著者の思想や，1つないし複数のテキストの思想の内容と構造を探求する（盛山2004）。法社会学でも，古くから学説研究は行われてきており，例えば，川島武宜（和田他編2004: 1章，和田他編2014［高橋］），マックス・ウェーバー（Max Weber, 和田他編2004: 2章），オイゲン・エールリッヒ（Eugen Ehrlich, 和田他編2004: 3章）など様々な学者の学説研究が行われている。

▶▶3__ 言説分析／会話分析

　他の質的研究の手法として，言説分析や会話分析といったものがある。これらの手法は，その背後にある認識論（「我々は世の中をどのように認識することができるのか」という問いに関する考え方）が，他の手法と異なっている場合が多いので，その点をまず説明しよう。

　これまで見てきた手法の多くは，実証主義という認識論の立場に立つ。実証主義では，問題となる事象は研究者が客観的に捉えられると考える。そして，事象について仮説を設定してそれを経験的なデータに基づいて検証することで，事象についての普遍的な法則を発見していこうとする（太田他編2009: 1章）。

　これに対して，他の認識論の立場も登場してきた。例えば，解釈主義という立場では，事象は我々の知識と独立して客観的に存在するわけではなく，むしろ我々がどのように解釈しているかが重要であり，その違いやあり方が政治的・社会的結果に影響を与えると考える（野村2017）。そのためこの立場では，言説や文脈を重視して，各主体がどう解釈しているかを把握しようとする。法社会学でも，この立場をとる「解釈法社会学」などが提唱されている（和田他編2004: 11章）。

　量的研究は認識論的には実証主義ともっぱら相性がよいが，質的研究では，解釈主義など他の立場を取るものも多い。特に，言説分析や会話分析は，実証主義以外の立場の研究で用いられることが多い手法である。言説分析は，様々な内容のもの

があり明確に定義することが難しい（轟他編2021: 2章）が，言説（人が語ったものとして広く流通しているもの）に注目する質的な手法である。言説は，人々の行動や制度の形成を方向付ける政治性・権力性を持っており，それらがどのように生み出され，受容されて影響を及ぼしているかを考える（野村2017）。例えば棚瀬編（2001）では，法の公式の言葉では語れないものを語ろうとする対抗的な語りを見たり，法の言説が世界を構築しつつ自ら法として妥当していくさまを観察したりしている。

　会話分析は，日常生活で自然に交わされる会話を録音し，書き起こしたテキストを詳細に分析する手法である。この手法では，単に発話の内容だけでなく，イントネーションや沈黙も重要視し，それらも判別できるように記号化を行って分析する（野村2017）。この手法は，人々に共有されるルールや方法が共同行為の中でいかに実現されていくかといったことを研究する分野であるエスノメソドロジー（和田他編2004: 5章）などでよく用いられる。会話分析の法社会学での例として，和田他編（2014〔樫村〕）は法律相談での相談者と助言者の会話を分析している。また，会話の録音だけでなく，録画映像などを用いることもある。

▶§5__ まとめと発展

　本講では法社会学の方法論と手法について説明した。まず大きな分類として量的研究・質的研究や統計的研究・事例研究という区別を紹介し，そして量的研究と質的研究のそれぞれについて主な手法を紹介した。最後に，量的研究・質的研究や統計的研究・事例研究という分類について，一点注意しておきたい。

　これらの分類は，整理にあたっては便利であるが，その区別は絶対のものではない。第1に，これらの分類の中間辺りに位置するような手法も存在する。例えば，通常は非数量的データであるテキストを，語の使用頻度などの形で数量データとして扱う計量テキスト分析や，事例研究に比較という視点を入れることで，事例研究と統計的研究の特徴のいくつかを兼ね備えることをめざす質的比較分析（QCA）である（鹿又他編2001，轟他編2021: 2章）。法社会学に関連する研究の例として，計量テキスト分析ではインターネット上のヘイトスピーチの実態の一部を見るために匿名掲示板やSNSに投稿されているテキストを分析したフット他編（2019: 15章）があり，質的比較分析では裁判官の経歴についてのデータを分析した鹿又他編（2001: 4章）がある。

　第2に，複数の分類の研究を組み合わせることもある。例えば，量的研究と質的研究を組み合わせて行うことがあり，これは混合研究法と呼ばれる。法社会学に関連する例として，「労働審判利用者調査」の分析がある。この調査ではサーベイ調

査を行い，さらにその調査対象者の一部に対しインタビュー（佐藤・樫村編2013）を実施している。そして，和田他編（2014〔佐藤〕）は，その双方を用いる混合研究法で分析を行っている。

法社会学の研究を見る際には，その研究が用いる手法に注目するとともに，なぜその手法を用いているのかという方法論にも目を向けてみるとよいであろう。

《参考文献》

太田勝造／ダニエル・H・フット／濱野亮／村山眞維編(2009)『法社会学の新世代』有斐閣

鹿又伸夫・野宮大志郎・長谷川計二編著(2001)『質的比較分析』ミネルヴァ書房

河合隼雄・加藤雅信編著(2003)『人間の心と法』有斐閣

佐藤岩夫・樫村志郎編(2013)『労働審判制度をめぐる当事者の語り——労働審判制度利用者インタビュー調査記録集』東京大学社会科学研究所

佐藤岩夫・菅原郁夫・山本和彦編(2006)『利用者からみた民事訴訟——司法制度改革審議会「民事訴訟利用者調査」の2次分析』日本評論社

盛山和夫(2004)『社会調査』有斐閣

棚瀬孝雄編(2001)『法の言説分析』ミネルヴァ書房

轟亮・杉野勇・平沢和司編(2021)『入門・社会調査法——2ステップで基礎から学ぶ(第4版)』法律文化社

野村康(2017)『社会科学の考え方——認識論，リサーチ・デザイン，手法』名古屋大学出版会

フット，ダニエル・H／太田勝造編(2010)『裁判経験と訴訟行動』東京大学出版会

フット，ダニエル・H／濱野亮／太田勝造編(2019)『法の経験的社会科学の確立に向けて』信山社

松村良之・村山眞維編(2010)『法意識と紛争行動』東京大学出版会

森田果(2014)『実証分析入門——データから「因果関係」を読み解く作法』日本評論社

和田仁孝・太田勝造・阿部昌樹(2004)『法と社会へのアプローチ』日本評論社

和田仁孝・樫村志郎・阿部昌樹・船越資晶編(2014)『法の観察——法と社会の批判的再構築に向けて』法律文化社

【森　大輔】

04 講＿ 法文化・法意識 ....

▶ §1＿ 研究例の紹介

▶▶1＿ 近年の興味深い研究

　法文化や法意識に関する近年の興味深い研究に，アメリカの研究者デイヴィド・エンゲル（David Engel）が中心となって著した『不法行為，慣習，カルマ──タイにおけるグローバル化と法意識』（2010年）がある。同書は，2000年前後にタイ北部の都市チェンマイで実施された交通事故に関する調査研究の成果である。

　その調査対象となった人物に，地元のホテルでスタッフとして働くブアジャン（仮名）がいる。彼女は道端の屋台で豚肉を買っているときに，高齢者が暴走させた車で命を落としかけ，足を骨折して入院する羽目になった。その事故の原因について，彼女自身はインタビューの中で次のように語っている。

　ブアジャンによれば，事故は加害者の過失によって起きたという。ただし，他にも要因はあると彼女は考えている。まず現場付近の別の事故で亡くなっていた死者の霊を供養していなかったから，そして自分の親類のふしだらな行為が祖先の霊の怒りに触れたから，さらには自分自身が39歳という縁起のよくない奇数の年齢になる直前だったからだ，というのである。また，前世や現世で犯した罪業であるカルマによって予定されていた運命でもあるのだと，彼女は考えている。だから，ブアジャンは加害者に損害賠償を請求して示談を行うだけでなく，霊を供養したり，カゴの鳥を放すなどカルマを考慮して功徳を積んだりしたという。

　つまり，ブアジャンは事故の原因を法的な観点（過失）や宗教的な観点（カルマ）から把握している。そして，賠償の請求という法的な対処や，功徳を積むといった宗教的な対処を行っている。

▶▶2＿ 比較

　上記のような調査に基づいて，エンゲルは興味深い発見をしている。かつて

1970年前後に実施した同様の調査の結果と比較すると，被害者たちの語りから法的な観点が消滅しつつあり，もっぱら宗教的な観点が目立つようになっている（したがって，両方の観点を備えたブアジャンは移行形態に該当すると位置づけられる）。エンゲルによれば，こうした変化は，グローバル化によって都市開発が進み，村落コミュニティの影響が低下している状況と関係していると考えられる。

　かつて村の影響が強かった頃は，交通事故の加害者は，被害者だけでなく被害者が所属する村の守護霊も傷つけたので，守護霊の怒りを鎮めるために村全体に賠償を支払っていた。そのような村の慣習に加害者が従わないような事態が生じたら，被害者は地方裁判所に訴えを提起して加害者に対して圧力をかけた。訴訟は被害者個人だけでなく村全体のためにもなり，慣習の維持にもつながった。

　しかし，今や村の影響が衰弱したため村長が被害者と加害者の間に介入するようなこともなくなり，被害者の語りのなかでも村の守護霊は登場しない（ブアジャンの語りでも，死者の霊がかろうじて登場するだけである）。かわって，仏教の教義の影響が顕著に表れるようになっている。

　もともとインドから伝来してきた仏教は，はるか昔からタイ北部に浸透しており，土着の精霊信仰と融合していた。しかし，グローバル化によってローカルな精霊信仰とは切り離され，民族や国境すら超越して広範囲に普及する世界宗教として，仏教は本来の姿を取り戻している。そして，同じく村から切り離された都市部の個々人に，ダイレクトに仏教は影響を及ぼしている。

　その仏教の教義では，カルマによる因果応報のサイクルを絶つために，報復したり賠償を求めたりせず，慈悲の心で加害者をゆるすことが求められる。だから，加害者が申し出てきた賠償の受け取りを拒否する被害者もいる。賠償を受け取ってしまうと，カルマによっていずれ自分や身内に災いが降りかかるかもしれないし，加害者はいずれ自らのカルマの報いを受けるだろうと考えられているからである。

　このように，仏教の影響から賠償請求に対する否定的な見方が優勢になっていることに，エンゲルは注目する。というのも，同じ時期に次のような一見奇妙な事態がタイ北部では進行していたからである。

▶▶3＿ 訴訟率低下の謎

　エンゲルが地方裁判所の記録や他の統計などから推算すると，チェンマイでは1970年頃から2000年頃にかけて経済が大きく発展し自動車の保有台数も交通事故の件数も飛躍的に増えているのに，交通事故に関する訴訟率はむしろ低下している。つまり，事故をめぐる紛争の処理方法として，訴訟はかつてよりも選択されなくなっている。では，このような奇妙な事態はなぜ引き起こされたのだろうか。

　エンゲルによれば，訴訟手続に変化はなくコストが余計にかかるようになったと

いう変化も生じていない。それどころか，グローバル化が進み「権利」という用語が社会で随分と流通するようになった。また，訴訟代理人となる弁護士の数も顕著に増加している。したがって，むしろ訴訟率を上昇させてもおかしくないような変化が生じている。逆に，訴訟率を下降させるような要因としては，交通事故に関わる賠償保険の普及が考えられる。しかし，エンゲルが関係者にインタビューするなどして検討したところ，保険の普及は訴訟率の低下とあまり関係がないようであった。

　そこでエンゲルが着目するのが，先述した事故被害者たちの語りである（なお，インタビューを実施した被害者は，年齢やジェンダーといった属性になるべく偏りがないように，チェンマイ地裁の管轄区域内から抽出されている）。彼らの語りに共通するパターンから，仏教の影響によって賠償請求に対する否定的な見方が社会のなかで優勢となり，訴訟率が低下したのではないかと考えられるのである。

▶▶4__ 主観的な意識を理解する

　被害者たちの語りには，彼ら自身が交通事故という出来事をどのように把握しているのかが表明されている。したがって，自分の身に降りかかった不幸についてどう捉えているのか，被害者の主観的な意識を読み取ることができる。

　そこから理解できるのは，被害者たちは自らが遭遇した不幸な出来事について宗教的な救済を求めて功徳を積もうとする一方で，法的な救済をあまり意識しておらず訴訟提起など念頭にないということである。つまり，訴訟という選択肢は初めから彼らの意識にのぼらず，あてにされていない。

　ただし，被害者たちは何も法全般を全否定しているわけでない。彼らは仏教の教義を支持しているからといって反近代の姿勢を有しているのではなく，とりわけ立憲主義やデモクラシー・市場の自由といった原理については熱心に支持していると，エンゲルは注意を促している。

▶§2__ 理解を深める

▶▶1__ 研究の特徴

　以上のような研究例をサンプルとして，本講のテーマ「法文化・法意識」について理解を深めよう。エンゲル自身も，自らの研究を法意識（legal consciousness）や法文化（legal culture）に関する研究だと特徴づけている。

　そもそも法意識や法文化に関する研究は，第Ⅱ部のテーマ「紛争と紛争処理」に直接むすびつくような研究だけに限定されない。人々の契約に対する意識（たとえ

ば「契約書は綿密に作成するのがよいと思うか」）や，刑罰に対する意識（たとえば「もっと厳罰化すべきと考えるか」）といったようなトピックを扱う研究も含まれる。また，特定の集団や地域の法にみられる固有の特徴を文化の違いという観点から説明しようとする研究もある。

　そうした広がりがあるなかで，紛争を抱えているのに人々がなぜ訴訟を提起しないのか，法的救済を求めないのか，その理由を説明する要因として法意識や法文化に注目する研究を取り上げるのが本講の課題となる。

▶▶2__ 言葉の使い方

　法意識も法文化も様々な研究で用いられてきた言葉であるため，使い方にはバリエーションがある。ここでは，しばしば引用・参照される有力な使い方を紹介する。

【1】　法意識

　法意識については，アメリカの研究者スーザン・シルビー（Susan Silbey）による使い方が代表例となる。人々は，学校の教科書で教えられた知識に限らず自らの生活経験全般を踏まえて，自分なりに法をどのように意味付けているのか。親のしつけの影響で当然遵守すべきものだと無批判に受容しているのか。あるいは当局から不当な取り締まりを受けた経験があるため，不満を抱き反感をおぼえていたりするのか。こうした研究関心に基づいて，人々の法への肯定的／否定的な見方や，さらには従属的／抵抗的な捉え方などまで指して，法意識という言葉が使用されている。インタビューやアンケートなどで尋ねられる「あなたは法に対してどのような見方をもっているのか」といった質問を想起すれば，何が探究の対象となっているのか比較的理解しやすいだろう。

【2】　法文化

　他方で，法文化については，アメリカの研究者ローレンス・フリードマン（Lawrence Friedman）の使い方が代表例となる。フリードマンによれば，法はそれ自体が自動的に作動するわけではなく，専門家であれ一般市民であれ，誰かに利用されるのを待っている。だから，法は利用される場合もあれば利用されない場合もある。その違いをもたらす要因として，法を利用する／しない（あるいは，利用するにしてもどのように利用するか）といった，人々の法への関わり方が探究の対象となる。

　具体的には，法に対する肯定的／否定的な態度や価値観・意見を有するかどうかや，法や裁判官に対してどのような信念をもっているか（たとえば公平だと信じているか），さらには法的知識があるか（たとえば損害賠償が請求可能だと知っているか）といったことが，人々の法への関わり方を左右している要因になると例示されている。つまり，人々は彼らなりにいつ・どこで・なぜかを考えて，法を利用する／しないを選択すると想定されている。そして，人々の考え方や選択の仕方に影響を与える

要因は一つではなく上掲のように様々なものがありえ、それらを包括する便利な言葉が文化になり、他に適切な言葉もみあたらないので、さしあたり法に関する文化ということで法文化と呼んでいる。だから、法文化は極めて幅広く漠然とした内容を指す言葉であるため、不明瞭で分かりにくいと非難されてきた。たしかに、法意識との違いも判然としない。

　もっとも、法が利用されるか否かを左右する要因は、何も1つだけとは限らず、複数の要因が組み合わさって複合しているのが通常だと考えられる。そのような複合性を把握するために、法文化という言葉が使用されている場合があるのは、念頭に置いておく必要がある。

▶▶3＿＿ 具体的な使用例

　では、エンゲルの研究では、法意識や法文化といった言葉が具体的にどのように使用されているのか。

【1】　法意識

　法意識については、そもそも「法というものを人々がどう認識しているのか」といったかなり概括的なことから、「被害者が被害についての責任や補償を誰に対してどのように求められると考えているのか」といったもっと具体的なところまでをカバーする言葉として使用されている。そして、エンゲルが明らかにしたのは、立憲主義への支持のようにグローバル化が進むなかで概括的には法への肯定的な意識をもっていても、自分の具体的な被害を救済する手段としては法が意識されていないケースが多いし、意識されている場合でも庶民には縁遠くて役に立たず、仏教の教義に相反すると否定的にみられているということであった。

　このように、エンゲルの研究では、シルビーに代表される有力な使い方とほぼ同様に、人々が様々な事情から法を肯定的ないし否定的に意味づけている有り様を指し示して、法意識という言葉が用いられている。

【2】　法文化

　他方で、そのような法意識を生み出す様々な要因を包括して法文化という言葉が使用されている。具体的には、①先祖伝来の神聖で悠久なる土地・景観との結びつきが弱まり（人々が生きる時空間の変化）、②村落の濃密な人間関係が失われ（人々の結びつきの変化）、③孤立した存在として自己を観念するようになり（自己観念の変化）、④争いの解決はコミュニティ全体が関わる問題でなく個人が自らの手で対処しなければならなくなり（正義の実現方法の変化）、⑤国家の法制度よりも身近に感じられる仏教が頼りにされ、その影響が優勢になった（世界観の変化）、といったタイ北部固有の状況を法文化と呼んでいる。つまり、法が利用されるか否かを左右する様々な要因の複合性を把握するために法文化という言葉を用いており、フリードマンに

代表される有力な使い方に即したものとなっている。

　このように，エンゲルの研究では，法文化は法意識よりも射程が広く，法意識を生みだす様々な要因の複合から成り立つものとして把握されている。そうした把握の仕方は，法意識と法文化の違いをどこに見出すのか考えていく上で重要な参考例になると考えられる。というのも，法意識や法文化といった言葉の使い方に関するそれぞれ有力な見解を，自らの具体的な調査研究のなかでうまく統合するかのように使用しているからである。

【3】　文化の捉え方

　しかも，エンゲルの研究は，文化の捉え方についても十分に配慮が行き届いている。しばしば世間では，文化の中身を過度に単純化してしまい，複数の要素からなる複合としてではなく一枚岩のようなものとして捉えてしまう場合がある。たとえば，文化の神髄としてゲルマンの民族精神や日本人のDNAといったものが存在すると想定し，そうした神髄が文化の「不変の本質」としてすべてを規定する究極の決定要因になっているなどとみなすような場合が該当する。

　こうした過度に単純化した文化の捉え方は，「文化本質主義」と呼ばれる。文化本質主義はしばしばロマンティックに文化を神秘化して文化を何らかの神髄によって規定し尽くされた不変固定なものと捉えがちである。しかし，それでは文化が時空間を越えて伝播しやすく，異種の文化とも混合し可変的である，といった文化の重要な特徴を把握し損ねてしまう。エンゲルの研究は，そうした問題の多い文化本質主義とは違って，インド伝来の仏教がタイ北部で時代に応じてどのように受容されてきたのかその変化を描き出すなかで，文化が伝播しやすく異種の文化とも混合し可変的であることをしっかりと把握している。

【4】　有用な手引き

　以上のように，グローバル化が進むなかで霊やカルマが民事訴訟率にどのような影響を与えているのかを解き明かした奇抜な内容だけが，エンゲルの研究の目を引くところではない。これまでの学説史を踏まえると，法意識や法文化という言葉の使い分け方や，文化の捉え方などに関しても，参考になるところが多い。したがって，法意識や法文化に関する世界的な研究潮流を理解し，その現在の到達水準を具体的に知る上で，エンゲルの研究は有用な手引きとなる。

▶ §3＿　日本での研究成果

▶▶1＿　古典的な研究

　では，世界から日本に目を転じてみると，法意識や法文化に関して，日本ではど

のような注目すべき研究成果があるのだろうか。これについては**09講**と**30講**も参照してほしい。

【1】　日本人の法意識

1967年に出版された川島武宜の『日本人の法意識』（岩波書店）は，日本に関する法意識や法文化をテーマとする研究として，海外でもよく引用・参照されてきた。まさに古典的な研究といえる。そのため，批判も含めて非常に数多くの文献で取り上げられてきた。

川島によれば，日本では伝統的に権利という意識が明確には存在しなかったため権利主張もあまりなされず，だから人口比でみて弁護士数も民事訴訟件数も欧米諸国に比べて著しく少ないと考えられる。とはいえ，近代化が進むと伝統的な意識も克服されて，いずれ欧米諸国のようになると予測できるという。

こうした川島の説明は，要するに日本の伝統といった文化的な要因を重視するものだと受け取られて文化要因説や法文化説と呼びならわされるようになった。また，付随して，法意識や法文化とはどのように定義でき測定方法はどうなるのかといった議論や，法意識・法文化は可変的であるとしても不変の要素もなかにはあるのではないかといったような議論が，日本法社会学会などで繰り広げられるようになった。

【2】　批判

他方で，川島の説明に対しては，次のような批判が向けられてきた。

①　そもそも民事訴訟の件数を確認すると，明治維新直後はその後のどの時期よりはるかに件数が多いし，現在でも依然として西欧諸国に比べて件数は顕著に少ないままである。つまり，近代化とともに伝統的な意識が薄れ訴訟件数が増加するといった川島が想定したような事態は生じていない。したがって，訴訟件数の経年変化という統計データを参照すると，伝統といった文化的な要因が訴訟件数を規定しているとは考えられない。

②　また，日本で訴訟件数が少ないのは，ADR（Alternative Dispute Resolution ＝ 裁判外紛争解決。**07講**参照）などと比べて訴訟にかかる各種のコスト（弁護士費用などの経費や判決が出るまでの時間を含む）の負担が大きいからだと考えられる。つまり，弁護士数の少なさも含めて訴訟が利用しづらいという制度の不備に問題があると理解できる。

③　しかも，訴訟が市民にとって利用しやすいと，訴訟によって政策の実施を妨げられる（司法を通して政治や行政が牽制される）ので，政治や行政のエリートによって制度の不備は放置され現状維持が図られてきたと考えられる。したがって，訴訟件数の少なさは制度の問題として説明できるので，意識や文化を説明要因として持ち出す必要はない。

こうした一連の批判は，訴訟件数の少なさを主に制度の不備といった要因に求めるので，制度要因説や制度説などとも呼ばれてきた。

▶▶2＿ 現在の到達水準

　以上のような見解の違いは，文化説 vs. 制度説といった枠組で把握され，長年に渡って日本の法社会学における重要なトピックとなってきた。そのような研究潮流のなかで，現在の到達水準を示す指標となるのが，尾﨑一郎と馬場健一の間で行われた論争である。尾﨑－馬場論争では，日本の民事訴訟率を説明する上で，はたして法文化のような文化的要因を考慮に入れる必要があるのかどうかが論点となった。

【1】　不要説

　諸外国はともかくとして，少なくとも日本の民事訴訟率の低さを説明するにあたって，文化的要因を持ち出す必要性はあまりないと主張するのが馬場健一である（馬場2019）。というのも，馬場によれば，様々なデータを用いて検証すると，法曹人口の少なさや法律扶助の乏しさといった司法に関係する諸制度のキャパシティの小ささが，訴訟率の低さをもたらす重要な要因となっていると理解できるからである。また，司法に関係する諸制度は，明治以来の行政国家化や法曹内部の利害対立を反映しつつ政治的に決定されてきた政治過程の産物なので，その社会のメンバーにとって自明で自然なことといったようなニュアンスを伴いがちな文化という言葉を持ち出すと，諸制度のキャパシティがその時々の政治的力関係や利害調整によって決められてきた（したがって実は変革の余地がある）ことを覆い隠す恐れがあるからである。このような馬場の考え方は，文化のあり方ではなく制度のあり方を要因として重視するので，制度説に該当する。

【2】　必要説

　他方で，制度のあり方が重要な要因であることは認めつつも，エンゲルの研究が示すとおり，文化は多様な要素の複合から成り立ち制度もまた文化を構成する要素の一つとして把握できるから，文化説と制度説は対立しないと主張するのが尾﨑一郎である（尾﨑2019）。しかも，制度説のように制度だけに着目するのではなく，視野をもっと広げて制度を含む文化全体を考慮に入れることの意義は大きいと，尾﨑は主張している。つまり，文化的な要因を考慮に入れる必要があると考えている。というのも，巨視的に文化全体を考慮に入れると，思想（和の重視）と行動（訴訟回避傾向）と制度（弁護士不足）が連鎖し相互に強化しあって複合することで，一貫性のあるパターンが恒常的に維持され続けている（訴訟率が年単位で乱高下を繰り返したりはしない）マクロなメカニズムを見出せるようになるからである。

▶▶3＿ さらなる研究の発展に向けて

　さいごに，尾﨑－馬場論争を踏まえて，さらなる研究の発展をもたらすために，ささやかながらも試論を示しておこう。

【1】　多様なパターンを把握できるか

　馬場のように文化的な要因は不要と考え，もっぱら制度的な要因だけで説明していこうと徹底的に一元化を進めていくアプローチは，つきつめていくと制度決定論に陥る危険性があるのではないかと考えられる。ここでいう制度決定論とは，諸制度が利用しやすい状況になればただちに人々は利用するようになるし，利用しづらい状況になれば人々は利用しないようになるという見方をさしている。つまり，人々の訴訟利用／不利用の選択は，主に制度に規定されており自発的に選択している余地などあまりないとみなす捉え方である。

　たしかにそのように捉えても，現時点では，日本の訴訟率は十分に説明できるのかもしれない。しかし，エンゲルの研究が示すように，訴訟制度が利用しやすくなっても，その制度以外の要因（たとえば宗教の影響）によってかえって訴訟率が低下するパターンも地域・時代によってはみられる。したがって，制度決定論に突き進むような一元化のアプローチは通用する範囲が限られ，制度的要因以外が作用する多様なパターンを把握し損ない，さらなる研究の発展を妨げる恐れがある。

【2】　多元的な要因を把握できるか

　また，フリードマンが法文化という言葉を使用するのは，人々がどのような考えから法を利用する／しないを選択しているのかを把握するためであった。つまり，人々の選択を左右する要因は多元的でありうるから，幅広く包括できる便利な言葉として文化が持ち出されていた。そこには，制度決定論のような単一要因決定論を避け，多元的な要因をなるべく広く射程に入れようとする志向がある。

　そうした志向は，社会学の泰斗タルコット・パーソンズ（Talcott Parsons）に由来する（文化的要因に関して必要説に立つ尾﨑も同様である）。パーソンズは次のように非決定論的で多元性を重視した文化の捉え方をしている。人間は自分が置かれた状況に対して何も考えずただ単純に決まりきった反応をするだけの決定づけられた動物などではない。他の動物と違って言語や記号といったシンボル（表現手段）を高度に駆使する人間は，自発的に未だ見ぬ状況すら精巧に空想・構想して現在の状況をより望ましいものにつくりかえようと（成功するかどうかはともかく）努めてきた。そうした人間ならではの思考やその産物（つまり制度も含めて自然には存在しない人工的なもの）こそ文化なのであり，どの地域どの時代でも多種多様な文化が様々な個人・集団によって産出され続けてきた。

　したがって，文化的な要因は人間の豊かな可能性やその思考の内実をしっかりと把握するために考慮に入れる必要があるのであり，制度決定論に突き進むような一元化のアプローチでは，人々の行為選択について乏しい認識しかもてなくなる。実際，人々が訴えないという選択をするのは，合理的な選択を妨げる被害のトラウマなど多種多様な要因が複合的に作用していることを示すエンゲルのまた別の研究

（エンゲル2016）もあり，制度だけにしか着目しない捉え方は研究の発展可能性を閉ざしてしまう。

　したがって，制度的要因が重要であるのは間違いないとしても，もっと視野を広げて様々な文化的要因（とそれらの複合の仕方）を射程に入れておくことが，さらなる研究の発展のためには必要であり続けると考えられる。

【参考文献】

上石圭一（2018）「民事訴訟にはどのような種類があって，どのように行われるのか」宮澤節生・武蔵勝宏・上石圭一・菅野昌史・大塚浩・平山真理『ブリッジブック法システム入門――法社会学的アプローチ〔第4版〕』信山社，198-219頁

エンゲル，デイヴィッド・M（2016）（久保秀雄抄訳）「何が不法行為法の敷居を高くしているのか――権利主張が希少であることを説明する」西田英一・山本顯治編『振舞いとしての法――知と臨床の法社会学』法律文化社，64-87頁

尾﨑一郎（2019）「紛争行動／法使用行動と法文化について」松本尚子編『法文化（歴史・比較・情報）叢書⑰――法を使う／紛争文化』国際書院，231-249頁

川島武宜（1967）『日本人の法意識』岩波書店

木下麻奈子（2006）「法心理学からみた〈法意識〉」和田仁孝編『法社会学』法律文化社，81-103頁

久保秀雄（2009）「法意識の文化的解釈――『訴訟回避』と『神義論』」角田猛之・石田慎一郎編『グローバル世界の法文化――法学・人類学からのアプローチ』福村出版，197-220頁

久保秀雄（2006）「法と文化」和田仁孝編『法社会学』法律文化社，229-259頁

高橋裕（2009）「法文化 legal culture の概念と法社会学研究におけるその位置――英国法社会学の議論を中心に」法社会学71号171-187頁

パーソンズ，T（1991）（丸山哲央訳）『文化システム論』ミネルヴァ書房（原著は1961年）

馬場健一（2019）「低訴訟率を捉える視点――折衷でも循環でもなく（尾﨑論文へのコメント）」松本尚子編『法文化（歴史・比較・情報）叢書⑰――法を使う／紛争文化』国際書院，251-264頁

フェルドマン，エリック・A（2003）（山下篤子訳）『日本における権利のかたち――権利意識の歴史と発展』現代人文社

Engel, David and Jaruwan S. Engel（2010）*Tort, Custom, and Karma: Globalization and Legal Consciousness in Thailand*, Stanford University Press.

【久保秀雄】

05 講＿ 紛 争 ....

▶ §1＿ 「紛争」への法社会学の接近の仕方

　法律家の主な仕事は紛争処理である。たとえば弁護士は，賃貸借契約が終了したのに賃借人が家屋から出て行ってくれないとか，加害者の運転する自動車にぶつけられて大けがをしたというような相談を受ける。そこで弁護士は，習得した法律学の知識により紛争の処理を試みる。ここで，法律学は紛争状態を解消する規範的な秩序を示すのである。民事訴訟制度の目的も，同様の発想でとらえられてきた。社会には，たとえ制定法が整備されていないとしても，人々の利害は衝突して，不可避的に紛争が発生する。それを放置しておいては安定した社会生活をおくることができなくなる。そこで社会は自然と紛争を解決する仕組みとして裁判を生み出した。したがって，民事訴訟制度の目的は紛争解決なのである。こうして，紛争は解決されなければならない社会現象であり，法や民事訴訟は紛争を解決する制度であるということになる。

　たしかにこうしたとらえ方は，紛争のある特徴を的確にとらえている。しかし，法社会学では，これとは少し異なる観点から紛争にアプローチする議論もある。前述のような法律学の紛争に対する見方は，秩序は正常な状態で紛争は異常で病理的な現象とみているが，紛争は活力ある社会を形成するために不可欠の積極的な要素ではないか。したがって，紛争は解決されるべきものと信じ込むことにも問題がある。当事者の紛争行動をみると，たとえ裁判がなされても，紛争は完全に解消してしまうということはない。仮に判決が確定しても，当事者間の社会的関係としては，依然として何らかの形で紛争が継続し，場合によっては紛争が激化することもある。これは，社会における実態から紛争をみていこうとする法の人類学からきた議論である。

　そして，人類学的な議論は，紛争研究においてもう一つ重要な知見を提供している。紛争当事者の紛争行動に着目して，社会に発生する紛争のなかに法を見出そうとしたのである。人類学者のE・A・ホーベル（Edward Adamson Hoebel），M・グラックマン（Max Gluckman），P・ボハナン（Paul Bohannan）らは，制定法のない部族社会において，紛争とその処理事例を検討することによって，当該部族の法や紛争処理手続を明らかにしようとしてきた。紛争は，法とは何かを探求する入口でもあっ

たのである。じっさい，紛争が発生すると，紛争当事者は，むき出しの利益主張の
みを行うということはあまりなく，多くの場合，自分の利益主張が正当であるとい
う理由も述べる。紛争当事者は，紛争において法を援用するのである。

　法社会学における近年の紛争研究は，こうした観点から，とりわけ民事紛争領域
を中心に重要な知見を提供し，大きな潮流をつくりあげている。そこで，本節では，
当事者の紛争行動を中心とした紛争研究を概観するが，さしあたりそれには，人々
の状況に対する意味づけとそれへの対処の必要性も含めて考える樫村志郎の紛争定
義からはじめるのが有益であろう。樫村は「紛争」ではなく「もめごと」という用
語を使うのであるが，それによると「もめごと」は，①小さな出来事から成り立ち，
②それらの出来事の収拾がつかない状態にあって放置できず，③その収拾は面倒で，
その状態を管理するには技術・努力が必要である，そういう状況であるとされてい
る（樫村1989）。以下では，紛争にはこのような基本的な捉え方の違いもあることも
意識しながら，紛争についてなされてきた議論をみてみよう。

▶§2__「紛争」はどのように議論されてきたか

　紛争は法社会学にとって重要なテーマの1つである。それでは，紛争はどのよう
に議論されてきたのだろうか。紛争の定義でみたように，紛争当事者にとって，紛
争は放置できず，管理するのに技術・努力が必要な事態である。したがって，紛争
は，それを管理しようという紛争当事者の行動がすでに視野に入ってくる。すなわ
ち，紛争は紛争処理と密接な関係にあるといえる。そこで，紛争現象を解明するの
に，特定の紛争処理機関を対象単位として，その作動や機能を分析しようとする方
法と，紛争当事者の紛争行動の展開過程に注目して紛争を対象とするという方法と，
2つの可能性がありうる。前者を機関志向アプローチ，後者を過程志向アプローチ
とよぶことができる。両者は排他的ではないし，それぞれの強みもあるが，ここでは，
近年，広く採用されている，紛争当事者の認知や紛争行動を軸に，相手方との社会
関係の変容過程を視野に入れて紛争を分析する過程志向アプローチを概観する。

▶▶1__ 紛争の展開モデル

　過程志向アプローチは，紛争を社会的実践過程としてとらえる。紛争という社会
的実践は，展開していくプロセスとして分析的にモデル化が試みられる。そして，
その過程に様々な要因が複合的かつ動態的に影響しているとする。

　よく参照されるW・フェルスティナー（William L. F. Felstiner）らの紛争の展開モ
デルは，おもに紛争当事者の認知の変容を軸に組み立てられている。紛争当事者が，

何らかの利益を侵害されたことから紛争は起こってくる。しかし，利益を侵害されていても，そのことに気がつかない人もいる。アスベストが飛び散る劣悪な労働環境で作業に従事していた従業員の多くが，肺気腫を発症していても，それは偶然に起こった病気であると思っていれば，紛争にはならない。こうした状態は「未認知侵害経験」とよばれている。しかし，当事者が，自分が侵害されていると気づいたならば，この事態は何らかの対処をしなければならない問題として意識されるかもしれない。自分が侵害されていると気づいた状態は「既認知侵害経験」とされている。当事者のこの認知の変容はネーミング（naming）といわれている。

　次に，当事者が自分の利益が侵害されたと気づいたとして，それはいったい誰によってなされたのかが問題となる。駐車しておいた自家用車のボディーがへこまされているが，誰にぶつけられたのか分からなければ対処のしようがない。ここで，帰責主体である相手方が誰なのか特定できれば，不満をぶつける先がはっきりする。このように，当事者が自分の利益侵害が誰によって引き起こされているのかを特定するようになる認知の変容はブレーミング（blaming）といわれている。

　誰によって利益侵害が引き起こされたのかが認識されても，紛争当事者は必ずしもその問題を相手方に伝えるとはかぎらない。それは，侵害された利益は問題にするほどではないと考えるからかもしれないし，これからの相手方との関係を考えてがまんするということかもしれない。しかし，紛争当事者が，加害相手方に対し，自分が被った利益侵害について救済を求めれば，事態はさらに展開する。明示的に，相手方が問題を認識し，対応を求められることになるのである。この変容はクレーミング（claiming）といわれている。この当事者からの請求が相手方から拒絶されたとき，両者の対立が顕在化して「紛争」となる。

　この三段階の展開モデルをもとに，和田安弘は，さらにその連続線の上に交渉を位置づけて，それと並行して当事者が調停や仲裁，訴訟といった第三者機関へと紛争処理を持ち込むような展開をつけ加える（和田安弘1994）。また，村山眞維・濱野亮は，こうした紛争の展開モデルを想定しながらも，ここでの利益侵害や救済請求をそのまま法的に構成されたものであるとは考えずに，紛争を法的コミュニケーションに乗せるには法律に基づく請求をおこなうことが必要である（それを「法の主題化」とよんでいる），とする（村山・濱野2019）。このように，紛争の展開モデルは，それをふまえて論者の関心から精緻化がはかられている。

▶▶2＿ 紛争と交渉

　当事者間の利害対立が顕在化した紛争は，多くの場合，そこから当事者間での調整に向かう。つまり当事者間で合意へ向けた話し合いである交渉がおこなわれる。したがって，紛争とあわせて交渉についても論じられることがある。紛争から連続

して展開する交渉については，実践の指針と，やはり交渉の展開モデルとが議論されてきた。

交渉実践の指針としては，R・フィッシャー（Roger Fisher）とW・ユーリー（William Ury）によるハーバード流交渉術の原則立脚型交渉が優れた交渉論として絶大な影響力をもっている。原則立脚型交渉の特徴は，通常は対立当事者間の利害調整は限られた資源の奪い合いとみるところ，表面上は対立しているようでも当事者はそれぞれ満たそうと思っている欲求は異なっており，双方の欲求を満たす解決をつくりだすことは可能だと考える点にある。当事者それぞれが求めている利益を相互に知ることで，交渉の余地が広がるのである。そうした交渉を実現するために，原則立脚型交渉では，「人と問題を切り離せ」「立場でなく利害に焦点をあてよ」「複数の選択肢を用意せよ」「客観的基準を強調せよ」という指針をたてるのである。原則立脚型交渉は，交渉理論だけでなく，交渉教育論や交渉促進型調停論などでも参照されている。

他方，交渉についても分析的な展開モデルが提示されている。P・ガリヴァー（Philip Gulliver）は，交渉過程を「発展的モデル」と「循環的モデル」とが重層化したプロセスとしてとらえている。紛争と連続した交渉過程は，合意による処理を目指すのであるが，そのプロセスは諸段階を発展的に進んでいく。この「発展的モデル」は次のように説明される。まず当事者が自分に有利な場を選択しようとする「交渉の場の探索」からはじまり，それから「交渉議題の確定」が行われる。交渉は，最初のころは双方が最大限の要求を行う「相違点の強調」の段階から，相互間の差異を縮減していく「相違点の縮小」へ向かう。交渉の終盤，「最終的取引の予備的準備」で残された争点を明確化するなど最終的合意のための諸条件を整えつつ，「最終的取引」に入る。合意が形成されると，握手のような象徴的な確認行為による「結果の儀礼化」がなされる。最後は，「結果の実行」で終わるのである。他方，「循環的モデル」は，この発展的に進行する各段階で，双方当事者は相互に情報交換することで，各自の優先順位の変更がおこり，そこから戦略的決定を行っていくというプロセスを反復・循環しながら交渉はすすんでいくとする。ガリヴァーによる交渉の重層的プロセス論を手がかりに，和田仁孝は規範による制御という観点から交渉過程を分析している。また，守屋明は，ガリヴァーの交渉論をふまえて当事者間の交渉を中心としたより包括的な紛争処理過程の把握を試みている（守屋1995）。

▶▶3＿ 紛争処理

ここでは，紛争を紛争処理と関連づけて，しかし紛争処理機関よりは紛争自体を分析の単位とする過程志向アプローチの紛争研究をみてきた。紛争をダイナミックに展開していく現象としてとらえると，つねにではないにしても，それはすでに交

図表05_1 裁判を中心とした紛争処理

相 対 交 渉 (和 解)

行政相談 消費者相談

仲裁 調停

裁判

汲 上げ ➤ ➤ 波 及 ➤

訴訟上の和解

オムブズマン

(出所) 小島武司 (1984) 360頁。

渉という紛争処理とスムーズにつながっていくものであった。しかし, 紛争処理の
手段は交渉に限定されるわけではない。それでは, 紛争は, 交渉以外にどのような
紛争処理へと向かうのだろうか。

　社会には様々な紛争処理機関が設営されているが, 各機関が採用する紛争処理方
式に着目すると,「訴訟」,「仲裁」,「調停」,「相談」など複数のタイプのものがあ
る (図表05_1参照)。訴訟は, 一方当事者の申立てによって開始され, 法専門職であ
る裁判官が, 整序された手続をへて, 最終的に強制的な解決規準を示す紛争処理で
ある。仲裁は, 当事者双方が, 紛争が生じたときに第三者の裁定に委ねることをあ
らかじめ合意している場合に, その第三者が仲裁判断をおこなう紛争処理である。
調停は, 中立的な第三者が, 当事者双方の合意をえて, 当事者間の合意へ向けた対
話を援助する紛争処理である。そして, 相談は, 当事者が専門家から情報提供を受
けたり助言を求めたりする紛争処理である。紛争研究は, こうした紛争処理との関
係で, 個々の紛争処理機関に焦点をあてた研究を蓄積してきているが, それに加え
て次の二つの特徴的な知見を提供している。

　第1に, これら複数の紛争処理の位置づけについて議論がなされている。その1
つは, 裁判と裁判外の紛争処理との関係を, 紛争解決規準が裁判から裁判外の紛争
処理へと波及していくという側面と, それとは逆の裁判外の紛争処理から裁判へと
汲み上げられていく側面とがあるとして, 裁判を中心に説明するものである (図表
05_1)。このような裁判を中心においた見方に対して, 紛争解決規準よりも紛争処
理手続をより重視して, 裁判も様々な紛争処理手続のなかの1つにすぎないとする

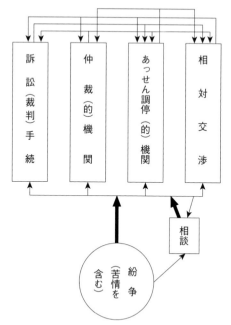

図表05_2　さまざまな紛争処理手続の流れ

（出所）　井上・三井（1988）16頁。

見解が主張されている。この議論は，紛争当事者の紛争行動の観点から多様な紛争処理機構を位置づけようとするものであり，たとえば紛争当事者は相談などを経て訴訟に紛争を持ち込んだとしても，訴訟と同時に訴訟の外で交渉などほかの紛争処理手段を活用したり，訴訟が終了したあとでもほかの調停機関に持ち込んだりすることがあるとする（図表05_2参照）。

　第2に，機関以外の手段による紛争処理として，「回避（avoidance）」の重要性が指摘されている。生活の場における人々の関係の紐帯が弛緩している現代都市社会では，紛争当事者は，訴訟や調停によるよりも，相手方との関係を完全に断ってしまう「回避」という手段のほうが紛争処理のコストは低い。なぜならば，現代都市社会では，調停が機能する前提となる人々の共通経験がなくなりつつあり，また訴訟を利用するには弁護士に依頼することで生じる費用および時間のコストを考えなければならない。他方で，親族関係，友人関係，職場，居住地など人々が取り結ぶ関係の流動性が高まっていることから，多くの紛争当事者が相手方との接触を断つことは容易で，回避を選択しているというのである。

▶▶**4** __ 紛争と秩序の統合理論

　これまでみてきた過程志向アプローチは，紛争当事者の紛争行動に着目した，紛争がどのように展開していくのかをとらえるのに有効な理解枠組みといえる。しかし，この過程志向アプローチは，それにとどまらず，このミクロな研究ともつながる，よりマクロな紛争と秩序とを統一的に把握する理論にも及んでいる。それでは，過程志向アプローチは，どのように紛争と秩序とを統一的に把握するのだろうか。ここでは，棚瀬孝雄の個人の役割過程に着目した理論をみてみよう（棚瀬1992）。

　人々は規範を内面化しており，それによって行為選択が統制されている。つまり人々の動機づけは規範構造化されているのである。だから，人々があつまる社会には秩序が成立する。しかしまた，規範秩序の背後には人々の実質的な利害があり，この実質的な利害が規範秩序をつくりかえていくこともある。社会は，このような秩序と紛争の緊張関係のなかで動態的にとらえられる。この秩序と紛争をともに個人の社会的行為レベルに集約するのが役割概念である。役割というのは規範秩序の最小単位であり，一方で，役割によって個人の行為に方向性が与えられ，社会構造が再生産され，他方で，個人の欲求充足が社会秩序を流動化させ，新たな役割規範を構造化していくのである。このように役割は，社会から個人，そして個人から社会へという二方向の力が交錯する社会的な結節点となっている。

　さらに，この役割においては，個人が遂行するその役割ごとに対応する役割パートナーがおり，その役割パートナーからの働きかけが想定される。人は社会において様々な役割を担っているのだから，複数の役割パートナーからの両立しがたい複数の要求に対処しなければならず，現実は不安定なものなのである。そして，この役割パートナーとの相互作用は，たがいに，相手方の期待にそうような行為をすることで利益をえるように遂行されていく。ここに，役割は個別の相互作用のなかで，不安定性を内包し，流動していく可能性が説明されるのである。

　紛争過程とはその「役割」の変更過程である。すなわち，そこには，役割関係を安定化させるメカニズムが働いてはいるが，役割遂行への動機づけが弱まって役割緊張が生じることがある。役割緊張は，一方で役割変更を伴わずに処理されることもあるけれども，他方ではその役割緊張を表面化して，従来の役割内容を修正・変更することで解消されたりもする。この後者こそ紛争過程なのである。そして，紛争処理は，個人の行為が役割の安定・緊張・再調整のメカニズムを通して展開していく過程として理解されるのである。

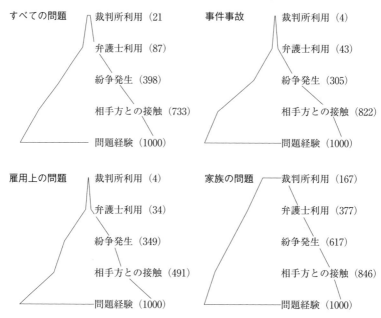

図表05_3　紛争のピラミッド

注）　図表中の数字は問題経験者を1000人とした場合の人数。
（出所）　村山・濱野（2019）70頁。

▶§3＿「紛争」をめぐる日本の特徴

　わが国において，当事者の紛争行動に焦点をあてた研究は，事例分析などでもおこなわれており豊かな知見を提供しているが，「紛争」をめぐる日本の特徴を知るには，まず2003年〜2008年に実施された「民事紛争全国調査」に基づく研究が重要である。この研究は，わが国の人々の問題経験から紛争の発生，様々な相談機関の利用，訴訟の提起から終結まで，紛争過程全体の実情を定量的なデータに即して明らかにしようとしたものである。その内容は，主として法意識と問題経験・問題処理行動を対象とした紛争行動調査，主としてトラブル経験者の相談行動を対象とする法使用行動調査，主として訴訟当事者とその弁護士代理人の行動を対象とする訴訟行動調査の3つから構成されている。ここでは，本講に関連する紛争行動調査と法使用行動調査に基づく研究成果の一部をみてみよう（図表05_3参照）。

　紛争行動調査が実施した調査表調査では，過去5年に，日常生活上の法律問題を経験した人は，有効回答者の18.9％（2343人）であった。まず人々が経験している

トラブル類型は，問題経験者の多い順に，「事件・事故」，「隣人関係」，「商品・サービス」，「雇用・就業の問題」，「家族・親族の問題」，「金銭貸借」などというようになっている。さて，問題経験をした紛争当事者は，その後，どのような行動をとるのだろうか。紛争経験者のうち，約73％が相手方と接触し，そこで48％が主張の食い違いから紛争へと発展する。裁判所の利用までいたる紛争経験者は5％程度である。こうして，紛争行動の展開がすすむにしたがって，行動をとった人の割合は減少していく。

しかし，紛争の展開に応じた減少の割合はどのようなトラブルでも同様というわけではない。問題類型によって，増減がでてくるのである。たとえば，問題類型が「事件・事故」の場合，問題経験後に相手方と接触する割合は大きいが，そこから主張の食い違いが生じる割合は小さくなっている。他方で，問題類型が「雇用・就業の問題」の場合，まず問題経験後に相手方と接触する割合が小さく，相手方と接触したのちはそこから主張の食い違いが生じる割合は大きいのである。また，こうした当事者の紛争処理行動には，過去に裁判所を利用した経験があるかどうかが大きく影響している。過去の裁判所利用経験は，裁判所の使用を促す要因となっているのである。

法使用行動調査の質問票調査では，過去5年に，法律問題になりそうな紛争の経験者が助言や支援を求めて様々な機関を探索し利用する行動の実態を明らかにしている。こちらは有効回答者5330人の34.7％（1850人）が紛争経験者であった。そのなかで経験者の比率の高い紛争類型は，「架空請求などの通信」，「騒音などの近隣」，「交通事故などの事故犯罪」，「商品・サービス」などであった。次に紛争経験者の利用の多い相談機関は，「警察」，「保険会社」，「消費生活センター」，「弁護士」，「自治体の担当部署での相談」および「自治体の法律相談」である。紛争経験者の相談機関の探索においても，紛争類型によって相談行動が変わってくる。たとえば，事件事故の場合，人々は警察や保険会社に接触し，家族の場合，人々は弁護士等の法律専門機関に接触する傾向がみられる。

紛争経験者が，複数の相談機関を渡り歩くかどうかをみてみると，第1番目の相談機関利用は515件，第2番目の相談機関利用は135件，第3番目の相談機関利用は41件と，やはり減少していく。そして，第1番目の機関としては，警察（31.5％），消費生活センター（10.9％），保険会社（10.7％）が上位を占めていたのに対して，第2番目の機関としては，保険会社（17.8％），弁護士・弁護士事務所（17.8％）が上位に，さらに第3番目の機関としては弁護士・弁護士事務所（14.6％），自治体の法律相談（12.2％），自治体の担当部署相談（12.2％），裁判所での相談（12.2％）が上位にきている。紛争経験者の相談機関への接触は，とうぜん順番がうしろになるほど件数は少なくなっていき，法律専門機関への接触の比率が増えていく。

以上では，紛争当事者の紛争行動を主軸にした紛争の展開モデルに基づいて設計された日本の民事紛争全国調査の成果からごく一部の知見をみてきた。わが国において，法的紛争になりそうな問題を経験している人々の割合，どのような紛争経験が多くみられるのか，その紛争行動にはどのような特徴があるのかなどについて，データに基づいて経験的に明らかにしているのである。

▶§4__「紛争」研究のその他の広がり

さて，本講では，近年，大きな潮流となっている，「紛争」の動態的な過程志向アプローチに焦点をしぼってみてきた。ここでみてきた展開モデルは，わが国の「紛争」に関する定量的な経験的研究の枠組としても活用され，大きな成果をだしてきている。しかし，法社会学の「紛争」研究は，それにとどまらず，ここでみることのできなかった分野，方法，理論にも幅広くおよんでいる。そこで最後に，紛争についてさらに理解を深めるために，少しばかりそのさきの道標を示しておきたい。

第1に，本文で紹介した紛争研究の著書，論文は参考文献にあげているので，原典を読んでほしい。本講では，紛争研究について「過程志向アプローチ」という視点から圧縮して整理することにより，重要ではあるが，それぞれの部分のみしかふれることができなかった。個々の文献で，紛争がどのような関心からどのようなことがらと関連させて議論されているのかを読んでもらいたい。そうすることで，「紛争」はここで切り取ったイメージは異なる相貌をみせるであろう。

第2に，ここでは近年広く共有されてきた紛争研究を紹介してきた。しかし，ここでふれることができなかった1980年代以前も，紛争は法社会学にとって重要テーマの一つであり，研究の蓄積がある。本節が紹介できなかった紛争研究については，とくに千葉（1980）および樫村（1998）が幅広く的確な整理を行っている。過程志向アプローチが普及する以前は，どのような角度から紛争が論じられていたのかを知ることができるであろう。

第3に，ここで紹介することのできなかった定性的なデータをもちいた過程志向アプローチの紛争研究にもあたってほしい。たとえば，人々が日常の中で遂行している行為の合理性を紛争および紛争処理という状況において明らかにしようとする樫村（1989），地域社会で自治体を巻き込んだ住民の法使用紛争行動を分析する阿部（2002），法以外の高度な専門知識を必要とするような訴訟における紛争処理のあり方を検討する渡辺（2018）などがある。本講の冒頭で，紛争および紛争処理のなかに，法人類学・法社会学は「法」を見いだしてきたことにふれた。個別の紛争事例に分け入っていく定性的な経験的研究では，この「使われる」法を具体的に明

らかにしていく。法はどのように「使われる」のか，法はどのように「機能する」のか，そこではどのような社会的要因が作用しているのか，ということが探求されている。そして，これらの研究は，「法とは何なのか」という問いへと連なっていく。過程志向アプローチのふくらみとさらなる魅力を感じられる領域である。

《参考文献》
阿部昌樹(2002)『ローカルな法秩序──法と交錯する共同性』勁草書房
井上治典・三井誠(1988)『裁判と市民生活』日本放送出版協会
太田勝造・野村美明編(2005)『交渉ケースブック』商事法務
樫村志郎(1989)『「もめごと」の法社会学』弘文堂
樫村志郎(1998)「裁判外紛争」日本法社会学会編『法社会学の新地平』有斐閣，85-95頁
樫村志郎・武士俣敦編(2010)『トラブル経験と相談行動』東京大学出版会
川島武宜編(1972)『法社会学講座第1巻──法社会学の形成』岩波書店
小島武司(1984)「紛争処理制度の全体構造」小島武司・萩原金美編『講座民事訴訟①──民事紛争と訴訟』弘文堂，355-380頁
棚瀬孝雄(1992)『紛争と裁判の法社会学』法律文化社
千葉正士(1980)『法と紛争』三省堂
松村良之・村山眞維編(2010)『法意識と紛争行動』東京大学出版会
村山眞維・濱野亮(2019)『法社会学〔第3版〕』有斐閣
守屋明(1995)『紛争処理の法理論──交渉と裁判のダイナミズム』悠々社
和田安弘(1994)『法と紛争の社会学』世界思想社
和田仁孝(1994)『民事紛争処理論』信山社
渡辺千原(2018)『訴訟と専門知』日本評論社

【仁木恒夫】

06 講__ 法律相談 ....

▶§1__ 法社会学における「法律相談」の主題化

▶▶1__「法律相談」と法社会学

法的サービスは一般に,「法律相談」という法専門職（相談担当者）と一般市民（相談者）間の対面的な相互行為を通じて提供される。法律相談の提供機関としては,法律事務所,弁護士会,日本司法支援センター,行政機関,裁判所,警察,司法書士・行政書士・税理士・社会保険労務士・土地家屋調査士などの隣接法律職とその専門職団体があり,その形態としては,有料／無料で行われるもの,常設のもの／アドホックなもの,法的紛争の未然防止に重点を置くもの（予防法務）／事後的な処理に重点を置くもの（臨床法務）,私的コンサルティングを目的とするもの／社会的な被害救済を目的とするもの,といったバラエティが存在する。また,法律相談の機能としては,法的正義の実現と強化,社会的問題の発見と測定,定型的な法律問題へのサービスの供与,市民からの法専門職へのアクセスの拡大と維持,法専門職種間での相互交流やサービスの総合化,といった多様性がある,と言われる。

わたしたちの社会において,「相談」という形式で法的問題処理を行うパターンが普遍的に存在するとすれば,法律相談が法的紛争処理システムの中で担いうる役割,機能,プロセスを解明することは,重要な法社会学的課題といえよう。

ところが,法社会学の領域において,「法律相談」という主題は必ずしも独立した現象として重視されてこなかった。その証拠に,日本で1970年代前半に公刊された川島武宜編『法社会学講座〔全10巻〕』（岩波書店）を参照してみよう。同講座において,紛争を処理する手続として中心的にとりあげられているのは,「裁判」および「準裁判」（裁判以外の裁定や,裁定に準ずる第三者の介在による紛争処理手続）であり,「法律相談」への言及は,——同講座所収の「裁判所外の紛争解決」を主題とした論稿においてさえも——ほとんどみられない。

もちろん,「相談業務は,すべての弁護士業務のアルファーでありオメガでもある」といった言葉に象徴されるように,諸外国においては,法律相談が弁護士をはじめとする法専門職にとって実務上必要不可欠なローヤリングの一環であるとの認識から,法律相談の面接技術に関する議論が古くから積み重ねられてきた。とはいえ,法律相談が「法社会学」の領域において主題化されるに至るには,以下でみる

ように，1980年代後半以降の法社会学におけるいくつかの理論的・方法論的発展を経る必要があったと考えられる。

▶▶2＿「法律相談」という主題の発見と視角

「法律相談」という現象は，とりわけ1990年代後半以降，自覚的に主題化されるようになる。もっとも，それ以前に「法律相談」現象をとりあげた法社会学的研究がなかったわけではないが，それらの研究は，法律相談の内在的理解を目指すものではなかった。

その例として，1970年代前半のある研究においては，警視庁の「家事相談」の制度に目が向けられているが，それは「国家が民事紛争処理の方法として用意している民事調停ないし家事調停の制度および民事裁判の機能を，いわば先取りする」ものとして，「国家権力によるサンクション」との関連で注視されるに留まっている。また，別の研究においては，「法律相談所」が，法律の与える権利を主張すべきだという一般的価値を身に着ける場でなく，実用的な知識を得るための簡易安価な機関として機能していることが明らかにされているが，そこでは，「法律相談」への視角が，裁判所外の紛争処理過程における「法」浸透の程度を測定するため，あるいは，紛争が公式法手続（特に，裁判手続）への接触に至る規定因子を探究するための一部としてのみ扱われているに過ぎない。

法社会学研究における「法律相談」主題の発見・確立は，大きく分けて次の3つの系統のアプローチのもとで行われたと推測できる。

第1の系統は，法専門職の規範的あり方を実践的水準——法専門職と相談者（一般市民）間のコミュニケーションの位相——において再定位すべく，法律相談の「技法」を検証・提唱しようとするアプローチである（法専門職の「技法」に焦点を合わせたアプローチ）。本アプローチの確立は，1980年代以降の「紛争」研究（→**05**講参照）・「弁護士」研究（→**19**講参照）の展開に伴い，理論的には，研究者の関心が，社会構造の変化（紛争の多様化・個人主義化）およびポストモダニズムの影響下で，「法専門職（の権力性）に対する批判」と「一般市民の主体性の尊重」を重視する視点に鼓舞されたこと，方法論的には，研究対象が「制度機関」「紛争過程メカニズム」から「ローカルな法実践のサイト」へと移行し，「法律相談（という実践サイト）」を法社会学の主題として採用する研究基盤が整備されたこと，による。

第2の系統は，第1の系統に大きな示唆を受けつつも，法律相談が，法専門職と相談者間のコミュニケーション過程（相互行為）であるという側面を前面に押し出し，その社会学的・心理学的構造やダイナミズムをより直截に観察・分析しようとするアプローチである（法専門職と相談者間の「会話／認知」に焦点を合わせたアプローチ）。第1のアプローチの展開以降，法社会学において法律相談がコミュニケーション現

象であるとの認識は共有されていたが，それに関する実証的研究は必ずしも多くない状況であった。ところが，1990年代後半以降，エスノメソドロジー・会話分析（→**03**講参照）等の質的方法論の発展や社会心理学・認知心理学等の心理学的手法の導入により，法を「コミュニケーション（相互行為）」として経験的に分析する手法が彫琢され，本アプローチに一定の進展がみられるようになる。第2のアプローチの特徴は，第1のアプローチの理論化の前提（法専門職の権威性等）を問い，実際の法律相談のコミュニケーション過程それ自体を，法専門職と相談者間の「会話」ないし「認知」の構造・プロセスのダイナミズムの中で追及しようとした点にある。

　第3の系統は，法律相談が，一般市民の法律問題ないし潜在的に法的なトラブルへの「対処行動」である側面に着目し，社会における人々の法律相談行動をめぐる現象を観察・分析しようとするアプローチである（トラブル当事者の「行動」に焦点を合わせたアプローチ）。1980年代以降に本格化した「司法アクセス」研究の展開（→**08**講参照）の中で，各種法律相談が，一般市民にとっての「司法への重要なアクセスポイント」の1つとして把捉されるようになった。すなわち，法律問題に直面した市民が容易に相談機関を利用できることと，相談機関で適切なサービスが提供されることが，法の適正な作用と正義の実現に深い関わりを持つとの認識が高まり，その結果，「法律相談」における法的サービスの利用および質の理論的・経験的検討自体が，法社会学における喫緊の課題と認知されるに至ったのである。

　次節では，「法律相談」をめぐる法社会学的研究の動向を，便宜的に以上の3つのアプローチに区分して概説することにしたい（紙幅の制約上，日本の法社会学的研究の紹介を中心とする）。

▶§2＿「法律相談」をめぐる法社会学的研究の動向

▶▶1＿法専門職の「技法」に焦点を合わせたアプローチ

　日本の法社会学において「法律相談」主題化の大きな動因となった研究の1つは，1990年代初めに提起された，和田仁孝の「第三者関与の実効化メカニズム」に関する議論である。和田は，現代社会において第三者による法的援助が真に実効的なものとなるためには，紛争当事者の「主体性発現ニーズ」と「専門情報ニーズ」の両方の充足が必要であると主張した。その具体的方策（技法）として，第三者が「当事者に話をさせ，かつ関心を持って聞くこと」（傾聴／共感）が重要であるとの理論的指摘を行い，1990年代中頃には，現代に適合的な法専門家モデルとして「カウンセラー的な法専門家モデル（「関係志向的モデル」）」を提唱した（→**19**講参照）。

　こうした法専門職役割論の理論的精査および当時のアメリカの議論状況（「相談者

中心主義の法律相談モデル」およびその発展系である「協同的問題解決モデル」の提唱）を踏まえつつ，相談者中心的なカウンセリングの考え方を「法律相談」の理念・技法に導入する研究が登場する。2000年代初頭には，法律相談を従来型の「リーガル・コンサルテーション（情報提供型の法律相談）」ではなく「リーガル・カウンセリング（自立的判断型の法律相談）」として捉える視角が明確に打ち出され（菅原・下山編2002），その後，リーガル・カウンセリングを実践するためのコミュニケーション技法が具体的に提示されるに至った（中村・和田2006等を参照）。

　本アプローチ固有の意義は，法社会学研究において「相談者の視点（一般市民の主体性／ニーズ／納得／満足）」を重視するという基本路線を確立し，また，その視角を理論的水準（法専門職役割論）から実践的水準（法技法論）へと昇華させた点にある。また，本アプローチは，相談者への援助を目的として面接技法を発達させてきた「臨床心理学・カウンセリング論」の知見を摂取する傾向にあり，その意味で，法律相談研究における学際的研究の意義を高めたといえる。

　もっとも，こうしたアプローチに対しては，いくつかの懸念が示されている。弁護士の相談スタイルの変更には，カウンセリング技法の修習のみでは足りず大きな意識変革が必要であると指摘する中村（2004）のほか，傾聴技法の過度の理想化に対する懐疑を経験的に示し，法律相談活動を「法専門職単体」の活動と捉えることの限界（ひいては，法専門職と補助職との協働）を訴える議論が提示されている。

　加えて，本アプローチは，法律相談のうち，初回／対面式／民事分野／弁護士を構成要素とする場面を研究対象にする傾向が強く，その点でも，限定的なものとなっている（ただし，同様の傾向は，次の第2・第3のアプローチでもみられる）。

▶▶2＿ 法専門職と相談者間の「会話／認知」に焦点を合わせたアプローチ

　1990年代後半以降，相談担当者（法専門職）と相談者の相互作用としての「法的コミュニケーション」を実証分析の対象に据え，法律相談研究に重要な貢献を行ったのが，エスノメソドロジー・会話分析の手法に基づく諸研究である（→03講参照）。これらの研究においては，法律相談を「発話交換システム」として捉える視角が呈示され，法律相談という社会的相互行為の詳細を，実際の法律相談の会話（会話データのトランスクリプト）に即して示すというアプローチが展開された（樫村1996をはじめとする樫村志郎の一連の研究，北村2019等を参照）。このアプローチは，法律相談の「規範的構造」ないし「秩序」の全体像のなかで，法律相談の相互行為（コミュニケーション）自体がどのように達成されていくのかを問うものである。具体的には，法律相談における「問題定式化」，「相談者と助言者のアイデンティティ」，「相互理解」等の諸現象を中心に，相談担当者・相談者たちが「法律相談」という特有の推論枠組みや制度的課題に志向し合うことによって，まさに当の行為を「法律相談として」実現

している方法論を明らかにしていった。

こうした研究とはやや異なる角度から，法律相談のコミュニケーション過程に光を当てる貴重な研究として，認知心理学の手法に基づくそれがある。例えば，木下（2004）は，人々の「認知構造」および「認知プロセス」に着目して，弁護士および相談者が事案を理解し判断を行う際の「価値」や「判断基準」を抽出し，弁護士と相談者の意思決定のプロセスにおける異同およびその要因（事案の相対化の度合い／弁護士業務への理解）を解析した。

以上の諸研究の多くが，1回の法律相談の中の1部分を扱うものであったところ，2000年代後半には，グラウンデッド・セオリー・アプローチ（→03講参照）に依拠して，1回の法律相談全体を総合的に解明しようする研究が登場する。原田（2009）は，専門職と相談者の「発言カテゴリー」の連鎖に着目しながら，日常相談と法律相談の比較に基づき専門的相談の特徴を析出するとともに，法律相談の相互行為に内在する機能を摘示して，「問題解決」と深く結びついた法律相談の特徴および専門知識の介在によって生じる問題を浮き彫りにした。

以上のような，「コミュニケーション（相互行為）」のダイナミズムそれ自体を分析対象とする法律相談研究は，より広義には，法的（専門的）知識・共有知識の伝達や対立処理の実践的基盤を解明するものであり，その意味で，他の専門職や法的場面（交渉，ADR，裁判）の解明にも資するものである。

▶▶3__ トラブル当事者の「行動」に焦点を合わせたアプローチ

司法アクセス改革のインパクトの測定は，法社会学上の重要な課題である。1990年代前後に，日本弁護士連合会をはじめとする実務界から法律相談制度への関心が高まり，司法過疎対策として法律相談制度を全国に設置する運動が展開された（→08講参照）。2000年代初めには，このような諸施策の開始・実施が，個人の法意識・法律相談行動に対して与えた「影響・効果」の検証を試みる研究が現れ，法律相談センターや公設法律事務所の設置が，地域における（潜在的）トラブル当事者の相談への期待ないし法律相談意識を高めること等が例証された。

こうした研究においては，法律相談を「地域社会への寄与」として捉える視点が潜在的に示されていたが，その後の研究において，当該視点はさらに明確化・強調されるようになる。その際の中心的概念は，法律相談システム間の「ネットワーク」であった。樫村（2006）は，警察，市役所，県の出張所等の機関が相互にネットワークを組んで問題を処理する現象を「相談者ネットワーク」の形成という角度から捉え，法律相談等が地域に組み込まれることで，法律相談システム間の連携や問題解決パターンが変化することを究明した。その後，この相談者ネットワークが問題類型ごとに形成される現象が見られることが指摘され，地域における相談者ネット

ワークの一般的意義および相談者ネットワークにおける地元の諸機関と法専門職の相補的・互酬的役割分担が考究されるようになる。さらには、「相談者ネットワーク」概念の洗練化を図り、法的支援供給者や関連する問題処理のために連携や協同して問題解決を行う専門的助言者のネットワークを、地域社会の総体的機能・現象として「法的支援ネットワーク」(吉岡2013: 20頁) と定義したうえで、ネットワークの構造・動態性自体をエスノグラフィー (→**03**講参照) により追究する研究も登場した。こうして、トラブル当事者の法律相談行動に作用する社会的環境・構造の法社会学的分析が推進された。

2000年代半ばには、「紛争行動調査」「法使用行動調査」「訴訟行動調査」から成る大規模サーベイ調査 (「法化社会における紛争処理と民事司法 (科学研究費特定領域研究)」) をはじめとして、各種法律相談行動の発生・展開・終結・評価を問う研究が活発に行われ始める (樫村・武士俣編2010等を参照)。日本では、1970年代後半頃より、一般市民の法律問題経験とその対処行動 (相談機関の使用行動) を対象とする調査・分析がいくつか行われていたが、上述の大規模サーベイ調査では、相談行動の多様性とダイナミックな展開を的確に描写すべく、「相談行動」「相談先」といった基礎概念の理論化が図られており、法社会学的価値が高い。

この調査では、現代の法律相談行動に関する有益な知見がいくつか得られた。例えば、「相談行動の有無や相談機関先の分布状況」(→**05**講参照)、「各種 (法律) 相談行動の規定要因」——相談行動には「トラブルの属性」が重要な影響を及ぼすこと／身近な人々への相談および地元における専門家・専門機関の存在(社会的ネットワーク) が相談行動を促進すること／初回の相談行動での相談機関の選択がその後の相談行動に大きな影響を及ぼすこと——などである。初回の相談機関の規定要因が相談機関の類型 (司法型／行政型／民間型) によって異なることも明らかにされた。

また、「相談機関の評価」については、「消費生活センター・保険会社の評価の高さ／自治体法律相談・自治体の担当部署の評価の低さ」といった個別的知見に加え、相談機関の有益性評価・満足度に影響を及ぼすのが「知識」要因以上に「コミュニケーション」的要因であり、その評価の際には、「結果に基づく評価」とともに「期待に基づく評価」が行われている、との一般的知見も得られている。

現在、日本においては、本大規模サーベイ調査の後続調査 (「超高齢社会における紛争経験と司法政策」(科学研究費基盤研究 (S)) が完了し、本格的な分析作業が進められている。ここ数十年の社会変動を踏まえた「法律相談行動」研究の更なる進展が見込まれよう。

▶§3__「法律相談」をめぐる日本社会の特徴

　前節で説明した第1・第2の系統のアプローチにおいて，日本と諸外国の法律相談研究を比較し，日本社会の特徴を析出した研究はほとんどみられない。そこで，本節では，第3のアプローチに照準を合わせ，日本社会の特徴を概観することにしたい。

▶▶1__相談機関

　日本における法的紛争処理の特徴として，かねてより，「相談制度」が紛争解決に大きな役割・機能を果たしていること，特に行政型相談機関の助言が多種多様な形で広く行われていること（司法機関の脆弱性／行政機関の優位性）が指摘され，その文化的・政策的要因が議論されてきた。ただし，これらの議論は専ら，印象論のレベルに留まるか，日本の法律相談（行動）のみを分析対象にした説明に過ぎず，国際比較分析を基礎とするものではなかった。

　この点の検証を一部試みたのが，村山眞維である。村山（2008; 2009）は，「紛争行動調査」（日本: 2005年），「司法への途（Paths to Justice）」（英国: 1996～1999年），「民事訴訟研究計画（Civil Litigation Research Project）」（米国: 1980年）の大規模サーベイ調査を基に日英米比較を行い，①日本においては，法律問題経験者の主な相談先が「行政型機関」であり，「司法型機関」の利用割合がほぼ一貫して極めて小さいこと，また②問題類型ごとに相談機関のタコツボ化という現象がみられること（例えば，最初に行政機関に相談した場合，そこから弁護士への相談につながる可能性は極めて低いといった傾向があること）等を実証した。ここから，法律相談における「行政機関の優位性」自体は，日本社会の特徴として一定程度，証左されたといえよう。

　他方，同研究において，紛争が発生した際の問題処理行動のパターンにつき，国の違いよりも問題類型の違いの方が大きく，かつ，日本では，第三者相談機関に相談した人の割合が全体として少ない（日本社会の紛争処理において「相談機関」が果たしている役割はそれほど大きくない）との観察が示されたことには，注意が必要である。すなわち，日本においては，とりわけ「相談」というシステムが紛争処理に大きな機能・役割を果たしている，との通例的見解が排斥される可能性もある。加えて，日本では，行政型相談機関利用者の多くが2回目の相談行動をとっており，行政型相談機関の問題解決能力は高くないとの指摘もある。したがって，先述の「行政機関の優位性」も，量的側面に限定される可能性があろう。この点，日本の法律相談の一般的特徴は，法的助言の提供というより「準備的な法的助言」として理解することが適当との見解があり，この見解を支持するデータとして解釈する余地があり

うる。

▶▶2__ 相談行動の規定要因

　専門の相談機関・専門家への相談行動の規定要因については，諸外国の既存調査と日本の「法使用行動調査」（2006年）との一部比較により，日本社会に特有の（データの）性質が明らかにされている（樫村・武士俣編2010）。具体的には，①諸外国では，社会経済的・階層的地位（学歴・世帯所得等）と相談行動との有意な相関が確認されるが，日本では確認されないこと，②諸外国では，裁判所への信頼が肯定的である場合に相談の増加が確認されるが，日本では援助信頼意識や裁判公平意識が相談に及ぼす有意な影響は確認されないこと，③諸外国では，女性は男性よりも積極的に相談機関や弁護士への相談行動をとるとの報告もあるが，日本ではそれとは矛盾する結果であったこと，などが確認されている。

　さらに，専門の相談機関・専門家のうち，「弁護士」への相談行動の規定要因については，村山（2009）が詳細な分析を加えている。それによれば，諸外国においては「法についての知識（過去の法律の勉強経験，法律に関わる仕事をした経験等）」が相談行動への有意な相関をもつが，日本においては有意な相関をもたず，法に関わる社会的資本（法律家とのコネクション，同一地域の居住年数等）が有意に相関しているに過ぎない。村山は，この現象について，日本における弁護士への相談（・依頼）は，弁護士と市民間の相互不安を軽減する「人的な信頼」を媒介する，といった日本特有のパターンとして結論づけている。

　以上のような日本社会（データ）の様相が，果たして日本社会の特徴であるのか，それとも，諸外国と日本の調査との調査設計・調査時期／分析手法の相違によるものなのか，についてはなお慎重な検討が必要であろう。また，日本社会の特徴であるとして，そうした特徴が生じる要因は何であるのかといった諸点については，今後の更なる社会学的分析がまたれる。

▶§4__「法律相談」研究の展望

▶▶1__ 近年の潮流

　以上，「法律相談」をめぐる日本の法社会学的研究を簡単に俯瞰してきた。近年の法律相談研究は，以上の先行する研究に大きな刺激を受けつつ，以下の新たな動向を生み出している。

　1つは，第1のアプローチにおいて提示された「リーガル・カウンセリング」論の実践的帰結を社会学的に解明しようとする試みである。この試みは，法律相談の

技法それ自体を主題とするのでなく，技法を学習した法専門職がそれらをいかに認識・実践し，いかなる効果を生んでいるか，に焦点を当てる（山田2016）。すなわち，法社会学の領域において提案された理論（技法論）の効果を経験的に解明するという，いわば「法社会学理論の法社会学」としての方向性を志向するものである。

2つは，第1・第2のアプローチの統合的バージョンとも言うべきもので，（模擬）法律相談場面を，「ビデオ・エスノグラフィー」という方法論を基礎に非言語的コミュニケーションまで含めて詳細に可視化し，さらに，当該ビデオデータを用いて，法律相談の参与者および研究者の共同による振り返り（リフレクション）を実行する，という試みである（その到達点として，樫田他2020）。この試みは，法律相談の相互行為分析の豊穣化とともに，（潜在的）法専門職の「感受性」を涵養して「新しい専門職的知識や専門職的慣習の創造」を企図するものであり，「法社会学研究」と「法専門職教育」の相互浸透・相互循環を意図的に推進する，新たな研究・教育手法として注目される。

3つは，第3のアプローチの展開に洞察をうけつつ，地域司法の文脈で用いられてきた「相談者／法的支援ネットワーク」概念を拡張させ，量的・質的調査の両面から法律相談行動を解明しようとする試みである。例えば，山口（2020）は，高齢者という年代属性に焦点を当て，かつ，先行研究では分断される傾向にあった「相談者」「法専門家」「他の関係者」の視点を有機的に統合したうえで，トラブル当事者の法律相談アクセス／ネットワークを混合研究法（→03講参照）により分析する研究を展開している（→27講参照）。

4つは，従来の3つのアプローチとは一線を画し，法律相談という制度ないし仕組みの史的展開を追究する試みである。高橋（2021）は，この作業を通じて，日本社会における西欧的実定法制度の社会的定着の度合いを検討しようとするものであり，法律相談研究と（ウェーバーやルーマン（→01講・02講参照）の）法の理論的研究との接合を図る新しい枠組みを提供している。

▶▶2＿＿今後の課題

こうした近年の潮流を踏まえるとき，法律相談研究の主要な課題として2つを挙げることができる。第1に，法律相談研究は，法実務ないし法政策との結びつきをより一層推し進めていくことが推測される。とするならば，今後は，①法律相談研究の対象として看過されてきた，継続相談／オンライン方式（インターネット・電話等による相談）／刑事・行政分野／弁護士以外の法専門職を構成要素とする法律相談を研究の射程におさめるとともに，②「法律相談研究の成果」とそれを踏まえた「法実践」の動態的関係をより注意深くみていく必要があるだろう。

第2に，法律相談研究の基本的傾向として，法の理論的研究との接合が手薄であ

るように見受けられる。今後は、「法律相談」それ自体についての知見以上に、「法」「紛争」「当事者」といった現象（概念用法）の知見獲得を指向する研究の蓄積が肝要となろう。「法律相談」の解明は，「法」／「法」の適用対象としての「紛争」／適用主体としての「法律相談利用者・提供者・関与者」の社会学的・理論的理解の増進に資するはずである。この点をより意識した研究を深化させるならば、「法律相談」研究は，今後も法社会学研究上の重要なテーマであり続けるであろう。

《参考文献》

樫田美雄・北村隆憲・米田憲市・岡田光弘(2020)「弁護士はいかに相談者の「表情を読む」か――ビデオ・エスノグラフィーによる法的コミュニケーション研究の意義」東海法学59号27-46頁

樫村志郎(1996)「法律相談における協調と対抗」棚瀬孝雄編『紛争処理と合意――法と正義の新たなパラダイムを求めて』ミネルヴァ書房，209-234頁

樫村志郎(2006)「『司法過疎』とは何か――大量調査と事例調査を通じて」林信夫・佐藤岩夫編『法の生成と民法の体系――無償行為論・法過程論・民法体系論』創文社，417-462頁

樫村志郎・武士俣敦編(2010)『トラブル経験と相談行動』東京大学出版会

木下麻奈子(2004)「弁護士・相談者間における意思決定プロセス――多重債務問題を題材として」法社会学61号8-23頁

北村隆憲(2019)「法律相談のコミュニケーションを分析する――全体構造組織と相互理解の技法」東海法学56号81-129頁

菅原郁夫・下山晴彦編(2002)『〔現代のエスプリ415号〕21世紀の法律相談――リーガルカウンセリングの試み』至文堂

高橋裕(2021)「日本における法律相談の源流」仲裁とADR16号10-18頁

中村芳彦(2004)「相談業務と弁護士」和田仁孝・佐藤彰一編『弁護士活動を問い直す』商事法務，227-253頁

中村芳彦・和田仁孝(2006)『リーガル・カウンセリングの技法』法律文化社

原田杏子(2009)『専門職としての相談援助活動』東京大学出版会

村山眞維(2008)「問題経験と問題処理行動の国際比較――日米英のデータから」伊藤眞・大村雅彦・春日偉知郎・加藤新太郎・松本博之編『民事司法の法理と政策(下)』商事法務，1119-1149頁

村山眞維(2009)「わが国における弁護士利用パターンの特徴――法化社会における紛争処理と民事司法：国際比較を交えて」法社会学70号23-46頁

山口絢(2020)『高齢者のための法的支援――法律相談へのアクセスと専門機関の役割』東京大学出版会

山田恵子(2016)「リーガル・カウンセリング論の再文脈化」西田英一・山本顯治編『振舞いとしての法――知と臨床の法社会学』法律文化社，151-171頁

吉岡すずか(2013)『法的支援ネットワーク――地域滞在型調査(エスノグラフィー)による考察』信山社

【山田恵子】

07 講__ 裁判外紛争解決 ....

▶ **§1__「裁判外紛争解決」をどのようにとらえるか**

　裁判外紛争解決（Alternative Dispute Resolution，以下ADR）とは，裁判以外の紛争解決手続全般を指す用語である。代表的な手続としては，調停（mediation）がある。ADRが，指す範囲は，文脈によって異なる。かつては，ADRには仲裁を含む場合が多かったが，近年は含まない用語法が多い。他の手続としては，中立人評価（neutral evaluation），オンブズパーソンなどがある。

　ADRの分類方法としては，機関の性質に着目して，司法型，行政型，民間型に分ける方法もある。司法型の例としては，民事調停，家事調停，労働審判法上の調停がある。行政型としては，国民生活センター，個別労働紛争解決手続，建設工事紛争審査会，労働委員会，公害等調整委員会，原子力損害賠償紛争解決センターがある。民間型には，弁護士会，司法書士会，土地家屋調査士会などの士業団体が行うものと，証券・金融商品あっせん相談センターや家電PLセンターのような業界型がある。民間型のみが2004年に成立した「裁判外紛争解決手続の利用の促進に関する法律」（以下ADR法）の対象となる。公益財団法人交通事故紛争処理センターのように，ADR法上の認証を持たない機関も少なくない。ADR法は，弁護士以外の手続実施者が調停（和解の仲介）を行う場合に，弁護士助言の体制を持っていることなどの複数の要件を満たした上で，法務省から認証を受けるという仕組みになっている。文脈によって，ADRという用語を民間型の調停の意味で限定的に用いる場合もあるが，一般的とは言えないため，注意をしたい。

　紛争とは何かに関しては**05**講でも論じられているが，紛争を意味する言葉として，法学ではdisputeが一般的に使われるが，社会学などではconflictが用いられる場合が多い。意味は重なるが，disputeが1つ1つのケースを念頭に置いた言葉であるのに対して，conflictは，より広範な葛藤状態を指すという違いがある。disputeはbattle（個別の戦闘），conflictはwar（戦闘の連なりとしての戦争全体）に相当すると考えると分かりやすい。紛争解決（dispute resolution）とともに，紛争管理（conflict management）が，分野の研究領域を示す言葉として用いられる。紛争解決においては，事件（case）をどのように解決するかという枠組みで論じられるが，紛争管理においては，紛争予防，組織風土の改善などより幅広い文脈を視野に入れて議論される。

▶§2__「裁判外紛争解決」はどのように議論されてきたか

▶▶1__ 海外における議論

　ADRに関しては，ヨーロッパやアジア諸国などを含めて，米国における議論が基礎とされ発展している状況にある。米国でのADR発展の基礎としては，1976年のパウンド会議，あるいはその会議で出されたフランク・サンダー（Frank Sander）によるマルチドア・コートハウスの議論が参照されることが多い。モータリゼーションが進展し，交通事故などによる訴訟数が爆発的に増加していた1970年代の米国にあって，正義＝司法が機能しつづけるために，裁判する必要がない紛争については裁判以外の手続が用意されるべきだという発想があった。希少な裁判所資源を効率化し，混雑や遅延を防ぐ手段としてADRを活用する視点である（司法効率化説）。上からのADRと呼んでもよいであろう。

　一方，下からのADRという議論もあった。つまり，現状では，当事者ひとりひとりにとって，最適な紛争解決手続が必ずしも提供されていないという批判的な視点に基づき，当事者にとって，手続参加と自己決定の機会が十分に尊重され，充実した意味のある経験とするために，ADRを使っていくべきという考え方である。これがADRの存在意義として質的優位性を強調する立場につながっている（質的優位説）。特にコミュニティ調停の運動では，法律家ではない市民の調停人の進行のもと，両当事者がじっくり話しあいながら自主的に解決案を探すという手続モデルが形成され，直接民主主義としての意義が発見された。この当事者の手続満足度を重視する考えは，多様な手続プロセスが併存し健全に競争されることが望ましいという新自由主義的な立場からの共感も得た。こうして下からのADRを育成すべきという議論も広がりを持っている。

　上からのADRと，下からのADRでは，立場上の対立もあり，一種の緊張関係を生みつつ，しかし，共にADRに関わる制度整備推進のエンジンを果たしてきた。さらに，正義へのアクセス確保の手段としてADRは有力であるという立場もADR制度化における根拠となっている。

　逆に，ADRへの批判の立場も様々ある。影響力が最も大きいものの1つは，オーウェン・フィス（Owen Fiss）による和解批判であろう。フィスは，当事者にメリットをもたらす和解という宣伝文句にかかわらず，実態としてむしろ強者による弱者搾取が秘密裏に行われていると批判した。ただし，ADRへの批判自身も，ADR政策へと取り込まれ，むしろADRの発展に寄与したとも言える。公正性を失わせるタイプの事件は調停手続に乗せず，両当事者が十分な情報を得て，豊かな対話を行

い，明確な選択肢を得た上で，豊かな自己決定をなしうる場合にのみ，調停を実施するという政策が望ましいという見解が広がったのである。

1990年代以降にADR，特に調停（mediation）の取組みの拡大が米国においても，また，世界においても顕著であった。一部で混乱や停滞も見られたが，制度的および理論的な裏付けもある手続として，ほぼ定着してきていると言える。

世界で見れば，1990年代頃から英米法圏での調停の制度化が進み，2000年代からは大陸法圏でも欧州での調停の制度化が進んだ。EUでは，オーストリアなどの先行の後，各国における調停法制を要求した2008年の「民事及び商事の調停に関するEU指令」等を経て，各国で進展した。調停は，アジア，アフリカなどを含め，多くの国で，現代的な紛争解決手続の一角をなすとされるに至っている。その際に一般的に言って，アメリカの議論の影響が強いとは言えるが，政策実現過程は一様とは言えない。2018年に国連総会で，シンガポール調停条約が採択された。これは，国際的な商事調停により成立した和解合意に対して執行力を与える趣旨の法的枠組みである。国際社会における調停手続の重要性の高まりの1つの現れでもある。

▶▶2＿ 日本における議論

日本では，米国発祥の現代的なADRの議論よりずっと前からADRの利活用が行われている。近世・江戸期には内済が広く行われていた。明治期に入ってからも，民事訴訟法や民法ができる前に勧解手続が開始され，これもよく使われた。手続の柔軟性・略式性などに配慮し，公式の権威とつながりを持ち，さらに当事者意思を反映させられる場は有用であると古くから知られていたというべきである。アカウンタビリティを欠いたパターナリズムに過ぎないという批判はあるとは言え，現代的なADRとも通じる価値を認め得ると思われる。

理論的に位置づけを議論しつつ政策として導入されたのは，後の調停法の基礎ともなった，借地借家調停法（1922年）である。都市化が急速に進展し，社会法が注目されるようになった時代背景を受け，大衆社会の紛争を簡易かつ柔軟に実態に即して解決しようとする手続として立法された。この借地借家調停法が，翌1923年の関東大震災後の復興目的で大規模に活用された。穂積重遠，牧野英一，末弘厳太郎，鳩山秀夫らの東大法学部教授が調停委員として活動し，その実務経験に基づいた議論を展開している。特に，火災後に借家人が土地所有者に無断で建てた簡易住居に対して，土地所有者が建物取り壊しと明渡しを要求する紛争が多発し，こうした問題が調停で解決された。仮設住宅も提供されなかった当時である。即時の明渡し要求は権利濫用にあたるといった鳩山秀夫の議論もあったがまだ定着しておらず，法的には土地所有者の請求を認めるのが妥当であるという立場も根強かった。そのため，どのような理屈づけや態度でこうした事態に臨むべきか様々に立論がなされた。

たとえば，牧野英一は，通常時の不法占拠とは異なり，生存権が問題になっているために，土地所有者の請求を拒絶できると考えた。牧野はこの考えを敷衍し，非常時には一般の法律論を無視することができる場合があり，その手続として調停が活用できると考えた。この牧野の考え方は，戦時期の調停制度拡大局面において活用されたが，戦後になって力を失った。一方，穂積重遠は，調停においては，貸し手の貸したいニーズと，借り手の借りたいニーズを調整する方向で解決を模索することができると考えた。穂積流の抑制された調停観には派手さはないが，当事者ニーズを根拠に，現実的な調整を行う場として調停を見るという世界的に近年一般化した調停観を先取りしていたと言える。

戦後には，戦中期に拡大した調停法および，調停手続内での法的議論の軽視への反省や警戒が強くなった。とりわけ，佐々木吉男による議論は説得的であった。佐々木は，当事者と調停委員にアンケート調査を行い，両者の手続観のズレを明らかにした。すなわち，「円満な解決」を目指して双方の当事者が妥協するのが当然と考える調停委員に対し，当事者は，裁判同様の公正さを求めていたのである（調停裁判説）。この考え方は，双方の合意を探る機会としての調停合意説（小山昇を代表的な論者とする）に対立するものとされたが，戦後の調停に関する議論や政策に強い影響を与えた。たとえば，1974年に民事調停法・家事審判法の改正として行われた，調停委員の待遇改善・専門職調停委員の拡充は，その例示と言える。

戦後に設立された家庭裁判所では，戦中時の人事調停法を引き継いで拡充された家事審判法に基づく家事調停が手続の中心を担った。そこでは，手続の本質として，権利義務を明確にする司法機能と，当事者間の関係調整や当事者に向けた支援環境を整える福祉的機能（人間関係調整機能）の2つの機能の実現が必要とされた。米国の裁判所文化を見習って，事件毎の個別的な正義を追求すべきという理想主義が見られたのである。内藤頼博，市川四郎，近藤綸二らの家裁をリードする裁判官が，ソーシャルワーク理論も援用しつつ，積極的に議論を展開した。当時の重要な批判としては，磯野富士子・磯野誠一らによる峻別論（司法機能と福祉的機能を目的毎に手続を峻別すべきとする議論）がある。これは影響力を持ったが，政策としてそのまま現実化することはなかった。むしろ，1970年代以降福祉的機能への取組みが後退したとも言われる。

川島武宜は，『日本人の法意識』（川島1967）で権利義務関係をあいまいにする調停手続が，日本の市民社会が近代化する妨げだと批判した。川島のこの議論は国内外で広く知られている。ただし，川島には，家事調停制度のための主要な助言者という顔や，行政型ADRである建設工事紛争審査会のシステム設計者という顔，さらには弁護士会ADRの設立者となった原後山治への指導者という顔さえもあり，その態度は複雑である。

紛争研究を社会学的に基礎づけるための理論研究としては，千葉正士による先駆的な取り組みがあった。千葉は，ラルフ・ダーレンドルフ（Ralf Dahrendorf）やルイス・コーザー（Lewis Coser）の紛争論を援用し，紛争を社会における単なる病理や障害と見ず，肯定的な機能を有する点に着目することで，新しい研究分野が始まったと宣言した。棚瀬孝雄，樫村志郎，和田仁孝もそれぞれモノグラフをまとめている。

　1980年代以降，西欧の現代型のADR手続の影響を受けたADR論が日本でも論じられるようになった。小島武司による正義のプラネタリ・システム論は，この時期の代表的な議論である。裁判手続が太陽のように中心に位置し，仲裁が近傍，調停が中間的に位置し，交渉は遠方に位置するイメージである。多様な手続が，互いに影響を与えつつ共存しているという手続の多様性と，相互関連性を強調した議論であり，先述したサンダーによるマルチドア・コートハウスの考え方とも整合的な見方を提供した。また，1990年代には田中成明によって法の三類型（管理型法・自治型法・普遍主義型法）の枠組みが提案された。これはリーガリズムの弊害を強調しすぎて法システム基盤としての普遍主義型法（要件効果図式）が解体しないように，管理型法（目的手段図式）と自治型法（妥協的調整図式）をあくまで補助的な位置づけに留めるべきだという立論であった。自主的な紛争解決を妥協的調整と短絡する理解には疑問が残るが，法学者や法律実務家からの支持は強い。

　1990年代半ば以降，レビン小林久子，和田仁孝，稲葉一人らによって米国の調停トレーニングの方法論が紹介・翻案され，概念的なADR論ではない実践的な介入のあり方を直接議論できる道筋が示された。裁判官である草野芳郎が日本的な実践論として和解技術論をまとめたのもこの時期である。1990年の弁護士会仲裁センターの開始とともに，民間でのADR手続の可能性も議論された。

　2004年にADR法が成立し，同年に仲裁ADR法学会が設立された。この学会は，民事訴訟法学者，法社会学者，実務家が参加し，年に1度の学術大会と学術論文誌（『仲裁とADR』）の編さんを行っている。実践的な報告と学術的な報告がミックスされ，進展に寄与している。

▶§3＿「裁判外紛争解決」をめぐる日本（法・社会）の特徴

▶▶1＿裁判所が行う調停の存在感の大きさ／民間の小ささ／仲裁の小ささ

　前節で見たように，ADRは，世界よりもむしろ日本で実務，議論共に先行していた実態がある。しかし，そうであるがゆえに，国際的な議論からは切り離されており，諸外国の経験をうまく取り込むことができないでいる。しばしば，一周遅れのトップランナーとも言われるゆえんである。

さて，日本のADRでは，調停のみが使われ，他の手続はほとんど整備も利用も進んでいない。仲裁に関して，手続そのものは行政型および民間型で存在しているが，利用は低調である。

　また，調停に関しては，司法型の手続が件数的にも多数を占め，行政型はさほどではなく，民間型が少ない。

　司法型の調停としては，家事調停の利用は堅調であり，年間の申立件数は14万件を超え微増傾向と言える。2013年に批准した「国際的な子の奪取の民事上の側面に関する条約」（ハーグ条約）への対応の要請もあり，法曹関係者内でも調停の現代化・国際協調への要請が徐々に高まりつつあると言える。国内事件に関しても，家事調停の中でも面会交流に関わる事件数の近年の伸びが顕著であり，当事者意思を適切に反映できる方向での手続充実化が求められている。民事調停に関しては，特定調停の利用のピークであった2003年には60万件を超えるが，2016年には4万件を下回り，利用の低下傾向が顕著である。法的判断提示の強化などの取組みがあるが，低迷に歯止めはかかっていない。民事調停でも，地裁での医療や建築などの専門調停は一定の評価を得ている。司法制度改革で導入された労働審判は，3千件を超える程度で推移しており，定着した。利用者調査の結果も公表されているが，概ね好意的に見られている。事前に書面一括提出義務を課し，期日には口頭主義に徹して短期に結論を出す手続構造は，労働事件以外の民事一般の紛争解決手続の改良のために議論されてさえいる。

　行政型には様々な形態があり，それぞれの機関ごとに統計もなされている。たとえば，建設工事紛争審査会，労働委員会などは戦後すぐに作られた伝統ある行政型ADRであるが，利用件数はあまり多くない。公害等調整委員会は，委員会自身による調査機能を持つ強力な制度であるが，同様に近年の利用件数は多くない。福島原発の事故を受けて作られた，原子力損害賠償紛争解決センターは2021年3月現在で2万6千件を超える申立てを受け，少なくとも件数的にはかなりの事件を処理してきたと言える。社会問題が顕在化すると，行政型や監督官庁の指導を受けた民間型（業界型）のADR機関が作られるが，手続の秘密性もあり，制度改革が困難なまま存続しがちで，手続が割拠していくという傾向が見られる。

　民間型ADRは，全体として低調である。弁護士会と損害保険会社で運営される交通事故紛争を対象としたADRとして公益財団法人交通事故紛争処理センターと日弁連交通事故相談センターは1970年代に開始されたが，現在でも併せて年間1万件に近い申立件数を集め，比較的利用度が高く，民間型ADRの中では例外的な存在である。分野を限定しない一般的なADRセンターは，1990年に原後山治弁護士らによって設立された第二東京弁護士会仲裁センターが最初である。弁護士会ADRは，他の都道府県にも広がり，2021年7月末の時点で35弁護士会に設置され

ている。これは，裁判所や行政ではできない民間の活動としてADR運動を行うひ
とつの拠点となった。ただし，申立件数は弁護士会全体の合計で年間千件程度に留
まり，さほど大きな存在には育っていない。しかし，震災などの大規模災害後に，ユー
ザーフレンドリーな手続を迅速に準備し活用された震災ADR・災害ADRの実績も
蓄積されるなど，運動としてのADRへの取り組みの継続はある。2018年には，法
社会学研究者グループによる弁護士会ADR利用者調査結果が出版された（太田・垣
内編2018）。弁護士会内でのADRの位置づけはマイナーなものであったが，2013年
に批准したいわゆるハーグ条約（国際的な子の奪取の民事上の側面に関する条約）への
対応で，国内調停が外国の実務家と歩調を合わせて実務を行う必要が生まれている
など，弁護士会内でも調停・ADRの実務の近代化・現代化への要請が徐々に高ま
りつつあると言える。

　2000年代に入り，司法制度改革の一貫として，2004年にADR法が制定される。
弁護士以外の隣接法律職によるADRへの取組みが活発化し，弁護士以外が民間調
停を行う道が一応整備された。ADR法においては，手続の利用契約にあたって，
ADR機関が事前に十分な説明責任を負う点が明確化され，その意味において消費
者主権の考え方はより進展したとも一応言える。しかしながら，ADR法を契機と
してADRの利用促進が十分に進んだとは言いがたい。せっかく膨大な事務作業を
費やして作られた機関が，年間実施件数ゼロ件や1件といった乏しい活動実態に留
まっている場合が多く，ADR利用促進に有効な政策であったとは言いがたい。し
かし，ADRが専門分野として明確化された効果は認められるであろう。専門家実
務家団体として仲裁人協会が2005年に，ADRセンターの業界団体として日本ADR
協会が2010年に設立され，それぞれ普及や教育の活動を行っている。

　2018年に成立したシンガポール調停条約には，2023年10月に日本は参加署名を
行った。また，同条約への参加を前提として，2023年5月執行力付与を含む形で
ADR法が改正された。

　2020年のコロナ禍を受けて，調停手続のオンライン化が進展した。意欲的な非
認証機関では活用が進んだが，ADR認証機関において法務省への規則変更手続が
ブレーキになり，認証機関で一部を除き十分に拡がらなかったとも言われている。
ODR（Online Dispute Resolution オンライン紛争解決手続）への議論も急拡大した。

　組織内の紛争解決手続としては，医療分野で医療メディエーター（医療対話推進者）
の設置が進んだ（和田・中西2011）。これは，病院内の患者と医師や看護師のトラブ
ルについて，対話の場を調整する病院内の専門機関を言う。病院が設置するため，
構造的な中立性には欠けるが，アカウンタビリティのある対話の場づくりによって，
患者からも実質的な信頼を得て，トラブルの拡大を未然に防ぐ仕組みである。初期
の活動の成果が評価され，厚生労働省の正式な政策にも位置づけおよび財政的な基

礎も得て普及した。

　仲裁に関しては，国内仲裁はアドホック仲裁，機関仲裁共に不活性である。国際仲裁については，ユーザーとして日本企業が利用する場面はあってもシンガポールその他の外国の機関を使う場合が多いと言われている。仲裁地としての日本の位置づけをどうてこ入れしていくかが問題とされ，具体的な動きも見られ始めている。

▶▶2＿ 調停手続品質管理に関する規律の弱さ

　日本における調停手続は，その制度化が古い時代に行われたこともあり，調停制度を整備するに当たっては「人を得る」ことが重要という発想が強かった。これは，優秀な人物，完成された人物に任せればよいという考え方である。この発想によれば，調停人をトレーニングするとか，調停人行動規範を定義するという必要はない。実際，裁判所の調停委員にしても，弁護士会ADRのあっせん人候補者にしても，散発的な研修会はあるにせよ，制度的に裏付けのある体系的なトレーニングは存在せず，調停人任せというルースなマネジメントの実態が続いている。結果として，当事者の自己決定支援を中心的な役割とするグローバルスタンダードな調停とは呼べない，調停人によって当たり外れのある品質管理の程度が低い実情が改善されていないという批判がある。

▶▶3＿ 弁護士の職域問題（非弁問題）に関する見通しの悪さ

　ADRは当事者の私的自治の拡充による紛争解決手続であり，既存の専門家任せの手続への反省から出発しているのは，§2 ▶▶1で述べたとおりである。しかし，このことは，弁護士職業集団から見ると，市場が浸食される可能性を意味する。特に調停手続が，民間で，非法律家によって行えることへの弁護士会の警戒感は強い。ADR法という政治決着によって，非法律家が民間調停機関の調停人として活動するための，一定の制度化はなされたが端的に言って使い勝手が悪い。また，ADR法は，相談段階や交渉段階における非法律家の活動範囲を明確化しなかったため，正義へのアクセス拡充のためのイノベーションが生まれづらい状況を解消できていない。

▶§4＿「裁判外紛争解決」研究のこれから

▶▶1＿ 司法サービスの民営化か，紛争解決プロセスの多元化か

　ADR論のひとつのアングルには，伝統的に国に独占されていた司法サービスが，民間によっても担われるという一種の民営化論・規制緩和論という立場がある。こ

の立場で考えると，官僚的な司法が創意工夫に満ちた民営に置き換えて，よりユーザーフレンドリーなサービスが得られるという楽観的な思想が垣間見える。しかし，もともと国家が大きなコストをかけて運営する司法サービスは，一部の高額な紛争を除いて民間のビジネスベースにのるという性質のものではなく，実効的に稼働させるためには結局何らかの財政措置が必要となる。また，財政措置がなされた民営化には，傭兵化とも言うべきマイナス側面が生じうる。つまり，厳しいアカウンタビリティを逃れ，ブラックボックス化させる方向に流れがちになり，利用者及び社会にとって，かえってデメリットがある手続に陥るリスクがある。つまり，ADRが民間によって担われているというだけで直ちに優れた手続が提供されるという話は，理論的にも実際的にも成立しえない。

　むしろ，必ずしも根拠が明確ではない理由で固着している実務を，理念に立ち返って見直し，あるべき手続・サービスを構想できるかが重要である。民間であれ，行政型であれ，裁判所付設型であれ，新しい現場の創意工夫を思い切って試される必要がある。闊達に取り組める政策形成こそが求められている。その意味で民間型だけでなく，司法型，行政型をも含めた抜本的な改革が求められている。

　同時に，実務を具体的に見直す実践的な方法論，理論の発展も求められる。裁判所の既存の手続を模倣するだけでは，経験や運用上のノウハウの蓄積が乏しい分，むしろ劣った手続・サービスに留まらざるを得ない。当事者ニーズに合致した新しさがADRには常に求められるのである。

▶▶2＿ 伝統的パターナリズムを脱した新しいリーガル・プロフェッションの展開

　ADR，とりわけ現代型の当事者意思と対話を重視する調停は，単なるコミュニケーション上の技術というより，プロフェッションとしての法曹が一般の当事者にどう関わるかという関わり方の点で，パラダイムシフトをもたらした。たとえば，米国ではコラボラティブ・ローと呼ばれる非敵対的な弁護を前提とした交渉の実務が拡がっている。これは，代理人弁護士が訴訟代理を引き受けないという約束をし，友好的な対話に両弁護士が動機づけられた状況を作り出してから，具体的な交渉を行うスキームである。離婚や，ファミリービジネスなどで，相手当事者との関係の破壊を望まない利用者に受け入れられている。あるいは，紛争システムデザインと呼ばれる組織内の紛争解決手続の制度設計と運用についての一種のコンサルティングビジネスも拡がっている。これは，組織内の様々なステークホルダーと対話を進めながら，実効的で組織文化の改善にもつながる制度運用するにはどのようにデザインしていくかを考えるものである。これは，組織を対象としたメタレベルでの調停であるとも言われる。単に手続規則を整備するだけであるとか，あえて利用しづらく敷居を高く設定して，紛争の不在をアピールするといった不毛な制度構築では

なく，モラルハザードが起きづらい，正直で建設的な行動が報われる健康な組織づくりに資する目的を持っている。他には，コンフリクトコーチングと呼ばれる法律相談を越えた支援的な枠組みも提案され，活用されている。刑事分野では，修復的司法の文脈で重なりを持っている。修復的司法としては，2000年前半に，日本でもいくつかの動きとして取り組まれた被害者加害者調停だけでなく，島根あさひ社会復帰促進センターで2009年から継続している回復共同体（TC）を用いたプログラムも視野に入れて検討すべきである。教育分野では，児童自身が調停者となるピア・メディエーションの取組みが中学・高校を中心に拡がっている。

これらの活動は，すべて新しいリーガル・プロフェッションのあり方を前提としたものと言える。つまり，当事者に対して，当事者が知らない正しい知識を提供することで紛争解決を代行するという垂直的な関係性（＝伝統的なパターナリズムに基づく当事者専門家関係）を脱し，当事者と専門家が同じ水平面に立って，当事者自身の資源を活用しながら問題を解決したり状況を改善したりする方策を共に考えるという水平的な関係性（＝協働性に基づく当事者専門家関係）を前提とする。

日本におけるADRは，時代ごとの社会的要請に対して果たしてきた役割の大きさに比べて，法学者や法律実務家からの扱いは基本的に小さいものであり続けてきたが，司法の未来を考える確かな足がかりを生み出していると言えるだろう。

《参考文献》

入江秀晃（2013）『現代調停論』東京大学出版会

太田勝造・垣内秀介編（2018）「利用者からみたADRの現状と課題」法と実務14号77-302頁

樫村志郎（1997）『「もめごと」の法社会学』弘文堂

川島武宜（1967）『日本人の法意識』岩波書店

小島武司（1989）『調停と法』中央大学出版部

小山昇（1977）『民事調停法』有斐閣

佐々木吉男（1967）『増補 民事調停の研究』法律文化社

菅野和夫（2013）『労働審判制度の利用者調査：実証分析と提言』有斐閣

田中成明（1996）『現代社会と裁判——民事訴訟の位置と役割』弘文堂

棚瀬孝雄（1992）『紛争と裁判の法社会学』法律文化社

千葉正士（1980）『法と紛争』三省堂

第二東京弁護士会編（1997）『弁護士会仲裁の現状と展望』判例タイムズ社

山本和彦・山田文（2015）『ADR仲裁法［第2版］』日本評論社

レビン小林久子（1998）『調停者ハンドブック——調停の理念と技法』信山社

和田仁孝・中西淑美（2011）『医療メディエーション——コンフリクト・マネジメントへのナラティヴ・アプローチ』シーニュ

【入江秀晃】

08 講＿ 司法アクセス ....

▶§1＿ 司法アクセスという視点

　司法アクセスは，個人・企業・団体等にとっての裁判所手続の利用にとどまらず，弁護士，司法書士をはじめとする法律専門職による助言，交渉，代理，法的支援，ADR等の処理を含む様々なサービスの利用をめぐる問題として論じられてきた。ここでは，こうした法的サービスの提供機関・専門家を「法的サービス・プロバイダー」と総称する。司法アクセスの原語である "access to justice" は，直訳すれば「正義へのアクセス」となり，元来，正義や公正な社会の実現と深く結びついた考え方である。以下，本講では慣例に従い，司法アクセスと表記する。「司法アクセス」概念を用いた学問的研究は1970年代には存在しており（濱野2018, カペレッティ／ガース1981），それ以来，日本および世界の法社会学で重要なテーマとなってきている。

　権利主体にとって，権利行使や侵害に対する賠償請求が困難であれば，権利は実質的な意味を持たないものになろう。公正な社会が，社会を構成するすべての個人が十分に尊重される社会であるとすれば，実質的な権利行使がすべての人々に等しく可能であるかどうかは，社会的にも重要な問題である。

　本講では，弁護士，司法書士以外の，他の法律専門・支援職を含めて法的サービス・プロバイダーと広く捉え，司法アクセスに由来する諸現象，各々に対応する施策および研究を概説し，「司法アクセス」が単に法的サービス利用を意味する概念ではないことを示す。

▶§2＿ 司法アクセス拡充のための政策

▶▶1＿ 司法制度改革と司法アクセス
　司法アクセス障害の要因と言える諸現象は以前から個別には課題として取り上

げられていた。しかし，「司法アクセス」という包括的な政策課題として掲げられるようになったのは，2001年の司法制度改革審議会意見書以降であるといえよう。司法制度改革において，相談者のたらい回しの問題はないか，アクセスポイント間の情報共有が不十分ではないか，適切な振り分けを実施するための制度的工夫が必要ではないかといった課題に関連して，各種の相談機関の間での情報共有とネットワーク形成の必要性が議論された。司法制度改革推進本部（2001-2004年設置）での立法作業における「司法ネット」構想をめぐる議論を経て，「民事，刑事を問わず，あまねく全国において，法による紛争の解決に必要な情報やサービスの提供が受けられる社会を実現する」（総合法律支援法第2条）という理念のもと，2006年に政府全額出資による公的な法人として日本司法支援センター（通称：法テラス）が設立された。そして，法テラスによる情報提供業務が開始され，法制度情報と弁護士や司法書士等の専門職や関係機関に関する情報が国民に提供されるようになった。2019年度のサポートダイヤル（コールセンター）への問合わせ件数（電話・メール合計）は39万5100件であり，地方事務所への問い合わせ件数は20万333件である（日本司法支援センター2020）。

▶▶2　アクセス障害としての情報

　こうした動きの背景には，わが国に存在する複数の相談機関・法専門職の間の違いや必要な情報がどこにあるかわかりにくいことが，司法へのアクセス障害となる要因と捉えられてきたことがある。自治体において各種の法律相談が行政サービスの一環として無料で提供されており，市民にとって司法サービスへの重要なアクセスポイント（最初のステップである相談窓口）のひとつとなってきたは特徴的である。とりわけ，弁護士が少ない地域の住民にとってみれば，行政窓口は身近で重要なアクセスポイントということができる。相談窓口担当者の対応は，紛争処理を通じて，法システムのゲートキーピングないしケースのスクリーニング機能を果たしてきていたと考えられる。

　しかし，問題に直面した人にとって，最初にアクセスした相談機関が，最も適切な相談相手であるとは限らない。また，人々が抱えるさまざまな問題の内容によっては，法的処理による解決が相応しくない場合もあり，必要に応じて法律専門家ではない各種相談機関やその問題に合う支援者・専門家を紹介する必要があろう。相談者がたらい回しになることを防ぎ，可能な限り早い段階で最も適切な相談相手にたどりつけることが課題であった。

　なお，法テラスは，上記の情報提供のほかにも，後述する民事法律扶助業務，被疑者・被告人に対する国選弁護人の確保に関する業務，司法過疎対策業務，犯罪被害者支援業務をその本来業務（総合法律支援法30条1項）として実施しており，取り

扱う範囲は実に多岐にわたる。その他にも，災害援助や後述する「司法ソーシャルワーク」等を実施しており，多様な司法アクセス促進のための取組みを行っている。

▶▶3＿ コストとしての時間・費用

　以下では，その他の司法アクセス障害にかかる論点を整理しよう。まず，コストとしての時間については，特に訴訟の時間が司法へのアクセスをためらわせる要因と捉えられてきた。司法制度改革によって，裁判の迅速化に関する法律が2003年に施行され，最高裁判所は，迅速化に関する法律に基づく検証を総合的，客観的，多角的に進めるために，裁判の迅速化に係る検証に関する規則を定め，この規則に基づき検証報告書を公表してきている。民事第一審訴訟（過払い金等事件以外）全体の平均審理期間は，2000年は8.9月，2006年は8.3年，2012年は8.9月，2018年は9.1月と推移してきており，それほどは短縮化されているとは言えない（訴訟の時間については，09講も参照のこと）。

　当事者が訴訟を提起しようとしたときに障害となるものとして訴訟にかかる費用の問題もある。訴訟提起には裁判所に納める手数料（裁判費用）のほか，証人や鑑定人が出廷したときには，その日当や旅費等の費用（当事者費用）がかかる。これらを訴訟費用という。裁判費用のうち，申立手数料は，訴訟での請求金額（訴額）が高額になるにつれ高額になっていく。これらは原則として敗訴者が負担する（民事訴訟法61条）とはいえ，一時的には申立人が立て替えることになる。勝訴した場合も弁護士や司法書士に代理人を依頼した場合には，その費用の負担が必要になる。弁護士費用は自由化されているが，必ずしも安くはない。このことも訴訟の利用を思いとどまらせる要因として働くといえる。

　所得の少ない人々が民事上のトラブルを抱えた場合に司法へのアクセスを保障するための費用立替制度として，訴訟救助（民事訴訟法82条以下）と民事法律扶助（総合法律支援法）がある。

　訴訟救助は，資力の乏しい者でも，裁判を受ける権利を保障するため，裁判費用等の支払を猶予する制度である。「支払う資力がない者」，その支払いにより「生活に著しい支障を生じる者」に適用されるものであるが，勝訴の見込みがないとはいえないときに限られる。しかし，訴訟救助はほとんど利用されていないのが実情である。次にみる民事法律扶助との関係も不明確で，要件は同一なのに，一方で認められ，他方で認められないという例も見られる。

　民事法律扶助制度は，当初は，財団法人法律扶助協会が弁護士会や有志の寄付を運営の財源として運営していた。1958年度から法務省の補助金による援助が開始されたがその規模は依然として小さく，2000年の民事法律扶助法の制定により，国の責務として民事法律扶助事業が明記され，予算規模および対象件数は飛躍的に

拡大した。その後，2006年に法テラスが設立され，民事法律扶助業務は法テラスへ移管されることとなり現在に至る。民事法律扶助法制定時と比較すると，2019年度の民事法律扶助の利用件数は，法律相談援助件数は3万5505件から31万5085件，代理援助件数は2万98件から11万2237件，書類作成援助件数は163件から3309件と増加している（日本司法支援センター2020）。このように民事法律扶助の発展は刮目すべきものがあるが，細かな運用面の課題もある。とりわけ資力に乏しい人を対象としながら原則全額償還制であることは日本の民事法律扶助の最大の課題であろう。

　時間，訴訟費用のほか，弁護士費用や労力等もコストとして障害となりうるが，回復できる金額が少ないことも人々が泣き寝入りを選択することにつながる。少額多数被害の集団的救済としては，アメリカ等ではクラス・アクション制度が，ドイツ等では団体訴訟制度が司法アクセスを実現してきた。日本においては，民事訴訟法上の選定当事者制度の改正（民事訴訟法30条3項・144条）や，消費者契約法の改正により消費者団体訴訟制度が導入され，集団的救済の実現に向けた制度が開始された。

　さらに，法律扶助では救済されない中間層にとっては，自助として弁護士保険（権利保護保険ともいう）が司法アクセスへの拡大につながる。わが国では2000年から利用が可能となり，現在は単体保険もあるが自動車保険等の費用特約型が主流で，2019年度の販売件数は2807万3281件，弁護士紹介等の取扱件数は4万879件である（日本弁護士連合会2020: 245頁）。

▶▶4＿＿弁護士の過疎・偏在

　また，地域によっては弁護士が近くにいないことが司法へのアクセス障害となる要因と捉えられてきた。わが国において，弁護士過疎・偏在現象は1960年代初頭には遅くともすでに顕在化しており，①大都市への弁護士集中，②地方の弁護士の過疎と高齢化，③若年弁護士の大都市集中，④簡裁，地裁支部所在地における弁護士事務所の不存在等について是正の必要が認識されていたが，効果的な対策はその後しばらくは取られてはいなかった。他方，弁護士過疎・偏在現象との関係では，法曹人口の少なさ自体が指摘されることも多かった。

　弁護士会としての弁護士過疎・偏在に対する組織的取組みは，1990年に「司法改革宣言（第1次）」が採択されたこと等の結果として拡大していった。1993年に日本弁護士連合会により発表された「弁護士ゼロワンマップ」は，地方裁判所の支部単位で弁護士の数が0または1名の地域を明示し，地方裁判所支部203か所のうち弁護士ゼロワン地域が3分の1以上（合計75か所）を占めており，弁護士会内外に対して弁護士過疎を訴える象徴的意義をもつようになった。1995年の石見法律相談センターの設置，1996年の「名古屋宣言」で過疎・偏在対策への宣言がなされ，他の司法改革課題と並んで全国各地での法律相談センター設置やひまわり基金法律

事務所設立が今日に至るまで実施されてきた。

　ひまわり基金法律事務所については，2000年6月に島根県浜田市に「石見ひまわり基金法律事務所」が開設されて以来，2020年10月までの20年間で累計122か所に設置された。また，日弁連ひまわり基金によって援助を行っている過疎地型法律相談センターは全国で137か所に設置された（2020年6月時点）。

　加えて，日本弁護士連合会は，2007年から，偏在対象地域への定着を目的とする弁護士や養成事務所に対しての経済的・技術的支援も開始し，2020年末までに経済的支援を受けて独立開業した法律事務所は168か所となっている。

　また，法テラスは，2006年から司法過疎業務（総合法律支援法30条1項7号）を開始し，司法過疎地域に地域事務所を設置して常勤弁護士を常駐させ，法律相談や裁判代理等の法的サービスの提供を行っている。また，司法過疎地域事務所を設置していない地域では，巡回相談の実施している。常勤弁護士とは，スタッフ弁護士とも呼ばれ，法テラスとの間で，総合法律支援法第30条に規定する法テラスの業務に関し，他人の法律事務を取り扱う契約をしている弁護士のうち，法テラスに常時勤務する契約（勤務契約）をしている弁護士であり，民事法律扶助，国選弁護および司法過疎対策等の重要な担い手である（スタッフ弁護士は，2020年3月31日現在，合計201名となり，全国41か所の地方事務所，7か所の支部，37か所の地域事務所等に配置されている）。

　前述の日弁連によるひまわり基金公設事務所と法律相談センター設置事業と，法テラスによる司法過疎対策業務により，1993年当時50か所あった弁護士ゼロ地域は解消され，24か所あったワン地域は2か所に減少した（2020年7月時点）。

　以上でみたように，司法アクセス障害を考える際には，相談窓口，時間，費用，司法過疎等と多面的に検討する必要がある。

▶§3__ 司法アクセスの法社会学的研究

　司法アクセスについて行われてきた法社会学的研究を，供給者側の研究と利用者側の研究に分けて整理してみよう。

▶▶1__ 供給者側の研究

　供給者側に着目した司法アクセス研究としてはいわゆる「司法過疎」とよばれる現象についての研究がある。「司法過疎」とは，自己の居住地や勤務地等の生活拠点から裁判所や弁護士・司法書士等の司法サービスの供給拠点までの地理的距離が一定以上大きくなり，司法サービス供給可能性が地理的遠隔性のためにある水準以下になる場合に出現する（樫村2006）。以前から，法曹人口統制から生じた帰結として

弁護士過疎を捉える立場や（棚瀬1977，高野2000），それに対して人為的な強い仕組みを必要とする声はあった。「司法過疎」という語自体は，おそらく2003年頃から広く用いられるようになり，対象となる地域についてこれまでにいくつかの研究が報告されてきた（例えば，樫村2006,吉岡2013）。弁護士の量的配置を通じての相談事業および弁護士偏在対策事業は，地域住民の法への意識を部分的に好意的に変化させるという成果をあげているということがわかっている。

　しかし，都市部への弁護士の集中は司法過疎という問題の源泉の1つにすぎず，従来までの弁護士偏在をめぐる議論は以下の点で問題を含んでいる（樫村2006）。第1に，弁護士とならぶ法律専門実務家である司法書士の存在が抜けおちている点，第2に，集中という現象ではなくその効果に注目すべきである点である。すなわち，弁護士や司法書士が存在していても適切なサービスを供給していなければそれを受けることができないし，法的サービスは供給および需要側の移動によってサービスの享受が達成される可能性を含むからである。

　弁護士や司法書士という法律専門実務家が大都市部に惹きつけられ地理的に集中して分布するパターンは現在の社会において自然なことであり，司法過疎化という現象は不可避で自然であると考えざるをえないものであるが，司法過疎や司法アクセスへの障害は，過疎地や地方都市だけの問題でなく，後述するように大都市部でも存在すると考えられる。司法過疎研究は，なお実態解明を主とする記述的と言ってよい段階にとどまっており，理論深化の余地と必要がある。

▸▸2＿ 利用者側の研究

　他方，市民の紛争解決行動，相談行動，法使用行動等に着目して，弁護士その他の法律専門職や行政を通じての法的支援活動の実態を把握する研究も展開されてきた。

　この視点から見れば，司法アクセスの問題は，弁護士等の専門家の知り合いのいない多数の人々が，法的サービスの利用が必要な問題かどうかの判断を迅速・的確に得て，必要な場合に，当該問題の処理を適切に行える専門家にアクセスし，実際に利用できているのだろうかという問題となる。

　例えば，司法へのアクセスを左右する諸要因のうち，当事者本人の要因は，知識，情報，人脈，コネクション，資力，地理的，心理的距離等であり，社会階層ないし階級と深い関わりがあると指摘されてきた。

　2000年代半ばにわが国の人々が日常生活で法に関わる問題をどのように処理しているかの実態把握を目的として大規模に展開された民事紛争全国調査によれば，過去に弁護士を利用した経験がある者の方が，利用したことがない者より，問題に直面した場合，弁護士に依頼する傾向が相対的に強いことが示されている。さらに，人々の相談行動，法使用行動のパターンは，問題類型ないし紛争類型ごとに異なっ

ているとの指摘もある（村山2008）。

　客観的に見れば法的問題に直面していてもそれを法的問題として認識しない場合が少なくないことも指摘されている（濱野他2017：2章〔佐藤〕）。この場合，そもそも法的サービスが必要であることは認識しえないので，利用行動にはつながらない。主観的な問題認識のあり方も司法アクセスの障害となりうるのである。

　このように弁護士等の法的サービス・プロバイダーがいても，潜在的利用者の属性や問題類型によって司法アクセスが阻害されている場合がある。したがって，需要側と供給側の両面から司法アクセスを捉えていく視点が重要である。

　また，これらの実証研究は，近年，統計的解析が可能なように設計した質問紙調査や公的統計等を用いた計量分析と面接調査等を中心に実態にアプローチする質的調査とを併用して行われるようになってきている。実態を把握するためには，調査目的や調査対象に応じた適切な研究方法を複合的に用いることが求められている。

▶§4__ 司法アクセス論の課題と展望

▶▶1__ 都市部の司法アクセス

　先にふれたように，弁護士へのアクセスが困難な市民がいるのは弁護士数の少ない司法過疎地や地方都市に限らない。大都市部近郊にも弁護士の少ない地域がある。弁護士がひしめく東京都においてでさえも，法律事務所数を23区別にみると，中央区，千代田区，新宿区に集中し，数えるほどしかない区もあった。また，多摩地域は長らく東京の弁護士過疎地域であるとすら言われてきた。近年はこうした傾向が一部解消されつつあるが，弁護士が業務の利便性から裁判所の近くに開業する向きもあり，法律事務所分布の偏在は都市部においても存在するため，とりわけ移動に困難が伴う高齢者や障害を抱えた人等の，弁護士へのアクセスは充分と言えないであろう。

　他方，大都市部での，社会・経済的理由から弁護士にアクセスするのが困難な人々にとっての法的支援も課題とされてきた。こうした状況に対応するため，弁護士会・弁護士会連合会が，中核的都市に都市型公設事務所を12か所設立してきている（2020年10月1日時点）。都市型公設事務所は，都市部における市民の「法的駆け込み寺」として，地域に基盤をおき地域の行政機関や他職種と連携し，法的アクセス困難の解消に努めている。司法過疎地域に設置される過疎地型公設事務所や法テラスの常勤弁護士の育成をはじめ，被疑者国選弁護制度や裁判員制度の実施に伴う刑事事件の受け皿となることや，法科大学院の臨床教育の支援等，公益活動を中心にそれぞれの事務所ごとに特色ある活動を行ってきた。今後，専門的活動が可能な人材確保，

財政基盤の安定が課題であり，新たな法的ニーズの発掘に取り組み，存在意義を発揮することが求められている。

▶▶2__ 裁判所利用と司法アクセス

　加えて，社会インフラとしての裁判所の地理的配置も司法アクセスの問題として考える必要があろう。地域の人口や交通アクセスなどを考慮した上で適切に裁判所が配置されることが重要である。最高裁規則の改正による高裁支部の廃止や地裁・家裁支部，簡裁の整理統合は，人口分布や交通の発展，効率的な審理の実現などがその理由とされているが，裁判所支部や簡裁の現行の配置が適切かどうかについては検討の余地がある。

　例えば，簡易裁判所については，1988年から1994年にかけて，139庁が近隣の簡易裁判所に統廃合された。なお，この間に新設されたのは，所沢簡易裁判所（1992年）と町田簡易裁判所（1996年）のみである。また，地家裁支部については，1990年，41庁が近隣の裁判所に統合された。新設されたのは，札幌地家裁苫小牧支部（1993年）と横浜地家裁相模原支部（1994年）の2支部のみである。これらの統廃合により，現在，人口が集中していたり事件数が多い地域であるにもかかわらず市民の生活圏内に地家裁の支部すら存在しない，あるいは，簡易裁判所のみしかないために生活圏外の遠方の裁判所まで赴く必要があることにより，市民が裁判所の利用を躊躇してしまう問題が報告されている。例えば，千葉家庭裁判所市川出張所は他の本庁ないし支部に匹敵する管内人口および事件数であるにもかかわらず家裁支部ではなく出張所しか存在していない。また，旭川地裁紋別支部では，本人の出頭が必須である破産手続における債権者集会に片道2時間半を要したという事例が報告されている。なお，司法制度改革審議会意見書においても「裁判所の配置について，人口，交通事情，事件数等を考慮し，不断の見直しを加えていくべきである」との意見が付されていた。

　さらに，裁判所が存在しても裁判官が常駐していない裁判所支部が全国の地家裁203支部のうち46支部ある（2013年時点）。このような支部では，別の裁判所から定期的に裁判官が来て事件を処理するが，裁判官が常駐していないので開廷日が限られる。2013年度に開廷日が最も少ないと報告された松江地家裁西郷支部は3か月に2回しか開廷されていなかった。また，北海道では開廷日が月に2〜4日という支部が多い。こうした支部では，第1回期日が相当先になったり，期日の間隔が2，3か月空いたりすると報告されている。開廷日が少ないため，同一日時に複数の事件を行うこともある。例えば，裁判官が調停手続のため，裁判の尋問を中断することがあり，その結果，尋問は流れを断ち切られ，調停当事者は裁判官が戻るまで長時間待たされてしまうというのである。

他方，裁判所の物的設備が十分とは言えない地域もあり，庁舎にエレベーターや多機能トイレが設置されていない，調停室の壁・防音が不十分で話すことが聞こえるといった状況で市民が裁判所利用を躊躇する声もある。

　以上のような裁判所・裁判官・物的設備の実態は，市民の裁判所利用を阻害している。このことは，裁判を受ける権利（憲法32条）の制限にほかならないという指摘もある。とりわけ簡易裁判所については市民に最も身近な裁判所であり，その役割について民事裁判のIT化の議論との関係で検討することも必要であろう。

　関連して，検察庁には，簡易裁判所に対応する区検察庁が全国に438か所にあるが，正検事はおろか副検事も常駐していないところもある。そのため，追起訴や証拠開示に時間がかかる，公判が遅れるといった不都合が指摘されており，被疑者・被告人の人権擁護の観点から問題があるといえる。

　本講では，司法アクセスについて民事領域の個人に関わるものに焦点を当てているが，刑事領域の司法アクセス問題もまた重要である。当番弁護士活動，国選弁護（被疑者・被告人）活動，国選付添人，犯罪被害者支援，矯正や更生保護における問題が関連していよう。

▶▶3＿ 支援ネットワークと司法アクセス

　上記まででみてきたように，司法アクセスを拡充するための各種取組みが行われてきた。とりわけ，総合法律支援法の下で設立された法テラスは，情報提供を始め各関係機関・団体との連携の確保・強化をも業務として行っており，アクセスポイント間の情報交換にとどまらず，地域にねざしたネットワーク形成を促進し必要に応じて複数の機関や専門家が協働して支援する体制を構築することで，問題を抱える人が最も適切なサービスに確実にアクセスできるよう支援する役割が期待されている。特に，高齢者や障害者，また経済的困窮やさまざまな理由により困難を抱えている人々の社会的つながりの中に，弁護士等の専門家のネットワークを組み込むことは，司法アクセスの保障と権利の実現にとって効果的である（岡山リーガル・ネットワーク研究会編2006, 吉岡2013）。

　この点に関連して，法テラスのスタッフ弁護士を中心として福祉職者や関係機関との連携を通じて総合的解決を図ろうとする「司法ソーシャルワーク」にも注目が集まっている（太田他2012）。「司法ソーシャルワーク」とは，地方公共団体・福祉機関の職員等や弁護士・司法書士と協働しながら，自発的には司法サービスを求めづらい高齢者・障害者，生活困窮者等のもとに出向くなど積極的に働きかけ（アウトリーチ），その人が抱える問題の総合的な解決を図る取組みである（濱野他2017）。法テラスの公的側面とスタッフ弁護士の給与制をはじめとする執務形態ゆえに取組みを推進しやすい部分があり社会的にもその役割が期待されるところであるが，一

般の弁護士や弁護士会が実施してきた活動内容と重なる部分もあり，それらの活動といかに連携していくか，適切な役割分担が課題となっている（司法ソーシャルワークについては**27講**も参照）。

　司法アクセスは，弁護士へのアクセスを中心に論じられることが多い（司法書士に注目したものとして，仁木2013）。本講では，司法アクセスに関わる諸現象とそれらに対応する施策および研究を概観し，「司法アクセス」が広がりのある概念であることを確認してきた。多様な法的サービス・プロバイダー間の関係や支援ネットワークの動態を含めて研究することが求められよう。

《参考文献》

岡山リーガル・ネットワーク研究会編(2006)『地域社会とリーガル・ネットワーク──その可能性と現在』商事法務

太田晃弘・長谷川佳予子・吉岡すずか(2012)「常勤弁護士と関係機関との連携──司法ソーシャルワークの可能性」総合法律支援論叢第1号104-145頁

樫村志郎(2006)「『司法過疎』とは何か──大量調査と事例調査を通じて」林信夫・佐藤岩夫編『法の生成と民法の体系──無償行為論・法過程論・民法体系論』創文社，417-462頁

カペレッティ，マウロ／ブライアント・ガース(1981)『正義へのアクセス──権利実効化のための法政策と司法改革』(小島武司訳)有斐閣

高野隆(2000)「論説　弁護士の数は市場に任せろ」月刊司法改革2月号61-65頁

棚瀬孝雄(1977)「弁護士の大都市集中とその機能的意義」判例タイムズ別冊3号45-92頁

仁木恒夫(2013)「司法書士の活動による総合法律支援の活性化」総合法律支援論叢第3号122-139頁

日本司法支援センター(2020)『法テラス白書令和元年度版』日本司法支援センター

日本弁護士連合会(2020)『弁護士白書2020年版』日本弁護士連合会

濱野亮・佐藤岩夫・吉岡すずか・石田京子・山口絢・仁木恒夫・溜箭将之(2017)「地域連携と司法ソーシャルワーク」法と実務13号1-270頁

濱野亮(2018)「司法アクセスに関する論点」立教法学98号177-228頁

村山眞維(2008)「問題経験と問題処理行動の国際比較──日米英のデータから」伊藤眞・大村雅彦・春日偉知郎・加藤新太郎・松本博之編『民事司法の法理と政策(下)』商事法務，1119-1149頁

吉岡すずか(2013)『法的支援ネットワーク──地域滞在型調査〈エスノグラフィー〉による考察』信山社

【吉岡すずか】

09 講__ 裁判による紛争処理 ....

▶§1__ 裁判による紛争処理をどのようにとらえるか

▶▶1__ 裁判による紛争処理

本講では，紛争処理に訴訟手続が利用される場面を法社会学がどのように論じ，研究してきたかをみる。

裁判の機能としてまず想起されるのは判決による当事者間の権利義務関係の確定である。民事訴訟法学では，判決による紛争解決を民事訴訟の目的として論じてきた。しかし，法社会学の観点からは，訴訟上の和解も裁判による紛争処理の1つの形態と捉えうるし，対話を拒否する相手方に応答を強いることのできる交渉のフォーラムとしての訴訟利用，交渉の前提となる情報・証拠の収集のための訴訟利用も，裁判による紛争処理に含めてよい。いずれの場合でも，当事者は訴訟制度の大きな特徴である強制性ゆえに紛争行動に訴訟利用を組み込んでおり，法社会学の視点からは紛争処理過程の中での裁判（訴訟）特有の役割・機能を論じうる。

▶▶2__ 裁判による紛争処理の段階別の問題設定

裁判による紛争処理を論じるにあたっては，裁判に至る過程，裁判過程そのもの，裁判後の過程の3段階に分けて問題設定できる。

第1の裁判に至る過程については，紛争処理に裁判が用いられるのはどのような場合かが問題になる。

第2の裁判過程そのものについては，裁判過程における当事者と法律家との間の関係，その中での当事者の意思決定，手続的公正などが問題となる。また，裁判官の判断過程がどういうものかもこの第2段階で検討されるべき問題である。下された判決だけでなく，判決に至る裁判過程での裁判官を巡る相互作用を視野に入れることが求められる。

第3の裁判後の過程としては，判決，訴訟上の和解などの裁判の結果が，紛争当事者によってどのように受け止められ，紛争過程に織り込まれていくのかが問題となる。

▶§2__ 裁判による紛争処理はどのように議論されてきたか

▶▶1__「日本人の法意識」と制度的障壁——裁判利用の多寡とその原因

　法社会学はその草創期から裁判による紛争処理を対象としてきた。裁判による紛争処理に関する議論の第1は，川島武宜『日本人の法意識』（1967）に端を発した，紛争処理における裁判（民事訴訟）の利用の少なさとその原因に関するものである。川島は「わが国では一般に，私人間の紛争を訴訟によって解決することを，ためらいあるいはきらうという傾向がある」との訴訟忌避傾向を主張し，またその原因について（裁判の費用・時間よりも——著者注）「むしろ現代の裁判制度と日本人の法意識のずれということのほうが，この問題にとってはるかに重要であるように思われる（傍点原著者）」と論じた。この川島の主張に対する批判・検証が，裁判による紛争処理の法社会学研究の大きな流れの1つとなった。

　「日本人の法意識」論を発端とする研究は，裁判による紛争処理の3段階でいえば，第1の裁判に至る過程を主として問題とするが，川島は，日本の伝統的な紛争解決方式や法意識に，判決によるオール・オア・ナッシングの結論が馴染みにくく，そのため日本の裁判実務では，訴訟上の和解や「喧嘩両成敗」的な判決が好まれるとも主張しており，裁判過程そのもの，裁判後の過程も研究の視野に入っていた。

　川島の法文化論に対するジョン・O・ヘイリー（1978＝1979）らによる批判を通じて注目されるようになったのが，裁判利用に対する様々な制度的障壁である（本講§3-1参照）。裁判利用に対する制度的障壁の認識は，「正義へのアクセス」論（カペレッティ／ガース1981）とともに，利用しやすい裁判の実現を目的とする司法制度改革期以降の実証研究の背景ともなった。

▶▶2__ 裁判官の判決行動

　裁判による紛争処理に関する議論の第2の潮流として，法社会学の源流となった問題関心を受け継いだ，裁判官による判断を規定する法（制定法・判例法）以外の要因を探るものがある。

　この潮流に属する古典的な研究例の1つとして，最高裁判所判事の判決行動に関する武士俣の研究がある（武士俣1980）。これは，反対意見の付された22件の最高裁判所判決を素材として最高裁判所判事の判決行動を動機づける心理的因子（態度）を探った研究である。この論文では，22の事件での票決行動（反対意見を出したか否か）の類似の程度から，各裁判官の票決行動の一致の程度による裁判官の結びつきの強弱を分析している。さらに，同論文は因子分析の手法によって票決行動を背後で決定づけている3つの心理的因子（態度）を求め，因子得点順と一致する票決行動パ

ターンを示す事件群の検討から，3つの因子が，(A) 刑事事件での被告人の人権に対する一般的態度（刑事被告人に対して寛容か厳格か），(B) 民事事件でのドグマの適用に対する判断として現れた裁判官のパーソナリティ（プラグマチストかドグマチストか），(C) 民事事件で明文規定に囚われる程度（政策志向型と法規尊重型）を表すものと解釈している。

　日本の下級審裁判所では個別意見の制度がないが，判決が提示した支払額の決定要因や，判決に加わった裁判官と判決内容との関係を計量的に分析することが可能である。司法の独立性，裁判所内部での裁判官統制の問題を検証する計量政治学的研究（→21講§4参照）もこの潮流に連なるものとみることができる。

▶▶3__ 裁判における手続的公正

　裁判による紛争処理に対する法社会学的研究の第3の潮流は，心理学の視角・手法を用いた裁判過程の公正研究である。正義論・公正論における手続的公正に関する議論をうけて，手続の設計・運用次第で裁判過程の公正さが左右されること，公正な裁判手続が結果の受容をも促すことを実証しようとする法社会学的研究が現れた。

　当事者主義型手続（adversary system）が糾問主義型手続（inquisitorial system）と比較して当事者に好まれ，公正と感じられることを示したチボーらの研究を端緒に，アメリカで心理学実験の手法を用いた実証研究が積み重ねられてきた。アメリカでの研究は，当事者が公正な手続を好み，当事者主義的手続がそれに当たること，手続の公正さの知覚が結果の受容を促すことを一貫して示してきた。他方，なぜ当事者主義的手続が公正と感じられるのかについては，なお争いがある。チボーらは，手続において当事者によるコントロール（決定権）が確保されていることが，有利な結果を得るための手段として重視されると論じたが（手続的公正のコントロール・モデル），E・A・リンドとT・R・タイラーは，当事者は，集団において自分が尊重されているかどうかを知る手掛かりとして，手続における公正な取扱いに関心を持つという新たなモデル（手続的公正のリレーショナル・モデル）を示した（リンド／タイラー1995）。

　菅原郁夫は，以上のようなアメリカにおける手続的公正の社会心理学研究の紹介にとどまらず，日本人を対象にした類似の社会心理学実験を試み，さらに司法制度改革審議会による民事訴訟利用者調査の設計・実施にも関与した（司法制度改革審議会2000）。民事訴訟利用者とその継続調査は，実際の裁判を経験した訴訟当事者に対する全国規模の質問票調査であり，質問票には，手続的公正の社会心理学の議論が反映されている。

▶▶4__ 当事者の疎外と本人訴訟

　第4の潮流として，裁判における手続的公正の議論と重なるが，裁判による紛争処理過程における，素人と法律家（特に，訴訟代理人としての弁護士）の関係に注目し，裁判過程からの素人たる当事者本人の疎外を問題視するものがある。

　裁判による紛争処理過程では，手続の専門性ゆえに当事者は代理人として弁護士を利用し，弁護士の助言・代理に頼ることになる。法律家は，当事者やその他の関係者との相互行為を通じて，法的争訟として問題・紛争を再構成していく。この法的再構成と裁判手続の技術性のため，裁判過程における決定権が当事者本人から代理人たる弁護士に移ってしまい，当事者から見ると自分の問題について自ら決められない，自らの言葉で語れないという状況を生じやすい。

　この潮流に属する研究の多くは，本人訴訟に，弁護士費用の節約にとどまらない，素人たる当事者本人の主体性を回復する重要な契機を見出してきた。そこで，棚瀬（1988）の議論を1つの転機として，裁判官への依存をも排し，当事者の主体性を根源に据える本人訴訟のモデルが論じられてきた。また，会話分析などの手法で，両当事者と裁判官という三者間の対話における相互作用を明らかにしようとする実証研究も出現している。

▶§3__ 裁判による紛争処理をめぐる日本の特徴

▶▶1__ 低水準の訴訟利用

　国際的な比較を念頭に，裁判による紛争処理をめぐる日本のこれまでの状況を見た場合，人口・経済規模あたりの訴訟件数が，いわゆる先進諸国と比べて少ないことが指摘されてきた。

　司法統計に現れた民事訴訟件数を，日本，アメリカ，ドイツ，スウェーデンの間で比較したクリスチャン・ヴォルシュレーガー（2001）は，社会の流動化と経済の発展（特に消費者金融の普及）に伴う訴訟爆発（訴訟件数の急増）が各国に共通して観察されることを指摘している。日本の場合，消費者金融（いわゆるクレジット・サラ金）の普及した1970年代以降の訴訟件数の急増がこれに相当する。

　しかし，他国と類似の訴訟爆発を経てなお，日本の訴訟件数は他国と比べて低水準（バブル崩壊以前の段階では10分の1以下）に留まる。その点で，「日本で裁判が使われないのは何故か」についての法社会学的研究は，現在でもその意義を失っていない。

▶▶2__ 日本で訴訟利用が少ない理由

日本で裁判が使われない原因については，川島の法文化論に対する反論，検証の形で研究が進められてきた。

ヘイリー（1978＝1979）は，少ない裁判所や弁護士，訴訟遅延といった政策決定エリートにより意図的に維持されてきた制度的障壁による訴訟の機能不全が日本の市民による訴訟利用を妨げてきたと論じた（制度的アプローチ—機能不全説）。

これに対し，マーク・J・ラムザイヤー（1990）は交通事故事案の統計分析から，日本では判決額の予測が容易で，訴訟内外の和解によって判決の期待額と同程度の賠償を得ることができるために，当事者の合理的選択の結果，訴訟がまれな現象になっていると論じた（合理的選択アプローチ）。棚瀬孝雄も，交通事故事案について裁判外での交渉・賠償獲得を可能にする交通事故紛争処理センターなどの制度が整備されていることを訴訟が回避される要因として指摘している（制度的アプローチ—代替的手続説）。

もっともダニエル・H・フット（2006）が指摘するように，これら3説は相補的に鼎立しうる。つまり，日本では訴訟利用を望ましくないとする政策エリートの判断から，訴訟利用に対する制度的障壁が設けられるとともに，紛争処理のニーズを訴訟外に誘導するために，代替的制度が整備され，交通事故事案のような大量発生的な紛争類型では判決の期待額を明確化する判例形成が進められてきた，という説明が成り立ちうる。

村山眞維（2017）は全国規模の紛争行動調査の分析から，市民が経験した問題が紛争化する頻度や第三者機関への相談の頻度は，日本とイギリスで大差ないものの，弁護士への事件処理の委任は日本では非常にまれ（イギリスでは問題経験者の24%，日本では12%）であり，弁護士との個人的関係（過去の弁護士利用や相談できる法律家を知っていること）の有無が委任するかどうかに大きく影響していることを示した。そして，訴訟提起に対しては，弁護士委任や法律相談を訪れたことが強い正の相関を持っている。

村山は紛争行動の総合的な分析から，日本で紛争当事者が弁護士委任と訴訟利用に至る頻度が低いのは，限られた弁護士へのアクセスに代表される制度的条件によるところが大きいと結論づけている。

そして，紛争類型ごとの制度的条件は，その後の当事者の紛争行動を方向付ける（村山2017）。例えば，自動車保険の普及によって保険会社が自動車事故紛争に定常的に関与するようになった。その結果，一方で交通事故紛争処理センターのような保険業界出資の代替的制度を設けることが可能になり，他方で加害者に代わって実質的な当事者となった保険会社が過大請求と判断した事案には訴訟を辞さない態度で臨むようになった。

また，制度的条件は一般的にも訴訟利用の多寡を決定づける。例えば，アメリカで訴訟件数が多くかつ和解率が高い重要な要因の1つとして，ディスカバリー制度が挙げられる。アメリカでは，訴訟提起後のディスカバリーによって証拠・情報にアクセスできることから，弁護士は，交渉の一過程として，情報入手・事案解明のために民事訴訟を提起することになる（フット2006）。

▶▶**3**__ 法人利用者による大規模利用

以上のように，市民が訴訟利用に至るルートが狭いことから，業務の一環として民事訴訟を用いる特定業種の法人原告による事件が，民事訴訟の相当部分を占める。

金銭取立は常に民事訴訟の主要な部分を占めてきたし，特に簡易裁判所では消費者金融業者による金銭取立が民事訴訟・督促手続の急増を生じさせた（ヴォルシュレーガー2001）。

個人を当事者とする民事訴訟事件記録の調査は，地方裁判所での類似の現象を示す。2004年に終了した民事第一審事件（全14万424件）から無作為抽出したサンプル1132件を見ると，クレジットカード会社（55件），機関保証人（信用保証協会と保証を業とする株式会社—57件）が広義の貸金事件（貸金・立替金・求償金—239件）の約半数の原告となっており，さらに地方公共団体（43件），公法人（都市再生機構・その前身の都市基盤整備公団・都道府県の住宅供給公社—90件）が，不動産明渡事件（249件）の半数以上の原告となっている。特定類型の法人原告だけで事件の約4分の1を提起しており，これら「大口利用者」の動向や業務慣行が，民事訴訟の繁閑をはじめとした事件処理の状況に大きな影響を与えている。

消費者金融業者に対する過払金を専門に手がける大規模事務所の出現後は，それら弁護士事務所が個人原告を組織する形で，大口利用者の列に加わっている。

▶▶**4**__ 裁判による紛争処理の実態：1——和解による終結

日本の制度的条件の下では，限られた紛争だけが民事訴訟に至る。以下では，他国との比較を離れ，これら民事訴訟の実態を見たい。

まず，このように提起された民事訴訟は，地方裁判所では，その過半数が判決に至らずに，訴訟上・訴訟外の和解で終結する。司法統計によれば2017年に地方裁判所で終結した民事通常訴訟（14万5971件）の中で，判決による終結は4割にとどまる。被告欠席のまま請求認容判決がなされる「欠席判決」は地方裁判所でも16%に上り，当事者間で争って判決まで至る事件は4分の1程度ということになる。これに対して，訴訟上の和解は36%，訴訟外の和解と任意履行を背景とした訴えの取下げは15%を占め，合計で約半数の事件が和解的な終結をみている。

過払金請求の頻発以前の判決の比率は，戦後を通じて約半数で安定的に推移して

きた。判決に向けた手続という民事訴訟のイメージからすると，4割から5割という判決率は低く見えるが，アメリカでは判決率（より正確には公判廷でのトライアルに至る比率）は連邦裁判所で1.8%，22の州で15.8%に過ぎない（フット2006）。

　訴訟利用に至った紛争が和解により終結する要因としては，まず，訴訟手続を通じて当事者の判決の予測が近づいていくことが挙げられる。訴訟以前の当事者は，認知のゆがみや情報の偏在によって自らに有利な事実認識を持つが，訴訟を通じて当事者の予測する判決が十分に近づけば，両当事者にとって判決よりも（訴訟費用を節約できる）和解が自己に有利な合理的選択となる（ラムザイヤー1990）。次に，訴訟手続を経ることによる，当事者の心理的な変化，すなわち裁判官に話を聞いてもらうことによるガス抜き効果や，訴訟手続による疲労も和解を促す要因となる。最後に，多くの事件で裁判官・当事者の代理人たる弁護士がともに和解に向けて当事者を説得している。

　当事者の説得という面での日本の民事訴訟における和解実務の特徴としては，判決権限を持った裁判官が，和解勧試（和解に向けた説得・調整）に積極的な役割を果たすこと，裁判官と当事者が，相手方当事者不在の場で話す交互面接方式の和解勧試手続が一般的であることなどが挙げられている。

　訴訟当事者に対する質問票調査によれば，裁判官が和解を強く（和解交渉があった当事者の23.8%）あるいは，ある程度（同48.3%）勧めたとする当事者が多く，裁判官の積極的関与を裏付けている。当事者が和解を決めた理由としては，自らの弁護士・裁判官からの勧めが第1に考慮されており，訴訟費用や和解内容の妥当性がそれに次いで考慮されており（守屋2010），法律家が和解の妥当性・合理性を説いて当事者を説得する姿が表れている。

▶▶5＿ 裁判による紛争処理の実態：2 ──訴訟の長さ

　古い諺に「公事（くじ）三年」といって，訴訟は長い時間を要するものとイメージされている。しかし，最高裁判所によれば，2000年以降の地方裁判所における通常訴訟第一審の審理期間は8.1ヶ月から9.3ヶ月で推移している。民事訴訟記録調査で対象となった1123件を見ても，うち半数が約3ヶ月で集結しており（審理期間の中央値が117日），審理期間が1年を超える事件は4分の1に満たなかった。

　しかし，裁判にかかる時間について事前の予想との比較を当事者に尋ねると，「予想よりある程度長かった」（24.1%），「予想よりかなり長かった」（30.5%）と約半数が長かったと答える。さらに，精神的疲労（ストレス）については，「予想よりある程度多かった」（30.4%），「予想よりかなり多かった」（30.6%）と過半数が予想以上とする。

　以上のように，近年では民事訴訟の審理期間は比較的短くなっているが，当事

者自身の体感としてはかなり長く，精神的に疲れるものと捉えられている（村山2016）。

▶▶6__ 当事者の訴訟に対する期待と評価構造

　地方裁判所で民事訴訟の約半数が和解的終結を迎える現実に反して，当事者は訴訟を話し合いや関係修復の場とは考えていない。訴訟行動調査によれば，訴訟開始の時点で訴訟に，「白黒をはっきりつける」，「紛争の早期解決」，「権利を守る」といったことを過半数の当事者が期待するのに対して，「相手との関係修復」については期待しなかった当事者が過半数である（垣内2010）。

　当事者の訴訟手続や裁判官，代理人弁護士といった法律家への評価については，訴訟当事者を対象とする質問票調査の蓄積により，手続的公正に関する議論が現実の訴訟事件でも妥当することが確かめられてきた。民事訴訟利用者調査（2006年版）のデータを分析した今在ら（2010）によれば，手続に対する「コントロール」と，権威者評価（裁判官の公正性，能力に対する評価）とは，それぞれ手続的公正の知覚を高め，手続的公正知覚は相対的剥奪（違う裁判官，弁護士，法解釈であればより良い結果が得られたかもしれない，という評価）を抑制する。手続的公正の知覚は，相対的剥奪の抑制を通じて，また，それ自体として直接に結果の受容を促す。今在らの考察によれば，手続的公正のコントロールの要素とリレーショナルな要素は強く相関しており，両者の重なりが見られる。また，手続的公正は主として「もっと良い結果がありえた」という想像（相対的剥奪）を抑制することで結果の受容を促すが，「手続が公正であった以上，結果も妥当であるはずだ」というヒューリスティックの働きによりそれ自体として結果の受容を促す効果もある。

▶§4__ 裁判による紛争処理研究のさらなる課題

▶▶1__ 長期的に取り組むべき問題

　2000年代以降の実証研究の蓄積により，訴訟当事者の訴訟に対する期待と評価，訴訟過程での当事者の意思決定過程について，多くが明らかになったが，今後長期的に取り組むべき課題も存在する。

　課題の1つは，長期的な変化の観測である。民事訴訟利用者調査，訴訟行動調査のいずれも，5年，10年といった期間をおいての継続調査が行われているが，調査の蓄積により，裁判による紛争処理が長期的に変化していくかが明らかになると期待される。

　もう1つの課題は，2000年以降の司法制度，訴訟利用を巡る大きな変化につい

ての，実証的な視点からの検証・理論化である。今日では，司法制度改革から20年近くが経過し，また消費者金融業者に対する過払金請求権の確立とそれに伴う消費者金融の再編から10年を経た。21世紀に入ってからのこのような変化が，裁判による紛争処理の新たな段階を意味するのか長期的視点に立って検証する機は熟しているといえよう。

▶▶2__ 実証研究の追試と二次分析

　また，裁判による紛争処理について積み重ねられてきた実証研究も，その前提となる仮説・視点による制約や解釈の偏りからは逃れられない。この制約を克服する上で，第三者が同様の研究手法を用いて追試を行うことや，既存の調査データを別の着眼点から二次分析することが有用である。

　近年行われた民事訴訟当事者に対する質問票調査については，実査データが東京大学社会科学研究所付属社会調査・データアーカイブ研究センターのSSJDA（Social Science Japan Data Archive）に寄託されており，研究・教育目的での二次利用を申請することができる。本講を読んだ中から，授業の一環として，あるいは研究者として同データアーカイブに寄託されたデータを用いた分析を行う人たちが現れれば幸いである。

《参考文献》

今在慶一郎・今在恵子（2010）「相対的剥奪の抑制による結果の受容——民事訴訟における手続手公正の短期的効果」心理学研究26巻2号119-130頁

ヴォルシュレーガー，クリスチャン（2001）「民事訴訟の比較歴史分析——司法統計からみた日本の法文化(1)(2・完)」(佐藤岩夫訳)大阪市立大学法学雑誌48巻2号502-540頁，3号731-776頁

垣内秀介（2010）「民事訴訟の機能と利用者の期待」フット，ダニエル・H／太田勝造編『裁判経験と訴訟行動』東京大学出版会，93-115頁

カペレッティ，マウロ／ブライアント・ガース（1981）『正義へのアクセス——権利実効化のための法政策と司法改革』(小島武司訳)有斐閣

川島武宜（1967）『日本人の法意識』岩波書店

司法制度改革審議会（2000）「『民事訴訟利用者』調査報告書」(URL= https://www.kantei.go.jp／jp／sihouseido／tyousa／2001／survey-report.html)2018年12月閲覧

棚瀬孝雄（1988）『本人訴訟の審理構造』弘文堂

フット，ダニエル・H（2006）『裁判と社会——司法の「常識」再考』(溜箭将之訳)NTT出版

ヘイリー，ジョン・O（1978＝1979）「裁判嫌いの神話(上・下)」(加藤新太郎訳)判例時報902号14-22頁，907号13-20頁

武士俣敦（1980）「最高裁判所の心理学的分析——横田(正)・石田法廷期を対象として」東京都立大学法学会雑誌21巻6号249-314頁

守屋明（2010）「和解の成立要因としての当事者および弁護士の意識」フット，ダニエル・H

／太田勝造編『裁判経験と訴訟行動』東京大学出版会189-216頁

村山眞維（寄託者）(2016)「全国民事訴訟当事者調査　単純集計表」SSJDA（URL= https: ／／
　ssjda.iss.u-tokyo.ac.jp ／ chosa-hyo ／1041s_toujisha.pdf)

村山眞維(2017)「日本人の紛争行動——問題処理行動を規定する要因」『法学論叢（明治大
　学）』87巻4・5号275-310頁

ラムザイヤー，マーク・J.(1990)『法と経済学——日本法の経済分析』弘文堂

リンド，E・アラン／トム・R・タイラー編(1992)　『フェアネスと手続きの社会心理学——
　裁判，政治，組織への応用』(菅原郁夫・大渕憲一訳)ブレーン出版（原著1988年）

【前田智彦】

10 講__ 現代型訴訟 ....

▶§1__「現代型訴訟」をどのようにとらえるか

　それまでみられなかった新しいタイプの訴訟が，戦後高度成長の過程で徐々に出現し，1960年代に至って高い頻度でみられるようになった。これらの訴訟は現代型訴訟と呼ばれ，1970年代以降，民法学，民事訴訟法学，および行政法学，そして法社会学において活発な議論の対象になってきた。現代型訴訟とは，社会関係や産業構造の急速な変化に伴って公害や薬害，消費者問題などの領域で従来みられなかった訴訟が出現したことを端的に言い表す表現である。他方，「現代型」という把握の仕方は，高度成長・都市化・大量生産／大量消費社会の到来など，1960年代の社会構造・産業構造の，ミクロレベルからマクロレベルに至るまで大規模かつ多様な水準での変動や，伝統的な従来の訴訟構造とは異なる特徴を有するがために，訴訟当事者や裁判所に法技術上・訴訟手続上の様々な新しい対応を要請することになっていることなどに由来する。1960年代以降の社会と法の変化のこのような傾向は現代の訴訟のあり方にも重要な影響を与え続けていることから，「現代型」という表現が現在でも有用性があるといえる。また，そもそも「現代型」とは刻々と変化する社会への法的な対応を記述する概念であることから，法律学上の他の様々な概念と同じレベルで，「現代型訴訟」に厳密に定義を与えることはそもそも本質的に困難でもある。

　しかし，現代型訴訟はすでに述べたように1960年代以降の社会・経済構造の変動とそれに起因する新しいタイプの訴訟であるので，以下のように，当然ながらある程度共通する特徴も有している（新堂1983）。

　① 損害の拡散と集団訴訟　　公害訴訟では，工場からの原因物質が広範囲に拡散し，健康被害を引き起こすことなどが問題となる。被害の拡散に伴い，原告の範囲も地域全体に広がり，大規模な原告団が組織され，集団訴訟となる傾向がある。集団訴訟化は，現代型訴訟の一般的性格といってよく，薬害訴訟や消費者訴訟といった典型的な現代型訴訟と目される訴訟類型においても観察される現象である。

　② 互換性喪失　　公害事件や薬害事件，消費者事件の被告側は企業，それも多くの場合は大規模企業であるのに対し，原告側は地域住民，患者，消費者など，集団訴訟への組織化が未だなされていない段階ではばらばらの個人である。これは，当該事業分野の規制を担う行政機関の責任を追及する行政訴訟や国家賠償訴訟の場

合でも同じである。

③　政策形成志向　　通常の民事訴訟では，被害の個別的救済が基本となるが，現代型訴訟はそこにとどまるとは限らない。つまり，「争点の社会化」と呼ばれる現象が生じる。裁判を通じて，新しい法創造・法形成，あるいは法の改変を求める戦略が採用される場合もあり，こういったタイプの訴訟は政策形成訴訟と呼ばれている。政策形成訴訟は立法，行政へ救済を求めて新しい政策的対応をとるよう働きかけるのみならず，広く世論に問題提起をしていくこともある。

④　差止請求の重視　　現に当事者に深刻な被害が生じている，という場合，過去実際に生じた損害の賠償は当然求められることになるが，他方，損害が継続的に発生し続けている場合には，被告側の行為，例えば公害訴訟における原因物質の排出を停止させるといった差止めの請求が提訴時点で原告側により強く望まれることが多い。現代型訴訟においては差止請求が重視される傾向があるといえる。

⑤　裁判の複雑，長期化　　現代型訴訟では，侵害行為自体が，騒音・振動といった反復・継続されることによってはじめて権利侵害とみなされうるような性格のものであったり，不当な契約条項や不当な表示など，不特定の消費者全体を害する行為であり，特定個人に生じた損害とはいえないような場合など，従来の損害賠償の枠組みではとらえきれない「微視的で認識困難な，不特定多数に生じる微量な，あるいは，より精神的なもの」へと広がっていく傾向がみられる（新堂1993）。

さらに，現代型訴訟では，医学，生理学，工学，化学などの自然科学分野の専門知識をもって判断すべき論点を含むことが多く，損害の発生，因果関係，過失といった損害賠償請求事件で検討される論点にこれら諸科学の先端的知識を持った専門家の関与が必要となり，集団訴訟化とも相まって，立証にも非常に時間がかかることが多い。そのうえ，環境権など新しい権利を主張の根拠にする場合もあり，裁判全過程にわたって争点が極めて複雑化していく傾向がある。このような特徴を有するため，事実関係の解明，被害の認定などをめぐって鋭い見解の対立が生じたり，従来の訴訟と比べて審理にあたってより多くの要因を考慮すべき必要が生じたりする。そのため，審理が複雑，長期化することが多い。

では，以上のような特徴を有する現代型訴訟に対して，法社会学はどのようなアプローチでその分析を試みてきたのだろうか。

▶§2＿「現代型訴訟」はどのように議論されてきたか

▶▶1＿1970～1980年代の議論
1960年代に顕著になった前述の特徴を有する一群の訴訟を，「現代的」特徴を持っ

た訴訟ととらえ，そのうえでその実体法上，訴訟法上の論点や，社会的な意味を探る議論は，1970年代中盤以降にいたって活発にみられるようになった。

六本（1991）の整理によれば，現代型訴訟や政策形成訴訟というとらえ方の端緒は，集団的行動による裁判過程へのインフルエンス活動を「裁判の政治化」現象と位置付けた棚瀬（1972）を嚆矢とする。その後，従来の訴訟とは異なった機能を有する新しい訴訟類型としての把握の試みが法哲学の立場からなされた。田中（多くの論考があるがさしあたり，田中2014）は公害訴訟，行政訴訟などにおける立法・行政による対応措置や，政策形成に影響を与えていこうとする裁判の新しい機能，つまり政策形成機能が現代型訴訟における枢要な点であるとし，やはり，政治的問題が司法に持ち込まれることを現代型訴訟の特徴の1つととらえている。

実定法学においても，同時期に現代型の紛争の，事後的，個別的，かつ限定的な救済にとどまらない大規模企業活動等から発生する広範かつ深刻な被害への対応などで，行政・立法が十分に機能しない状況を前提に，司法にその代理機能が求められているという認識が一般的となっていった。民法学の立場から，平井（1980）は現代型訴訟について，従来型の「紛争志向型」訴訟と対比させる形で，「政策志向型」訴訟としての性格を強調している。集団的利害関係の存在，将来の救済等に向けた判断が要求されること，政策判断が求められていることなどをその特徴として整理しているが，平井の議論において注目すべき点は，政策志向型訴訟を「主観的」政策志向型訴訟と「客観的」政策志向型訴訟に分類したことにあろう。「主観的」政策志向型訴訟は，新しい権利の承認や政策形成の働きかけなど，訴訟を運動の社会への訴求手段とすることに重心が置かれているものとされ，他方，「客観的」政策志向型訴訟は，あくまで訴訟を通じた当事者の個別的救済を旨とするが，紛争の性質上，制度論ないし政策論を俎上に載せることとなる，と説明されている（平井1980）。この二つの志向の類型化が示唆的なのは，実はこれらの志向はひとつの訴訟が同時に内在させていることが多く，即時の救済を求めるか，立法や新しい権利の裁判過程における確立を求めるかをめぐって当事者間や当事者と弁護士との間で緊張関係が生じることが決して少なくないからである（大塚2009）。

民事訴訟法学の分野では，新堂（1983）が，冒頭で整理したとおり，被告が国など公共事業の主体や，大規模な生産活動を行う企業となること，事後的かつ個別的な救済のみならず，むしろ将来の侵害の防止を求めて差止請求を重視すること，侵害が不特定多数に及ぶことや，大阪空港訴訟や名古屋新幹線訴訟といった騒音・振動被害のように一回一回の被害は微視的であったり損害といいうる程度にまで達しておらず損害の発生を客観的に確定するのが困難である場合があることなどの特徴をあげている。そして，これらの特徴が民事訴訟法の解釈や制度論において，どのような新しい対応を要求することになるのか，が関心の焦点とされた。このように，

現代型訴訟, 特に大規模公害訴訟を典型とする集団訴訟は, 立証方法, 立証責任, 損害の確定など多岐にわたる争点を実定法学に提起してきている。

▶▶2__ 現代型訴訟と法社会学

　他方, 現代型訴訟を実証分析の俎上に載せうる分析枠組みを提示しているという点で, 法社会学的アプローチの可能性を推し進めているのが宮澤 (1988, 1994, 2005) の試みである。宮澤 (1988) は, 裁判を通して新たな権利を形成しようとする運動について, そのプロセスを「社会運動の社会学」の知見をもとにモデル化し, 成功の度合いの違いを説明する要因を検討した。そこでは,「権利自体の特性」,「運動主体の特性」,「リーダーシップ要因」,「政策決定エリートの特性」,「加害側の特性」などの要因によって, 権利形成の成否が変化するということが示されている (宮澤 1988)。この宮澤の議論の特徴は法過程を政治過程との連続線上にとらえることであり, 法律学が当然に重視する法解釈の精錬度＝法技術的練磨の高さは, 政策決定者側の有する判断枠組みが原告たちの主張に対して閉ざされているものであるという場合には, ほとんど意味をなさないと主張したことである。法律の条文は様々な解釈に開かれており, だからこそ「現代型訴訟」の多くは, すでに確立している判例の変更を法解釈の変更の要求という形で求めるのだが, 他方, その法解釈の技術的な精錬度は成功の一要因に過ぎず, 司法 (または, 政策の立案実施者としての立法・行政) が受容可能な主張に自らの主張を調整していく能力を有するか否かが重要とされるのである。権利の形成過程を社会運動の社会学の枠組みに依拠しながら分析しようという方向性としては, その後, 飯田 (2017) が社会運動による「権利」の生成において, 裁判所等による公的承認の前段階として,「権利」が認知的フレームとして共有知識性をもつにいたるプロセスに注目した議論を展開している (飯田 2017)。

▶ § 3__「現代型訴訟」をめぐる日本の法と社会

▶▶1__ 社会運動としての現代型訴訟

　前節では, 法社会学の視点から現代型訴訟を分析していく際に有効な視点の1つとして, 先に述べた宮澤が採用した社会運動論のパースペクティブを応用した政策形成訴訟の分析を紹介した。現代型訴訟と社会との関連を理解するために, もっとも社会学的ともいえるこのアプローチに沿ってどのような発展性のある視点を提供することができるか考えてみよう。

　現代型訴訟において, 新しい権利や新しい政策の形成を求めるのは, 社会の変化

とともに生じてきた新しい構造的問題に直面した人々である。そういった人々が，環境権や自己決定権，選択的夫婦別姓や同性婚などジェンダーやLGBTに関連する自らの主張を新しい権利として根拠づけようと社会運動を展開してきた（このような新しい価値観を希求する運動を社会学では「新しい社会運動」とも呼ぶ）。新しい価値を標榜する社会運動は，一般に世論への問題提起や立法・行政への働きかけなど多様な方法で活動を展開しつつ，自らの主張する政策を実現する手段として，司法を選択し，訴訟提起に向かう傾向が存在する。政治学や社会学における多くの研究が示すように，市民当事者たちは，経済団体など有力な利益集団ほどには政策形成過程への強力なアクセスの経路と影響力をもたない。したがって，彼らによる自治体や中央官庁への働きかけや議員への陳情は，政策形成過程を起動する「てこ」にはなりにくいのである。当事者の申立により手続が開始する裁判を主戦場にした運動展開に向かうのは，その点で合理的な選択である。それゆえ，フェルドマン（2003）がエイズ訴訟などのフィールドワークを通じて明らかにしたように，日本社会においても，決して権利の主張は日本の政治・社会・文化の土壌と不整合的であるとはいえないのである（→30講）。このように，現代型訴訟は社会運動の一戦略としての側面を有している。現代型訴訟は公式の法手続であると同時に，社会運動に包摂される社会的営為とも位置づけることができるのである。

▶▶2＿ 現代型訴訟の影響

　社会運動に包摂されるものとしてとらえる視点は，現代型訴訟を法学と社会学の視点が交錯する分野としてとらえうることを示している。では，法社会学の視点から現代型訴訟をさらに深く観察していくと，どのような論点が析出されてくるのだろうか。また，現代型訴訟は法社会学の観点から，その後の法のあり方にどのような影響を与えたといえるのだろうか。

【1】　政策形成訴訟の活発化と裁判官

　①　現代型訴訟の間接効果　　1960年代以降の公害訴訟，薬害訴訟，消費者訴訟そのほかの現代型訴訟では，判決においては十分な成果が得られなかったとされる場合も多いのだが，実は，その後の立法・行政の政策的対応によって実質的な成果が得られる場合も少なくない。現代型訴訟のそのような成果を背景に，その後，現在に至るまで政策形成をその主張に含む裁判が多く提起されるようになっている。このことに着目し，宮澤の社会学的アプローチを継承しつつ，訴訟の間接効果という異なった分析的視点を現代型訴訟の分析に付け加えようと試みているのが大塚（2005）である。社会運動の一部として現代型訴訟をとらえた場合，その効果は，必ずしも法廷における勝訴や有利な条件での和解に限らないということは，つとに指摘されていたが，長期的な訴訟戦略がもたらす実質的な政策変更や企業の方針の

変更は，四大公害訴訟（公害健康被害補償法などの公害対策立法と環境庁創設），大阪空港訴訟（夜間の離発着制限），国道43号線訴訟（道路公害への総合的対策の策定），嫌煙権訴訟（新幹線への禁煙車両の設置），HIV訴訟（エイズ治療研究開発センター設置や薬事法改正），B型肝炎訴訟（B型肝炎特別措置法の立法），ハンセン病訴訟（ハンセン病患者の隔離政策の廃止）など，実は枚挙にいとまがない。

② 政治的機会構造の変化　　さらに注目すべき点が，1990年代に入り，社会運動論にいう，いわゆる「政治的機会構造」が大きく変化したことである。1993年の細川内閣により，「55年体制」が終焉したのち，その細川政権と2009年から3年間にわたった民主党政権をのぞき，基調としては自民党中心の政権が継続したとはいえ，これらはすべて連立政権であった。これは，長期にわたって単独の政党により内閣が組閣され，官僚機構と一体となって政権運営を担うということがなくなっていることを意味する。また，民主党政権発足前の衆院選での同党の圧勝に示されるように，小選挙区制の導入により，かつての中選挙区制時代より政治情勢や世論の変化が政権交代を引き起こす蓋然性が高まっている。

この国会・内閣の構造変化は，司法に何らかの影響を与えているのだろうか。宮澤（1988）は，社会運動が権利形成をめざして訴訟を提起する場合，法解釈上の問題以前に，そもそも政策決定エリートの判断枠組みによって許容されないような内容を含んだ原告の訴訟戦略は頓挫せざるを得ないことを示した。つまり，国会・内閣における政党間のパワーバランスが変動し，政策決定エリートの判断枠組み自体が変化すれば，政策形成をめざす現代型訴訟の成功の蓋然性も高まるということになる。この因果関係が詳細に分析された研究例はいまだ存在していないが，興味深い事例としては，裁判官による司法判断に直接かかわるものではないものの，2001年のハンセン病国家賠償訴訟第一審判決における原告勝訴をうけての，国の控訴断念に至る経緯がある。当時の自公連立政権の枠組みの下，公明党所属の厚生労働大臣が，官僚機構の反対を押し切って強く控訴断念を主張し，それを受けて首相による原告との面会の設定と控訴断念の決定が下されたといわれている。連立政権下において，政策決定エリートの利害に分裂が生じていたことによる原告の第一審での勝訴確定だったと推測することができよう。また，2000年代になって以降，議員定数の不均衡を問題とするいわゆる定数訴訟で，国の対応を強く求める判決が相次いで出されるようになったことや，非嫡出子の相続分規定の合憲性を争う訴訟や，女性のみの再婚禁止期間の合憲性を争う訴訟，後述の婚外子の国籍をめぐる国籍法違憲訴訟など，個人のアイデンティティにかかわる主張を含む訴訟の一部で原告の主張を取り入れた判断が下されていることなどは，それ以前の司法判断の傾向からすると，司法審査の活性化の時代を迎えたかのような印象ももつ。

③ 裁判官の判断枠組み　　これらのことは，従来いわゆる「司法消極主義」の

下で政策形成訴訟に冷淡と思われてきたエリート裁判官の判断枠組みないし態度変化を背景にしている可能性がある。この点に関連して，秋葉（2017）は，国籍法違憲訴訟において，政策形成訴訟としての視点から特に裁判官個人の行動に焦点をあてた分析を行っている。のちに最高裁で違憲判決となったこの訴訟を東京地裁段階で担当し，違憲判決を主導した判事は，その後，最高裁判事となっているのだが，このことから，裁判所機構内部で個々の裁判所が相互に動向を意識しつつ同類型の事件への態度を形成するなかで，エリート裁判官の間で積極的な司法審査を肯定する考えが広まっていると推測できるとする。

　しかし，この見方にも留保が必要である。たとえば，最高裁における少数意見を通じて法の発展を展望すべきとの立場から，民事訴訟一般に比して圧倒的に原告勝訴率の低い行政訴訟における少数意見数を各内訳別（反対意見・補足意見・意見）に集計し，最高裁判事の出身母体別に分析した大塚（2017）は，キャリア裁判官出身の最高裁判事に原告敗訴事件での少数意見が極端に少ないことを確認している（大塚2017）。現代型訴訟に特化した分析ではないものの，キャリア裁判官には原告敗訴の判断枠組みを維持する傾向が依然として強く，行政に対する同調傾向が間接的にせよ推測されることが指摘されているのである。

　ただし，司法部内での一種の通奏低音としての消極主義は変わらないものの，同時にエリート裁判官たちの判断枠組みの変化の兆候が存在しているともいえ，現代型訴訟に対する裁判所の対応の変化は今後特に注視されるべきであろう。

【2】　差止請求の重視と消費者団体訴訟のインパクト

　現代型訴訟で重視されるは，事後的救済や政策の形成もさることながら，すでにみたように，現に生じつつある侵害行為や，完成してしまうと環境への影響などの点でもはや損害賠償請求に意義が乏しくなる公共工事など，公権力や企業の行為を将来にわたって差し止めることである。現代型訴訟のように，加害側の作為が引き起こす損失が大きいものであればあるほど，即時かつ将来にわたって行われる差止めの意義はいや増すのである。

　日本での事例を中心に検討すると，これまで裁判所は必ずしも差止めに積極的とはいえないものの，差止請求自体は戦略的に多用され，大阪空港訴訟控訴審判決が人格権に基づいた差止請求を認めたり，また鞆の浦景観保全事件などのように，実際に景観保全に成功している事例も存在する。しかし，大阪空港訴訟大法廷判決を契機に1980年代以降には，国道43号線訴訟第一審判決，西淀川公害第一次訴訟判決，名古屋新幹線訴訟控訴審判決など，差止請求が棄却，却下されるケースが多くなる。この差止請求に対する裁判所の慎重な態度は基本的に現在まで継続していると考えてよい。これは，アメリカの公共訴訟における構造的差止命令のように，エクィティ上の救済について裁判官が広く権限を有し，制度の改変にまで関与することが前提

となっている場合との顕著な相異である（大沢1988）。コモンローとエクィティの関係を基礎に差止制度が構想されている英米法のありかたと日本の法制度の根本的な相異に起因した問題であり，容易に変化しがたいと思われるものの，現代型訴訟おける克服すべき重要な課題だろう。

　この点について，消費者訴訟分野における団体訴訟制度の創設が特に注目される。2007年から施行された消費者団体訴訟制度では，個別に法的手段に訴えることがコストの面で困難な消費者個人に代わって，内閣総理大臣が認定した適格消費者団体（2021年10月段階で22団体）が消費者契約法などの法律に違反する不当行為を行っている，あるいは行う恐れがある事業者に差止請求訴訟をなしうることとなった。また，その後の法改正で，適格消費者団体が原告となって事業者の金銭支払義務の確認訴訟と，消費者へ裁判手続への参加を呼びかけたうえで個々の消費者への支払金額を確定する訴訟の2段階の手続での事後的な被害救済も可能となった（集団的被害回復制度）。他方，制度の運用促進という観点からみると課題も明白に存在する。たとえば，財政基盤や活動実績に関する適格消費者団体の認定要件のハードルは高く，地域で十分な活動実績のある団体でもなかなか認定を受けられない点は検討の余地があろうし，また，収益に結びつかないこの種の公益活動は，取り組めば取り組むほど団体の持続的活動に財政的困難をもたらす。行政による連携や財政支援がなされている事例もあるが，その場合には行政からの独立性如何という問題にも直面することになる。

　このことに関して付言するならば，団体訴訟制度が，消費者分野からスタートしたことは，日本の消費者運動に戦後の自律的な発展の流れと同時に，1960年代末以降行政による組織化というもう1つの発展の流れが存在することと一定の関連があるだろう。消費者行政と消費者運動がある程度一致した目標を掲げること，それゆえに消費者運動と行政が，時に緊張をはらむこともあるとはいえ，基本的に連携と協力の良好な関係を保ちつつ展開してきたことがこの分野が団体訴訟制度の嚆矢となった背景的要因となっていると思われる。環境分野にも同様の背景があるかにみえるものの，環境規制は事業者の経済活動と二律背反的になることもあり，悪質事業者の排除という明白な目標で一致しうる消費者分野ほど容易に行政と運動が目標を一致させるのは困難だろう。

　このように現段階では消費者分野に限られ，また，アメリカのクラスアクション制度とは相当異なった性格ではあるものの，被害回復に加えて差止請求を容易にする団体訴訟制度が創設されていることの意義は大きい。団体訴訟化という消費者分野における現代型訴訟の大きな制度改革に促されて，消費者運動が，従来の各地の生活改善運動的な分権的組織から，弁護士が適格団体，あるいは適格団体をめざす団体の中核的地位を占めつつ各地の市民団体を組織化し，アメリカ的な専門運動団

体としての性格を帯びる傾向が明らかになりつつあるのである。

▶▶3 __ 現代型訴訟と社会の変容

　現代型訴訟においては，当初から訴訟内外でのその影響，効果の相互作用をめぐる議論，指摘が多くなされてきた。宮澤（1988）の分析枠組みも訴訟外の活動の影響を変数として当然想定しているし，逆に，現代型訴訟の重要な役割を「フォーラムセッティング」(和田1994)にあるとしたり，不可視の問題を可視化・顕在化させ，公の討議の場に引き出しつつ，運動の集合的アイデンティティの形成を通じて社会システムの告発者としての役割を運動当事者に与えるという指摘もなされてきている（佐藤2003）。また，神長（1996）は，戦時下の日系人収用をめぐる裁判の事例研究を通して，運動の正当性のシンボルとして法を動員することの重要な意義を指摘したが，法を動員し裁判を経験することが，当事者に正当性の感覚を呼び覚ましていくという指摘は，大塚（2009）が分析した貸金業法改正をめざした過払い金返還請求訴訟にも共通にみられる。

　さらに，フォーラムセッティングを通じた社会的問題の顕在化が繰り返し長期にわたって行われることにより，社会の側の権利意識が変容し，制度改革につながっていくことを，アメリカにおける同一価値労働同一賃金の導入を求めた運動の分析によって示した研究例もある（McCann 1994）。日本でも，たとえば，新幹線への禁煙車両の設置を求めた嫌煙権訴訟をはじめとする一連のたばこ訴訟や，前述の非嫡出子の相続分や再婚禁止期間の是非をめぐる訴訟など，当初の裁判では容れられなかった主張が，長い時間とともに変化する人々の意識を反映して，たばこ政策の転換や非嫡出子の相続分の違憲判断などに向かっていくという点では，アメリカ同様にそこに社会意識の変容を観察することができるだろう。これらは，人々の意識の変化とその先の制度改革に向けて，因果関係を明確に示すのは難しいものの，裁判が一種の「てこ」の役割をはたした例とみることができる。現代型訴訟がこのような社会変化をもたらす場合，それを前述の通り「間接効果」と表現することができるが，それは，決して現代型訴訟の付随的側面ではなく，その本質的性格と深くかかわるものである。

　現代型訴訟と社会のかかわり方は消費者団体訴訟制度の創設など制度の変化によって大きく変化するものであり，法制度の改革の行方を注視すべきである。他方，それと同時に，今現在進行している訴訟や，これまでの訴訟が，中長期的に私たちの自明視している社会のあり方にどのような変化を及ぼす可能性があるのか，という点にも注意を払ってみていく必要がある。

《参考文献》

秋葉丈志(2017)『国籍法違憲判決と日本の司法』信山社

飯田高(2017)「権利を生成する『社会』の力——理論に関する予備検討」上石圭一・大塚浩・武蔵勝宏・平山真理編『現代日本の法過程(上)』信山社，449-471頁

大沢秀介(1988)『現代型訴訟の日米比較』弘文堂

大塚浩(2005)「訴訟動員と政策形成／変容効果——法運動における訴訟再定位へむけての一試論」法社会学63号75-92頁

大塚浩(2009)「コーズ・ローヤリングにおける弁護士——依頼者関係の実態と弁護士倫理」法社会学70号129-143頁

大塚浩(2017)「最高裁における個別意見制の現状と活性化へ向けての課題——行政事件の出身母体別反対意見数の分布とグループダイナミクスの作用」上石圭一・大塚浩・武蔵勝宏・平山真理編『現代日本の法過程(上)』信山社，645-662頁

神長百合子（1996)『法の象徴的機能と社会変革——日系アメリカ人の再審請求運動』勁草書房

佐藤岩夫(2003)「たばこ訴訟の変容と運動のアイデンティティ」棚瀬孝雄編『たばこ訴訟の法社会学』世界思想社，90-104頁

新堂幸司(1983)「現代型訴訟とその役割」『岩波講座基本法学8——紛争』305-333頁

田中成明(2014)『現代裁判を考える——民事裁判のヴィジョンを索めて』有斐閣

棚瀬孝雄(1972)「裁判をめぐるインフルエンス活動」川島武宜編『法社会学講座5——紛争解決と法』岩波書店，306-354頁

平井宜雄(1980)『現代不法行為法の一展望』一粒社

宮澤節生(1988)「権利形成・展開運動の社会運動モデルをめざして」法社会学40号33-46頁

宮澤節生(1994)『法過程のリアリティ——法社会学フィールドノート』信山社

宮澤節生(2005)「政策志向的現代型訴訟の現状と司法制度改革継続の必要性」法社会学63号46-74頁

フェルドマン，エリック・A(2003)『日本における権利のかたち』(山下篤子訳)現代人文社

和田仁孝(1994)「裁判モデルの現代的変容」棚瀬孝雄編『現代法社会学入門』法律文化社，129-157頁

McCann, Michael W. (1994), *Rights at Work: Pay Equity Reform and the Politics of Legal Mobilization*, University of Chicago Press

【大塚　浩】

11 講＿ 違憲審査制 ....

▶§1＿ 問題の所在

▶▶*1*＿ 違憲審査制をめぐる日米の状況

　違憲審査制とは，19世紀のアメリカにおいて確立した制度であり，法令等が憲法に違反していないかどうかを裁判所が審査する制度のことをいう。この制度は，①憲法上の権利を実効的に保障すること（人権保障），②憲法の最高法規性を確保すること（憲法保障）を目的としており，現代の多くの立憲主義諸国において導入されている。日本においては，1947年にアメリカの影響を受けた日本国憲法の施行により導入された（日本国憲法81条）。

　この制度の母国アメリカの裁判所は，法令に対して高密度の違憲審査を実施しており，これまでに夥しい数の違憲判決を下してきた。たとえば，連邦最高裁判所は1947年から現在までに連邦法と州法あわせて600以上の法律に違憲判断を下しており（適用違憲も含む），その中には，人種問題，投票価値の較差，対テロリズム法制，LGBTの権利などの国政上の重要事項にかかわるものも含まれる。アメリカの裁判所は違憲審査制の積極的な運用を通して，多くの重要な公共政策の形成に関与してきたといえる。

　これに対し，日本の裁判所は（後述のように近年変化がみられるものの）長年にわたり法令を緩やかに審査しており，違憲判決を下すことは稀であった。たとえば，1947年の設立以来，最高裁判所が法律に違憲判決を下したのは12件にすぎない。しかも，その多くは，政治的にほとんど影響のない問題であった。憲法学界においては長年違憲審査制の形骸化が指摘されており，2001年に内閣に提出された『司法制度改革審議会意見書』も「立法・行政に対する司法のチェック機能の充実・強化の必要」を強調していた。日本の裁判所は，アメリカの裁判所とは対照的に，違憲審査制をきわめて消極的に運用してきたのである。

▶▶*2*＿ 違憲審査制をめぐる問題

　違憲審査制をめぐる日米の現状を確認したところで，次に，この制度をめぐっていかなる学術的な論点が存在するのか，みることにしよう。

　違憲審査制を分析の対象とする学問には，法社会学のほかに憲法学，司法政治学

などがある。このうち憲法学における代表的な論点としては、いわゆる「違憲審査と民主主義」の問題がある。これは、民主主義を基本原理とする国家において、裁判所が民主的に制定された法律を覆すこと、裁判官が多数派の意思を挫くことの正統性を問うことにより、民主政における適正な違憲審査権の行使のあり方を規範理論的に解明しようとするものである。この問題は「反多数派主義の困難（counter-majoritarian difficulty）」の問題とも呼ばれ、憲法学において長年にわたり主要な論点として取り組まれてきた。

　憲法学がこのように違憲審査制を規範的に分析してきたのに対し、法社会学・司法政治学は違憲審査制を経験的に分析し、憲法学の前提理解の現実的妥当性を問うてきた。すなわち、裁判所は違憲判決を下すときに本当に多数派の意思を挫いているのか、「反多数派主義の困難」は本当に存在しているのかを、社会学・政治学などの手法を用いて検証してきたのである。また、法社会学・司法政治学は、日米の裁判所が違憲審査制を対照的に運用していることに着目し、その背景的要因は何か、そもそも違憲審査制の運用を規定する要因は何か、といった問題にも取り組んできた。

　これらの問題は、違憲審査制が人権保障・憲法保障の要であることに照らせば、学問上のみならず社会的にも重要な意義を有するといえよう。以下では、法社会学・司法政治学がこれらの問題をめぐっていかなる議論を展開し、いかなる成果を上げてきたのかをみることにしたい。

▶§2＿ 法社会学・司法政治学における議論

▶▶1＿ アメリカの議論

　アメリカの法社会学・司法政治学の違憲審査制研究は、司法行動研究（司法行動を規定する要因の研究）の枠組みの中で行われてきた。ここでは、司法行動研究の主要なアプローチと、違憲審査制に関するそれらの知見を概観する。

【1】　政治学的法学

　政治学的法学（political jurisprudence）とは、統治過程における諸アクター（政治部門・圧力団体・メディア・国民等）と裁判所との間の相互作用・相互関係を定量的ないし定性的に明らかにしようとするものである。政治学的法学は1950年代以降、アメリカ司法行動研究の主要なアプローチとして取り組まれてきた。

　政治学的法学は、裁判所が現実に「反多数派主義機関」として機能しているかどうかを検証するため、裁判所と政治的多数派（政治部門・国民世論）との相互関係――特に裁判所の違憲審査権行使と政治的多数派との相互関係――の実態を明らかにす

ることに力を注いできた。その先鞭を付けたのが，1957年のR・A・ダール（Robert A. Dahl）による研究である（Dahl1957）。ダールは，それまでに連邦最高裁判所が連邦法に対して下した全違憲判決78件のうち，法制定後4年以内に下した違憲判決を中心に調査を行った。これは，法制定後4年間は当該法を制定した立法的多数派が依然としてその地位に止まっていると考えられるため，法制定後4年以内の違憲判決は立法的多数派の意思に反する判決とみることができる，との理由による。調査の結果，ダールは，①法制定後4年以内の違憲判決は半数以下の38件に止まること，②38件のうち12件は歴史上例外的な時期といえるニュー・ディール期に下されていたこと，③残り26件のうち政策的に重要な違憲判決は15件に止まることなどを見出した。ここからダールは，連邦最高裁判所は一般に想定されているようには反多数派主義機関としては機能しておらず，このことは概ね2年ごとに新たな裁判官が立法的多数派によって選任されている（大統領によって指名され上院によって承認される）ことの帰結であると主張した。

　ダールの分析には方法論的な問題・限界が少なくないこと（たとえば，法制定後長期間経過してから下された違憲判決の中にも，立法的多数派の意思に反するものはありうるところ，もっぱら法制定後4年以内に下された違憲判決を立法的多数派の意思に反する判決として分析の対象にしている点，州法に対する違憲判決を分析の対象外にしている点），および，1950年代後期以降，連邦最高裁判所が冒頭に触れたように国政上の重要な問題をめぐって相次いで違憲判決を下すようになったこと等から，ダールの知見の妥当性，特に現代的な妥当性は限定的といわざるをえない。しかし，裁判所と政治的多数派の現実の相互関係に関する彼の問題提起は，学界に大きな影響を及ぼし，より洗練された多くの研究を生み出すことにつながった。たとえば，T・R・マーシャル（Thomas R. Marshall）は，過去の世論調査と連邦最高裁判所判決とを丹念に突き合わせ，分析の対象となった「司法積極主義判決」（連邦・州・自治体の法・政策を覆した判決）の半数程度が，国民世論の選好と合致していたことを明らかにしている（Marshall1989）。もっとも，このデータから，裁判所を「多数派主義機関」とみるか「反多数派主義機関」とみるかは，評価者によって異なりうるであろう。

　近年では，政治学的法学に後述の歴史的制度論の要素を取り入れた政治レジーム・アプローチ（political regimes approach）と呼ばれる一群の研究が，裁判所の違憲審査権行使と政治的多数派との関係について興味深い知見を提供している。それによると，政治的多数派を率いる指導者は裁判所による積極的な違憲審査を望まないとの一般的な想定に反して，アメリカの政治指導者（主に大統領）はしばしば積極的な違憲審査を意識的に形成・促進しているという（見平2012）。これは，アメリカの政治構造が分権的であるがゆえに，政治指導者といえども自己の政策を思うように立法できないことが背景にある。このとき政治指導者は，裁判所の違憲審査権行使を

後押しする——違憲審査権行使を呼びかけたり，訴訟参加制度を利用して裁判所に違憲判決を支える法理論を提供したり，違憲判決を下した裁判所を政治的攻撃から防衛したりする——ことによって，自己の政策を司法的に実現しようとするのである。この事実は，裁判所の違憲審査権行使を「反多数派主義的」としてのみ捉えることの一面性を示しているといえる。

【2】 司法行動論

1950年代以降，政治学的法学と並んでアメリカ司法行動研究の主要なアプローチとして取り組まれてきたのが，司法行動論（judicial behavioralism）である。司法行動論とは，裁判官の社会的属性や心理的要因と判決行動との関係を，統計学・心理学の手法を用いながら定量的に明らかにしようとするものである。

司法行動論の諸研究は，各裁判官があらかじめ抱いている価値観（values）あるいは態度（attitudes）が，判決行動に定常的に強く影響を及ぼしていることを明らかにしてきた。違憲審査の場面も例外ではなく，リベラルな態度を持つ裁判官は保守的な立法に対して，保守的な態度を持つ裁判官はリベラルな立法に対して，違憲を宣言する傾向にあるという。司法行動論は，裁判官の違憲審査権行使を単なる憲法の機械的適用とみることはできないことを示している。

【3】 新制度論

1980年代に司法行動研究に新たに加わったのが，司法行動における制度の働きに着目する，新制度論（new institutionalism）である。これには大別して，合理的選択制度論（rational choice institutionalism）と歴史的制度論（historical institutionalism）がある。

合理的選択制度論は，司法行動における戦略的な要素と制度の働きを，主として定量的に明らかにしようするものである。それによると，裁判官・裁判所は，諸制度下の他のアクターの行動を予測しながら，戦略的に選好を追求しているという。違憲審査の場面も例外ではなく，裁判所は権力分立制度の下で立法部・執行部が各種の報復手段を有していることを踏まえ，そうした報復を受けないように戦略的に違憲審査権を行使しているという。このことは，裁判所が「反多数派主義機関」として機能することの難しさを示しているといえる。

歴史的制度論は，司法行動と諸制度の歴史的発展との相互関係を定性的に理解しようとするものである。それによると，制度（ここでは制定法・先例・司法の役割規範などの諸規範を含む）は裁判官の思考を形作ることによって司法行動に影響を及ぼしているという。違憲審査権行使の場面も例外ではなく，そこでは裁判官の価値観・態度や戦略的思考などの非法的要因と並んで，（司法行動研究ではしばしば見落とされがちであるが）憲法条文・法理・先例などの法的要因もたしかに働いているという。このことは，純然たる法学モデルのように違憲審査を単なる憲法の機械的適用とみ

ることも，一部の司法行動研究のように違憲審査における法の働きを完全に否定することも，いずれも現実的な妥当性を欠いていることを示している。

▶▶2＿ 日本の議論

　日本の法社会学・司法政治学の違憲審査制研究は，以上のアメリカの研究動向の影響を受けつつ，以下でみるような展開を遂げてきた。

【1】　司法行動論

　アメリカにおいて司法行動論が盛んになると，日本においてもこの手法を用いた研究が現れるようになった。その嚆矢となった早川武夫（1962）は，1955年から1960年までの全員一致でない憲法の人権関係の最高裁判所大法廷判決に対して尺度表分析を行い，裁判官の態度が判決行動に定常的に強く影響を及ぼしていることを明らかにした。アメリカと同様に日本の最高裁判所の憲法判断においても，裁判官の態度が重要な意味を有していることが示されたといえる。

【2】　日本司法の消極性とその変化の背景

　日本の法社会学においては民事紛争に対する関心が強かったこともあり，司法行動論に続く違憲審査制の実証研究はなかなか現れなかった。しかし，1990年代に入ると，違憲審査制に対する日本司法の消極性の背景について，アメリカ司法行動研究の諸アプローチやアメリカ政治学の一般理論を取り入れた本格的な実証研究が現れるようになった。さらに，2000年代に最高裁判所の姿勢に変化が見え始めると，その背景・過程の分析も行われるようになり，実証的な違憲審査制研究が活発になりつつある。これらの研究については，節を改めて紹介することにしたい。

▶§3＿　日本における違憲審査制の特徴

▶▶1＿ 日本司法の消極性の背景

　違憲審査制に関する日本司法の特徴といえば，（近年変化がみられるものの）きわだった消極性をまずもって挙げることができる。前記のように，1990年代以降，この消極性の背景について本格的な実証分析が行われるようになり，以下の要因が析出されてきた。

　第1に，政治的要因である。J・マーク・ラムザイヤー／フランシス・M・ローゼンブルス（1995），J・マーク・ラムザイヤー／エリック・B・ラスムセン（1998）は，最高裁判所が，公職選挙法138条（戸別訪問禁止規定）違憲判決のような，優位政党である自由民主党に不利な判決を下した下級裁判所裁判官に対して，その後非魅力的なポストをあてがう傾向にあることを統計的に明らかにした。その上で，これを

自由民主党が最高裁判所裁判官の任命を通して裁判所を統制していること——政治学の「本人—代理人モデル」が自由民主党—裁判所の関係にも妥当すること——の証左であると主張し,論争を巻き起こした(詳細は21講参照)。また,デイヴィッド・S・ロー(2013)は司法関係者へのインタビュー等を踏まえて,優位政党である自由民主党は最高裁判所裁判官の任命という手段によるほかにも,直接・間接に裁判所の行動に影響を及ぼしうる立場にあり,このことと保守的な幹部裁判官が裁判官人事を行う階層的な司法官僚制とが絡み合うことによって,日本司法の保守性・消極性が形成されてきたと主張した。ラムザイヤーらのように自由民主党と裁判所との関係を「本人−代理人モデル」に基づいて理解することには議論の余地があるが(→21講参照),上記研究や他の諸研究の成果を併せ考えれば,自由民主党長期政権の存在——特に1970年前後の「司法の危機」の時代の経験——が日本司法の消極性を形作ってきたことは否定しえないであろう。

第2に,政治体制・統治体制である。阿部昌樹(1997)は,中央政府が地方政府を立法的・行政的に統制しにくい分権的な政治体制のアメリカにおいては,司法が代わりに違憲審査を通して地方政府を活発に統制していること,これに対し,中央政府が地方政府を立法的・行政的に統制しやすい集権的な政治体制の日本においては,司法は(中央政府のみならず)地方政府を統制することにも消極的であることを,政治学的法学の視点と手法に依りつつ明らかにした。従来の議論が中央政府(中央の政治的多数派)の立法に対する違憲審査に集中する中,地方政府(地方の政治的多数派)の立法に対する違憲審査に着目し,後者における日本司法の消極性の主因が政治体制の集権性にあることを示した意義は大きい。

第3に,司法制度,とりわけ役割規範・役割観の影響である。日本において違憲判決が少ない理由として,内閣法制局が法案を事前に厳密に審査していることがしばしば指摘されるが,佐藤岩夫(2005)は,フランス・ドイツにおいても類似の機関が法案を事前に審査しているにもかかわらず違憲審査機関が積極的に違憲判決を下していることを指摘し,日仏独のこの相違は,違憲審査機関が抱いている自己の役割観の相違——日本の場合,司法の自己抑制を重視する役割観——に由来することを析出した。また,ダニエル・H・フット(2006)は,違憲審査に対する日米司法の対照的な姿勢の背後には,各種の司法制度上の相違(裁判官選任手続,任期,裁判官補佐制度等の相違)が働いていることを見出し,そうした相違の少なくない部分が両国における司法観・裁判観の相違——日本の場合,安定的・統一的な法適用を重視する司法観——に由来することを明らかにした。いずれの研究も,歴史的制度論に立った分析の有用性を示している。

近年では,上記諸研究の成果を統合する形で,「資源」という観点から違憲審査制をめぐる司法行動を体系的に説明する研究も現れている。見平典(2012,2014,

2016）は，裁判所が違憲審査を積極的に行うためには一定の資源——規範的資源（積極的な違憲審査を支える法理論・先例・役割規範，司法の専門的・民主的正統性等），政治的資源（裁判所を政治的攻撃から実効的に護ることのできる政治勢力），実務的資源（憲法問題に取り組むために必要な時間と情報）——が必要であることを理論的に示し，そうした資源の著しい不足が日本司法の消極性の背後にあることを明らかにした。こうした総合化の試みは，違憲審査制をめぐる各国の司法行動との体系的な比較を可能にするであろう。

▶▶2__ 日本司法の変化とその背景

　最高裁判所は2000年代以降，比較法的にみれば依然として消極的な裁判所に分類されるものの，憲法事件において従来よりも踏み込んだ審査を行うようになり，これまでにない頻度で違憲判断を下すようになった（→10講・15講参照）。この変化に関する分析も進められており，渡辺千原（2015）と見平典（2012, 2016）は，変化の背景的要因として，2000年代の司法制度改革期にみられる司法の役割規範の変容（「国民の健全な社会常識の反映」や「立法・行政に対する司法のチェック機能の充実・強化」が求められるようになったこと）や，裁判官・調査官の世代交代等を析出している。また，市川正人（2015）は，各裁判官の判決行動の分析を通して，首席調査官出身の最高裁判所裁判官がこうした変化に法理論面で寄与してきたことを明らかにしている。

　さらに，この変化を象徴する個別事件の詳細な法社会学分析も現れている。秋葉丈志（2017）は，国籍法違憲判決をめぐる下級裁判所過程を分析し，そこに司法の役割観をめぐるエリート裁判官間の対立と対話，裁判官の戦略的思考などを見出し，日本司法の変化の具体的過程を活写している（→21講参照）。

▶§4__ 違憲審査制研究の今後

　アメリカの法社会学においては，違憲審査制は主要な研究テーマの1つとして位置づけられてきたが，日本の法社会学においては，民事紛争処理過程に関心が集まってきたことや，実証分析に必要な資料や素材が乏しかったこともあって，違憲審査制は必ずしも主要な研究テーマではなかった。しかし，近年，最高裁判所の個別意見や違憲判決は増加しており，退官後に自己の経験や裁判所の実情について積極的に発言する裁判官も現れてきている。違憲審査制の実証研究を行うための素地が日本においても形成されてきているといえよう。なによりも，違憲審査制の動態の精確な理解は，実効的な人権保障・憲法保障にとって欠かすことのできないものである。日本においても違憲審査過程の実証分析がより広く取り組まれる必要があると

いえよう。

《参考文献》
秋葉丈志(2017)『国籍法違憲判決と日本の司法』信山社
阿部昌樹(1997)「中央─地方関係における司法府の位置づけをめぐって(一)─(三・完)」大阪市立大学法学雑誌43巻3号377-414頁，4号571-606頁，44巻1号1-37頁
市川正人「違憲審査権行使の積極化と最高裁の人的構成」市川正人・大久保史郎・斎藤浩・渡辺千原編(2015)『日本の最高裁判所──判決と人・制度の考察』日本評論社，23-38頁
佐藤岩夫(2005)「違憲審査制と内閣法制局」社会科学研究56巻5・6号81-108頁
司法制度改革審議会(2001)『司法制度改革審議会意見書』
早川武夫(1962)「最高裁判所人権判決の尺度表分析──法の経験科学樹立のために」ジュリスト256号46-54頁
フット，ダニエル・H(2006)『裁判と社会──司法の「常識」再考』(溜箭将之訳)NTT出版
見平典(2012)『違憲審査制をめぐるポリティクス──現代アメリカ連邦最高裁判所の積極化の背景』成文堂
見平典(2014)「憲法学と司法政治学の対話──違憲審査制と憲法秩序の形成のあり方をめぐって」法律時報86巻8号93-101頁
見平典(2016)「最高裁判所の現在──違憲審査制と少数意見制の活性化の背景と特徴」法律時報88巻12号80-86頁
ラムザイヤー，J・マーク／フランシス・M・ローゼンブルス(1995)『日本政治の経済学──政権政党の合理的選択』(加藤寛監訳)弘文堂
ラムザイヤー，J・マーク／エリック・B・ラスムセン(1998)「日本における司法の独立を検証する」(河野勝訳)レヴァイアサン22号116-149頁
ロー，デイヴィッド・S(2013)『日本の最高裁を解剖する──アメリカの研究者からみた日本の司法』(西川伸一訳)現代人文社
渡辺千原「平成期の最高裁判所──変わったこと，変わらないこと」市川正人・大久保史郎・斎藤浩・渡辺千原編(2015)『日本の最高裁判所──判決と人・制度の考察』日本評論社，2-22頁
Dahl, Robert A. (1957) "Decision-Making in a Democracy: The Supreme Court as a National Policy-Maker," *Journal of Public Law* 6: 279-295.
Marshall, Thomas R. (1989) *Public Opinion and the Supreme Court*, Unwin Hyman.

【見平　典】

12 講＿＿ 犯罪と捜査・起訴 ....

▶ §1＿＿ 犯罪とは何か

　犯罪の多寡や増減についていう場合，犯罪統計が参照される。しかしながら，犯罪統計には犯罪発生件数についての記述はない。なぜだろうか。

　犯罪発生件数に代えて用いられることが多いのが認知件数である。認知件数とは，「犯罪について，被害の届出，告訴，告発その他の端緒により，警察が発生を認知した事件の数」のことである（本定義は『犯罪白書』の凡例による）。犯罪はふつう秘密裏に行われるだろうし（犯人は捕まりたくないからそれを隠そうとするだろう），他方で，国民の全行動を監視することはできないから（それは望ましくもない），「実際に」発生した犯罪の数を知ることはできない。そこで，警察等の捜査機関が知ることのできた犯罪数（認知件数）で犯罪発生件数を代替しようというのである。

　犯罪発生件数と認知件数の差，すなわち，発生したにもかかわらず警察等の捜査機関に知られることのない犯罪のことを暗数というのであるが，罪種ごとの暗数のクセやパターンを理解し，それを考慮に入れれば（加えて，他の統計（犯罪被害調査等）をも活用すれば），ある程度は犯罪発生件数を推測できるというのである（犯罪統計の読み方については，浜井編（2013）を参照）。はたして，そうだろうか。

　念のために確認しておくが，ここで疑問を呈しているのは，「ある程度」という点についてではない。そもそも犯罪とはそのようなあり方をしているのだろうか，ということについてである。例えば，盛り場での酔っ払い同士の喧嘩で，一方が他方を殴りつけて怪我を負わせたとしよう。このような行為（刑法学では犯罪は行為とされる）は，形式的には刑法204条で規定された傷害罪に当たるだろう。殴られた側，あるいは，目撃者が，これは「犯罪だ」（そうでなくとも放ってはおけない）と思って警察に通報すれば，警察はこれを犯罪と認知するかもしれない。そうなれば，傷害罪の認知件数「1」ということになる（警察に続く刑事司法手続全体の流れについては，図表12_1を参照）。

図表12_1　刑事司法手続（成人）の流れ

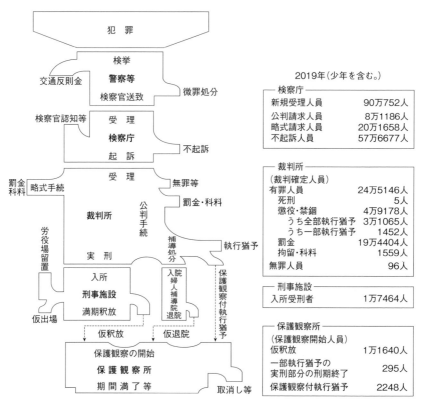

2019年（少年を含む。）

検察庁
新規受理人員	90万752人
公判請求人員	8万1186人
略式請求人員	20万1658人
不起訴人員	57万6677人

裁判所
（裁判確定人員）
有罪人員	24万5146人
死刑	5人
懲役・禁錮	4万9178人
うち全部執行猶予	3万1065人
うち一部執行猶予	1452人
罰金	19万4404人
拘留・科料	1559人
無罪人員	96人

刑事施設
入所受刑者	1万7464人

保護観察所
（保護観察開始人員）
仮釈放	1万1640人
一部執行猶予の実刑部分の刑期終了	295人
保護観察付執行猶予	2248人

注　1　検察統計年報，矯正統計年報および保護統計年報による。
　　2　「検察庁」の人員は，事件単位の延べ人員である。例えば，1人が2回送致された場合には，2人として計上している。
（出所）『平成26年版犯罪白書』（ただし，数値は令和2年版のもの）

　誰も通報しなかった場合はどうだろうか。上の考え方からすれば，犯罪は発生したけれども警察の知るところとならなかったから，暗数「1」となるのかもしれない。では，通報しなかった理由が，これはただの喧嘩だから放っておいてもかまわないと考えたからだとしたらどうだろうか。この場合，犯罪は発生したのだろうか（あるいは，そう考えるべきなのだろうか）。

　こうした問題は，通報の場面にかぎったことではない。通報を受けた警察が「ただの喧嘩だ」と判断すれば（たとえ通報者が「犯罪だ」と思っていたとしても），警察はその行為を犯罪（傷害罪）とは認知しないだろう（示談を勧めることはあるかもしれないが）。この場合も，犯罪はあったのだろうか。

刑法学では，犯罪は「構成要件に該当する違法で有責な行為」と定義される。したがって，そのような行為が行われれば，それが犯罪であり，犯罪は発生したことになる。先の例でいえば，一方が他方をわざと殴って，その結果，殴られた側が怪我をした（人の生理的機能に障害が生じた）のであれば，そして，それが自己または他人の生命や身体を守るためにしたやむを得ない行為でなければ（すなわち，正当防衛等の要件を満たさなければ），さらには，殴った側がお酒を飲みすぎたことで重度に酩酊していなければ（すなわち，責任能力等があれば），そのような行為は犯罪であり，犯罪はあったということになる（刑法上は「犯罪が成立する」という言い方のほうが一般的ではあるが）。

　けれども，社会的に見れば，ただの喧嘩と犯罪は異なるだろう。また，示談で済んだものをことさら犯罪ということに（刑法上はともかく社会的に）どのような意味があるのだろうか。さらにいえば，刑法学では，犯罪は「法律（刑罰法規）で刑罰を科すことが予定された行為」であるともいわれるが，後述するとおり，実際に刑罰が科されるのは，刑法上犯罪とされる行為のごく一部にすぎない（たとえその行為者が警察に検挙されたとしてもである）。このように，同じ行為であるにもかかわらず，一方は犯罪として処理され，他方は犯罪として処理されないとすれば，あるいは，一方は刑罰を科され，他方は刑罰を科されないとすれば，そのような差異は何によってもたらされるのだろうか。こうした問いに答えるためには，犯罪という現象を実際の法執行過程（刑法のエンフォースメント）の中で見ていく必要があるのであるが，そうすることで，刑法上の議論だけでは見えなかったこと——犯罪とは何か／どういう現象か——が見えてくることになる。

▶§2__ 犯罪はどのように議論されてきたか

　上に述べたような，認知件数と暗数によって犯罪発生件数を把握しようとする発想には，その前提として，「犯罪はそれを認識する主体から独立に存在する」との犯罪観がある。それは，端的にいって，犯罪を「物」のように「実体」として捉えようとするものである。したがって，それが見つかろうと，見つかるまいと，犯罪とされる行為が行われた以上，それは犯罪であり，そこに犯罪はあるのである。すなわち，大事なのは対象であり，それを認識する側ではない。

　だとすれば，犯罪と犯罪でないものを区別する何かは，犯罪とされる行為の側にありそうである。すなわち，傷害罪と（ただの）喧嘩との区別については，その殴るという行為のみによって判別できるということになるだろう。けれども，そのようなことは可能だろうか。刑法上殺人とされる行為（犯罪）と戦闘行為による殺人（あ

るいは，死刑執行による殺人）は，行為それ自体に違いはないのではないだろうか（より理屈っぽくなるが，他の例として，法定速度が時速40kmの道路を時速50kmで走行する行為と，法定速度が時速60kmの道路を時速50kmで走行する行為についてはどうだろうか）。

こうした問題は，個別の行為にかぎったことではない。同じことは，カテゴリーとしての犯罪にも当てはまる。われわれにとって有害な行為，望ましくない行為のすべてが犯罪とされているわけではない。例えば，他人の財布からお金を抜き取る行為は犯罪（窃盗罪）だけれども，他人から借りたお金を返さないのは犯罪ではない。被害者にしてみれば，いずれも金銭的被害の伴う有害な行為であるが，一方は犯罪であって，もう一方は犯罪ではないのである。他にも，ちょっと考えてみれば，甚大な被害をもたらすにもかかわらず，犯罪とされていない行為があることに気づくだろう。人々が被る被害の程度が大きいからといって，それが犯罪とされるとはかぎらないのである。では，その仕分け（どのような行為を犯罪とするのかの決定）はどのように（何に基づいて）なされているのだろうか。

先の犯罪観によれば，行為の性質によるということになるのだろう。窃盗と借金の踏み倒しの例であれば，どうにかその違いを見つけ出すことができるかもしれない。けれども，より一般的に，犯罪とそうでない行為を区別する基準（犯罪とされる行為には必ず備わっているが，犯罪でない行為には決して備わっていない性質）を「行為の側」に見つけ出すことができるだろうか。

犯罪とは何か，あるいは，犯罪と犯罪でないものを区別するのは何かを突き詰めていくと，究極的には，その行為ではなく，その「行為を犯罪だと評価する作用」に行き着かざるをえない。すなわち，犯罪の本質は行為に内在するものではなく，それを「犯罪とみなす」側にある（言い換えれば，犯罪とされる行為の側に，すべての犯罪に共通し，犯罪でない行為とは区別された特徴を見出すことは不可能だということである）。つまるところ，われわれが「犯罪だ」とする行為が犯罪なのである。このことは，個別の行為についても，カテゴリーとしての犯罪についてもそうである。それゆえ，理論的にはあらゆる行為が犯罪となりうるし，その選別は恣意的でさえある。

このような視点から，犯罪を端的に定義したのがエミール・デュルケム（Émile Durkheim）である。

> 「ある行為は，犯罪的であるから共同意識を傷つけるのではなく，それが共同意識をそこなうから犯罪的だといわなければならない。われわれは，それを犯罪だから非難するのではなくて，われわれがそれを非難するから犯罪なのである。」（デュルケーム2017: 148頁）

そして，これを敷衍したのがハワード・ベッカー（Howard S. Becker）である（以下の引用が示すような考え方を「ラベリング論」という）。

「社会集団は，これを犯せば逸脱となるような規則をもうけ，それを特定の人びとに適用し，彼らにアウトサイダーのラベルを貼ることによって，逸脱を生み出すのである。この観点からすれば，逸脱とは人間の行為の性質ではなくして，むしろ，他者によってこの規則と制裁とが「違反者」に適用された結果なのである。逸脱者とは首尾よくこのラベルを貼られた人間のことであり，また，逸脱行動とは人びとによってこのラベルを貼られた行動のことである。」（ベッカー2011: 8頁）

　前述の犯罪観は，伝統的な犯罪学においても共有されていた。すなわち，伝統的な犯罪学は，もっぱら対象に注目し，それを認識する側を批判的に検討することなく，そこに見えるものを実体として捉えていたのである。その結果，犯罪統計を犯罪の実体を示すものとして，また，被逮捕者／有罪者／受刑者を犯罪者（のサンプル）として捉えていた。しかしながら，被逮捕者／有罪者／受刑者は同じ行為（犯罪とされる行為）をした人（集合）の一部であるにすぎない。また，それらの人々は，犯罪のカテゴリーが変われば，被逮捕者／有罪者／受刑者とならなかった人たちかもしれない。このような人たちをサンプルとして犯罪の原因や犯罪者の特徴を論じたところで，そこから導き出される結果にどれだけの妥当性があるといえるだろうか。

▶§3＿ 捜査・起訴とダイバージョン

▶▶1＿ 認知・捜査・起訴

　ここで，刑事司法手続の流れについても触れておこう。刑事訴訟法学では，「捜査とは，犯罪の嫌疑がある場合に，公訴の提起・追行のために，犯人を保全し，証拠を収集保全する行為をいう」とされる（平野1958: 82頁）。すなわち，捜査は後に続く裁判の準備作業であり，この過程を経て，検察官は被疑者を起訴するかしないかを判断する。起訴されれば，被疑者は被告人となる。そして裁判で有罪となれば，被告人に刑罰が科されることになる（裁判官には刑の執行を猶予するという選択肢もある）。

　「犯罪の嫌疑がある」とは，平たくいえば，「犯罪が発生したかもしれない」ということである。では，それを警察はどうやって知るのだろうか。ふつう犯罪とされる行為が行われても，ある種の犯罪（例えば公務執行妨害罪）を除いて，警察がそれを現認することはほとんどない。繰り返しになるが，犯罪はふつう秘密裏に行われるだろうし，国民生活のすべてを警察が監視することはできないからである。したがって警察は，その大部分を被害者からの届出や目撃者からの通報をとおして知ることになる。とはいえ，その全てについて届出・通報があるわけではないことは前述のとおりである（先の理由以外にも，被害に気づいていないから，あるいは，届け出る

のが面倒だからということもあるだろう）。他方で，警察のほうでも，届出や通報があったものすべてを「犯罪」として認知するわけではないこともまた前述のとおりである。

　こうして事件の発生を警察が知るところとなれば，警察による捜査が始まる。そして，被疑者が特定されたと警察が判断すれば，検挙ということになる（検挙は刑事訴訟法上の用語ではなく，警察統計では，犯罪について被疑者を特定し，検察官への送致，送付または微罪処分をするのに必要な捜査を遂げた場合をいうとされる）。

　検挙されたらどうなるのか。子どもの頃，「悪い事をしたら刑務所に入れられるよ」と親に言われたことはないだろうか。しかしながら，悪いことをしたからといって（さらには，警察に捕まったからといって），必ずしも刑務所に入れられるわけではない（むしろそれは稀である）。例えば，2019年に刑法犯で警察に検挙された者は19万2607人であるが（なお，刑法犯以外にも特別法犯がある），同じ年に刑務所に入った者は1万7464人だけである（以上の数値は『令和2年版犯罪白書』による）。

　なぜこうなるのか。前掲の図表12_1を見て欲しい。これは「犯罪」が行われた場合の処理過程を示したものであるが，仮に「警察等」のところに入ったとしても，「検察庁」，「裁判所」を経て，一直線に「刑事施設（刑務所）」に進むわけではない。よく見れば，そこには「微罪処分」，「不起訴」，「執行猶予」等の出口がある。この出口は刑事手続からの出口であり，ここから外に出ると，基本的にはそれで犯罪についての処理は終わる。すなわち，犯罪とされる行為をしても刑務所に入れられることなく，あるいは，刑罰を受けることなく，さらにいえば，裁判にかけられることすら なく済まされるのである（むしろ，先の図からは，裁判にかけられる前に処理される件数が圧倒的であることがわかるだろう）。言い換えれば，たとえ犯罪を行っても，多くの者はこのような出口を使って社会に戻されるということである。

　このように，「警察等」のところで乗せられた刑事手続の道（それは刑務所へと続いている）から，それを最後まで行かずに途中で降ろされること，すなわち，通常の刑事手続のルートから「そらされる」ことをダイバージョンという（ダイバージョンについては，岡本他（2017）92-102頁を参照）。図の数値から分かるように，日本ではダイバージョンが積極的に活用されており，そのことが日本の刑事司法の1つの特徴となっている。

▶▶2__ ダイバージョンと犯罪の構築

　では，なぜこのような仕組みとなっているのだろうか。ダイバージョンの目的としては，次の2点が言われることが多い。1つは，刑事司法コストの節約である。そもそも，すべての犯罪を公式の手続で処理しようとすれば刑事司法がパンクしてしまうということもあるが，あえて処罰する必要のない事案，例えば，被害が軽微

であったり，被害弁償がなされているというような事案を刑事手続の早い段階でふるい落とせば，その分のマンパワーや予算をより必要とされる重大な事案に割り当てることができるだろう。刑事司法に投入できる資源は有限であるから，それを効率的に使おうというわけである。

　もう1つは，特別予防効果である。特別予防とは，簡潔にいえば，犯罪をした人に再び犯罪をさせないことである（犯罪予防については他に，すべての人を対象に犯罪を未然に防ごうとする一般予防がある）。一般的には，犯罪を予防するために刑罰を科すということになっているが，これには副作用もある。例えば，刑務所への収容は，収容された人々に負のレッテルを貼ることになるし，このこととも関係して，それらの人々が持つ社会との繋がりを弱めてしまう。またそれは，収容された人々に，刑務所という特殊な環境への適応を強いることにもなる（反対から言えば，社会への適応を損なわせるということである）。すなわち，自由刑は，こうした副作用によって対象者の犯罪傾向をより深化させ，対象者を再び犯罪へと促すリスクを持つものなのである。そして，前者については，刑務所に収容されずとも，刑事手続が進めば進むほどその悪影響は大きくなる。だとすれば，現状で，あるいは，刑罰以外の手段で更生が望めるならば，実刑判決を避けることはもちろん，対象者をなるべく早い段階で刑事手続からはずして社会に戻したほうが再犯防止に資する場合があるということである。

　このダイバージョンについて留意すべきは，その積極的な活用だけでなく，その実施における裁量の大きさである。量的に最も多く，ダイバージョンの中核を占める起訴裁量についていえば，公訴提起の条件，すなわち，訴訟条件が具備しており，かつ，有罪判決を獲得できる見込みが客観的な証拠資料から合理的に根拠づけられる理由が備わっている場合であっても，検察官は，「犯人の性格，年齢及び境遇，犯罪の軽重及び情状並びに犯罪後の情況により訴追を必要としないときは，公訴を提起しないことができる」（刑事訴訟法248条）。すなわち，たとえ犯罪を行ったことが明らかであっても，検察官はその被疑者を起訴しないことができるのである（これを起訴便宜主義という）。不起訴処分のうち，本条に基づくそれを起訴猶予というのであるが，不起訴とされたもののほとんどは起訴猶予（2019年は51万3757人）である。起訴猶予の判断にあたって，法は考慮すべき事項（犯人の性格，年齢及び境遇，犯罪の軽重及び情状ならびに犯罪後の状況）を包括的に列挙するにとどまり，これらの事項をどのように判断するかはもっぱら検察官の裁量に委ねている（詳しくは，吉田2013を参照）。

　したがって，（刑法を前提としながらも）実際にどのような行為が犯罪とされ，誰が犯罪者とされるのか（犯罪とされる行為をした者のうち実際に誰に刑罰が科されるのか）は，刑事司法手続におけるスクリーニング過程，すなわち，被害者による届出や目撃者

による通報，刑事司法当局によるダイバージョンによって決まってくるということになる。この意味で，刑事司法の作動，すなわち，刑法のエンフォースメントは「犯罪を作り出す」過程でもあるのである。

▶§4__ 刑法行動の理論

▶▶1__ 犯罪行動の理論と刑法行動の理論

なぜある種の人たちは犯罪（とされる行為）をするのだろうか。伝統的な犯罪学は，もっぱらこの問いに答えることにその精力を注いできた（いわゆる「犯罪原因論」と呼ばれる領域である）。他方で，なぜある種の人たちは公的に犯罪者と定義され，他の人たちはそのようにされないのか，あるいは，なぜある種の行動は公的に犯罪とされ，他の行動はそのようにされないのか，と問うこともできる。すなわち，犯罪行動そのものではなく，犯罪とされる行為をした人やその行動への反応に注目するのである。先のものが「犯罪行動の理論」と呼ばれるのに対して，そうした行動への反応に注目するものを「刑法行動の理論」という。それは，刑法自体の振る舞い，すなわち，問題とされる行為を規制する法の制定や執行（刑法がどのように定められ執行されているのか）に焦点を当てて犯罪現象を見ていこうとするものである（ヴォルド／バーナード1990: 11-14頁，関連して，ラベリング論を概説する岡邊編2014: 10章を参照）。

すでに明らかとなっているものと思われるが，犯罪現象を説明するためには，犯罪行動の理論だけでなく，刑法行動の理論も必要である。なぜなら，犯罪は刑法が適用された結果であり，それゆえ，刑法がどのように制定され，そしてそれがどのように執行されるかによって，犯罪の量と犯罪者の特性とが規定されるからである（刑法の執行過程に関する実証研究として，警察に関して宮澤（1985），村山（1990），スコールニック（1971）が，検察に関してジョンソン（2004）がある）。

こうした考え方には，「犯罪」はアプリオリにそこにあるものではなく，社会的に構築されるものだとの前提がある。すなわち，犯罪という行為（実体）がまずあって，そこに刑法が適用されると考えるのではなく，犯罪は刑法が適用されることで生み出されるものだと考えるのである。したがって，こうした視点に立つならば，特定の行為が「犯罪だ」と定義される過程を研究することが主要な課題となる。なぜなら，同一の行為が状況に応じて，あるいは，誰によってなされたかによって，犯罪となったりならなかったりするからである（これについて，松原（2017）を参照）。

だとすれば，「あるグループの人々が他の人々と比べて不釣合に多く訴追されるという結果をもたらすような，法執行における系統だった差別」（ヴォルド／バーナー

ド1990: 12頁）があるかもしれない。これについては次のような主張がある。「豊かで権力を持つグループに属する人々は，刑事司法制度の一連の決定段階のどこかで，処分されないように故意に引きぬかれてしまうので，このシステムの究極的な結果を見ると，貧しくまた権力をもたないグループに属する人々が，不釣合に多く有罪判決を受けたり刑務所に収容されたりするようになる」（ヴォルド／バーナード1990: 12頁）。「企業の経営陣の行為の結果引き起こされた重大な傷害や死亡事件については，極めて緩やかな法が適用されている。大勢の人々に傷害や死をもたらすような決定を故意に行った最も悪辣な例でさえ，まったく犯罪と定義されないこともある。もしそれが犯罪と定義された場合でも，それに対する刑罰は最低限のもので，かたちだけのものに限定されるであろう」（ヴォルド／バーナード1990: 13頁，詳しくは，サザランド1955を参照）。

▶▶2__ 犯罪化の社会過程

　このように，法が不公平に適用されることを選択的法執行（セレクティブ・サンクション）というのであるが，これについては，法の適用という側面だけでなく，先の引用にもあるように，法の作られ方そのもの（すなわち，どのような行為を犯罪とカテゴライズし，どのような行為を犯罪とカテゴライズしないのか）が選択的でありうることにも注意が必要である。社会には有害な事態や望ましくない事態（を引き起こす行為）が溢れているが，前述のとおり，その全てが犯罪とされているわけではない。これに関連して極めて示唆的な指摘を引用しておこう。「あるタイプの殺害行為は殺人とカテゴリー化され，その他のものはそうならない。違いが何かと言えば，行動そのものではなく，その行動に対する反応が社会的に構成される仕方である。本来は，以下に示すような行動は同じものである。『警察官を殺すこと，あるいは警察官による殺害』『高齢女性の背中を刺すこと，あるいは戦争で敵を刺すこと』『黒人奴隷が白人の主人を銃撃すること，あるいは白人の主人が黒人奴隷をリンチすること』『飲酒運転者にひかれること，あるいは汚染を出す工場によって引き起こされたガンで苦しみながら死ぬこと』。いずれもなんらかの殺害である。そのうち，殺人とラベルが貼られるものもあれば，免責されたり，正当化されたり，あるいは，危険な産業公害のように，私たちの身体ではなく経済を健全に保つのに必要な環境的リスクと見なされるものもある。殺人と見なされるものの形式や内容は，社会的文脈や状況によって変化する。これは，本来的あるいは普遍的に逸脱的と考え得るものの特質ではないといえよう」（リリー他2013: 150-151頁）。

　このような視点に立てば，犯罪統計の見方も変わってくるだろう。すなわち，認知件数や検挙件数等（他にも，訴追件数や量刑）の数値は，「犯罪の実態」を表すものというよりも，警察等の刑事司法機関の活動の産物と見たほうがいいのではないか，

というようにである。また，ベッカーが，規則を何者かのイニシアティブの産物（すなわち，自らの道徳に基づいて特定の行為を問題化し，専門家やマスメディアに働きかけてそのような行為を取り締まる規則を作り上げようとする人々の諸活動の結果）と捉え，このような企画を展開する人々を「道徳起業家」として分析したように（詳しくは，ベッカー（2011）8章を参照），立法過程（立法による犯罪化）それ自体が研究対象となるだろう。そして，このような視点は，刑事司法過程を刑法等の実体法を適用する社会過程ととらえ，複数のプレーヤーがそれぞれの利害を抱えながらどのようにそのプロセスに参加し，その結果としてどのようなアウトプットが出てくるのかを経験的に理解しようとする，刑事司法領域における法社会学へとつながっていくのである。

《参考文献》

ヴォルド，ジョージ／トーマス・バーナード（1990）『犯罪学——理論的考察〔原書第3版〕』（平野龍一・岩井弘融監訳）東京大学出版会（原著1986年）

岡邊健編（2020）『犯罪・非行の社会学——常識をとらえなおす視座［補訂版］』有斐閣

岡本英生・松原英世・岡邊健（2017）『犯罪学リテラシー』法律文化社

サザランド，エドウィン（1955）『ホワイト・カラーの犯罪——独占資本と犯罪』（平野龍一・井口浩二訳）岩波書店（原著1949年）

ジョンソン，デイビッド（2004）『アメリカ人のみた日本の検察制度——日米の比較考察』（大久保光也訳）シュプリンガー・フェアラーク東京（原著2002年）

スコールニック，ジェローム（1971）『警察官の意識と行動——民主社会における法執行の実態』（齋藤欣子訳）東京大学出版会（原著1966年）

デュルケーム，エミール（2017）『社会分業論』（田原音和訳）筑摩書房（原著1893年）

浜井浩一編著（2013）『犯罪統計入門——犯罪を科学する方法〔第2版〕』日本評論社

平野龍一（1958）『刑事訴訟法』有斐閣

ベッカー，ハワード（2011）『完訳アウトサイダーズ——ラベリング理論再考』（村上直之訳）現代人文社（原著1973年）

松原英世（2017）「刑事司法研究をとおして《法》を見る」法社会学83号43-54頁

宮澤節生（1985）『犯罪捜査をめぐる第一線刑事の意識と行動——組織内統制への認識と反応』成文堂

村山眞維（1990）『警邏警察の研究』成文堂

吉田博視（2013）「第248条〔起訴便宜主義〕」河上和雄他編『大コンメンタール刑事訴訟法〔第二版〕第5巻』青林書院，56-91頁

リリー，ロバート／フランシス・T・カレン／リチャード・A・ボール（2013）『犯罪学——理論的背景と帰結［第5版］』（影山任佐監訳）金剛出版（原著2011年）

【松原英世】

13 講___ 刑事裁判・裁判員制度・刑事弁護 ....

▶§1___ 刑事裁判では，何がどのように行われているか

　刑事裁判では，起訴された被告人が有罪であるか無罪であるか，有罪であるとするとどの程度の量刑が適当であるかについて主として判断が下される。このような有罪・無罪判断および量刑判断がどのように行われているのかという点は，刑事実体法の実現過程を考えるうえで重要である。とりわけ量刑判断は，裁判所による選択の幅が広く，裁判所がどのようにこれを行っているのかという点が問題となる。また，2009年より裁判員制度が開始され，一定の重大事件については法律の素人である裁判員も有罪・無罪判断および量刑判断に関わるようになった。裁判員制度の開始によって，これらの判断の在り様に何らかの変化があったであろうか。

　以上のような刑事実体法の実現に注目した問題に加え，刑事手続に関する諸規定がどのように実現しているのかという点も，法社会学的に関心のあるところであろう。戦後に制定された現行刑事訴訟法は，従前の職権主義的な構造を改め，当事者主義を基調とするものに大幅に変更された。しかしながら，捜査段階も含めて実際の刑事手続の在り方は，刑事訴訟法の条文を読むだけでは容易に理解できない実態があった。このような刑事手続の日本的特色の当否はさておき，裁判員制度の導入により，少なくとも対象事件の裁判については，刑事訴訟法が定める直接主義や口頭主義が実質化してきたといわれている。本講では，このような刑事裁判の実情や変化を網羅的に紹介することはできないが，刑事裁判の重要な担い手である弁護人に焦点を当て，その活動がいかに行われているかについて，裁判開始以前の段階も視野に入れつつ，関連する法社会学的研究を概観する。

▶§2___ 刑事裁判をめぐる実証研究の文脈

　本講において扱う上記の諸問題に関する実証研究は，どのような文脈で行われてきたのであろうか。日本の法社会学はその始まりにおいて民事法への関心が強かったこともあり，刑事裁判を正面から取り上げる実証研究は必ずしも豊富ではないが，これから紹介するように一定の蓄積がある。ここでは，それらの研究内容の紹介に

移る前に，それらが行われてきた文脈について簡単な解説を加える。

　まず，有罪・無罪判断がどのように行われているかという点については，日本における有罪率の高さへの注目から，日本法を研究する海外の研究者によって実証的な検討が加えられた。しかし，後述するように，有罪・無罪の判断が究極的な意味において正しかったか否かは，神の目をもたない人間には完全に把握することができないことであり，その検証は，裁判官が判断を行う際の環境的要因についての検討という間接的な方法をとることとなる。ともあれ，高い有罪率を前提として，日本の刑事裁判への実務上の関心は量刑に注がれることになる。ここで，日本の刑法は，一定の犯罪に対する法定刑の幅を広く定めている反面，量刑判断をどのように行うべきかについての法律上の基準が明確には存在していない。そのため，量刑判断がいかにして行われているか，そして，その行使の在り方は適切かという問題関心が浮上することになる。このような実務的な関心もあり，量刑判断については数量的な研究も比較的活発に行われた時期がある。量刑判断の数量的研究は，実務的関心に基づいて行われてきた部分もあるが，学術的には，コンピュータ技術の進展に伴い実施可能性の高まった計量法学の視点からの関心も向けられていた。1972年刊行の『法社会学講座5——紛争解決と法1』では，第Ⅴ章「裁判過程の計量的研究」のなかで，量刑に関する数量的研究の紹介がなされている（前田1972）。もちろん，このような数量的研究は，量刑判断だけでなく，裁判官による事実認定等にも適用可能であるが，実際に行われた研究の多くは量刑判断を対象としていた（前田1972）。このように，研究者だけでなく実務家も含めて積極的に研究がなされた時期はあるが，この種の研究は，少なくとも現在の法社会学研究のなかで主要な位置を占めているわけではない。したがって，これらの研究を法社会学の「スタンダード」に位置付けることが適当かどうかという問題はあるが，刑事裁判を対象とした実証研究の蓄積として紹介することとしたい。

　ここで，先述したように刑事裁判の在り様は，裁判員制度の導入を受けて大きく影響を受けることとなるが，刑事裁判を対象とした実証研究も，同様に裁判員制度導入の影響を受けた。すなわち，法の素人である一般市民が刑事裁判に関わることとなり，そのような一般市民がどのように刑事裁判に関与し，どのように事実認定や量刑判断を行っていくのかという点について，盛んに実証研究が行われるようになったのである。実証研究を行うにあたって採用された方法はいくつかあるが，とりわけ心理学の理論・方法を用いた研究が多く公表された（網羅的なレビューとして，藤田2020がある）。

　刑事司法の一翼を担う刑事弁護の活動実態については，それが弁護士の業務全体の中でどのように位置付けられているかといった観点から研究が行われてきた。被疑者・被告人の刑事弁護を担う弁護士の多くは法律事務所に所属して活動しており，

その弁護活動は必然的に弁護士の経済活動の枠組みに組み込まれざるを得ない。刑事弁護に関する法社会学的研究は，このような弁護士の置かれた職業的条件にも関心を向けつつ行われてきた。また，裁判員制度の導入や被疑者国選弁護制度の導入等もあり，刑事弁護業務は高度化してきたとの指摘もある。このような制度的変化を踏まえた刑事弁護の実態調査も，現在進められているところである。

▶§3__ 実証研究に基づく検討

▶▶1__ 裁判員制度導入以前の研究

　広く知られているように，日本の刑事裁判における無罪率は非常に低い。このような無罪率の低さをどのように説明するかについては，大きく2つの見方がある。第1の見方は，このような有罪・無罪判断の結果を刑事司法過程全体における刑事裁判の位置付けとの関係で理解しようとするものである。すなわち，前講でみたように，多くの事件は，警察および検察の事件処理によって刑事司法の過程から外されていく。とりわけ，検察官は有罪が高度に見込まれる事件に絞って起訴をしているため，裁判において無罪とすべき事件が必然的に少なくなると考えられるのである。第2の見方は，裁判所によって事実認定が適切に行われていない結果として無罪率が低いというものである。このような見方からは，検察官が起訴してきた以上は有罪であろうという見込みや，無罪判断をした場合には上訴審での厳しい審査に耐える必要があるというプレッシャーが，裁判官に有罪判断をする方向で作用しているとの懸念が示されることになる。

　以上のうち，いずれの見方が真実に近いであろうか。第1の見方によるならば，そもそも刑事裁判が開始される事件の多くは有罪とすべき事件であり，無罪とすべき事件が有罪となる冤罪は多くはないと予想される。他方で，第2の見方からすると，無罪とすべき事件でも裁判官は有罪判断を下してしまうことが多く，したがって冤罪が多いと予想される。このように2つの見方からは冤罪の発生頻度についてそれぞれ異なる予測が立てられるが，いずれの予測が正しいかを検証するための指標となる冤罪発生件数を正確に測定することができないところに，この問題の検証の難しさがある。そこで，間接的な方法ではあるが，無罪判断を避けるインセンティブが裁判官にないかを検証する試みが，アメリカの日本法研究者であるラムザイヤーらによって行われた。21講で言及されているように，日本の裁判官が与党の意向に反する判決を行うことで人事上の不利益を被るかという点を検証した研究の一環として集められたデータを分析したところ，ラムザイヤーは無罪判断を行うことが人事上の不利益につながっていることを示す結果は示されなかったとしてい

る（Ramseyer & Rasmusen 2003）。したがって，間接的な推論に依拠することになるが，少なくとも人事上の理由から無罪判断を回避しようとするプレッシャーを裁判官は受けておらず，低い無罪率は検察官の起訴方針を含めて評価する方が適当であるとされる。もっとも，このような認識に立ったとしても，そのことは日本の刑事裁判が冤罪の問題と無縁であると結論付けることと同義では決してない。裁判員制度導入後に心理学的な研究が増えたと述べたが，法と心理学の領域では，誤った目撃証言や虚偽自白によって冤罪が生じる可能性について警鐘を鳴らし，そのような問題の発生メカニズム等を心理学の観点から解明しようとする研究が以前より行われている。

　ともあれ，刑事裁判の対象となった被告人の多くは有罪判決を受けるため，量刑判断が実務上の大きな問題となる。裁判員裁判の場合は，裁判官だけでなく裁判員も一緒になって量刑判断を行うが，まずは裁判官による量刑判断を念頭に置いて論を進めていく。ここで，裁判官による量刑判断過程を明らかにしようとした研究の嚆矢として，不破（1939）を挙げることができる。これは裁判例を大量に観察し，そこからいくつかの事案類型を抽出し，その類型ごとの標準的な科刑状況を調べようとするものであった。このように，裁判例を大量に観察し，実際の量刑がどのように行われているかを調べようとする研究はその後も継続するが，コンピュータ技術の進展もあり，ここに数量的な方法が応用されるようになる（小島1998; 前田1972）。用いられる統計的手法は研究ごとに異なっているが，徐々に複雑な手法も取り入れられるようになり，最終的には量刑に影響を及ぼし得ると考えられる複数の要因が量刑判断にどのような影響を及ぼしているかを同時に解析する多変量解析の枠組みが採用されるに至る（やや古い時期のものであるが，量刑判断に関する実証研究を網羅的に紹介するものとして，小島（1998）がある）。これらの研究によって明らかになったことを包括的に紹介することは困難であるが，概して一定の要因によって量刑判断を比較的正確に予測することが可能であることが示されてきたといえよう。もちろん，量刑判断に地域的な較差があることを示す研究も存在したし，実務上は予測から外れた量刑判断について批判的な吟味が加えられることもあり，また，予測の精度や予測式の在り方自体への評価の問題もあり得よう。しかしながら，このような研究成果は，個々の裁判官が比較的均質な基準によって量刑判断を行っていることを概して示すものと捉えることができるであろう。

　では，このような統一的な量刑判断は，いかにして達成されているのであろうか。この点につき，検察官による求刑や上訴審での量刑不当の審査の影響も指摘されているが，個々の裁判官の判断過程において量刑相場が果たしている役割の重要性も指摘されている。一定の経験を積んだ裁判官であれば，事件の概要を知ることで，どの程度の量刑が妥当であるかを直観的に把握できるようになるとされており，そ

のような相場感覚が量刑相場と呼ばれている。そして，このような量刑相場が，統一的な量刑判断の実現に寄与しているとされるのである。ここで，裁判員制度の実施を控えて一般国民と裁判官の両方を対象としたサーベイ調査が行われたが（司法研修所2007），そこでは，簡潔な殺人事件のシナリオを前提とした裁判官の量刑意見の分布は一般国民のそれに比して分散が小さいことが示されており，これが量刑相場の存在を示す根拠の1つになると指摘されている。

▶▶2__ 裁判員制度導入の影響

　2009年より裁判員制度が実施され，一定の重大事件については裁判官だけでなく裁判員も刑事裁判に関与し，有罪・無罪判断を行い，被告人が有罪である場合には量刑判断も行うようになった。裁判員裁判は，その対象事件が重大事件に限られているため，刑事裁判全体において占める割合は高くないが，この制度に対する学術的関心は高く，実証研究の領域では，とりわけ心理学の視点から多くの研究が行われた。この裁判員制度は陪審制と異なり，市民だけで判断するのではなく，裁判官と一緒に評議を行う仕組みとなっている。その意味では参審制に近いが，このような仕組みであることもあって，裁判員制度導入に際しては，一般市民が裁判に関与し評議において有意義な関与ができるのかという点について懐疑的な見方もあった。たとえば，国民性ゆえに日本人は議論に向かないといった議論や，法律の専門家である裁判官を前にして裁判員が評議に実質的に関与できるのかといった懸念がそれである。

　藤田（2008）は，このような問題について，戦前に実施されていた陪審制を巡る議論も踏まえながら，実証的な検討を加えた。ここで，国民性を問題とする議論に直接対応する研究としては，国民性が異なるとされるいくつかの国を対象とした調査研究が考えられるが，藤田（2008: 第2部第2章）は，国民性の問題を個人差の問題に置き直して検証を加えている。すなわち，日本人は議論に向かないと主張される際に問題とされる心理的特性について測定し，それと評議において自分や市民がどの程度発言できるかに関する予測との関連を調べ，両者に明確な関連が見出せなかったことを指摘する。また，法学部生（修士課程の院生を含む）と大学1，2年の教養生によって構成される評議体で模擬評議を行ってもらい，法的知識のない教養生も，法的知識のある法学部生の前で十分に自分の意見を発言できていることを指摘している（藤田2008: 第2部第3章）。これらの知見を踏まえ，藤田（2008）は，裁判員が実質的に評議に関与できないことを懸念する議論の実証的根拠は必ずしも強くないと指摘している。

　もっとも，実際の裁判員がどのように評議に参加しているかは，実際の制度の運用状況を踏まえて検証すべき事柄である。この点で，任務直後の裁判員に対するア

ンケートの集計結果を最高裁判所が毎年公表しているが，それによれば，裁判員経験者の多くは，評議の雰囲気等を肯定的に評価しているようである。しかし，評議の非公開や裁判員の守秘義務といった事情もあり，評議の実態について十分な研究が進んでいるとはいい難い。この点は課題として残るが，いずれにせよ，裁判員が有罪・無罪判断，および量刑判断に関わる以上，彼らがどのようにしてこれらの判断を行っているのか，そして，裁判員の関与したこれらの判断は，これまでの裁判官のみによる判断と異なる傾向を有しているのかという点が問題となる。

　まず，裁判員の有罪・無罪判断については，判断に際して考慮することが適当ではないと考えられる要因の影響に注目した心理学的な研究が多くなされている（藤田（2020）を参照）。その際には，心理実験を応用した模擬裁判研究という手法がよく用いられる。たとえば，仲（2009）では，遺族による手紙の朗読の有無と遺影の提示の有無という2要因を実験的に操作したうえで，実験参加者に有罪・無罪の判断等をしてもらっている。そして，とりわけ遺影がある場合に有罪の判断をする者の割合が多いことから，遺影の存在が有罪判断を促進する方向に作用していること等を問題として指摘している。このような研究は，裁判員が不適切な情報に基づき有罪判断をしてしまう可能性を指摘するものであるが，他方で，市民が関与することで有罪認定がより慎重に行われるようになる可能性も，かねてから指摘されていた。このような指摘の背景の1つとして，古いものではあるが，1950年代にアメリカで行われた大規模な陪審研究であるシカゴ・プロジェクトがあった。このシカゴ・プロジェクトは，アメリカにおいても大規模な実態調査であったことから注目を集め，日本の法社会学の領域においてもその成果が紹介されていた（三井1972）。そこでは，裁判官に対して，陪審の有罪・無罪判断の結果と，当該事件に対して自分であればどのように判断したかを尋ね，もし両者に不一致があったとしたらその理由は何であるかも尋ねる方法により，裁判官と陪審の判断の差異を検証することが試みられている。その結果，概ね75%ほどの事件で両者の判断は合致しており，両者の判断が不一致である事件についてみると，その多くは陪審の方が裁判官よりも被告人に有利な方向で判断をしていた。そして，このような両者の判断のずれは，部分的には，裁判官よりも陪審の方が合理的な疑いを超える証明がなされたと判断する基準が厳しいことに由来すると考えられたのである。それでは，実際に裁判員裁判が始まって有罪・無罪判断の在り様に変化が生じたのであろうか。この点，あくまで大まかな指標に依拠するものであるが，裁判員裁判対象事件の有罪率は，制度開始後に大きく変動しているわけではないが，裁判官だけでこれを裁判していた時期に比べて裁判員制度が開始して以降の時期の方が若干低くなっているとして，これを裁判員による慎重な判断の結果と評する見解もある。

　次に，裁判員裁判の下での量刑判断であるが，すでに述べたように，裁判官は，

その職業的経験を踏まえた量刑相場に依拠しつつ統一的な量刑判断を達成していると指摘されているが，刑事裁判に初めて関与する裁判員に，そのような相場感覚を前提とした判断を求めることはもとより不可能である。前述したように，裁判員制度の実施を見据えて行われたサーベイ調査によれば，特定のシナリオを前提とした裁判官の量刑分布には一定の相場が見出せる一方，国民の量刑判断の回答分布は広かった（司法研修所2007）。また，ある事情を量刑に際してどのように考慮するかという点について，国民と裁判官の意見は概ね一致するが，意見に相違のある項目も存在した（司法研修所2007）。では，裁判員制度が導入されて量刑判断の在り方に変化は生じたであろうか。この点につき，2008年4月1日以降の裁判官裁判による量刑判断の分布と，裁判員制度施行後の裁判員裁判における量刑判断の分布とを事件類型ごとに比較した資料が，最高裁判所により提供されている。これに基づく概括的な比較にとどまるが，裁判員制度が導入されたことで厳罰化が進んだとみられる部分がある一方で，執行猶予に付す判断が増加しているなど寛刑化が進んでいるとみられる部分もあり，従来よりも量刑の分布に広がりが出たと評されている。

▶▶3＿＿ 刑事弁護

　以上までに，刑事裁判で行われる判断がどのようになされているか，裁判員制度導入後の状況も含めて関連する研究を紹介してきた。次に，刑事裁判を含む刑事司法過程において，検察官と対峙する被疑者・被告人を援助することでその運営の一翼を担う弁護人の活動に関する実証研究についてみていくこととする。もっとも，弁護人が活動する法的環境は，司法制度改革を経て大きく変化している。すなわち，司法制度改革以前は，被疑者段階の国選弁護制度がなく，この段階で被疑者取調べを中心とした緻密な捜査が行われているにもかかわらず，実効的な弁護がなされにくかった。このことが，弁護士における刑事弁護離れにつながったともされる。もっとも，1990年代前半に当番弁護士制度が各弁護士会によって取り入れられたことに象徴されるように，弁護士会の組織的な取組みにより被疑者段階の弁護活動の実質化が目指されたことは注目に値する。そして，その後の司法制度改革は，刑事弁護に関する制度的環境を大きく変えた。まず，被疑者国選弁護制度が2006年より開始し，段階的に対象事件が拡大され，現在ではすべての勾留事件が対象となっている。また，2009年から始まった裁判員裁判では，連日的な開廷に対応しつつ，裁判員に向けた弁論技術の研鑽も要求されるようになった。あわせて，公判前整理手続が導入され，その枠内に証拠開示制度が組み込まれた。さらに，2016年の刑事訴訟法改正による捜査手法の多様化や，取調べ可視化の法制化も，刑事弁護の在り方に変化をもたらすものであった。

　このような制度変化を念頭に置きつつ，まず司法制度改革以前の実証研究をみる

と，刑事弁護を主要な業務と位置付ける弁護士が存在することは指摘されていたが，多くの弁護士にとって刑事弁護は事務所経営上のメリットが小さい活動であり，あくまで民事案件を中心とした事務所経営のなかに組み込まれていることが指摘されている。この時期の刑事弁護の実情を知るための調査としては，1990年代前半に東京と青森，札幌の弁護士を対象として調査を行った村山（1996）を挙げることができる。また，刑事弁護に特化した調査ではないが，1980年から10年おきに日本弁護士連合会が行っている『弁護士業務の経済的基盤に関する実態調査』も，刑事弁護業務の実態を知るうえで貴重な資料であり，このデータを分析した研究も行われている。これらによれば，一般的な法律事務所の中心的な業務は民事事件であり，刑事事件は取扱業務の一部を占めているに過ぎないことや，特に国選事件の主たる担い手が民事事件の取扱いの相対的に少ない若手や高齢の弁護士に多い傾向が示されている。また，刑事弁護の扱いには地域差もあり，都心では刑事弁護を行わない弁護士も多いが，弁護士数の少ない地域では多くの弁護士が一定程度刑事弁護を引き受けていることも指摘されている。また，国選事件と私選事件とを比較すると，国選事件での弁護活動の方が相対的に不活発であるともされている。もっとも，被疑者国選弁護制度導入前のことであり，私選事件と異なり国選事件の多くは起訴後から弁護活動が始まることも，このような国選事件における弁護活動の不活発さの一因として指摘されていた。

　その後，先に述べた通り，刑事弁護を巡る法的環境は変化し，それに伴い刑事弁護に求められるスキルが高度化したことも指摘されている。しかし，弁護士による評価をみると，刑事弁護は，依然として公益性は高いが収益性は低いと捉えられており，また知的・技術的難易度が高い業務とはあまり捉えられていないようである（たとえば，武士俣他（2021）を参照）。刑事弁護の担い手である弁護士の属性等については，2010年に実施された『弁護士業務の経済的基盤に関する実態調査』等に依拠した検討も加えられているが，それによれば，司法制度改革後も，国選事件については若手と高齢の弁護士が相対的に多く引き受けているという点を含め，民事案件を中心とした事務所経営のなかに刑事弁護が位置付けられている状況に大きな変化がないことが指摘されている（武士俣2013）。

▶§4＿刑事裁判研究のこれから

　すでに述べたように，裁判員制度の導入によって刑事裁判を巡る研究状況は大きく変化した。とりわけ心理学的な手法を用いた研究が多くなされるようになったが，それらの研究では，評議を扱った研究も存在するが，多くは裁判員個人の判断を研

究対象としている。これは研究実施上のコストとの関係でやむを得ない部分もあるが，今後は評議過程も視野に入れた研究がより積極的になされることが望ましい。この点で，模擬評議を対象にエスノメソドロジー・会話分析の観点から検討を加える研究や，裁判官とも協働しつつ評議の在り方の改善を目指す研究（三島2015）も進められており，注目される。また，裁判員の判断に注目した研究がなされる一方で，裁判官の判断構造への問題関心が薄れてしまうことは望ましくない。量刑判断に関する数量的研究はかつてほど盛んに行われているわけではないが，裁判官の判断構造を扱う研究として一定程度継続しており，以下でも触れる佐伯（2016: 第12章）は，そのような研究と連携したことで交通事故に起因する致死傷事件における裁判官の量刑判断に関する検討が可能となったものである。あわせて，一般市民の責任判断の構造と法律家のそれとを対比しようとする試み（松村2018）も，裁判官の判断構造を検討するうえで参照する意義がある。また，刑事弁護という点からも，裁判員制度の導入は新しい研究課題を提供している。たとえば，法律の専門家ではなく法律の素人である裁判員に対してどのように主張を展開することが効果的であるのかといった具体的な弁論技術の効果への関心も喚起されている。

　裁判員制度の導入とともに重要な刑事裁判に関する制度変化としては，犯罪被害者による刑事裁判への参加が，意見陳述制度や被害者参加制度の導入によって拡充したことが挙げられる。このような被害者の刑事裁判への参加が，刑事裁判における法的判断にどのように影響し得るのかという問題も，実証的に検証する意義があり，すでに一定の蓄積がある。先に紹介した仲（2009）の研究も，そのような問題関心に基づくものである。また，佐伯（2016）は，このような被害者の刑事裁判への参加が量刑判断にどのような影響を及ぼし得るのかについて，心理実験だけでなく実際の刑事確定事件の訴訟記録から抽出したデータに基づき検証したものである。ここでは，被害者の刑事裁判への参加による量刑への影響を，意見陳述制度や被害者参加制度といった制度の問題として論じることは適当ではないとしつつも，被害者に関わる諸要素が量刑に対して影響を及ぼしていることを示す知見は一定程度存在することが示されている。そのうえで，制度の問題ではなく，個々の被害者の関与の在り方と量刑との関連を検証し，その規範的意義を個別的に論じていく方が，実証研究と規範論との生産的な協働につながるであろうと指摘されている。

　刑事弁護についても，弁護士業務に関する調査に依拠する限りは，刑事弁護業務の供給体制に大きな変化はみられていないが，司法制度改革以降の刑事弁護を巡る制度的変化も踏まえた実証研究が求められている。刑事弁護の担い手としても，一般的な法律事務所に所属する弁護士だけでなく，弁護士会による公設事務所所属の弁護士や，法テラスに雇用されるスタッフ弁護士も視野に入れる必要がある。そのような観点から，近時，高度化した刑事弁護を担う弁護士の業務実態を明らかにす

べく，弁護士を対象とした調査が実施され，それらの分析が進められていることが注目される（季刊刑事弁護101号から104号（2020年）の連載「刑事弁護の変化と課題」や武士俣他（2021）を参照）。

《参考文献》

小島透（1998）「量刑の数量的実証研究の課題（1）──量刑理論の側から見た数量的実証研究の問題点とその検討」名古屋大学法政論集174号1-41頁

佐伯昌彦（2016）『犯罪被害者の司法参加と量刑』東京大学出版会

司法研修所編（2007）『量刑に関する国民と裁判官の意識についての研究──殺人罪の事案を素材として』法曹会

仲真紀子（2009）「裁判員制度と心理学──被害者に関する情報の影響について」刑法雑誌48巻3号405-421頁

藤田政博（2008）『司法への市民参加の可能性──日本の陪審制度・裁判員制度の実証的研究』有斐閣

藤田政博（2020）「裁判員制度についての日本国内における心理学的研究展望──裁判員制度10年の歩み」関西大学社会学部紀要52巻1号119-151頁

武士俣敦（2013）「刑事弁護の担い手」後藤昭他編著『実務体系現代の刑事弁護1──弁護人の役割』第一法規，349-363頁

武士俣敦他（2021）「裁判員裁判時代の刑事分野弁護士活動の高度化・多様化と我が国弁護士会の社会構造──2020年全国弁護士ウェブ調査第1報」福岡大学法学論叢65巻4号895-968頁

不破武夫（1939）『刑の量定に關する實證的研究』嚴松堂書店

前田俊郎（1972）「刑事判決の予測（数量的分析）」川島武宜編『法社会学講座5──紛争解決と法1』岩波書店，390-402頁

松村良之（2018）「責任帰属をめぐる認知──法の専門家と一般人の比較」唐沢穣他編著『責任と法意識の人間科学』勁草書房，153-193頁

三島聡（2015）『裁判員裁判の評議デザイン──市民の知が活きる裁判をめざして』日本評論社

三井誠（1972）「アメリカにおける刑事陪審の実態調査──シカゴ・プロジェクトの紹介」川島武宜編『法社会学講座5──紛争解決と法1』岩波書店，158-175頁

村山眞維（1996）「国選弁護活動の現状と課題」季刊刑事弁護6号22-29頁

Ramseyer, J. M., & Eric B. Rasmusen（2003）*Measuring Judicial Independence: The Political Economy of Judging in Japan*, The University of Chicago Press

【佐伯昌彦】

14講__ 立法過程の現実 ....

▶§1__ 立法過程の場

　立法は，法を定立する作用であり，立法過程とは，法の形成・決定過程を指している。ここでは，はじめに立法の場とその背景について説明しておこう。まず，アメリカのように三権分立型の国では，立法の提案権は議員に独占されており，立法過程は議会内部において展開される。これに対して，議院内閣制の諸国においては，立法の提案権は，行政府である内閣にも付与されており，むしろ内閣からの提出法案が議員立法を凌駕している。したがって，立法過程には，国会だけでなく，国会への提案前の省庁における法案作成過程も含まれることになる。日本では，与党による内閣提出法案（以下「閣法」と略す）の事前審査が行われ，国会の審議段階では，与党議員に対して厳格な党議拘束が課されている。その結果，日本の国会は，閣法の成立で結束する政府・与党に対して，閣法に反対する野党が廃案または修正をめざして，対立や駆け引きを行う場として位置づけられてきた。したがって，本講では，政府与党内の法案作成過程と，国会における審議決定過程の2つの段階について，立法過程の現実を説明しよう。

▶§2__ 立法過程はどのように議論されてきたか

　憲法学では，国民を代表する議会における審議を通じて基本政策が決定され，内閣が議会の決定した基本政策を執行する形態の議会政を理念形としてきた。しかし，こうした統治構造は，多数党を基盤として成立する内閣が議会に対して優位する議会政に変容することとなった（芦部2019）。さらに，この議会政の実態も，日本では，主務官庁の主導性が強く，議会に対する省庁官僚制の優位性が特徴であるとされてきた。そこで，内閣を強化することにより，内閣が主導して政策決定を行い，

官僚制はその執行を担うこととし，議会においては野党が主体となって内閣をコントロールする国民内閣制論が憲法学において提唱されることとなった。この議論は，国民の多数派が首相を直接選ぶ政権選択のための小選挙区制の導入とその帰結としての二大政党制を確立する1つの論拠となり，1990年代以降の政治・行政改革につながった。

　立法過程とは国会で法規範が作られる過程であり，国会議員だけでなく，政党その他の形で，社会の人々がかかわるものである（六本2003）。実は，立法過程はこれまで，主として政治学者によって研究されてきた。法社会学者による研究はそれほど多くはないが，法社会学にとっても，立法過程を研究することには意義がある。なぜならば，立法過程の研究は，法学者にとっては，あるべき法の理念を実現するための政治プロセスを解明することであり，とりわけ，そうした立法をめぐる制度や社会構造といった法システムの現実の姿を解明することは，法社会学に課された重要な役割と考えられるからである。

　こうした立法過程において，具体的な立法が利益集団の圧力活動と官僚や政党間の対抗，妥協または党派的取引などの結果，形成されることを先行研究も示している。日本の立法過程は与党と政府にアクセスをもつ利益集団が多様であったことや，野党の抵抗力が意外に大きかったことから多元主義と主張する視点も指摘されている（宮澤1994）。つまり，立法過程は，官僚主導の一元的なものでなく，政府省庁，与党，国会の各ステージにおいて，政治家，政党，官僚，利益団体等のアクター間・内における様々な相互作用が展開される多元的なものとして捉える必要があるのである。

　この立法過程を制度論的観点から見た場合，以下のような重要な知見が指摘されてきた。まず，政府内立案過程では，官僚制による省庁間の調整手続に着目し，各省庁間で行われる法案協議が，全会一致制をとる閣議に付議するための事前調整としての機能を有してきた。また，日本では，すべての閣法が内閣法制局による審査を受ける。その結果，内閣法制局による厳密な法令審査および憲法解釈を前提に，最高裁判所が政治部門の判断を尊重するというある種の均衡が成り立ってきたとされる（佐藤2009: 131頁）。一方，与党の事前審査は，55年体制以降の政府与党の事前調整システムとして慣行化されてきたが，この事前審査こそが，首相や内閣のリーダーシップ発揮を妨げると同時に，国会審議の空洞化をもたらしてきたとされている。

　他方で，国会における審議決定過程では，党議拘束が厳格である以上，数で劣勢な野党は，法案の成立に対して影響力を持ちえないはずである。しかし，55年体制が続く中で，国会の制度や慣行が野党に有利に働き，野党が閣法を廃案にしたり，修正したりできる影響力を有しているとするヴィスコシティ説が主張されてきた（岩井1988）。ヴィスコシティとは，粘着性と訳され，政府から提出された法案に対

して有する議会の影響力のことを指す。日本の国会は，委員会をめぐる議事運営が全会一致を基本としていること，会期が複数回に分割され，一会期の期間が短いこと，委員会の分権性がある程度担保され，与野党間の妥協が生まれやすくなること，衆議院と参議院で審議を繰り返す必要があることなどの制度や慣行を要因に，政府与党に対して，野党にも一定の影響力を付与していると考えられてきた。この点については，政権交代が現実化した1990年代後半以降，与党が野党との協調よりも，最終的には，与党単独でも多数決で決着を図るパターンが目立つようになり，学説においても，もともと日本の国会は多数派に有利な仕組みであるとの多数主義説が唱えられるようになっている（増山2003）。

ところで，政治学者のA・レイプハルト（Arend Lijphart）は，民主政治を執政制度，政党制，選挙制度などの政府・政党次元と中央・地方関係や司法権の役割などの連邦制次元から多数決型と合意型に区別している（レイプハルト2012）。小選挙区制のもとで二大政党制が形成され，権力が執政府に集中する単独過半数内閣のもとでは，政治過程は多数決型になり，比例代表制のもとで多党制が形成され，権力が執政府と議会の間で均衡する多党連立内閣のもとでは，政治過程は合意型になる。こうした多数決型と合意型の民主政治において，議会はどのようなタイプに分類されるのであろうか。N・W・ポルスビー（Nelson W. Polsby）は，議会を変換型とアリーナ型に分類する。変換型では，いろいろと出される要望をまとめ，法律に変換する自律的能力をよく発揮するのに対し，アリーナ型は，重要な政治的諸勢力が意見表明を行う論戦の場として位置づけられる（加藤・水戸2015）。議会の立法活動が立法過程の中心になる変換型と異なり，アリーナ型では，実質的な政策形成は，官僚制による法案作成や，政党による選挙公約作成の段階に存在することになる。レイプハルトやポルスビーの分類に従えば，日本は，これまでの自民党の一党優位政党時代から，自民党と対抗政党との二大政党時代への変化を通じて，多数決型やアリーナ型の要素が増しているといえるだろうか。次節では，日本の立法過程の特徴をさらに詳しく分析してみよう。

▶§3__ 立法過程をめぐる日本の特徴

▶▶1__ 政府与党内の立法過程

政府与党内の立法過程の特徴は，所管省庁の原局によるボトムアップ方式と各省協議，内閣法制局の法令審査，与党の事前審査からなる多段階の調整を必要とする手続の重要性にある。

閣法の作成は，各府省設置法によって，その所掌事務が明記された所管省庁によっ

て立案される（これを分担管理原則という）。省内で合意を得た法案は，まず，内閣法制局による下審査を受ける。内閣法制局は，①既存の法体系，判例，実務慣行等との整合性，②憲法上の理念，立法目的との合致，公平性および実効性，国民の遵守が期待されるなどの法規範としての適切性と妥当性，③法律事項の存在の各項目について第一段階の審査を行い，続いて，逐条ごとの審査によって，条文を確定する（山本2006:95-96）。内閣法制局の了承の得られない法案は閣議請議ができない。したがって，内閣法制局の審査が，既存の法制度と相いれない新規の法制度の設計を著しく困難にしているとの見方も可能であろう。次に，所管省庁によって立案された法案は，各省庁からの意見照会を踏まえた調整が必要となる。各省庁との法案協議（各省協議と称される）は，セクショナリズムが強い各省庁間の権限配分を確定する作業であり，起案省庁からみて，原案通りで了承が得られない場合には，修文を回避するために，法令の解釈や政省令の内容についての合意事項の覚書の締結が行われる。情報公開法の施行以降，公式の覚書の締結は姿を消したが，合意内容を文書で残しておくという実質に変わりはないとされている（田丸2005）。

　一方，与党による事前審査は，自民党においては，政務調査会の各部会での了承と総務会での全会一致が原則であり，そこでの決定が実質的な党議拘束となってきた。この与党による事前審査制の起源は，戦後の国会制度の導入に際して，GHQによって国会審議への政府の干渉が徹底的に排除されたため，内閣と国会の調整手段として事前審査制が出現したとする見方がある一方で，1955年の自民党の結党に際し，吉田内閣末期のように政府が与党の選好を軽視することによって政権が不安定化することを避けるため，政府与党の一体化の観点から事前審査制が生成されたとする説もある（奥2015）。この点について，民主党政権では，政府与党の一体的運営を目指して事前審査そのものが廃止されたものの，与党との事前調整を欠いたままでは，政権運営がおぼつかないことが露呈し，当時の野田内閣において復活することとなった。自民党政権であれ，民主党政権であれ，与党の事前審査制の起源は，凝集性の低い党内の一体性を高めるための手段として機能してきたといえるだろう。

　しかし，この与党による強い事前審査制は，族議員を中心とする鉄の三角形を形成する要因となり，政府の政策決定過程の不透明性を増す場となった。鉄の三角形とは，与党族議員，省庁官僚制，業界団体（利益団体）によって，個別の政策ごとに形成された一種の政策共同体で，相互に共通する既得権益を維持するために，しばしば政権が目指す改革の抵抗勢力ともなってきた。ところで，この事前審査制は，閣法のみならず，与党が関与するすべての議員立法に対しても行われる。1950年代前半までは，与党議員は活発に議員立法を提案していたが，自民党結党（1955年）以後，議員立法は衰退していくことになる。これは，予算と法律の不整合を嫌った

大蔵省の意向を受けて，政府与党が，予算を伴う議員立法を各省，大蔵省と自民党政調部会の間の調整を経た閣法に切り替えるように法案決定過程を整備していったことが原因とされる（川人2005）。なお，国会法57条の3の規定により，予算を伴う議員立法については，内閣意見の聴取が定められている。そのため，与党議員が予算を伴う議員立法を提出する場合には，事前に財務省の同意を得ておくことが事実上，必要となっている。他方で，党としての自前の政策スタッフを持たない自民党にとっては，事前審査制によって，各省庁の担当部局が政調部会の事務方のような役割を担うようになったともいわれる（大島2013:76頁）。与党にとっては，自らの政策方針を議員立法によって法制化しなくとも，省庁担当部局への影響力を通じて閣法の中に自らの組織的な利害や関心事項を盛り込むことを可能とするようになったのである。つまり，与党の事前審査制は，省庁官僚制と政調部会を拠点とする族議員の協働によるボトムアップ式の政策決定の場として機能してきたのである。

　こうした方式が変化したのは，2000年代の小泉内閣以降のトップダウン方式の活用である。橋本内閣・小渕内閣によって実施された中央省庁の改革や内閣機能の強化によって，法案作成の分担管理原則は一部改正され，内閣の重要政策に関する内閣官房の企画立案権限が内閣法に明記された（内閣法12条2項2号）。小泉内閣では，経済財政諮問会議が司令塔になり，郵政民営化法をはじめとする構造改革関連の法案が官邸主導のトップダウンで内閣官房によって立案された。2012年末に発足した第2次安倍内閣以降は，衆参両院の多数議席を背景に，官邸への一極集中はさらに進んでいる。TPP（環太平洋パートナーシップ協定）の国内調整や，消費税率の軽減税率導入，平和安全法制，幼児教育の無償化などが安倍晋三首相のトップダウンによって官邸主導で決定された。他方で，2020年には，新型コロナウィルス感染症がパンデミックを引き起こし，政権のコロナ対策の遅れによって官邸主導の機能低下が目立つようにもなった。代わって注目を浴びたのは，より現場に近い地方自治体のリーダーが声を上げ，国の法制や財政措置の見直しが行われたことであろう。

▶▶2＿ 国会内の立法過程

　55年体制時の日本の立法過程は，中選挙区制のもとで野党が多党化し，自民党単独政権に対して，野党が国会の制度や慣行を利用して審議に抵抗するパターンに特徴を有していた。細切れの会期制や議事運営における全会一致ルール，自律的な委員会制や，ほぼ対等な二院制など，国会の制度・慣行が多数派の議事進行を阻害し，野党に影響力を付与してきた。野党の反対が強く，審議引き延ばしや徹底審議を求めた場合，与党は早期成立を図る代償として譲歩することが見られた。その結果，閣法の修正率が2割程度，審議未了率も1割程度で推移することとなったのである（福元2011）。

こうした55年体制型の国会審議は，1994年に改正された小選挙区制を中心とする選挙制度の導入によって，政権交代可能な二大政党制が促進され，少なからず変容することとなった。新進党や民主党などの野党第一党が，抵抗型の対決モードから，閣法に対抗する対案を提出し，与野党が政策の是非を有権者に向けて問う競合型の審議モードにシフトしたからである。その典型は，2007年から2009年にかけての民主党による「法案の嵐」作戦であり，後の政権交代の切り札となるマニフェストを先取りする議員立法を与野党逆転の参議院において可決させたことに見られる。こうした競合型の野党の立法行動は，民主党政権時の野党第一党の自民党にも見られ，震災復興対策や税制改革の主導権を握ることとなった。しかし，第2次安倍内閣以降，自民党一強といわれる政治状況のもとで，分裂化した野党の立法行動は，旧態然とした抵抗型の対決モードから依然として脱却できていない。

　現在においても野党は，会期制による時間的制約の中で，対決法案の阻止に重点を置き，本会議での趣旨説明要求による引き延ばし（本会議で趣旨説明を聴取するまで委員会に付託されない）や，理事会の全会一致ルール，委員会の定例日制，大臣の出席，資料要求などを通じて，しばしば審議を遅延させる戦術を展開してきた。これに対抗するには，政府与党が議事運営権を行使することが必要だが，日本では，多数決型の議院内閣制諸国にあっては例外的に，本会議や委員会での閣法審議の優先的割当や野党の審議妨害を排除する権能などの議事統制手段が政府に付与されていない。その結果，閣法の成否は，いつ委員会に付託するか，法案の審議時間をどの程度とるか，いつ法案を採決するかのスケジュールをめぐる与野党間の駆け引きによって事実上決まることとなってきたのである。

　もっとも，このような野党の抵抗戦術も，現行の国会制度のもとでは，本会議多数派の議決によって委員会の審議を省略する中間報告や，議長や委員長が本来有する議事運営権を与党会派が行使することによって，いわば強行採決で突破することも可能である。事実，1990年代後半以降，ねじれ国会を除いて，与党が衆参両院の多数を占める状況下で，与野党が対決法案をめぐってデッドロックに乗り上げた際は，多数与党による強行採決が繰り返されてきた。野党による審議拒否に対して，55年体制時のような世論の融和的姿勢は見られなくなったからである。もっとも，こうした強行採決は，世論の批判を招くリスクを負う。2013年の特定秘密保護法案，2015年の平和安全法制関連法案，2016年の組織的犯罪処罰法改正案の各対決法案では，強行採決後の内閣支持率は平均して5％程度低下することとなったのである。

　こうした与野党対立による非生産的な国会審議の問題の解決のためには，細切れの会期を通年制に近い形で運用すること，また，会期不継続の原則を緩和し，会期をまたぐ議決を有効とすることなどで，時間切れを狙った日程闘争を意味のないものにすることが提案されている（川人2018）。その半面で，長期間の国会会期に拘束

されることで，首脳外交や行政運営に支障が生じないようにするためには，首相や大臣の国会出席義務を他の閣僚や副大臣等の代理出席で可能とすることも必要となろう。

　ただし，このような抵抗型の対決モードも，ねじれ国会になると一転して野党優位になる。野党が参議院の多数を占め，与党が衆議院で3分の2の議席を有していない場合，参議院が閣法成立の拒否点となりうるからである。この強すぎる参議院における野党の影響力は，参議院の権限縮小などの議論を提起しているが，憲法改正による衆議院の優越の強化は，両議院による発議を要件とする以上，現実には難しい。妥協的な解決方法として，イギリス議会のソールズベリー慣行に範をとって政権与党のマニフェスト項目については，参議院野党が修正はしても否決はしないというイギリス貴族院と同様の慣行を確立することが考えられる。また，ねじれ国会時に見られた税制改正法案をめぐる暫定税率の失効（2007年）や特例公債（赤字国債発行）法案の未成立による予算の執行抑制（2012年）のような極端な敵対的政治は，結局は，国民の生活や国の財政運営を人質にとったチキンレースであるともいえる。暫定税率を更新する税制改正法案のような時限的な日切れ法案（年度内に成立しないと国民生活に支障の生じる法案のことを指す）に関しては，国民生活への影響を最小化するために，与野党間の合意の上で成立させることを慣行化することが求められよう。また，特例公債法案に関しては，財政法の改正等により，赤字国債の発行権限を政府に付与し，毎年度の予算の議決によって，その発行限度額を国会が承認するなどの制度改正も検討に値しよう。なお，現在の特例公債法では，2012年度までのような単年度限りの延長規定とせず，5年単位で期限を延長する特例措置を講じる内容となっている。

▶§4__ 国会の行政監視機能の強化

　立法過程は，国会における法案の成立だけで完結するわけではない。政府が提出する法律案には，大枠のみ規定し，その具体的な細目等は，政省令に委ねる委任立法の形態をとることが少なくないからである。この委任立法は，1970年代以降，行政機能の複雑化と専門化によって，その増大が顕著であり，それに比例して，国会の統制のための制度の欠如が問題となってきた。そもそも委任立法は，閣法に対する反対勢力からの抵抗を免れるために国会をバイパスするためとの見方や，与党の選好に沿う省庁に対する与党からの代理委任（増山2003）などの説が指摘されているが，閣法の立案の段階から起草の主体となる官僚制が法執行段階での自らの裁量の余地を確保したいとの狙いがその背景にあると考えられよう。もちろん，現代

の行政国家に要請される政策の専門技術性や機動性・迅速性などの観点から，こうした委任立法化の傾向は不可避である。とするならば，官僚制による授権法からの逸脱を監視するための機能を司法府または立法府のいずれかが担保する必要があろう。しかし，現実には，司法府の判断は，授権法違反に対する限定的なチェックにとどまっている。国会は，授権者としての立場から，委任命令の内容の政策的是非に踏み込んだ主体的な関与をすることが求められているといえるだろう。たとえば，2018年に成立した働き方改革法案（働き方改革を推進するための関係法律の整備に関する法律）では，法律成立後に政省令で定める委任事項が90以上にも上った。国会審議で焦点となった高度プロフェッショナル制度についても，法律はその業種を「高度の専門的知識を必要とし，労働時間と成果との関連性が高くない」と規定するのみで，その詳細は，厚労省令に委任された。参議院の厚生労働委員会は，政府が省令でその対象業務を定めるにあたっては具体的かつ明確に限定列挙することを付帯決議とした。にもかかわらず，厚労省は，省令で具体的な職種を限定するとしつつ，条文の最後に「包括条項」を入れて，通達等で実質的な拡大を図ることを検討していたともされる。最終的には，労働政策審議会での議論を経て，金融商品の開発業務などの5種類が省令に規定されることとなったが，今後，職種の呼び方が変わったり，業態が変化したりするといった状況に応じて，対象業務の拡大が厚労省単独の省令措置で可能なことに変わりはない。そうした点で，国会に委任命令に対する統制権限が一般法や個別の制定法律の中で規定されていない日本の委任立法のあり方には行政統制の観点から致命的な欠陥がある。

　2018年に成立した新たな外国人材の受け入れのための入管法改正案（出入国管理及び難民認定法）では，大島理森衆議院議長（当時）からの要求を受け，2019年4月の法律施行前に政省令を含む法制度の全体像が政府側から国会に報告され，委員会で審議が行われた初の事例として注目された。こうした試みは，国会の委任立法の形骸化を改善するためにもっと活用されるべきであろう。

　ところで，国会は，行政府を監視するための有効な手段をいくつか有している。憲法62条に根拠を有する国政調査権は，証人喚問や記録の提出などで議院に法的強制力を伴った強力な権限を付与しているが，実際には，証人喚問を決定するため与野党の全会一致の慣行や，証人の証言拒否権などによって，真相解明は容易ではない。また，議院証言法や国会法に基づく記録や資料の提出要求についても，官庁側が守秘義務を盾に応じないケースもいくつかあった。そこで，ドイツの少数者調査権（連邦議会の4分の1以上の議員の要求で調査委員会の設置等が可能となっている）をモデルに衆議院議員40人以上の要求で行政庁に調査協力を求めることができる予備的調査制度が1998年から衆議院に導入されたが，衆参両院に設置された行政監視を専門とする常任委員会（衆議院は決算の審査も行う）と同様に，2012年末の自民党

政権復活以降は，2018年までその機能をほとんど果たしてこなかった（武蔵2021）。内閣に権限が集中し，議会は内閣の統治に対するコントロールの役割を担うことが求められる今日の政府・議会関係において，この行政監視機能を活性化させることは，立法・審議機能の充実とともに，国会に課せられた喫緊の課題である。

《参考文献》

芦部信喜・高橋和之補訂(2019)『憲法(第7版)』岩波書店

岩井奉信(1988)『立法過程』東京大学出版会

大島稔彦(2013)『立法学――理論と実務』第一法規

奥健太郎(2015)「自民党政務調査会の誕生」奥健太郎・河野康子編『自民党政治の源流――事前審査制の史的検証』吉田書店，197-247頁

加藤秀治郎・水戸克典編(2015)『議会政治(第3版)』慈学社出版

川人貞史(2005)『日本の国会制度と政党政治』東京大学出版会

川人貞史(2018)「国会運営の比較政治的考察」法律時報90巻5号10-17頁

佐藤岩夫(2009)「内閣法制局と最高裁判所――2つの違憲審査機関の制度配置と政治システム変動」棚瀬孝雄編『司法の国民的基盤――日米の司法政治と司法理論』日本評論社，117-137頁

田丸大(2005)「省庁における法案の作成過程とその変容」年報行政研究40号68-86頁

福元健太郎(2011)「立法」平野浩・河野勝編『新版アクセス日本政治論』日本経済評論社，145-164頁

増山幹高(2003)『議会制度と日本政治――議事運営の計量政治学』木鐸社

武蔵勝宏(2021)『議会制度とその運用に関する比較研究』晃洋書房

レイプハルト，アレンド(2014)『民主主義対民主主義――多数決型とコンセンサス型の36カ国比較研究(原著第2版)』(粕谷祐子・菊池啓一訳)勁草書房

宮澤節生(1994)『法過程のリアリティ――法社会学フィールドノート』信山社

山本庸幸(2006)「内閣法制局の審査」大森政輔・鎌田薫編『立法学講義』商事法務，90-104頁

六本佳平(2003)『日本法文化の形成』放送大学教育振興会

【武蔵勝宏】

15講__ 裁判による法形成 ....

▶§1__ 裁判官は法形成をして良いのか，法形成をしているのか

　裁判官が法形成（法創造といわれることもある）をすることが許されるのだろうか。
これは，「許されない。裁判官は法を適用するのが仕事で，法を作る権限はない」
と答えられるし，その言明は基本的には正しい。しかし，事実としては，裁判官は，
裁判を通じて法形成をしていることは否定できない。法規があっても，適用の際
に，意味を確定する必要があり，そのときにはどうしてもミクロな法創造作業を伴
う。民法のような基本的な法律は，抽象的な条文が多く，解釈の余地が広い。こと
に，民法90条の公序良俗規定や3条2項の信義則など，条文が抽象的で，条文だけ
では規定内容が特定できないような一般条項は，幅広い解釈に開かれている。その
解釈を媒介に，様々な法理が発展してきた。裁判官が，目の前の事件に対する法的
判断を行うことを通じて，一種の法形成が行われるのである。

　さらには，違憲審査によって消極的ながら立法に近い作用を働かせる場合もあり，
本講でも若干触れる。

▶§2__ 法形成はいかに行われうるのか

▶▶1__ 法解釈と法形成
　裁判官が事実上，裁判を通じて法を形成しているとして，そこには何か法則や限
界があるのだろうか？法解釈の方法として，制定法の文理解釈を基本としつつも，
制定時の立法者の意思を探求する歴史的解釈を支持する立場と，法の目的達成や法
体系全体との整合性を追求するような目的論解釈を支持する立場では，解釈の幅は
変わってくる。一般的には，「法の欠缺」（その法の規定ではカバーできないが，その法
の目的からは規定があってしかるべきという法のなかの欠落部分）を埋めるため，類似す
る状況に適用範囲を広げる類推解釈は，「解釈」といっても，一種の「法形成」と
なる。法解釈と法形成の境界は微妙な場合も多いが，本講ではさしあたり，法の欠
缺を埋める，あるいは制定法の不備を修正するような解釈を裁判による法形成にあ
たると考えたい。

法社会学で「裁判による法形成」を扱うのは，裁判による法形成は，通常，社会からの要請への応答として行われるため，その前提としての社会分析が必要となるからである。日本の法社会学の誕生と発展に影響を与えたオイゲン・エールリッヒは，概念法学を批判して，裁判官が法の適用の仮面のもとに法形成をしていることを指摘する。そして，裁判官に無限定な裁量を与えるのではなく，社会に息づいている，社会団体の内部秩序たる「生ける法」を裁判において吸い上げて，法曹法とし，それを国家法にまで昇華していくことが望ましいと主張していた（→**01講，02講**）。

　日本の法社会学も，その黎明期に「生ける法」研究に注力してきた。末弘厳太郎は，裁判を通じた法形成を正面から認めて，裁判例の具体的な事実から，どうやって判決内容が導き出されたのか，その判決理由をもとに，今後どういう事例にどのような判断を下されるのかを予見する判例研究を推進した（たとえば末弘1934）。

　戦後，違憲審査制度が導入されるが，実際に最高裁がはじめて法令違憲判決を出したのは1973年である。法解釈については，民法分野を中心に，1950年代，80年代の2次にわたる法解釈論争が繰り広げられたが，この論争には法社会学も深く関わっていた。

▶▶2＿ 法解釈論争の展開

　第1次法解釈論争の口火を切ったのが，1953年の来栖三郎の私法学会での報告だった。「何と法律家は威丈高なことであろう。常に自分の解釈が客観的に正しい唯一の解釈だとして，客観性の名において主張するなんて。しかし，見方によっては，何と法律家は気の弱いことであろう。万事法規に頼り，人間生活が法規によって残りくまなく律せられるように考えなくては心が落ち着かないなんて。そして何とまた法律家は虚偽で無責任なことだろう。何とかして主観を客観の影にかくそうとするなんて」（来栖2004〔初出は1956〕）。これは，エールリッヒの概念法学批判に通ずる問題意識であり，アメリカでのリアリズム法学の論客の1人として有名なジェローム・フランクによる，判決は，事実に法を当てはめて出されるのではなく，その結論は，裁判官の勘によって決まっており，パーソナリティに刺激が与えられて導き出されるとの言明も想起される（フランク1974）。

　では，裁判官は解釈の名の下に，どんな法形成も出来るのだろうか。法解釈論争は，裁判官の裁量の限界や，その行使を適正化するための方法をめぐって展開していった。

　この論争の論客の1人でもあった川島武宜は，「科学としての法律学」（1982〔初出は1953〕）で，法は，社会にはたらきかける技術で，その技術の主要な部分である裁判については，具体的価値判断とことば的技術の解明が法律学の中核をなすと論じていた。裁判研究で，社会の中での価値体系を明らかにし，法的価値判断に結び付く社会関係の分析と類型化という社会学的な分析をする必要がある。そうした研

究が，「科学」としての法律学で，判決のことば的技術とは独立に，その事件と解決に現れる社会関係を析出することが法律学の任務であり，それは当然，法社会学の任務ということになる（当時の法解釈論と法社会学について高橋2015）。

　法解釈の方法も，社会の動向に応じて修正を迫られる。戦後の経済成長とともに，価値や社会関係が多様化し，法律学も裁判も，新しく生起する問題に迅速に対応する必要が生じる。1960年代後半から70年代にかけて，四大公害訴訟などの公害や薬害訴訟が相次いで提起，裁判所は新しい法理を打ち立て，積極的に被害者救済に乗り出した。このころ，法解釈の方法論としては，利益衡量論が台頭する。その事案に応じて，衡量すべき事項を明示していくことで，判断内容の客観化，可視化もはかられる。この時期は，違憲審査や政治的論点のからむ裁判では消極性が目立ったが，公害訴訟をはじめとする「政策形成訴訟」では，社会の価値や利害の対立を調整し，新たな規範を提示していく積極的な裁判・裁判官像が想定され，実際に裁判所もそうした役割を一定程度果たしていた。こうした日本の裁判所の姿勢は，ある意味ではアメリカ以上に積極的だとの評価もある（フット2005）。

　利益衡量論は，結局どの要素にどのようにウェイトを置いたのか分からない総合的判断となり，理性的法的な議論に結び付かないと批判され，第2次法解釈論争につながった。

　1980年代から90年代は，行政訴訟や違憲審査などでは70年代以上に消極主義を極め，政策形成訴訟の領域でも，判決を通じた法形成は芳しい成果を挙げず，法社会学では，判決よりも，訴訟提起や訴訟過程を通じた社会問題開示に注目が集まった。そこで裁判を通じた法形成という課題への関心は低下しはじめる。その後,「立法の時代」を迎え，民法学も債権法改正など，解釈論よりも立法論に力点が移り，この論点の意義は希薄化してきたかのようである。

▶▶3＿ 法形成の制度的基盤

　裁判を通じた法形成は，究極的には，裁判官による立法でもあり，その基盤として裁判官への信頼も必要となる。裁判官は，民主的な選出を経ていない。裁判による法形成も，違憲審査も，こうした司法の非民主性から，その権限の正当性が問われる。

　日本法は，明治期にドイツ法やフランス法などをベースに法律や司法制度が整えられた。制定法主義をとり，裁判官の任用方法としては，司法修習のあと直ちに判事補に採用されてそのまま裁判官としてのキャリアを積んでいく，いわゆるキャリア制である。

　英米でとられている，法曹全体から実務経験と信頼のある人を裁判官に選んでいく法曹一元制のほうが，法形成や違憲審査を行う主体として，社会や市民からの信託度は高いのではないか。90年代には，こうした認識から，キャリア制のもとで官

僚化の進んだ日本の裁判機構を批判し，司法の民主化のため，法曹一元を導入すべきとの改革論が叫ばれた。もっとも，キャリア制であっても，違憲審査や法形成を正当化できるだけの司法への国民からの信頼が確保できれば問題はなかろう。違憲審査や法形成を最終的に担う最高裁の判事の資質や民主的正当性，多様性を担保できるような開放性，透明性のある選任手続を求める見平の議論（見平2018）は，そうした角度で理解できる。

　他方で，制定法主義をとり，先例拘束性への制度的裏付けのない日本で裁判による法形成がどこまで妥当なのかは別途論じうる。判例が裁判で規範として準拠できる規範となるかは「判例の法源性」という論点として議論され，法源性を認める立場と認めない立場でなお決着がついていない。

　判例法主義をとるコモンローの国では，裁判例の集積が法であるため，裁判官による法形成は当然の前提だが，先例拘束性が強く，個別の裁判における裁判官の裁量の幅が特に大きいわけではない。逆に，新たな判例を出す場合には通常，遡及的にルールが塗り替えられ，影響は大きい（田中1977）。もっとも，判例と解されるのは，主文で述べられた実質的結論を導く上で意味のある法的根拠や決定的な理由付け（＝レイシオ・デシデンダイ）の部分のみとされる。日本でも，判例として意味があるのはレイシオ・デシデンダイの部分のみというのが学説の主流で，日本での「裁判による法形成」の議論や実際は，こうしたコモンロー的発想の影響を受けている。

　ただし，日本では，傍論部分も事実上の拘束力を持つことも少なくない。さらには，最高裁判決での少数意見が後の裁判や法実務に直接的に影響力を持つことすらある。こうなると，法理論としての先例拘束性よりも，どのように裁判例が規範としての意味を持ってきたかを考察したほうがよさそうである。

▶§3__ 裁判はどのように法形成をしてきたのか

　一般的な条文の解釈手法を用いても，条文の意味を確定するには，その社会的文脈を読み込む必要性がある。しかし，それを越えて，「法形成」に及ぶ判断をする場合には，「法の欠缺」を埋めるべく，法の外にその正当化理由を求めることになる。その根拠として，判決文の中に直接書かれていなくても，その背後にある「社会」が探求されていると考えられる。ここでは，3つの事例を取り上げて法形成の有りようを見てみたい。

▶▶1__ 内縁の法的保護
　内縁保護に道を開いた1915（大正4）年判決は有名だ（大審院民事連合部判決1915〔大

正4〕年1月26日民録21輯49頁）。当時，結納や婚礼を済ませて婚家に入ったあとも，婚姻届を出さない試し婚（足入れという慣習）的な扱いを受け，夫に気に入られないなどの理由で妻が一方的に追い出される例が少なくなかった。この判決では，婚姻を約束した後，慣習上の婚姻の儀式を挙行して夫婦同様の生活をすることは「公序良俗に反することなく社会通念において正当視」でき，この関係を「婚姻予約」として，その不当破棄は債務不履行となりうるとした。

その後，この事件の事実関係や，当時の婚姻慣行の研究もさらに進められる。事件の背景にある社会関係や社会の変化を同定することが法律学ないし法社会学の任務であり，それが裁判での法創造を支える重要な根拠ともなる。

その後，内縁を婚姻予約とする構成は技巧的すぎるとの批判もあり，1958年には内縁を婚姻に準ずる関係とする最高裁判決が出ており，現在はこの準婚説が通説となっている。もっとも，最近は法律婚をあえて避けて事実婚あるいは二人の関係をお互いの合意で取り決めたパートナーシップ関係を選択するカップルもいる。実態の変化に応じて，そうした関係の法的保護をどうするかが改めて問われる。内縁法理は，婚姻届を出していない男女のカップルの法的保護のために展開してきたが，婚姻届が受理されない同性カップルについて婚姻に準ずる関係として一定の法的保護を認める判決も出ている。▶▶**3**の代理出産を含め，家族については特に社会的変化が著しく，裁判を通じた法形成による応答が求められている。

▶▶**2**＿ 利息制限法判決

1968年の最高裁大法廷判決（最高裁大法廷判決昭和43年11月13日民集22巻12号2526頁）は，利息制限法の制限利息を超えた利息分を債務者が任意に支払いをした場合は有効とする利息制限法の規定があるにもかかわらず，制限利息超過分は任意の支払いでも元本に組み入れられ，元本完済後の支払いは不当利得となるとの解釈を出している。この解釈は利息制限法の規定に反するような解釈＝「反制定法的解釈」とも評価されており（たとえば広中1998: **11**講），裁判による法形成の最たる例である。

この判決の背景には，高利貸しと，高利貸しからお金を借りて借金の返済に苦しむ債務者をめぐる社会状況の変化がある。戦後の混乱期は高利貸しの必要性も高かったが，この判決の頃には，地方銀行の個人事業者向けの貸出しが増えて，高利貸しの需要が減り，債務者保護の要請が高まっていた。もっとも，判決自体にはそうした事情が触れられていない。裁判の「ことばの技術」と，その背後の法的価値判断ないし社会関係の分析は，独立している。

その後，サラ金業の発達から，その刑事規制，行政規制が進むものの，貸金業法に，一定の要件を満たせば利息制限法の上限を超える利息の支払いを有効とする，みなし弁済規定が置かれ，金利にグレーゾーンが生じ，1968年判決の意味を低下させる。

90年代以降，金融規制の緩和，自由化によって，多重債務者問題が再び深刻化する。

最高裁は，2000年頃から，貸金業法の目的や弁済の任意性についての判決を相次いで出し，2006年判決（最高裁第二小法廷判決2006〔平成18〕年1月13日民集60巻1号1頁，最高裁第一小法廷判決2006〔平成18〕年1月19日判例時報1926号23頁，最高裁第三小法廷判決2006〔平成18〕年1月24日判例時報1926号36頁）に及んで1968年判決への回帰，つまり制限利息を越えて利息を返済していた場合には，貸金業者の不当利得として返還請求できるとした。この判決を受けて貸金業法も利息制限法も改正に至る。弁護士が，「利息を払いすぎていませんか」と事件を開拓し，過払金返還請求訴訟が急増する。2006年判決は，裁判を通じた法形成と言えるが，司法制度改革を受けての司法の積極化の流れの一部とも評されている。

▶▶3__ 代理出産判決

最後に，新しい例として，代理出産を利用して生まれた子どもの親子関係の例を見よう。

民法上は，婚姻していない女性が生んだ子どもについて母親による認知の規定があるが，戸籍実務上は，母親については認知なしに実子と認めてきた。1962年には，最高裁が，母と子の親子関係は分娩の事実により当然生ずるという分娩主義を採用し（最高裁第二小法廷判決1962〔昭和37〕年4月27日民集16巻7号1247頁），血縁関係のある親子に法的親子関係を認め，母の認知規定を死文化する。これも裁判による法形成だった。

しかし，近年は生殖補助医療の発達から，分娩＝生物学上の母親とは限らなくなっている。代理出産は，日本では産科婦人科学会の会告で禁じられているが，認めている国に渡航して代理出産を依頼することは禁じられていない。そこで，ある夫婦がアメリカで依頼して，自分たちの受精卵の移植を受けた代理母が出産した双子について依頼者の実子という外国判決を得て，日本で嫡出子として区役所に届けようとしたところ，拒否された。そのことへの異議申立てに対し，2007年，最高裁は，これまでの分娩主義を維持し，双子の母は分娩した代理母であるとした（最高裁第二小法廷判決2007〔平成19〕年3月23日民集61巻2号619頁）。

代理出産した女性は依頼夫婦に子どもを引き渡すことに合意しており，母親として子どもを育てるつもりはないし，この双子との血縁関係もない。それでも，裁判所は，「実親子関係が公益及び子の福祉に深くかかわるものであり，一義的に明確な基準によって一律に決せられるべきであることにかんがみると，現行民法の解釈としては，出生した子を懐胎し出産した女性をその子の母と解さざるを得ず，その子を懐胎，出産していない女性との間には，その女性が卵子を提供した場合であっても，母子関係の成立を認めることはできない」と，血縁関係の存在にかかわりな

く分娩主義を維持した。この判決では，子が生まれた瞬間に法的な母親が決まり法的安定性を確保できるという点が強調された。

1962年判決の時点では，分娩の事実は，遺伝上の母であることを意味し，血縁関係を重視して分娩主義がとられた。同じ分娩主義でも2007年の代理母判決と，1962年判決とは考え方も社会的文脈も異なる。

体外受精技術の利用が一般化し，代理出産が海外で実用化され，日本人カップルもその技術を利用できる以上，それに応じた法形成が要請される。日本では代理出産は今のところ法的には規制されていない。しかし，この最高裁判決は，親子法制を通じて代理出産に対して間接的な禁止効果ももたらしうる。そのこと自体の是非も問われうるだろう。

なお，この2007年判決では，代理出産については，「医療法制，親子法制の両面にわたる検討が必要になると考えられ，立法による速やかな対応が強く望まれる」との意見が付され，個別意見では，代理出産で生まれた子について，特別養子によって親子関係を成立させる余地がある旨が示唆されていた。

実際に，この事件の当事者は，この判決ののちに，双子と特別養子縁組を組んでいる。しかし，実は代理出産によって生まれた子と依頼者の間の特別養子縁組は，もともと特別養子縁組制度の予定するところではない。これを最高裁判事の個別意見で認めるというのは，最高裁判事の個人の意見による法形成ともいえる。

他方，この最高裁判決も含め，裁判を通じた法形成は行わずに，傍論や個別意見の中で立法的解決を求める，「異例の注文」は少なくないが，実際に，立法府がその要請にこたえることはめったにない。生殖補助医療の法的規制も，それを踏まえた親子法制の整備も急務と言われながら，立法が進んでいない。2020年になってようやく，生殖補助医療で生まれた子の親子関係について民法の特例法が成立，2007年判決がとった分娩主義が法制化された。このように，立法の時代であっても，立法の懈怠が著しい分野もあり，なお裁判による法形成が重要な役割を果たしているのである。

▶§4＿ 違憲審査と法形成

民法学を中心とする法解釈論争の際には，憲法を頂点とする法体系の中での民法の位置づけが問われることは少なかったが，90年代に入って，民法秩序と憲法秩序の関係性が活発に論じられるようになる。山本敬三（1993）は，憲法秩序によって民法の解釈は制限される，あるいは民法は憲法が保障する基本権を保護する役割を担っているとし，特に憲法13条の自己決定権の実現を軸とした法秩序を構想する。

憲法と民法は，国と私人と私人同士の規律という規範の組立てが違うが，人権規定は，公序良俗などの一般条項を媒介に，私人間にも一定の効力を及ぼすというのが，1973年の三菱樹脂事件最高裁判決以来の判例の立場である。福祉国家化が進み，私的自治の範囲である私人間でも実質的な基本権保障が求められることへの対応と言える。また，憲法にも，財産権や家族に関する規定など，民法にかかわる規定があり，森林法違憲判決（最高裁大法廷判決1987〔昭和62〕年4月22日民集41巻3号408頁）や，最近の夫婦同氏制度合憲判決（最高裁大法廷判決2015〔平成27〕年12月16日民集69巻8号2586頁）などは，財産権や民法の家族法の規定の憲法適合性が問題となった事例でもある。

　基本権の実現を指導原理とした法解釈と，法令の憲法適合性を審査する違憲審査では，法的な論証方法は異なる。しかし，違憲審査は，法令の憲法適合性の評価において法令自体の改廃につながり，裁判を通じた消極的な法形成を制度化したものといえる。法令の一部のみ違憲とする場合は，あらたな規定の提案ともなり，積極的な法形成となる。たとえば，準正によって日本人の嫡出子の身分を得た子どもが届出により日本国籍を得ることができるという規定について，そのこと自体は問題とせず，その規定が認知子に日本国籍取得を認めていないことを違憲とした国籍法違憲判決（最高裁大法廷判決2008〔平成20〕年6月4日民集62巻6号1367頁）や，女性だけに半年の再婚禁止期間を定めた民法733条について，再婚禁止期間を女性だけに設定すること自体は違憲とせず，再婚禁止期間のうち100日を越える部分のみを違憲とするという判断（最高裁大法廷判決2015〔平成27〕年12月16日民集69巻8号2427頁）は，「認知子についても届出による国籍付与を認める」「再婚禁止期間を100日とする」法制化を促しており，積極的な法形成が行われたと言える。最高裁が違憲判断をしても，その条文が直ちに効果を失うわけではないが，これまで立法府も行政府も最高裁の違憲判断は尊重してきた。非嫡出子相続分については，1995年に最高裁大法廷で合憲判断をしつつも立法の解決を求めたが，結局立法府が動かず2013年の違憲判決を受けて民法改正となった。代理母出産事件のところでみたように，司法による「立法的解決への期待」というボールを立法府が受け止めない以上，「法令違憲判決」という伝家の宝刀を抜くしかない。

　21世紀を迎える頃，以前よりは最高裁で違憲判断が出されるケースが増え，司法の積極化あるいは，法秩序の憲法化が進んだ。平等権が問題となる場合が多く，その性質上，社会的要素の評価も伴う。違憲判断に際しては，社会の変化により，かつては合理的だった規定の合理性が失われたとの論理立て（立法事実変遷論）が用いられることも多い。社会の変化を究極的根拠としていて，社会を読み取ることによる欠缺補充をする法解釈での考え方が，違憲審査に応用されているようである。これは，最高裁をリードする最高裁判事に，民事裁判官出身者が多く，通常事件での

法解釈になじんでいることを反映しているのかもしれない。2013年の非嫡出子相続分違憲決定に関与した千葉判事は，その判断に当たって時代の状況や国民の意識・価値観，その変遷の評価が重要であったという（千葉2019）。

　他方，憲法に適合する法解釈を推進する必要があるとの視点からは，自由・平等の保障といった原理的な理念が前面に出る。原理や価値からの思考が，自由権を重視する場合，社会的要請からのボトムアップ思考よりも個人の自律性に焦点が置かれた解釈を志向し，思考パターンは異なってくる可能性もある。

　違憲審査の際には，審査対象の法の「基礎を形成し，その合理性を支える一般的事実，すなわち社会的，経済的，政治的もしくは科学的事実」（芦部1979）つまり立法事実があること，変遷論をとるには，立法事実が変化したことを示す必要がある。国籍法違憲判決や非嫡出子相続分違憲決定などは，この論理立てが使われたものの，その根拠付けの検討は不十分であった。ある法の憲法適合性に疑いがある場合には，立法事実が存在しないか変化したことを，結論だけではなく，根拠を示していく必要がある。違憲判断や新たな法理を生み出すに至る，立法事実の存在の根拠を判断の中で示して，その後の検証，議論の対象とすることが法の漸進的発展のためにも，法形成への国民の信頼を得るためにも望まれよう。

▶§5＿ ポスト司法制度改革期の裁判による法創造

　平成の司法制度改革は，日本社会での司法のプレゼンスを高め，統治機構の一翼として，立法府や行政府を実質的に統制していくことも目標としていた。2000年頃からの最高裁の積極化もそれと無関係ではない。また，グローバル化が進む中，様々な国際人権条約の要請に対応することも求められてきており，違憲審査の際に考慮されるようになってきた。

　現代は，立法の時代と言われる。近代法が，形式的抽象的な枠組みとなる法を提示し，私的自治に多くをゆだねてきたのに対し，現在は個別の領域ごとに詳細な立法を行うようになり，強行法規による保護的規制も増えている。事前規制から事後救済社会へという司法制度改革のキャッチフレーズとは裏腹に，実際には，事前規制を中心とした秩序形成方式の比重が高まっている。事前に，規律内容が明確だと，紛争予防が容易になるし，トラブルの解決も，裁判を通じる必要はなくなる。

　それでは，今後，裁判を通じた法形成を問うことの意味はなくなるのだろうか。確かに，詳細な立法がなされて解釈の余地が小さくなると，裁判官の裁量の範囲も狭く，法形成と言えるような解釈を展開することは少なくなりそうだ（大屋2018）。しかし，詳細な立法化は，規範の複雑化を招来する。詳細かつ頻繁な立法や改正が，

法の欠缺を最小化するわけではなく，法全体の整合的な解釈を困難にし，規定が詳細であるがゆえに，そこに当てはまらない法の欠缺への対応は必要となる。代理出産の例のように，社会的に意見の対立が深く立法がスムーズに進まない領域もある。裁判による法形成の必要性はなお高い。

　そこで，裁判官による法形成を支え，正当化できるような制度設計，人的基盤の確保や手続構築が必要となる。たとえば，2005年に新たに設置された知的財産高等裁判所などは，専門性を反映した迅速な判例形成が期待され，一定の成果を挙げてきたと評価されており，他の領域での応用の1つのモデルとなり得る。

　裁判による法形成には，司法に対する国民ないし社会からの支持を必要とする。しかし，社会は一枚岩でなく，社会認識も社会的事実も，必ずしも常識的に把握できるものではない。専門分化の進んだ現在，多様な専門分野の専門知を受け入れる手続構造も要請される（渡辺2020）。

　また，規範的環境として，「憲法化」が指摘されるように，法形成における憲法秩序の参照だけでなく，国際的な立法状況や国際人権の参照も重要となっている。グローバルな規範秩序の中で，裁判所が果たす役割の1つとして「法形成」を積極的に位置づけ，その限界を画し，その根拠付けをどこに求め，明示していくのかはなお重要かつアクチュアルな課題なのである。

《参考文献》
芦部信喜（1979）「憲法訴訟と立法事実」判例時報932号12-13頁
大屋雄裕（2018）『裁判の原点――社会を動かす法学入門』河出書房
川島武宜（1982）「科学としての法律学」『川島武宜著作集5――法律学Ⅰ』岩波書店，2-61頁〔初出は1953年〕
来栖三郎（2004）「法の解釈と法律家」『来栖三郎著作集Ⅰ――法律家・法の解釈・財産法』信山社，73-85頁〔初出は1956年〕
末弘厳太郎（1934）（新装版2018）『法学入門』日本評論社
高橋裕（2015）「戦後日本における法解釈学と法社会学」法と社会研究創刊号33頁
田中英夫（1977）「判例による法形成――立法による法形成との比較を中心に」法学協会雑誌94巻6号755-820頁
千葉勝美（2019）『憲法判例と裁判官の視線――その先に見ていた世界』有斐閣
広中俊雄（1997）『民法解釈方法に関する十二講』有斐閣
フット，ダニエル・H（2006）『裁判と社会――司法の「常識」再考』（溜箭将之訳）NTT出版
フランク，ジェローム（1974）『法と現代精神』（棚瀬一代・棚瀬孝雄訳）弘文堂（原著は1930年）
見平典（2018）「最高裁判所と民主主義――最高裁判所裁判官人事を中心に」公法研究209-222頁
山本敬三（1993）「現代社会におけるリベラリズムと私的自治（一）（二）」法学論叢133巻4号1-20頁・5号1-29頁
渡辺千原（2020）「訴訟による政策形成と法形成――社会変化の読み込みとその評価のあり方」立命館法学387＝388号561-594頁

【渡辺千原】

第 **VI** 部___ 法の実現

16 講___ 行政法の実施・執行 ....

▶ **§1**___ 行政による法の実施と行政裁量——基本視座

　本講は，行政機関による法の実施・執行を取り上げる。国や地方自治体の行政機関は，強制力を伴う規制から，サービスの給付，あるいは情報の提供に至るまで，幅広く法の実施活動を行っている。規制行政に限ってみても，大気・水・廃棄物に関する環境規制，消費者保護のための規制や，景観の保護，道路や河川，公園の整備や維持など，行政による法の実施・執行の守備範囲は広く，かつ，我々の生活に深く関わっている。

　法が望ましい目的と内容を有していても，適切に実施されなければ，それは絵に描いた餅である。いったん法が制定されれば，あとは自動的に法が実施され，法目的が実現されるものだと想像されるかもしれないが，実際はそうではない。法の実施・執行過程は，抽象的規定が実際の事例において具体化する場面であり，その際様々な主体が介在する，複雑かつダイナミックなプロセスなのである。

　行政法の実施・執行過程の研究は，「書かれた法（law on the books）」と「現実の法（law in action）」との乖離を認識し，それを説明しようしている点で，法社会学の基本的関心と密接に結びついている。また，法は実施場面においてはじめて具体的事例に適用され法効果を生むから，実施過程を理解することは，すなわち法が実現する過程を知るということにつながる。現代法の中で大きな比重を占める行政法規の実施過程は，法律の効果を判断し，改正の方向性を定め，行政法の具体的展開，さらには法過程そのものの理解を深める上でも非常に重要であると認識されている。

　わが国の法社会学は，民事法分野から発展してきたという歴史的経緯もあり，行政法分野の研究の数は多くない。しかし，上記のように必要性は広く認識されており，また海外では盛んに研究されている分野でもあるため，今後更なる研究の発展が見込まれる。本講では，これまで行政分野の法社会学の知見が最も進んでいる，規制法の実施・執行過程を中心に議論を進める（なお，本講では，法が立法過程を経て

制定された後の，実際に運用されるプロセスを広く「実施」と呼び，そのうち規制違反への対応といった活動を強調する場合に「執行」という用語を用いている）。

▶▶*1*__ 規制法の実施・執行過程の特徴

　まず，法の実施過程において行政機関が直面することとなるジレンマを2種類確認しよう。実施過程が決して単純なものではなく，むしろ高度なバランス感覚を伴う法運用能力を必要とすることがわかるだろう。

【1】　法の抽象性と事例の具体性——抽象性と具体性の難しいバランス

　法は，通常一般的・抽象的に記述されている。よって，各事例に法を適用する際には，その抽象的規定を具体的事例の中で解釈し意味付ける必要がある。もちろん省令やガイドライン等で一定程度は具体化されるものの，あらゆる事例に対して詳細な指示が用意されてはいない。そもそも起こりうる全ての事例パターンに応じて詳細な指示を予め事前に規定しておくことは不可能である。法が抽象的に記述されているということは，様々な事例に対して，法の趣旨に沿った対応を可能にするという点でメリットがある。しかし，行政現場では，どのように法を解釈し，適用するのか，どのように適用判断を正当化するのか，行政担当者が悩む場合も生じる。これは，先例が蓄積されていない状況においては，特にそうである。

　では仮に可能な限り詳細にルールを定めておけば問題が解決するのかといえば，そうでもない。ルールが詳細であればあるほど，ルール間の整合性は取りにくくなり，またルールの絶対数が増えるために，ルールをすべて把握しその中でどのルールを適用するのかといった判断が別途必要になるため，運用コストが高いものになってしまう。また，ルールを詳細に書けば書くほど，法の趣旨に照らしてみると過剰な範囲を対象にしてしまったり，あるいは逆に不十分なほどに対象が狭まってしまうという問題が生じる。

【2】　法適用の一律性と柔軟性というジレンマ

　個々の事例には，それぞれの背景や状況がある。各事例に対して効果的な法の実施を行うには，個別事例の特性に応じた対応が必要となる。でなければ杓子定規的な法適用に陥り，効果的な法の実施は望めない。その一方，法の適用には，平等性，一律性も求められる。類似事例は同じ取扱いをすべきであるという一律性の原則は，行政の公平性を担保する上でも重要である。このように，公平性を標榜できる一方で理不尽な適用になるおそれのある一律性と，個別事例に対して効果的な実施を可能にする一方で平等な取扱いからは乖離する可能性のある柔軟性とは，一方を取れば，他方を捨てねばならないというジレンマの関係性にある。両者をどのようなバランスで保持していくのかは，行政法の実施現場で常に問われている。

▶▶2＿ 行政裁量の不可避性

　このように見てくると，行政による法の実施は，行政裁量をどの程度，そしてどのように行使していくのか，という問いと切り離せないことがわかるだろう。行政現場が対応する現実の事例は，多種多様で個別的側面があり，そのような1つ1つの事例に対して法目的に合致する判断を行うには，個別事情を勘案した柔軟な法の適用が必要不可欠である。また，起こりうる事例を完全に想定し，予めそれに対する詳細なルールを事前に策定することは到底不可能であり，ましてその内容が高度に専門的なものであったり，環境や社会情勢の変化によって流動的な場合には，容易に変更できない法で詳細に規定しておくことは望ましいとはいえない。ここに，裁量の不可避的必要性が生まれる。

　従来の議論では，行政裁量の存在は，第一線で働く現場職員による恣意的判断を助長するものとして，統治機構，ひいては市民の信託から逸脱する危険性が高く規範的に望ましくないものであるとされ，いかに行政裁量を狭めるかという点が強調されていた。しかし，上述の通り，効果的な法の実施にとって行政裁量には必要性・不可避性がある。現場裁量の程度は，現場のプロフェッショナルとしての判断機会を（事実上）与えられているのはどの程度であるのか，という問いに言い換えることができよう。行政裁量の必要性や不可避性を認めた上で，どの程度，そしてどのようにその行政裁量が行使されるのか，どのように行政判断の透明性を高め，濫用を防止し統制するのかという観点から行政裁量を議論する方が，より生産的である。

▶§2＿　執行研究の分析枠組み——4つの分析アプローチ

　それでは，行政法，特に規制法の実施・執行過程に取り組んできたこれまでの研究を見ていこう。分析対象の点から4つのアプローチに整理した。すなわち，①行政機関・行政職員に着目するもの，②行政機関と被規制者の相互作用性に着目するもの，③法対象者たる被規制者に着目するもの，④地域住民や市民といった第三者に着目するもの，の4つである（図表16_1参照）。先行研究は，地方自治体レベルにおける実施過程に関するものが多い。

▶▶1＿　行政側に注目する分析アプローチ
　規制法は，行政機関の判断を通じて実施・執行される。ここから，法の実施を理解するには，行政機関及び行政職員の行動を理解することが必要となってくる。以下では，分析単位を【1】行政機関と【2】行政職員の2つに分けて，それぞれ見ていこう。

図表16_1　規制法の実施過程をめぐる4つの分析アプローチ

アプローチ	行政側に着目	行政と被規制者の相互作用に着目	被規制者側に着目	第三者（地域住民・市民）に着目
分析の焦点	行政組織・職員が置かれている制度的・政治的・社会的文脈	繰り返しゲームとして定式化	・自主規制枠組み ・被規制者内部におけるコンプライアンスをめぐる組織内ダイナミクス	・規制制度に対する第三者の主体的な取り組み ・第三者の持つ法意識

【1】　分析単位が行政機関の場合

　行政機関を1つの分析単位としてその行動を理解しようとする分析枠組みは，最も基本的なものである。法の執行スタイルは，組織によって異なることが数々の研究により明らかになっている。同一の規制法を担当していても，ある組織は罰則等規制法の強制力を用いるという厳格なスタイルを採用しているのに対し，別の組織では説得といった協調的なスタイルを採用しているというように，法の執行スタイルは行政機関によって異なることが多い。では，それぞれの行政機関によって執行スタイルが異なるのは，なぜなのだろうか。

　規制法研究のパイオニアであるケイガンによれば，以下の4つの点が重要だという（北村1997）。すなわち，(1)規制法のデザイン（規制目標が有する厳格性の程度，規制機関に付与された法的権限の強さ，法規定の詳細さの程度），(2)外的環境（被規制者とのやり取りの頻度，違反発見の容易性，被規制者の規模や専門知識の程度，遵守コストの大きさ，損害リスクの大きさ），(3)政治環境（業界や労働組合といった関係諸団体の影響力の程度，社会的に注目を集める事件・事故の発生の有無や，経済的重要性の高い他の政策課題との衝突の程度，政治的任命を受けた行政組織の長や幹部の選好），(4)行政組織のリーダーシップの程度（外的環境を変化させるため組織外部に向けられたリーダーシップ，組織内部でのリーダーシップ，現場裁量の管理，データを用いた効率的な執行活動）である。

　執行スタイルに影響を及ぼす多くの要素を指摘した上で，執行スタイルが強制力を用いる厳格なものになる場合とは，①当該行政機関が予防的措置を取ることのできるような法的権限を与えられており，②規制法の目的が厳格に規定されており，③規制を推進するような政治的圧力が存在しており，④そのようなスタイルをとる決定が特段の政治的議論を引き起さず，⑤社会的に重要な他の政策案件に重大な影響を及ぼさず，⑥規制に反対する保守的政治勢力が組織責任者になっていない場合である，とケイガンはまとめている。

　一方，執行スタイルが協力的なものになる場合とは，①当該行政機関に付与されている法的権限が事後的措置のみであり，②経済的に遵守能力が低い被規制者に対して厳格な規制法規が該当し，③規制に積極的な政治的圧力が弱く，④社会の注目を集めるような事件や事故も発生していない場合である。

日本の規制法の執行スタイルは，法を厳格に適用せず，むしろ行政指導を多用し，被規制者との協調的関係の維持に努める「インフォーマル志向」を有していることが，重要な特徴であるといわれてきた（北村1997，六本1990）。その背景として北村（1997）が重要視するのも，行政機関の制度的要因である。すなわち，監督権限発動要件の厳格さや行政代執行の面倒さ，第三者の監視度合いの低さといった法制度に関する要素，執行能力の不足や組織リソースの乏しさといった行政組織に関する要素，遵守体力の低い中小企業が違反者の多くを占めるといった作業環境に関する要素などが指摘されている。

　また平田（2017）は，環境規制法を実施する地方自治体の中には，自治体間で事実上のグループを形成し，グループ内であいまいな法の解釈をめぐり相互に問い合わせという照会行動を行っている場合があること，グループによって規制法の執行スタイルは異なるが，概してグループに属している場合ほど，法知識や法解釈および執行経験の共有を通じて，行政命令発出という，より厳格な法執行になりやすいという分析結果を報告している。

【2】　分析単位が行政職員の場合——ストリート・レベルの官僚制

　規制法を実際に適用しているのは，現場で働く第一線の行政職員である。彼らが，規制対象者に会い，状況を判断し，法を解釈・適用する。したがって，行政法の現実の展開を理解するために，彼らの行動分析もなされてきた。彼らの実質的な影響力を最初に指摘したリプスキー（1986）は，彼らのことを，「ストリート・レベルの官僚制（street-level bureaucracy）」と呼んだ（本講では「第一線公務員」と呼ぶ）。規制法の実施・執行を担当する行政職員も，第一線公務員として観察できる。

　第一線公務員は，以下のような共通した特徴を有している。第1に，彼らは事実上の幅広い裁量を有している。抽象的な法ルールの具体的事例への適用において，常に現場裁量が存在する点は，前節で確認した通りである。第2に，彼らは組織リソースの乏しい中，法対象者と直接相対して業務を遂行している。つまり，社会問題や社会的要請が内在している生の事例と正面から向き合う立場であるものの，法政策目標を遂行するだけのリソースには欠けているのである。したがって，定型化した対応に終始することもあるし，また法対象者の状況を深く知るにつれ，法の要求と法対象者の現実状況の板挟みに悩み，心理的負荷を和らげるための方策をとったりする。第3に，彼らの担当する政策業務は複数の目標を掲げており，それらは時に相反する。例えば，生活保護制度には，生活の保障と自立の助長という相反しうる目標がある。規制行政においても，政策目標達成のためには遵守行動を引き出す必要があるが，ではどの程度抑止力を用い，どの程度説得に重点を置くのか，そのバランスが問われる。このように，第一線公務員は，自らの限られた資源（時間・人員・共感力等）を，どのケースの，どのような点に対して，どの程度割くかとい

う判断が一任されており，その判断内容は，すなわちどのように法が実施・執行されているのか，その内実そのものである。

　このように，第一線公務員の置かれている組織的状況は，彼らの法適用判断に影響を与えており，また，彼ら自身の保有している価値観や規範意識（これには個人が形成したもののみならず，職場あるいは社会全体で構築されたものも含まれる）は，具体的な事例の評価や，どの事例にどの程度時間をかけて対応するかといった判断を左右する。第一線公務員に着目することは，実効性のある法実施のあり方および効果的な行政裁量の統制のあり方を考えることと同値である。

▶▶2__ 行政機関と被規制者の相互作用性に注目するアプローチ

　行政側のみならず，行政と被規制者の相互作用性に注目する分析もある。行政が抑止力を利用するのか，説得といった協力的スタイルをとるのかは，被規制者が故意に違反するのか，遵守しようとしているのか，被規制者の対応によって異なるし，逆に，被規制者も，行政がどのような執行スタイルを採用するのかが，遵守行動をとるか，機会主義的行動（違反行動）をとるかの判断に影響を及ぼしてくる。このように，法の執行過程は，被規制者の反応を考慮した上での行政機関の行動，そして，行政機関の行動を考慮した上での被規制者の対応，というように，お互いがお互いに作用を及ぼしながら展開していく法過程である。

　行政機関と被規制者の相互作用性を把握する際には，行政と被規制者が，法の執行に対して，各々どのようなスタイルを取るのか，それぞれをタイプ分けし，その組み合わせで執行過程を把握しようとする分析枠組みが取られる（フッド2000等）。

　この分析アプローチは，ゲーム理論を用いることでより理論的に行うことができる（平田2009）。行政は抑止的法執行スタイル，あるいは協力的法執行スタイルのいずれかを選択し，被規制者は機会主義的行動，あるいは協力的法遵守のいずれかを選択する。抑止的法執行スタイルとは，被規制者の対応がどのようなものであれ，軽微な違反に対しても厳格に法を執行し，法の抑止力を全面的に展開する戦略である。協力的法執行スタイルとは，被規制者の自発的な法遵守を引き出すよう，周知や説得，教育を行い，また軽微な違反や初期の違反であれば，制裁は科さないという戦略である。一方，被規制者の機会主義的行動とは，故意に違反したり，データの改ざんや行政指導に従わないなど，法の趣旨に反し機会主義的な（自らの遵守費用を節約する）行動をとるスタイルを表す。一方の協力的な遵守は，法を遵守しようとし，行政指導に従うなど，法の趣旨に基づき規制法に準拠する方針をとっているスタイルである。

　平田（2009）は，水質汚濁防止法の執行過程の実態調査を行ったのち，ゲーム理論を用いて，被規制者との協調的関係の維持に努める「インフォーマル志向（北村

1997)」のメカニズムを探っている。すなわち，当該法の執行が繰り返しゲームであることから，短期的利得が高い抑止的法執行スタイルと機会主義的行動という組み合わせよりも，長期的利得が高い協力的法執行スタイルと協力的法遵守という組み合わせが，ゲームの均衡として達成されていると説明する。

　執行過程を行政と被規制者の相互作用モデルによって解明するアプローチは，被規制者は多種多様であり，被規制者のタイプによって効果的な戦略は異なる，ということを明確に示してくれる。被規制者の多様性とそれを反映した執行デザインという点は，政策立案時において特に重要な視点である。抑止力一辺倒の執行デザインは，行政資源を多分に必要とするばかりか，必ずしも効果的な帰結を導くとは限らない。また，違反は絶えず一定程度存在することから，抑止力のない規制執行はその実効性が限定的とならざるを得ない。被規制者のタイプに応じて有効な執行戦略が選択できるよう，執行の幅の広さを保持することが肝要であることがわかる。

▶▶3 被規制者側に注目する分析アプローチ

　規制法の現実社会での展開を理解する上では，被規制者側についての理解も欠かせない。行政機関はリソース不足を常に抱えており，絶えず被規制者を監視しているわけではない。また，情報の非対称性や規制対象活動の専門化・複雑化を背景に，被規制者の保有する知識や情報を活用する必要性が高まっている。このように，従来はもっぱら公的空間で考察されてきた規制法システムであるが，私的空間である被規制者側へとその視点が広がりつつある。第3の分析アプローチは，法対象者である被規制者に着目するものである。被規制者としては，個人の場合も組織体（事業者）の場合もあるが，ここでは事業者の果たす社会的役割の大きさを鑑み，事業者が被規制者である場合に限って考察しよう。

　被規制者全体を集合的に捉えると，業界による自主規制枠組みがまず指摘できる。自主規制の要諦は，事業者自らが自身の活動あるいはその一部を制約・規制するルールを策定し，実施・執行するという点である。一口に自主規制枠組みといっても，種類や仕組みには幅がある。例えば，国家や法との関係性について見れば，自主規制の中には，自主規制を策定するよう国家に命令あるいは要請されて策定されるものもあれば，国家の承認を必要とするものや，国家の介入なく自主的に策定されるものまで様々である。また，自主規制の制度デザイン（事業者から分離独立した組織が担うのか，事業者間連携の形態なのか），その執行の仕方（執行主体があるのか，個人からの通報に依存するのか），自主規制ルールのデザインなども，様々である。

　このように具体的なあり方には多様性があるものの，従来公的機関が担ってきたルールの作成，監視，執行を被規制者側が担うという自主規制の枠組みは，規制対象活動の実情や知識をより多く有している事業者が主体となっている点や，迅速か

つ柔軟な対応が可能になるという点から，効率的かつ効果的な仕組みができるという可能性が開かれている一方，本当に意味のある規制として機能するのか，単なる見せかけにすぎないのではないか，という懸念も常に指摘される。また，制度自体の正当性やアカウンタビリティをいかに確保するのか，という問題も生じる。海外の経験的研究は，自主規制が本来期待された機能を果たす条件として，政府の監視が常に存在している点を指摘しているが，示唆的である。

　一方，1つの被規制者について，その組織内でいかに規制法が理解され遵守されるのか，被規制者をミクロ的に分析することも可能である。平田（2019）は，被規制者にとって規制法に対する対応は，遵守するか違反するかという二者択一的に選択するものというよりも，むしろ組織内関係アクター同士のやり取りというプロセスを通じて，達成あるいは骨抜きにされるものであり，被規制者の行動を理解するには被規制者内での関係部署・関係職員同士の相互作用，権限や専門知識，遵守能力の多層性を認識することが重要であると指摘する。

▶▶4__ 法の執行過程を取り巻く地域住民・市民に注目するアプローチ

　上記3つのアプローチでは，行政と被規制者という二者間構造を前提として議論を進めてきた。しかし，規制法が対象とする活動は，現実の社会空間で行われ，そこでは行政と被規制者以外の者も生活や活動を共にしている。当然，法の実施に関与したり，影響を受けたりする地域住民・一般市民が存在する。

　先述の通り，行政分野に関するわが国の法社会学研究はその数が少ないものの，地域住民が公共空間に関する問題解決のために法を創出・使用するとすればどのような場合なのかという点から，市民と規制行政の関わりを分析する研究は蓄積が厚い。これは，公共財を巡る問題解決や自らの権利保護のため，日本人は法をどのように利用するのか，また彼らの法意識はどのようなものなのか，というわが国の法社会学の伝統的関心に沿うものだからでもある。同時に，行政法的には第三者としての位置に留まるものの実質的な影響を受ける住民は，いかにして規制法規の法過程に主体として関与できるのかという住民参加の観点からも，市民に注目する分析アプローチが採用されてきた。以下では代表的な研究のうち3つを紹介する。

　第1の研究は，生活者である普通の人々が法や法制度に関わる際，彼らは問題解決のために道具として有効である限りにおいて法を動員する，という道具的指向を指摘している（阿部2002）。京都市空き缶条例の制定・施行のプロセスやマンション建設紛争の事例をもとに，この研究は，住民が法や法制度を道具として用いる際には多くの困難が伴うものの，自治体担当部署や企業に対し，その意に反する要求を受け入れさせる手段として法が用いられていること，法が動員されたりされなかったりする結果として生じる事実上の法秩序は，地域によって異なることを指摘する。

第2は，自治会・町内会といった地域コミュニティが，建築協定や土地計画といった土地利用規制を主体的に形成・援用する過程を分析した研究である（長谷川2005）。それによれば，住民には，個人の立場や利害から距離を置き，法の観点から事象を捉え直すという姿勢が見られ，それは行政組織や弁護士からもたらされる専門的な知識によって支えられていること，同時に，地域コミュニティの互酬的社会関係も，上記姿勢を補強している点を指摘している。また当研究は，地域住民が住環境や景観の破壊に直面し，話し合い，法制度に触れていくことは，彼らが自らの環境を守っていくという主体的な意識を醸成していく教育的効果もあると説明する。このような主体性のある住民によって規制法システムの欠点が明らかになるならば，市民の側から規制行政へのフィードバックが可能なものとなる。

　第3の研究は，景観や公園，マンションといった都市の中のコモンズ（共用資源）の維持と管理という観点から，規制制度にアプローチしている（高村2012）。なかでも京都市屋外広告物規制条例の事例では，地域の被規制者が組織する中間団体が果たす役割に注目する。中間団体を構成する被規制者（地域の事業者で構成）は，規制を受ける客体というよりも，共同で景観というコモンズを管理維持する地域コミュニティとして描写されている。そして，信頼的コミットメントの存在，モニタリングコストの低減，環境変化に対応した適切なルール進化がそれぞれ確認されており，それらは地域コミュニティをベースとしたコモンズの共同管理が持つ優位性である。その一方，違反者の取締りといった管理活動の正当性を調達するためには，法の権威も必要であり，行政による規制活動が必要視されている。なお，このような能力のある中間団体が発達する条件が揃うことは容易ではない点も指摘される。

　規制法が保護・育成しようとしている利益は，地球環境や生活環境の保全・維持，生活の安全性など，社会全体において便益が享受される性質のものである。行政と被規制者という二者間の関係性から，住民や市民という第3のアクターを加えることで，行政法過程は2点を結ぶ線上の関係性から，面的な広がりを有することになる。地域住民や市民に着目する分析アプローチは，規制法の実施過程とは，決して行政と被規制者の二者間で完結するものではなく，社会の中で展開していくものだという理解を深めることにつながる。

▶§3__ これから考えるべきこと

　「法律に生命があるとするならば，その一生の大半は，実施過程といってよい」と指摘されるように（北村1997:1頁），法の実施過程は，実社会において極めて重要な位置を占めている。本講は，これまでの理論的・経験的研究を，①行政機関・行政

職員，②行政機関と被規制者の相互作用性，③法対象者たる被規制者，④地域住民・市民の働きと，4つの分析アプローチに整理して見てきた。

　行政法の実施・執行過程に関して，今後考えるべきことは多い。特に，人員や時間といった行政機関の保有する組織リソースはますます減少し，民間団体や被規制者，中間団体の果たす役割はさらに増すであろうということ，またテクノロジーの使用が法実施過程に導入されることに伴う影響は特筆に値する。

　しかし一方で，法の実施過程が本質的に抱えているジレンマや課題，例えば，法適用の一律性と柔軟性というジレンマのバランスをいかにとるか，法執行のアカウンタビリティをいかに確保するかという点は，上記のような新しい局面が誕生するにしても，いやそれゆえにこそ，ますます重要性を帯びる論点となっている。そして，その解決策として常に指摘されている，実施過程の透明性の向上，実際に法実施に携わる者に対する教育とサポート，問題解決に向けた人々の絶え間ない話し合いの必要性は，色あせるどころかますますその重要性を帯びるであろう。

《参考文献》

阿部昌樹(2002)『ローカルな法秩序——法と交錯する共同性』勁草書房

北村喜宣(1997)『行政執行過程と自治体』日本評論社

高村学人(2012)『コモンズからの都市再生——地域共同管理と法の新たな役割』ミネルヴァ書房

長谷川貴陽史(2005)『都市コミュニティと法——建築協定・地区計画による公共空間の形成』東京大学出版会

平田彩子(2019)「プロセスとしての規制遵守——規制対象企業の経験的研究に向けて」フット，ダニエル・H／濱野亮／太田勝造編『法の経験的社会科学の確立に向けて』信山社，337-356頁

平田彩子(2017)　『自治体現場の法適用——あいまいな法はいかに実施されるか』東京大学出版会，337-356頁

平田彩子(2009)『行政法の実施過程——環境規制の動態と理論』木鐸社

フッド，クリストファー(森田朗訳)(2000)『行政活動の理論』岩波書店

リプスキー，マイケル(田尾雅夫・北大路信郷訳)(1986)　『行政サービスのディレンマ——ストリート・レベルの官僚制』木鐸社

六本佳平(1991)「規制過程と法文化——排水規制に関する日英の実態研究を手掛かりに」内藤謙・松尾浩也・田宮裕・芝原邦爾編『平野龍一先生古稀祝賀論文集(下)』有斐閣，25-55頁

【平田彩子】

17講＿ 行政統制・行政参加 ....

▶§1＿ 行政統制の多様性と行政参加

▶▶*1*＿ 行政統制とは何か

　ある特定の内容の行政上の決定を行わせるために，あるいは逆に断念させるために，決定権限を有する行政機関や決定の実務を担当する行政職員に働きかけることを「行政統制」と総称するならば，そうした意味での行政統制には，様々なものがある。憲法や法律に基づいて制度化されている公式のものもあれば，法的な根拠のない，事実上の非公式のものもある。また，行政機関もしくは行政職員に対する働きかけが，行政組織の外部からなされるものもあれば，行政組織の内部においてなされるものもある（西尾2001; 村松2001; 真渕2020）。

　公式の外部からの行政統制としては，議会による法律や予算を用いた統制や，裁判所による行政処分の適法性の審査をとおしての統制を挙げることができる。公式の内部からの行政統制としては，同一の行政組織内部での，階統制的な組織形態をとおしての上司による部下に対する統制とともに，会計検査院が中央省庁に対して実施する検査のような，他の行政機関による統制も存在する。行政不服審査法に基づく審査も，処分庁と審査庁が同一の行政機関である場合にも行政統制と観念してよいかどうか判断が分かれうるが，行政組織内部における行政職員の役割分担の実際を踏まえるならば，この類型の行政統制の仕組みであると見なしてよいであろう。非公式の外部からの行政統制には，利益集団や利害関係者からの要望や圧力行使，マスメディアや有識者による批判等がある。さらに，非公式の内部からの行政統制として，それぞれの行政組織の内部における，同僚の行政職員相互間の，日常的なコミュニケーションをとおしての批判や要望等を挙げることができる。

　行政統制には，違法と見なされるものもある。行政職員への利害関係者からの贈賄は，違法な外部からの行政統制の一例であり，行政組織内部における上司から部下への，職務権限の範囲を逸脱した，パワー・ハラスメントに該当するような命令は，違法な内部からの行政統制の一例である。また，こうした例が示しているように，行政機関や行政職員に，ある特定の行政統制をとおして要請される決定と，それとは別の行政統制をとおして要請される決定とは，まったく異質な，相容れない内容のものである場合もある。そのような場合，行政機関や行政職員は，いずれの

要請に従うべきか苦慮することになる。そして，苦慮した末に，違法な決定がなされることもある。すなわち，違法な行政統制が行われうるだけではなく，その結果として違法な行政上の決定がなされるということも起こりうるのである。

　なお，多様な行政統制のうちには，議会による法律や予算を用いた統制のように，行政上の決定がなされる前に，期待される決定内容を示し，それに従うよう求める事前統制もあれば，裁判所による行政処分の適法性の審査のように，行政上の決定が行われた後に，それが期待どおりのものであったかどうかをチェックする事後統制もある。ただし，事後統制も，行政機関や行政職員が，その存在や作動形態を認識しており，その認識に基づいて，望ましくない事後統制が発動されることを回避するために，決定の内容をあらかじめ調整するならば，事前統制と同様に，特定の内容の決定を行わせたり，断念させたりするように機能する。

　さらに，これらの行政統制のなかには，会計検査院による検査のように，公職担当者が，その権限に基づいて統制主体としての役割を演じ，公職担当者以外の者はほとんど関与しないものもあれば，マスメディアによる行政活動に対する批判のように，もっぱら公職担当者以外の者が，統制主体としての役割を演じるものもある。また，裁判所による行政処分の適法性の審査や，行政不服審査法によって制度化されている行政処分に違法性もしくは不当性がなかったか否かの審査のように，統制権限の発動それ自体は，公職担当者によってその権限に基づいて行われるが，公職担当者以外の者が，統制権限の発動を求める行動を起こさなければ，公職担当者による統制権限の発動は行われないというタイプのものもある。

▸▸2__ 行政参加とは何か

　以上のような行政統制の多様性を踏まえ，それに関連づけて「行政参加」を定義するとすれば，行政参加とは，最も広義には，公職担当者以外の者の行政統制への関与のうちで，議会による行政統制への関与と裁判所による行政統制への関与以外の，すべての総称である。すなわち，行政参加には，たとえば，自治体が都市計画の案を作成する際に実施する公聴会に利害関係者として参加し，意見を述べるような公式のものもあれば，自治体が計画している新たなごみ焼却施設の建設に反対する集会を開催するといった非公式のものもある。自治体の担当部署に陳情を繰り返すような，公職担当者以外の者が統制主体としての役割を演じ，外部から行政統制を行うタイプのものもあれば，行政不服審査法に基づいて行われる審査請求のような，公職担当者以外の者は，行政組織に内在している行政統制の仕組みを起動する役割を担うタイプのものもある。これらのうち，公聴会での意見陳述，ごみ焼却施設の建設に反対する集会，および自治体の担当部署への陳情は事前統制であるのに対して，行政不服審査法に基づく審査請求は事後統制である。また，ごみ焼却施設

の建設に反対する集会は，やり方次第では違法と見なされる可能性がある。

▶§2__ 議会による事前統制と裁判所による事後統制の限界

▶▶1__ 法の実質化と行政裁量の増大

　行政機関が行うべき行政上の決定を具体的な事実の存否に関連づけ，ある具体的な事実が存在するならば，そのことのみを根拠として，ある特定の決定を行うことを，議会が法律によって行政機関に義務づけるとともに，その法律が遵守されていたか否かを裁判所が厳格に審査するというかたちで，議会による事前統制と裁判所による事後統制とが十全に機能しているならば，少なくとも法的な観点からは，それ以外の行政統制の仕組みは不要なはずであるし，違法な行政上の決定や決定の遅延を誘発しかねない，望ましからざるものと見なされる可能性が高い。それゆえ，公職担当者以外の者が行政統制に関連して演じるべき役割は，違法な行政処分が行われたと思慮される場合に，その取り消しや無効確認等を求める訴訟を提起し，裁判所による事後統制の発動を求めることに尽きるということになるはずである。

　しかしながら，実際には，議会による事前統制と裁判所による事後統制以外の，様々な行政統制が，公式の法制度として創設されてきており，それらのなかには，行政参加を組み込んだものが少なくない。それは，議会による事前統制が不十分なものとならざるを得ず，それゆえ，行政機関や決定の実務を担当する行政職員に，広い範囲で裁量的な判断を委ねざるを得ないためである。

　今日の社会においては，社会のなかで発生する様々な問題のうちから，国もしくは自治体の行政部局が対応すべき政策課題を抽出したうえで，その政策課題に，どの行政部局がどのような行政手法を用いて対応すべきかを示すために，新たな法律が制定される頻度が高まってきている。毎年新たに制定される法律の多くはそのようなものであり，社会の構成員の多くが，その日常生活や経済活動に際して従うべき一般的なルールを定めることを主目的として制定される法律は，それほど多くはない。そうした政策課題に対応すべく制定される法律の増大は，マックス・ウェーバー（Max Weber）の「形式的合理性」と「実質的合理性」との対比（→01講, 02講を参照）を踏まえて，法の「実質化」と呼ばれてきた（ウェーバー1974）。同じ現象を，「法化」という言葉を用いて捉える論者もいる（トイプナー1990; 樫沢1990）。

　日本では，政策課題への対応を主目的とする，そうした意味で政策指向的な法律の制定を主導しているのは，多くの場合，内閣もしくは中央省庁であることは，成立する法案の大多数が内閣提出法案であることが示しているとおりであるが（→14講を参照），重要なのは，それらの法律の多くは，その実施を担う行政機関もしくは

行政職員に，広範な裁量的判断権限を認めるものであるということである。この点において，法律の制定過程に内閣やそれを頂点とする行政組織が関与する頻度が高い国と低い国とで，大きな差違はない。それは，いずれの国においても，議会が法律に基づいて行政機関に対応を義務づける政策課題の多くが，それに適切に対応するためには，専門技術的な判断や複雑な利害調整を必要とするものであるためである。

　政策指向的な法律を，「要件─効果」図式と呼ばれる法的ルールの基本形式に従って，ある具体的な事実が存在するならば，そのことのみを根拠として，ある特定の行政上の決定を行うことを行政機関に義務づけるようなものとして制定するとしたならば，その法律に基づいて行政機関が対応しなければならない事実状況の多様性ゆえに，その法律は膨大な数の条文を有するものになってしまうし，立法段階においては，将来に生じるであろう事実を十分には予測できないがゆえに，そうした対応はそもそも不可能である。また，そうした対応を敢えて試みたならば，行政機関を法的ルールによって過剰に拘束してしまい，行政組織の内部に保有された専門技術的な知識や判断能力を十分に活用できなくなってしまったり，重要な事実を敢えて無視するよう求めることになってしまったりする。そして，その結果，明らかに不合理な行政上の決定を量産することになってしまう。そうした事態の発生を回避しようとするならば，政策指向的な法律は，その実施過程における行政機関や決定の実務を担当する行政職員の裁量的判断を，広範に容認するものとならざるを得ない（**16**講における行政裁量の不可避性についての説明も参照）。

▶▶**2__ 補完的な行政統制の必要性**

　しかしながら，法律には，ただ行政機関が達成すべき目標のみを示し，その目標を達成するために，どのようなタイミングで，何をなすべきかの判断は，全面的に行政機関に委ねてしまったのでは，行政機関もしくは行政職員による裁量的判断権限の濫用が生じかねないし，非公式の行政統制の作動によって，立法目的を逸脱して，社会の特定のセクターに過剰に利益を供与するような事態が発生する可能性も高まる。もちろん，そうした事態には，裁判所による事後統制によって対応することも考えられるが，行政機関もしくは行政職員が，自らが行った行政処分の専門技術的観点から見た正当性を法廷において主張した場合に，特定の行政活動領域についての専門技術的な知識や判断能力を有してはいない裁判官が，そうした主張の正当性を否定し，審査対象となっている行政処分は法律によって行政機関に授権された裁量的判断権限の範囲を超えたものであるという理由で，あるいは，裁量的判断権限の濫用に該当するという理由で，それを違法と認定するのは容易なことではない。裁判所としては，多くの場合，行政機関もしくは行政職員の裁量的判断を尊重せざるを得ないのである。議会による事前統制を緩和せざるを得ない，その同じ理

由から，裁判所による事後統制もまた，緩和せざるを得ないのである。

　そこで，議会による事前統制と裁判所による事後統制の限界を補完するような，別種の行政統制の導入が課題となる（阿部1987）。

▶§3＿　補完的な行政統制の仕組みと行政参加

▶▶1＿　補完的な行政統制の仕組みの多様性

　日本において補完的な行政統制が法律によって制度化されている例として，予算執行の適否をチェックすることに特化した会計検査院による検査や，行政機関が行う政策の評価に関する法律に基づいて行われる政策評価を挙げることができる。行政不服審査法によって制度化されている審査請求，地方自治法12条によって制度化されている事務監査請求，および同法242条によって制度化されている住民監査請求も，同様の補完的な行政統制の仕組みである。これらはいずれも事後統制の仕組みであるが，こうした事後統制の仕組みが設けられていることが，事後的に問題点を指摘されることを回避したいという意識を行政組織の内部に醸成し，そのことが，明らかに恣意的な行政活動の抑止に，ある程度貢献していることは確かである。なお，行政不服審査請求，事務監査請求，および住民監査請求は，公職担当者以外の者の関与を伴う，そうした意味で，行政参加を組み込んだ制度である。

　事前統制の仕組みも，様々なものが法律によって制度化されている。それらのうちには，地方自治法に規定されている，自治体の行政組織の活動に対する中央各省の大臣の関与のように，行政統制が，国と自治体のいずれの行政組織にも属さない個人や団体が関与することなしに，行政機関による行政機関に対する統制という形式で遂行されるものもあるが，行政手続法に規定されている不利益処分に際しての聴聞や，同じく行政手続法に，政令や省令を定めるに当たって実施すべきものとして規定されている意見公募手続のように，行政参加を組み込んだものもある。

▶▶2＿　行政上の決定が「適正」であるということの意味

　ところで，不利益処分に際しての聴聞が，不利益処分の名宛人とその代理人を主たる参加者とし，不利益処分の直接の名宛人ではないが，その処分に利害関係を有するある範囲の者も，場合によっては参加する可能性があるものとして制度化された，参加者の範囲が限定された仕組みであるのに対して，意見公募手続，すなわち，いわゆるパブリック・コメントは，広く一般の意見を求めることを目的としたものであり，参加者の範囲が限定されていない。想定されている参加者のこうした相違は，法律によって制度化されている行政参加を組み込んだ行政統制の仕組みは，い

ずれも行政上の決定を「適正」なものとするためのものではあるが,「適正」であるということは,実は多義的であることを示唆している。

　行政上の決定が「適正」なものであるということの第1の意味は,その決定によって影響を受ける者の利益を不当に侵害するものではないということである。不利益処分に際しての聴聞は,主としてこの意味で「適正」な行政上の決定が行われることを目的として制度化されたものである。第2の意味は,民意を反映した決定であるということである。意見公募手続は,この意味で「適正」な行政上の決定が行われることを主眼としたものであると言うことができる。ちなみに,行政参加が有している不当な利益侵害を抑止するという意義は,行政手続の自由主義的価値として,また,行政上の決定に民意を反映させるという意義は,行政手続の民主主義的価値として,その重要性が指摘されてきた。

　しかしながら,これら2つの価値が実現されれば,それで十分であるということにはならない。そもそも,法律によって行政機関に広範な裁量的判断権限を授権するそもそもの趣旨が,ある特定の政策課題の解決のためであることを前提とするならば,ある行政上の決定が「適正」なものであるか否かは,その決定を行う権限を授権した法律が,どのような政策課題を解決することを企図したものであるかを踏まえたうえで,その政策課題の解決に資するような決定であるか否かという観点から判断しなければならない。これが,行政上の決定が「適正」なものであるということの第3の意味である（小高1977; 阿部1987; 田村2006）。

　行政上の決定が,この第3の意味で「適正」であると見なしうるためには,まずもって,ある特定の内容の行政決上の決定を行ったならば,その結果として社会にどのような効果がもたらされるのかを,十分な程度の正確さをもって予測することを可能とするような,適切な情報に基づいたものである必要がある。不利益処分に際しての聴聞も意見公募手続も,そうした仕組みをとおして,行政機関や決定の実務を担当する行政職員が,そうした仕組みがなかったならば得られなかったような情報を入手することを可能にするものであり,そうした意味で,この第3の意味で「適正」な行政上の決定にもつながるものであると言うことができる。

　この第3の意味で「適正」な行政上の決定がなされるためにはさらに,決定担当者が,対処すべき特定の政策課題との関連で,十分な専門技術的な知識と判断能力を有していなければならない。行政組織がその内部に,そうした専門技術的な知識と判断能力を保持しているならば,その点に関して問題が生じることはないが,常にそうであるとは限らない。行政組織が保持している専門技術的な知識や判断能力が不十分であり,それを行政機関外部からの提供によって補うことが必要となる場合もある。意見公募手続には,たとえば,意見公募の対象となっている政令や省令が規制対象としている事象についての専門家や専門団体が,専門技術的な見地から

の意見を寄せることによって，行政組織の専門技術的な知識や判断能力の不足を補完し，この第3の意味で「適正」な行政上の決定がなされる可能性を高めるという機能も期待されている。また，同様に，行政組織の専門技術的な知識や判断能力の不足を補完するための行政参加の仕組みとして，専門家によって構成される審議会における審議を，行政上の決定に前置するというものもある。

▶▶3__ 行政上の決定の「適正」性を確保することの難しさ

　様々な行政参加の制度を設ければ，それだけで，3つのいずれの意味でも「適正」な行政上の決定が，確実になされるようになるというわけではない。聴聞に際してなされた不利益処分の名宛人の正当な権利主張が，まったく考慮されることなく，明らかに不当な権利侵害を伴う行政処分がなされる可能性は否定できないし，意見公募手続をとおして多様な意見が提出されたにもかかわらず，それらを吟味し，社会の構成員が何を求めているのかを見極めることなしに，原案どおりの行政上の決定がなされるということも起こりうる。行政組織が，その内部に保持している専門技術的な知識や判断能力を過信し，外部から提供された専門技術的見地からの意見を不当に軽視するといった事態も皆無であるとは言えない。行政参加が「適正」な行政上の決定に結びついているかどうかは，「適正」であるということの3つの意味のいずれに関しても，様々な行政活動領域のそれぞれについて，個別に経験的調査によって明らかにすべきことなのである。

　そして実際，経験的調査の結果は，行政参加の制度化は，必ずしも常に，「適正」な行政上の決定を帰結しているわけではないことを示している。また，「適正」な行政上の決定であるということの3つの意味のいずれかを重視することが，別の意味で「適正」とは見なし難い行政上の決定を量産していることを指摘する経験的研究もある。たとえば，アメリカにおける研究には，行政機関による規制の対象となる者の権利保護のために制度化された慎重な事前手続が，行政機関の判断を過度に遅延させ，そのことが社会全体の利益を損ねていることや，そうした手続の存在ゆえに，行政機関が規制対象者の意向を過剰に尊重するようになり，その結果，行政機関による規制を立法化した本来の趣旨に合致しないような行政上の決定が量産されていることを指摘するものが少なくない（ロウィ1981; ケイガン2007）。

▶§4__ 自治体行政への住民参加の進展

▶▶1__ 地方分権の進展と自治体レベルにおける住民参加の制度化

　日本では，1990年代の後半以降，自治体の行政過程への住民参加を，条例によっ

て制度化しようとする動きが活発となった。行政部局が，計画や条例案の作成等の，自治体の住民の多くに影響を及ぼす可能性の高い決定を行う際しては，何らかの住民参加手続を履践することを義務づける条例や，種々の住民参加手続を制度化することに加えて，地域における自治のあり方を規律すべき基本理念や基本原則を宣言することを目的とした条例等が，各地の自治体において，とりわけ市区町村において，続々と制定されてきている。それぞれの条例の名称は自治体ごとに様々であるが，前者は「住民参加条例」，後者は「自治基本条例」と総称されている。

　それらの条例の制定を活性化させてきた背景的要因として，地方分権の進展を挙げることができる（**26講**の「ローカル・ガバナンス」についての説明も参照）。

　日本においてはかつて，都道府県の行政部局は中央各省の広範な指揮監督権限に服していたし，市区町村の行政部局は，その市区町村を包括する都道府県の行政部局の，同様に広範な指揮監督権限に服していた。そうした仕組みの中核をなしていたのが，法律に基づいて国から自治体の長に委任された職務を，自治体の長が統轄する自治体の行政部局が遂行する際には，自治体の長は国の機関となるという，機関委任事務制度であった。自治体の長には，都道府県知事であっても市区町村長であっても，機関委任事務の実施にあたっては国の機関となるがゆえに，上級機関である中央各省大臣の指揮監督に服することが，そして市区町村長にはさらに，中央各省大臣から指揮監督権限を委任された都道府県知事の指揮監督権限にも服することが，法律上求められた。実際の指揮監督権限の行使は，大臣や都道府県知事によってではなく，中央各省や都道府県の担当部局によってなされていた。また，自治体の行政部局が法律に基づいて実施する様々な職務が，機関委任事務とされていたことから，都道府県の行政部局は中央各省の，市区町村の行政部局はその市区町村を包括する都道府県の行政部局の，広範な指揮監督権限に服していた。

　そうした機関委任事務制度が，2000年に廃止された。その結果，都道府県の行政部局の職務遂行に対する中央省庁の関与や，市区町村の行政部局による職務遂行に対する都道府県の行政部局の関与は，限定的となった。これはすなわち，中央省庁による都道府県の行政部局に対する行政統制や，都道府県の行政部局による市区町村の行政部局に対する行政統制が，緩和されたということを意味する。行政統制の緩和は，行政上の決定を行うに際しての自由度を高めるが，同時に，「適正」ではない行政上の決定が行われる可能性も高める。そこで，地方分権が進展した後の状況下においても「適正」な行政上の決定が行われることを目的として制定されたのが，「住民参加条例」であり，「自治基本条例」であったと言うことができそうである。

▶▶2＿ 何のために住民参加を制度化するのか

　それとともに，「適正」であるということの意味が，先に述べた第3の意味に近いものから，第2の意味に近いものに変化してきている。すなわち，かつては，いかなる行政上の決定が政策課題の実現に適合的であるかについての中央各省の，あるいは都道府県の行政部局の判断に従った行政上の決定が「適正」なものであると考えられてきたのに対して，住民の意向を十分に考慮したうえでなされる行政上の決定こそが「適正」なものであるというものであるという考え方が，前面に出るようになってきている。こうした「適正」であるか否かを判断する視点の変化は，まさに地方分権の推進によって目指されたことの一端に他ならないのであるが，看過し得ないのは，「住民参加条例」や「自治基本条例」の多くが，それぞれの自治体の長の主導によって制定されているということである。自治体の行政組織を統轄する立場にある長が自ら率先して，地方分権の推進によって拡充された自らの自由度を縮減するような，新たな行政統制の仕組みを創設しているのである。

　自治体の長は，自らが統轄する自治体の行政組織の活動に，住民の意向が十分に反映されることを真摯に望んでいるのかもしれない。あるいは，自治体の行政組織の活動のすべてを，自分自身でチェックすることは不可能であることを認識したうえで，行政上の決定が「適正」に行われるようチェックする権限を，行政参加への意欲を有する住民に委ねようとしているのかもしれない。

　しかしながら，そうした推測とは，まったく異なった推測を行うことも可能である。自治体の長が住民参加手続を制度化することに熱心なのは，重要な行政上の決定はすべて，地域の民意を踏まえて「適正」に行われているという「外観」を作出するためであり，それゆえ，それらの手続の実際の運用は，ただ形式的に手続を履践するだけであり，行政上の諸決定は，実際には，それらの手続をとおして表明された住民の意向とは無関係に，長自身の判断に基づいて行われているかもしれない。あるいは，長もしくはその統轄下にある行政組織に，住民参加手続を履践するに先立って作成した行政上の決定の原案を変更する意図はまったくなく，もっぱらその原案を住民に受け容れてもらうためにのみ，住民参加手続が履践されているのかもしれない。住民参加手続を条例によって制度化するのは，長の，次の選挙での再選を期待しての人気取りのためであり，条例が制定されたならば，その後は，それらの手続を形骸化してしまうことが意図されている可能性も否定できない。

▶▶3＿ 自治体行政への住民参加の経験的研究

　行政参加を組み込んだ行政統制が十分に機能しているのかどうかも，行政参加の制度化はそもそも行政統制を目的としたものなのかどうかも，具体的な制度や実践に即した，経験的な検証を要する問いなのである。自治基本条例の全国各地の自治

体への普及の実際や，自治基本条例の制定および施行が地域社会にもたらした変化を，「法による集合的アイデンティティの構築」という観点から検討した研究（阿部2019）は，そうした観点から読むことができるものである。

　なお，自治体行政への住民参加に関しては，建築基準法によって創設された建築協定制度と都市計画法によって創設された地区計画制度の運用への地域住民の参画を，公共空間の創出および維持への地域コミュニティの関与と捉え，その実態を分析した研究があるが（長谷川2005），それは，自治体の土地利用規制行政への住民参加の研究としても重要である。また，都市自治体における，住民団体が主体となって行われている児童公園の管理や，景観行政の実施過程への商店会等の関与の実態やその意義を，「コモンズ」という概念に依拠して検討した研究（高村2012）も，都市公園法や景観条例の実施過程への住民参加についての研究として読むことが可能である（「コモンズ」については，23講を参照）。

　さらに，自治体行政に対する公式の事後統制に関しては，1990年代後半に活性化した「市民オンブズマン」活動，すなわち，弁護士等の専門職従事者が中心となって全国各地で実践された，情報公開制度，住民監査請求制度，住民訴訟制度等を活用した自治体の行財政運営の事後的チェックの取り組みを，「住民自治の争訟化」と捉え，その実態や自治体行政に対する影響を分析した研究がある（阿部2003）。

《参考文献》
阿部昌樹（1987）「行政裁量の立法技術論的検討（一），（二・完）」法学論叢121巻2号60-83頁，122巻2号64-87頁
阿部昌樹（2003）『争訟化する地方自治』勁草書房
阿部昌樹（2019）『自治基本条例──法による集合的アイデンティティの構築』木鐸社
ウェーバー，マックス（1974）『法社会学』（世良晃志郎訳）創文社
樫沢秀木（1990）「介入主義法の限界とその手続化」法の理論10号117-179頁
ケイガン，ロバート・A（2007）『アメリカ社会の法動態』（北村喜宣・尾崎一郎・青木一益・四宮啓・渡辺千原・村山眞維訳）慈学社出版
小高剛（1977）『住民参加手続の法理』有斐閣
田村悦一（2006）『住民参加の法的課題』有斐閣
高村学人（2012）『コモンズからの都市再生』ミネルヴァ書房
トイプナー，グンター（1990）「法化」（樫沢秀木訳）九大法学59号235-292頁
西尾勝（2001）『行政学〔新版〕』有斐閣
長谷川貴陽史（2005）『都市コミュニティと法』東京大学出版会
真渕勝（2020）『行政学〔新版〕』有斐閣
村松岐夫（2001）『行政学教科書〔第2版〕』有斐閣
ロウィ，セオドア（1981）『自由主義の終焉』（村松岐夫監訳）木鐸社

【阿部昌樹】

18 講__ 法の実効性 ....

▶§1__ 法の実効性とは何か

　法の「実効性」とは何かという問いは，伝統的には，法の「拘束力」にかかわる問いとして，法の「妥当性」とは何かという問いと関連づけて論じられてきた。そして，ある法が「妥当性」を有しているということは，その法が「規範的」な「拘束力」を有しているということであるのに対して，ある法が「実効性」を有しているということは，その法が「事実的」な「拘束力」を有しているということであるとか，あるいは，ある法が「妥当性」を有しているということは，その法が「従うべきもの」であるということであるのに対して，ある法が「実効性」を有しているということは，その法に，社会の構成員の多くが事実として「従っている」ということであるといった説明がなされてきた。

　こうした説明に対してはしかし，ある法に社会の構成員の誰も従っておらず，また，警察等の法執行機関も，その法に違反した行為を発見しても，それをそのまま放置しているために，その法が，ただ法令集のなかに存在しているだけのものとなっているような場合にも，正式の立法手続をとおしてその法が廃止されない限りは，その法は妥当性を有していると言えるのかという疑問が提起されてきた。そして，ある法が妥当性を有していると見なしうるためには，その法に社会の構成員のうちのかなりが従っており，法執行機関も，少なくとも散発的には，その法に違反した者を検挙しているといった実態が必要であるという主張がなされてきた。こうした主張を受け容れるならば，ある法が相当程度の実効性を有していることが，その法が妥当性を有していることのひとつの判断規準であるということになり，「規範的」な「拘束力」と「事実的」な「拘束力」とは，相互にまったく無関係であるとは言えなくなる（加藤1976; 笹倉2002）。

　しかしながら，こうした議論を経由してもなお，法の妥当性とは何かという問いの本質が，社会の構成員に遵守を要求することができる，規範的正当性を有する法とはどのようなものであるかという問いであることに変わりはない。この問いは，「正義とは何か」，「自然法は存在するのか」，「悪法も法か」といった問いと密接に関連した「あるべき法」についての問いであり，法哲学ないしは法理学の分野において検討されるべきものである。これに対して，現にある法の実相を，その法を内

に含む社会と関連づけて探究する法社会学という学問にとって重要なのは，ある法に，社会の構成員の多くが事実として従っているとしたならば，それはなぜかという，法の実効性に関連した問いである。

　ただし，法の実効性とはもっぱら，社会の構成員が実際に法にどの程度従っているかという，遵法の程度にかかわる概念であるという理解は，今日の社会状況もしくは法状況の下では，法の実効性に関連した重要な現象を検討の対象外に放置してしまうものである。この点に留意しつつ，まずは，ある法に社会の構成員の多くが事実として従っているとしたならば，それはなぜかという問いに，法社会学という学問がどのような答えを提供してきたのかを，見ておくことにしよう。

▶§2__ 人はなぜ法に従うのか

▶▶1__ 刑罰の犯罪抑止力
　人々が法に従う理由としてまず考えられるのは，法に従わなかった場合に被るであろう不利益を回避したいということである。違法行為の結果として被ることが予想される不利益には，違反した法がどのようなものであるかに応じて，周囲の人々からの非難，名誉の喪失，損害賠償請求等，様々なものがありうるが，その最たるものは刑罰であろう。日本のように法定刑として死刑が存続している国においては，違法な行為に対する制裁として生命を奪われる可能性があり，そのことに対する恐れは，法に従う十分な理由であるように思われる。また，懲役刑や禁固刑を科されることによって長期間にわたって，場合によっては終身，自由を喪失する可能性についての考慮も，同様に，遵法への動機づけとなりうるように思われる。すなわち，刑罰には犯罪抑止力があると考えられるのである。

　しかしながら，経験的探究を重んじる法社会学という学問にとっては，刑罰には犯罪抑止力があるという言明は，事実に照らし合わせて検証する必要のある仮説にすぎない。そこで，死刑を廃止すれば犯罪が増加するのか，法定刑を重くすれば，それに比例して犯罪は減少するのかといった，刑罰の犯罪抑止力を検証するための研究が，アメリカを中心に，盛んに行われてきている。アメリカにおいては，多くの刑事法規が州法であり，同じ犯罪の法定刑が州ごとに異なっていることが少なくない。また，死刑を廃止した州もあれば，存続している州もある。したがって，州間比較という方法で，刑罰の犯罪抑止力の程度を検証することが可能であり，そのことが，多数の同種の研究を産み出したのである。

　それらの研究は，一致した結論に到達しているわけではない。たとえば，死刑の犯罪抑止力に関しても，死刑が存続しており，実際にしばしば宣告され，執行され

ているという事実には，十分な犯罪抑止力が伴っていると指摘する研究もあれば，そうした効果は認められないと主張する研究もある。しかしながら，多くの研究は，犯罪を抑止するうえで効果的なのは，刑罰を重くすることよりもむしろ，罪を犯した者が処罰される蓋然性を高めることであると指摘している。すなわち，刑は軽くても，罪を犯したならばほぼ確実に処罰されるであろうと予想される場合と，刑は重いが，罪を犯しても処罰を免れる可能性が十分に高いと予想される場合とを比較するならば，後者よりも前者のほうが，人々が犯罪行為を思いとどまる可能性が高いことを，多くの研究が示してきたのである（棚瀬1973; 宮澤1991）。そうした研究成果を踏まえるならば，刑事法規を改正して法定刑を重くするよりも，警察の捜査能力を強化するほうが，より効果的な犯罪抑止方法であるということになる。

　ところで，刑罰には犯罪抑止力があるという想定は，人間は快を求め，不快を避けようとする存在である，あるいは，自分自身にとって最も有益な行動を選択し，不利益な行動は回避する存在であるといった，利己的な人間像を前提としている。人々の行動選択を動機づけているのは利己心であるとしたならば，人々を法に従うように仕向ける最も効果的な方法は，違法行為の結果としてもたらされる不利益を，その行為によって得られるであろうと予想される利益よりも，十分に大きなものとすることであるということになる。厳罰化や死刑の存続は，まさにそうした発想に基づいている。

▶▶2＿ 非利己的な遵法への動機づけ

　しかしながら，怒りに駆られて突発的に犯罪に走ってしまうような場合に，その犯罪行為の結果としてもたらされるであろう利益と不利益とが，十分に衡量されているとは想定し難い。また，そもそも人々が法を遵守するのは，純粋に利己的な動機に基づいてのことなのかどうかも，検討の余地がある（阿部1995）。利己心とは異質な遵法への動機づけの一端を明らかにしている経験的研究として，第1に「法的社会化（legal socialization）」についての研究，第2に，「法的発達（legal development）」についての研究，そして第3に「手続的公正（procedural justice）」についての研究を挙げることができる。

　第1の，「法的社会化」についての研究とは，社会学の領域において形成された「社会化」という概念や，それを心理学の領域において発展させた「社会的学習理論」を，人々の法に対する態度に適用したものである。「社会化」とは，人々が，自らの所属する社会において広く共有されている文化や規範を，あるいは身近な他者が実践している文化や従っている規範を，学習し，受容し，内面化していくことを意味する。文化や規範の学習，受容，内面化は，家庭における仕付けや学校における教育をとおして達成されることもあれば，身近な他者の振る舞いの観察をとおして達成

されることもある。そうした意味での「社会化」が，人々が成長していく過程において一般的に達成されているとしたならば，法に従うのは当然であるという態度が広く共有されている社会においては，子どもは，様々な機会をとおして法に従うべきであることを学習し，やがては，他の多くの社会の構成員と同様に，当然のこととして法に従うようになるはずである。すなわち，法に従うのと従わないのとでは，いずれが自分にとって利益になるかといった衡量を行うまでもなく，ほとんど無条件に法に従うようになるはずである。それが，「法的社会化」である。そうした「法的社会化」が，人々の成長のどの段階で，どのように進行していくのかや，「法的社会化」の進行を促進する要因や抑制する要因にはどのようなものがあるのかを探究した，いくつかの研究がある（棚瀬1973; 松村2017）。

　こうした「社会化」という概念についての一般的な理解に依拠した「法的社会化」についての研究が，法に従うという性向の内面化を「社会化」の到達点とみなす傾向が強いのに対して，第2の「法的発達」についての研究は，「道徳的発達」に関する心理学的研究に依拠し，法に従う理由がどのようなものであるかによって，個々人の「法的発達」の程度を区別する。この考え方によれば，法に従わなかった場合に科されるであろう罰を恐れ，それを回避するために法に従うのは，発達の最も低い段階にある。発達が進むにつれて，自分が暮らす社会の多数派や周囲の人々と同じことがしたい，それらの人々から仲間として承認されたいという同調欲求が，遵法の主たる動機となっていく。さらに発達が進むと，法が従うべきものであるかどうかを，法よりも上位に位置づけられると各人が認識している原理や倫理に基づいて評価したうえで，そうした原理や倫理にかなった正しい法であるから従うという段階に至る。こうした発達段階のモデルに基づいて，人々の「法的発達」の程度を測定するとともに，「法的発達」を促進する要因や抑制する要因とを探究した研究も，遵法に関連した重要な研究である（棚瀬1973; 松村1985; 松村2017）。

　第3の，「手続的公正」についての研究とは，人々がある法的決定を受容し，それに従うかどうかは，その法的決定それ自体の内容についての評価だけではなく，その法的決定に至る手続についての評価によっても左右されることを，様々な法的決定に関して明らかにした諸研究である（裁判における「手続的公正」について09講を参照）。それらの諸研究は，ある法的決定に至る手続を「公正」なものであると評価している者は，「不公正」であると評価している者よりも，その法的決定を受容する可能性が高いことを明らかにしている。遵法との関連では，たとえば，立法過程においては，十分な情報収集が行われており，多様な見解のいずれもが十分に考慮されており，十分に時間をかけて慎重な審議がなされており，それゆえ立法過程は「公正」であると評価している者は，その立法過程の産物である法を，たとえその内容が自分の価値観に反したものであったとしても，あるいは，それを遵守する

には，かなりの負担が伴うとしても，それでもなお遵守する可能性が高いことが示されている。また，警察等の法執行機関は，法の執行に際して社会の構成員を分け隔てすることなく「公正」に扱っていると考えている人々のほうが，法の執行は差別的に行われており，社会の構成員のすべてが「公正」に扱われているわけではないと考えている人々よりも，遵法意欲が高いことが明らかにされている（リンド／タイラー1995; 阿部1995）。

▶▶3__ 遵法の程度を規定する要因としての法知識

　法に従うためには，法が何を命じ，何を禁止しているのかを知っていなければならない。したがって，法についての知識の有無や程度も遵法の程度を左右するはずであるし，法についての情報が，どのようなルートをとおして，どの程度の正確さで伝達されるかも，また然りである。そうした観点から，「法知識」すなわち人々の法に関する知識の程度，その規定要因，法に関する知識を獲得する径路等を調査した諸研究も，法社会学の一領域を形成している（棚瀬1973; 藤本2010）。

▶§3__ 実効性の意味変容

▶▶1__ 行政活動に関連した法の増加

　法の実効性とは，社会の構成員が事実として法にどの程度従っているかにかかわる概念であるという理解は，法とは社会の構成員が遵守すべき規範であるという認識を前提としている。こうした認識は，ある行為を犯罪として禁止する刑事法規に最もよく当てはまる。また，契約上の義務の不履行や不法行為によって他者に損害を被らせた者に，その損害を賠償する責任を課す民事法規についても，そうした法の存在が，契約上の義務の不履行や不法行為の発生をどの程度抑止しているかという観点から，その実効性の程度を論じることが可能である。

　しかしながら，17講において述べられているとおり，今日においては，社会の構成員が一般的に遵守すべきルールを定めることよりもむしろ，特定の社会問題を政策課題と位置づけたうえで，その政策課題への対応に責任を負う行政機関を特定し，その行政機関に，その責任を果たすために必要な諸権限を付与することを主たる内容とする政策指向的な法律が，数多く制定されている。それらの法律との関係で社会の構成員がどのような法的義務を負うのかは，行政機関による決定がなされてはじめて明らかとなる場合が少なくない。たとえば，ある事業を行いたい者は，あらかじめその事業を所管する行政機関の許可を得なければならないものとし，行政機関が許可した場合に限って，行政機関の監督の下で，その事業の実施を認めるよう

な法律がそれである。そのような法律との関連では，行政機関の許可が必要とされている事業を行うことができるかどうかは，行政機関の許可を得られるかどうかに係っているし，許可を得た後には行政機関の監督に服さなければならず，事業が継続できるのは，許可が取り消されない限りにおいてである。

しかも，それらの法律の多くは，行政機関が遵守すべき規範を，厳密なかたちでは定めていないことが多い。すなわち，行政機関には，新規の事業許可の申請がなされた場合に許可するかどうか，許可するとして，どのような条件を付加するか，許可した事業が開始された後に，適正に事業が行われているかどうかを，どの程度の頻度で検査するか，検査の結果，不適正な事業遂行の実態が判明した場合に，どのように対応するか等に関して，かなりの程度の裁量的判断権限が与えられているのが通例なのである。

▶▶2__ 行政活動に関連した法の実効性

そのような行政活動に関連した諸法との関連では，法の実効性とは，社会の構成員が事実として法にどの程度従っているかにかかわる概念であるという理解は，そのままでは通用せず，2つの点で修正が必要となる。

まず第1に，ある法律が実効性を有しているかどうかは，少なくとも部分的には，その法律が行政機関の職務遂行を十分に規律できているかどうかによって判断されなければならない。行政機関が，その所管するある特定の法律に照らして不許可とすべき事業を許可し，許可すべき事業を不許可とする決定を繰り返しているとしたならば，あるいは，許可条件を遵守せずに実施されている事業を，そのまま放置しているとしたならば，その法律は，行政機関の活動を効果的に統制できていないということになり，そうした観点から，実効性の低い法律であると判断せざるを得ない。もちろん，たとえ行政機関が適正に権限を行使していたとしても，行政機関の権限行使の対象である企業等が，行政機関の許可を得ずに事業を行っていたり，行政機関に察知されないように巧妙に許可条件に違反した行為を繰り返していたりするならば，やはり，その法律の実効性の程度は低いと言わざるを得ない。したがって，それらの法律の実効性の程度は，行政機関の活動とその権限行使の対象となる企業等の行動の，2つのレベルで測定されるべきであるということになる。

第2に，それらの法律が，行政機関に広範な裁量的判断権限を付与していることを前提とするならば，それらの法律の個々の条項を行政機関が遵守しているか否かという観点からのみ，それらの法律の実効性の程度を評価するのでは不十分である。ある法律が存在している状況下において，その法律の条項のいずれにも違反しておらず，そうした意味では合法であるが，しかし，その法律が行政機関に所定の権限を付与している趣旨を勘案するならば，適切とは言い難いような判断を行政機関が

繰り返しているような場合に，その法律は十分な実効性を有していると見なすのは，やはり不自然であろう。そこで重要となるのが，それぞれの法律の立法目的である。すなわち，ある法律の実効性の程度は，その法律を所管する行政機関の判断が，その法律の立法目的にどの程度適合しているかという観点から評価すべきであるということになる。行政機関の権限行使の対象となる企業等の活動に関しても，同様に，立法目的との関連でその適切性の程度を評価したうえで，立法目的の実現に資するような活動が広範に行われているならば，その法律の実効性の程度は高いと評価されることになるであろう。

　要するに，特定の政策目的を，行政機関の活動をとおして実現することを企図した政策指向的な法律が増加しており，しかも，そのような法律は行政機関に，広範な裁量的判断権限を付与するものであることが通例であるために，ある法律の実効性の程度を，その法律を所管する行政機関が，その法律によって付与された権限を，その法律の立法目的との関連で適正に行使し，また，その行政機関の権限行使の対象となる企業等も，その法律の立法目的に適合的な活動を行い，その結果，その法律の立法目的が実現されている程度によって測定すべき場合が多くなっているというのが，今日的な社会状況もしくは法状況なのである（阿部1987; 北村2016）。

▶▶3＿ 行政活動に関連した法の実効性についての経験的研究

　そうした状況を踏まえ，法律によって与えられた任務を，行政機関がどのように実施しているかを，行政機関の実際の活動状況を調査することによって明らかにした経験的研究が，アメリカを中心に，数多く行われてきている（16講で言及されている「執行研究」の多くは，そのようなものである）。

　アメリカにおける研究のなかには，行政機関が，監督対象である企業や業界団体の圧倒的な影響力にさらされ，法律がその行政機関に付与した権限をどのように行使していくべきかについての，企業や業界団体の要望のかなりの部分を受け容れるようになり，企業に大きな負担をもたらすような行政上の決定が行われることは稀となり，その結果，立法目的の実現が阻害されていることを指摘するものが少なくない（ロウィ1981）。その一方で，行政機関が，あらかじめ監督対象である企業が遵守すべき詳細な規則を定めたうえで，その規則を厳格に運用しているために，企業に，立法目的の実現のために必要であるとは言い難いような負担が強いられており，そのことが企業の行政機関に対する反発を招き，それが企業の，行政機関の命令に対する組織的な不服従や，行政機関を相手とする訴訟の提起といった行動へとつながり，それらへの対応に行政機関が忙殺されるその結果として，立法目的の実現が阻害されていることを指摘する研究もある（ケイガン2007）。また，立法目的を実現するために行政機関として行わなければならない活動の総量に比して，行政機関に

割り当てられている人員や予算が僅少であるために，行政機関の活動に遅延が生じたり，行われるべきことが行われなかったりして，その結果，立法目的が不十分にしか実現されないという事態に陥っていることを指摘する研究も少なくない。

　これに対して，日本における研究は概して，行政機関が，法律が付与した権限を行使することに消極的であることを指摘している。すなわち，監督対象である企業が，その事業を行うに際して遵守すべき規準を遵守していない事実が明らかとなった場合にも，行政機関が，その企業に対して直ちに是正措置を採るよう命じたり，操業停止を命じたりすることは稀であり，自発的に対策を講じるよう要請を繰り返し，度重なる要請にもかかわらず企業がそれに応じようとしない場合にはじめて，しかも，その企業の規準違反の悪質性の程度がきわめて高い場合に限って，是正措置命令や操業停止命令等の行政処分を行うというのが，日本における行政機関の活動の基本的なスタイルであることが明らかにされてきている。そして，そうした行政スタイルには，行政機関と監督対象企業との間に協調的関係を形成し，両者が協働して立法目的の実現に取り組んでいくことを可能とするというメリットがある一方で，立法目的の実現を阻害するような企業活動が，それに行政機関が気づいているにもかかわらず，長期にわたって是正されることなく継続するというデメリットも伴っていることが指摘されている（北村1997; 平田2009）。

▶§4＿立法目的の捉え難さと法の実効性研究の課題

▶▶1＿立法目的の捉え難さ

　法の実効性とは，立法目的が実際にどの程度実現されているかに関わる概念であるとしたならば，法の実効性の程度を測定するためには，まず，立法目的が何であるかを明確にしなければならない。

　日本において比較的近年に制定されている法律の多くは，その第1条に目的規定を置いており，どのような目的でその法律が制定されたのかを，容易に知ることができるようになっている。しかしながら，法律の目的規定に示されている立法目的は，しばしばきわめて抽象的であり，それのみによって，どのような状態が実現されたならば，その法律は高度の実効性を発揮していると見なすことができるのかを確定することは，必ずしも容易ではない。そこで，法律が立案されるに至った経緯や，国会議事録等に残されている立法段階における議論等をも参照しつつ，その法律がどのような目的で制定されたのかを，より明確化していく必要がある。

　しかしながら，立法過程においては，様々な利害関係者が，制定される法律の内容を自らにとって有利なものにしようと，法案の作成を担当する中央省庁の職員や

議員，あるいは政党に対して影響力の行使を試みるのが通常であり，その結果，法律は，利害関係者間の妥協の産物のようなものとなることが稀ではない。たとえば，当初は，自然環境の保全のために，ある化学物質の使用を全面的に禁止することを意図して立案された法案が，その化学物質それ自体を製造している企業や，その化学物質を使用せずに製品を製造するためには，生産設備を全面的に改修しなければならない企業等からの，その化学物質の継続使用を認めるべきであるという要望を，その法案の立案者が受け容れた結果，その法案が可決され，法律として施行された後に，その法律を所管する行政機関が設定する条件を満たした企業には，その化学物質の使用を認めるという内容に修正され，その修正された法案が可決され，法律となったという事例が，アメリカにおける経験的研究のなかで報告されているが，日本においても，類似した事例が少なからず存在しているのではないかと推測される。そのような立法過程を経て制定された法律に関して，その法律の目的規定に抽象的に規定された立法目的を超えて，実際の立法目的が何なのかを見極めることは，不可能に近い。

　また，議会がある法律を制定する一方で，その法律の目的規定に明示されている立法目的を実現するために必要な予算を，その法律の実施を担う行政機関に割り当てないという事態が，時として生じる。そのような場合，議会は，その法律が，その目的規定に明示された目的を十分に高い水準で実現するという意味での実効性を発揮することを望んではいないのかもしれない。たとえば，法律を制定することそれ自体によって，その法律の制定を望んでいた利害関係者を満足させる一方で，その法律を不十分にしか実施しないことによって，その法律の制定に反対していた利害関係者を満足させることが，議会の意図であるかもしれない。そのような場合には，法律の目的規定と照らし合わせるならば，その法律は実効性が低いと判断せざるを得ないような状態が，議会の意図との関係では，その法律は高い実効性を発揮していると評価しうる状態なのかもしれない。

　こうした実際の立法目的を見極めることの困難さは，実は，行政活動に関連した法律に限った問題ではない。ある行為を犯罪として禁止し，それに違反した者には刑罰を科する旨を明記している刑事法規が存在するにもかかわらず，実際にはその禁止されている行為が広く行われており，警察は，そうした事実を知りながら，黙認しているという事例は皆無ではない。そうした事例を捉えて法の実効性がきわめて低いと結論づけることができるかどうかは，定かではない。もしかすると，そうした状態こそが，まさにその法律を制定した議会が望んだ状態であるかもしれないからである。

▶▶ 2 法の実効性研究の課題

　法の実効性の程度を解明しようとした経験的研究のうちの，ある種のものに対しては，ただ単に研究者自身が理想と考える状態と現実とのギャップを，法の実効性の欠如として指摘しているにすぎないという批判がなされてきた。そうした批判がなされるその根底には，ある法律の立法目的が何であるかを，誰からも異論の出ないかたちで明示することの困難さがある。

　しかしながら，様々な法の実効性の程度を，信頼性の高いデータに基づいた経験的研究によって明らかにしていくことが，法社会学という学問にとって重要な課題であることは，疑いのないところである。したがって，法社会学の領域におけるこれからの法の実効性の研究には，ある法の施行に関連して，どのような事実の存在が確認されたならば，その法は十分な実効性を有していると認められるのか，そして，それはどのような理由に基づいてのことなのかを，これまで以上に明確に示したうえで，具体的なデータの分析に取り組んでいくことが求められるのである。

《参考文献》

阿部昌樹（1987）「行政裁量の立法技術論的検討（一），（二・完）」法学論叢121巻2号60-83頁，122巻2号64-87頁

阿部昌樹（1995）「正義感覚と法行動」人文学報76巻71-99頁

加藤新平（1976）『法哲学概論』有斐閣

北村喜宣（1997）『行政執行過程と自治体』日本評論社

北村喜宣（2016）「行政の実効性確保制度」現代行政法講座編集委員会他編『現代行政法講座Ⅰ——現代行政法の基礎理論』日本評論社，197-229頁

ケイガン，ロバート・A（2007）『アメリカ社会の法動態』（北村喜宣・尾﨑一郎・青木一益・四宮啓・渡辺千原・村山眞維訳）慈学社出版

笹倉秀夫（2002）『法哲学講義』東京大学出版会

棚瀬孝雄（1973）「規範コミュニケーションと法の実効性」川島武宜編『法社会学講座8——社会と法2』岩波書店，25-84頁

平田彩子（2009）『行政法の実施過程——環境規制の動態と理論』木鐸社

藤本亮（2010）「法知識とその測定の課題」松村良之・村山眞維編『法意識と紛争行動』東京大学出版会，23-50頁

松村良之（1985）「個人の法的発達」上原行雄・長尾龍一編『自由と規範』東京大学出版会，257-280頁

松村良之（2017）「『法の抑止』と『法的社会化』」北大法学論集68巻4号135-145頁

宮澤節生（1991）「法の抑止力」木下冨雄・棚瀬孝雄編『法の行動科学』福村出版，284-307頁

リンド，アラン・E／トム・R・タイラー（1995）『フェアネスと手続きの社会心理学』（菅原郁夫・大渕憲一訳）ブレーン出版

ロウィ，セオドア（1981）『自由主義の終焉』（村松岐夫監訳）木鐸社

【阿部昌樹】

第 **VII** 部＿＿ 法専門職

19 講＿ 弁護士と隣接法律職 ....

▶ §1＿ 「法専門職 (リーガル・プロフェッション)」をどのようにとらえるか

　伝統的には，聖職者，医師，弁護士は「三大プロフェッション」と称されてきた。専門職とは，「高度の知識に裏付けられ，それ自身一定の基礎理論を持った特殊な技能を，特殊な教育または訓練によって習得し，それに基づいて，不特定多数の市民の中から任意に提示された個々の依頼者の具体的要求に応じて，具体的奉仕活動をおこない，よって社会全体の利益のために尽くす職業」と定義される（石村1969: 25頁）。また，専門職の共通の条件としては，①高度な学識に裏付けられた専門的技能を身に付けていること，②その職務が公益性を有すること，③その職業について，資格付与・教育訓練・規律保持などの権限と責任を持つ自律的な団体が存在することが挙げられる（田中2005: 271頁）。これを日本の弁護士について当てはめるならば，弁護士は，高度の法的専門知識を用いて，国民の基本的人権の擁護と社会正義の実現を使命とし（弁護士法1条），強制加入団体である弁護士会および日本弁護士連合会（以下，日弁連と呼ぶ）が資格にかかる懲戒を行い，かつ日弁連の会規である弁護士職務基本規程によって自らの行為規範を定めているという意味では，確かに法専門職（リーガル・プロフェッション）である。

　また，専門職と称される職業は多かれ少なかれ，その職域について少なくとも一定程度国家による市場の独占が承認されているが，この点，弁護士についても弁護士資格を持たない者が法律事務を取り扱うことは禁じられている（弁護士法72条）。その理由は，法の支配の拡充のためには，法律事務の取扱いは適切に行われることが不可欠であり，十分な能力を有さない者によって提供されれば，市民の法的権利を著しく害する結果になりかねないからである。加えて，その職務が高度に専門的な知識・技能を用いるものであるがゆえに，一般市民にはその質を評価することが難しい。そこで，国家試験など一定の資格要件を課し市場に提供されるサービスの質を担保した上で，非資格者によるサービスの提供を禁じることが公共の福祉にも

適っている。もっとも，後述するように，日本には弁護士のほかにも法律事務を限定的に取り扱う資格（隣接法律職，または準法律家と呼ばれる）が複数存在する。これらの資格者は，厳密には前述の専門職の定義を満たさないものの，その職域について独占が認められている。弁護士を含むこれらの資格者は，その職務を適切に行うことにより公益を促進させることを条件として，市場の独占が政策的に認められているのである。

▶§2__ 弁護士はどのように議論されてきたか

▶▶1__ 欧米の職業社会学におけるプロフェッション論

欧米における職業社会学においては，法専門職を含むプロフェッションについては，これをどのように捉えるか，長年にわたり議論されてきた。専門職の本質を利他主義に基づく社会的機能に着眼する見解（タルコット・パーソンズ（Talcott Parsons）など）がある一方で，より批判的に，集団としての経済的優位性と尊敬を受ける社会的地位を獲得するための「プロフェッショナル・プロジェクト」であるとする主張（マガリ・ラーソン〔Magali Larson〕）や，一定の専門知識を有する職能集団間の「職域争い」であるとの主張（アンドリュー・アボット〔Andrew Abbott〕）もある（アメリカの職業社会学におけるプロフェッション論の展開については，渡辺2017: 251頁以下参照）。

▶▶2__ 弁護士職務のモデル論

一方，法専門職の理念型について，日本では，弁護士の職務の在り方に着眼した弁護士モデル論として，主に実務家と法社会学者の間で議論が展開されてきた（詳しくは，宮澤ほか2018: 93頁以下参照）。伝統的には，弁護士は「在野法曹」と呼ばれ，権力に対峙して社会的弱者の権利を擁護する法専門職であるとする，在野法曹モデルが支配的であった。その後，戦後の高度経済成長期を経て，弁護士の依頼者は必ずしも社会的弱者ではなく，弁護士も依頼者から報酬を得て生計を立てることから，一般の営利活動と何が異なるのかが議論されるようになった。その問いに対する答えが，その職務の本質に弁護士業の専門性・公益性を見出すプロフェッション・モデルである。他方で，一部の法律事務所の大規模化や，これらの事務所で主に扱われるのがビジネス案件であることに着眼し，弁護士業務の本質は，依頼者の支払う報酬に見合う対価としてのサービスを提供することであるとする，法サービスモデルが提示された（棚瀬1987: 217頁以下参照）。さらに，現実の依頼者にとっては，法的問題は自身の抱える問題の一側面に過ぎず，法的問題のみを解決しても満足な結果が得られないことに着眼し，弁護士の仕事は，依頼者が法的な観点と情緒的，関

係的側面を自ら「刷り合わせる」作業を援助することにあるとする，関係志向モデルが提示されるに至った（和田1994: 227頁以下参照）。

　いずれのモデルも，弁護士の職務の重要な特徴について捉えたものではあるが，これらの一つまたはすべてが弁護士の役割のすべてを説明しきれるものではない。また，司法制度改革を経て弁護士人口が劇的に急増し，その職域が拡大するとともに職務内容も多様化する傾向にある中で，単一の弁護士モデルで日本の弁護士を語ろうとすることの意義自体が乏しくなってきている。今後は，欧米において既にそうであるように，弁護士については専門職倫理――あるべきリーガル・プロフェッションの規範――を共通の言語としたうえで，弁護士業務の実態としてはさらなる専門化・多様化が進むのであろう。

▶▶3__ 弁護士を対象とした実証研究

　司法制度における主要なアクターである弁護士に対する法社会学的研究は古くから行われてきた。上で述べた弁護士モデル論も，実証研究を踏まえた上で提示されているものが多い。古くは，東京の弁護士に対する面接調査により，弁護士の悩みと不満をたずね，弁護士業の実態を明らかにしようとしたもの（六本2004: 135-138頁に紹介がある），弁護士業務のビジネスとしての側面について考察したもの（棚瀬1987）がある。弁護士研究は英米においても盛んに行われてきたため，国際比較の視点を取り入れた研究にも蓄積がある。例えば，ニューヨークやシカゴの弁護士を対象とした実態調査は，2000年以降の日本の弁護士に対する実証研究の手法にも大きな影響を与えており，かつ日米比較の視点からもしばしば検討されている。さらに，イギリスの司法アクセスの実態について調査した「司法への道のり調査（Paths to Justice Project）」もまた，日本の大規模な法社会学的調査の手法に影響を与えており，イギリスにおける弁護士へのアクセス障害要因が日本においても同様に障害となりうるかなど，今日においても有益な比較検討の視点を提供している。

▶▶4__ 弁護士法72条と隣接法律職

　日本の法専門職をめぐるもう一つの議論は，後述するように，司法書士や行政書士などの多様かつ相当数の人数を擁する，いわゆる隣接法律職（または準法律家とも呼ばれる）が存在することに伴うものである。弁護士は，あらゆる法律事務を取り扱うことが認められていると同時に，弁護士法72条において「弁護士又は弁護士法人でない者は，報酬を得る目的で訴訟事件，非訟事件（略）その他一般の法律事件に関して鑑定，代理，仲裁若しくは和解その他の法律事務を取扱い，又はこれらの周旋をすることを業とすることができない」と規定され，その職務の独占が認められている。長年，この弁護士法72条と隣接法律職の行う法律事務の関係をど

ように理解するべきかについて議論があった。隣接法律職が行う業務を法律事務ではないと捉える主張がある一方で，この解釈はあまりに現実との乖離があるとの批判があり，弁護士が独占できる法律事務に事件性（実定法上事件と呼ばれている案件及びこれと同視し得る程度に法律関係に争いがあって，事件と表現され得る案件であること）を求める解釈が提示された。

この問題は，司法制度改革の議論を経て，弁護士法72条に「他の法律に別段の定めがない限り」という明文の但し書きが挿入されたことにより一定の決着がついた。すなわち，弁護士は弁護士法72条により法律事務の独占が認められている一方で，国会が立法により弁護士以外の者に法律事務の取扱いを認めることも正面から肯定された。これにより，司法書士法や行政書士法等によって規律される隣接法律職が行う法律事務についても，弁護士法72条との矛盾は解消された。加えて，例えば裁判外紛争解決手続の利用の促進に関する法律では，法務省が認証を与えた者は，弁護士でなくとも裁判外での法的な紛争処理の手続実施者となることが認められている。この意味で，今日弁護士は確かに日本の代表的な法律サービスの担い手としての役割を担っているものの，弁護士のみを日本の法専門職として捉えることは，少なくとも法社会学が捉える実際の日本社会における法の現象としては正しい理解ではない。

隣接法律職は，懲戒権を有する監督官庁があり，その意味では自律性・自治性に欠けており，冒頭の伝統的なプロフェッションの定義を満たしていない。しかし，司法制度改革以降，これらの集団には独自の倫理規定を定め，研修を強化する傾向が見られる。この動向はまさに，隣接法律職が日本において法専門職としての地位を獲得するための試みであり，先に述べた職業社会学におけるプロフェッション論で説かれる複数の専門職の戦いや競合の表れといえよう。

▶§3__ 弁護士および隣接法律職の特徴

▶▶1__ 司法制度改革後の法専門職制度

【1】 法曹人口の拡大と法科大学院制度の導入

2001年6月に公表された『司法制度改革審議会意見書』では，司法制度改革の3つの柱の1つとして，「司法制度を支える法曹の在り方（人的基盤の拡充）」が示され，法曹（裁判官，検察官，弁護士）については「国民の社会生活上の医師」としての役割の拡大が謳われた。その養成については，司法試験という「点」ではなく「プロセスとしての法曹養成」のための法科大学院制度の設立が提案され，また，法曹人口についても大幅な拡大が提案され，2010年には司法試験合格者を3,000人程度と

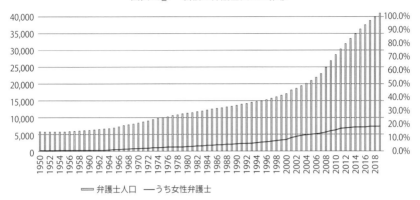

図表19_1　戦後の弁護士人口の推移

凡例：弁護士人口　うち女性弁護士

（出所）『弁護士白書2020年版』44頁。

し，2018年頃までには実働法曹人口を5万人規模とすることが数値目標として掲げられた。

　これに伴い，2004年には72校の法科大学院が開校した。もっとも，その後，法科大学院修了生の司法試験合格率の低迷や，2011年から法科大学院を修了しなくても司法試験受験資格が得られる予備試験制度が導入されたことにより，設立当初の半数を超える法科大学院が閉校もしくは募集停止に至っている（司法試験合格率については，制度開始時の2006年で48.3％であったのが最高であり，2009年以降は20％台表が続いたが，2019年に33.6％，2020年は39.2％と，近年再び上昇傾向にある）。2013年の閣議決定により，司法試験の合格者数について年間3,000人程度とする数値目標も取り下げられた。そして，法曹志願者の時間的経済的負担を軽減することを目的として，2019年に法曹養成制度改革関連法案が可決した。2004年の法科大学院制度設立以降最も大きな変革が，2021年現在，まさに進行中である。最大の変革は，2023年以降，法科大学院在学最終年度の学生に対して司法試験受験を認める，いわゆる在学中受験が導入される点である。加えて，2020年度より大学の法学部に連携法曹基礎課程（いわゆる法曹コース）が設置され，学部3年間と法科大学院既修課程の2年間，合わせて最短5年間で法務博士が取得できることとなった。この課程における在学中の司法試験に合格すれば，司法修習を入れても大学入学から最短6年で法曹資格が得られることになり，これまでの制度設計よりも約2年間短縮される。今般の改革により法曹志願者数や新たに輩出される法曹の質がどのように変化していくのかは未だ不明であるが，司法制度改革審議会意見書で掲げられた，大学の他学部や企業において様々な経験を培った人材を法科大学院の3年間で法曹に相応しい

図表19_2　主要な隣接法律職の人数と職務内容

資格	人数	主な職務内容
司法書士	22,724	①登記業務全般の代理，裁判所や検察庁に提出する文書の作成。②法務大臣の認定を受けた者については，簡易裁判所における訴訟代理。（司法書士法3条参照）
行政書士	48,639	①官公署に提出する書類の作成。②官公署に提出する書類提出の代理，提出書類に係る許認可等に関して行われる聴聞又は弁明の代理，会則で定める研修の課程を修了した行政書士については提出書類に係る許認可等に関する審査請求，再調査の請求，再審査請求等行政庁に対する不服申立ての手続の代理。（行政書士法1条の2，3参照）
社会保険労務士	42,887	①労働及び社会保険に関する法令に基づく申請書等の作成，②裁判所における補佐人業務，紛争解決手続代理業務試験に合格し特定社会保険労務士となった者については，法律に記載される個別労働関係紛争の当事者の代理。（社会保険労務士法2条1の4参照）
税理士	78,795	①税務書類の作成，②租税に関する事項について，裁判所における補佐人としての陳述。（税理士法2条，2条の2参照）
弁理士	11,460	①特許等知的財産権に関する登録手続や審査請求等の手続における代理，②特定侵害訴訟代理業務試験に合格しこれを資格に付記した弁理士について，特許侵害訴訟等における訴訟代理。（ただし，弁護士が同一の依頼者から受任している場合に限る）（弁理士法4条〜6条の2参照）

（出所）　各資格保持者の人数について，『弁護士白書2020年版』70頁。

人材に養成するという当初の青写真からは，大きく変容した制度となっていることは明らかであろう。

　2020年3月の時点で，司法制度改革後の制度下で法曹資格を取得した者がすでに弁護士人口の4割を超えており，弁護士人口自体も司法制度改革審議会意見書公表時（2001年）に18,243人であったのに対して，2021年には42,164人と大きく増加している（図表19_1参照）。司法制度改革により拡大された弁護士人口を踏まえて，その業務の多様性やアクセス可能性が現実に促進されているかどうか，今後実証的な検証がなされなければならない。

【2】　隣接法律職の職域拡大

　司法制度改革を経て，隣接法律職の職域が大幅に拡大された。図表19_2は，主要な隣接法律専門職について，有資格者数と①従来の主要な業務内容と②司法制度改革後に拡大された主要な業務内容を示したものである。司法制度改革後，司法書士は簡易裁判所における代理権，行政書士は行政庁に対する不服申立手続の代理権，社会保険労務士は特定の個別労働紛争における代理権，税理士は税務関係の訴訟における補佐人となる権限，弁理士については特許侵害訴訟における代理権がそれぞれ認められることとなった（ただし，それぞれ資格内において試験の合格や研修の修了な

ど，さらなる要件が課されている）。司法制度改革以前は，法廷において依頼者の代理が認められているのは弁護士のみであり，その意味において法廷に立つ専門職（裁判官，検察，弁護士）を法曹と解することも可能であったが，今日においてはそのような区別も曖昧となってきている。加えて，裁判所の外においては，各専門職の職域が法律の条文上大きく重複していることが分かる。このように，今日の日本の法サービス市場は複雑化している。

▶▶2__ 近年の弁護士研究

上に述べた司法制度改革以降の弁護士人口の増加や法曹養成制度改革に伴い，近年弁護士を対象とした研究は精力的に公表されている。その代表的な着眼点としては，①弁護士自身を対象とした調査と②利用者から見た弁護士の評価や法的ニーズに焦点を当てたものがある。

【1】 弁護士を対象とした調査

弁護士を対象とした調査には，主要な視点として①その業務の多様化がどこまで進んだかを検証するもの，②司法制度改革を経て弁護士の質が変わったかどうかを検証するもの，③弁護士のキャリアパスに焦点をあてた追跡調査がある。アメリカにおいては，都市部の弁護士が「２つの半球」（大企業相手の法律業務と，個人相手の法律業務）に分断されているとする研究があるが（ハインツ他2019），①は日本の弁護士についてもそのような指摘ができるか，業務の多様性はどの程度進んでいるかの検証を試みるものである。代表的な研究成果として，10年に１度日弁連が実施している経済基盤調査のデータを用いた分析がある（佐藤・濱野2015）。②は，弁護士人口の急増により，一部で囁かれている弁護士の質の低下が実証的に確認できるかどうかに着眼している。太田（2014）では，ピアレヴューの結果として，実務経験の浅い弁護士ほど，弁護士によるパフォーマンス評価が高かったことを示している。また，石田（2017）は，懲戒事件についての統計分析の結果として，懲戒を受けるリスクはむしろ弁護士経験年数20～40年で高いことを示している。③は，アメリカの弁護士を対象としたAfter the JD Projectに示唆を得て，法科大学院を修了した特定の修習期の弁護士について追跡調査を行うものである。藤本（2020）では，2009年，2014年にそれぞれ弁護士登録したグループを比較し，世代ごとのキャリア展開，業務分野の拡大状況について分析している。

【2】 利用者側のニーズ調査

利用者側からの実証研究もさかんに行われている。必ずしも弁護士のみを関心に置いたものではないが，『民事訴訟利用者調査』（2006年，2011年，2016年）では，利用者の弁護士に対する評価や満足度をたずね，依頼者は弁護士に何を期待しているのかについて分析がなされている（菅原他2021）。また，法曹人口問題に端を発し

て内閣官房が実施した『法曹人口調査』(2014年) のデータを用いた二次分析では，弁護士のニーズがどこにあるのかを企業と個人の視点から分析している (法曹人口調査二次分析検討会2020)。

▶ §4__ 弁護士研究の展望

　様々な隣接法律職が存在することを前提としても，日本において今後も弁護士が法専門職の代表的役割を担うことは変わらないであろう。すなわち，日本における司法制度の在り方，法の支配の在り方，リーガル・サービスの在り方を検討する上で，弁護士をテーマとした法社会学的な研究は今後も重要な意義がある。未だ十分に検討されていない，もしくは社会情勢の中で新たな実証研究が求められている今後の弁護士研究の視点としては，以下があるであろう。

【1】　法律業務のグローバル化は何をもたらすか？

　グローバル化の波は法律業務にも及んでいる。『弁護士白書2020年版』によれば，日本の弁護士事務所と外国法共同事業をしている事務所は40を超える。そして，外国法共同事業を行っている海外のローファームに雇用されている日本の弁護士の数は688名である。海外における法律実務の在り方が，日本の弁護士業務の在り方にも少なからず影響を与えるであろう。例えば現時点ではアメリカ法律家協会が定める弁護士職務模範規則 (ABA Model Rules of Professional Conduct) と，日本の弁護士を規律する弁護士職務基本規程との間には，様々な点で相違がある。同じような乖離は，欧州の弁護士を規律する倫理規則との間でも確認できる。法律業務のグローバル化が日本の弁護士の在り様をどのように変化させるのかは，1つの検討課題であろう。

【2】　AIは法専門職に代われるか？

　グローバル化と同様に，近年の目覚ましい技術革新は，弁護士の仕事にどのような影響を与えるだろうか。AI技術が発展し，欧米では既にAIによる賠償額の提示や，AIを用いたADRが導入されている。すでに述べた通り，弁護士法72条は原則として弁護士以外の者が法律事務を取り扱うことを禁じている。では，AIが過去の判例データを分析して，特定の事例について一定の助言をしたならば，それは法的助言として弁護士法72条に抵触することになるのだろうか。コンピュータ会社が，AIを用いて紛争当事者間の交渉を支援することはどうだろうか。また，弁護士自身がAIを用いることで，弁護士業務はどのように変化するのだろうか。翻って，AIでは取って代われない法専門職の本質とは何だろうか。既存の法的枠組みでは想定されていなかったような状況が，技術革新によって法サービス市場にも出現し

ている。これらと弁護士業務の関係を実証的に研究し現状を分析することも，弁護士研究の今後の課題となろう。

【3】　弁護士人口の増加は日本社会に何をもたらすか？

　すでに弁護士人口は司法制度改革審議会意見書が公表された2001年と比較して，2倍以上となっている。法専門職の代表である弁護士人口が増えたことは，日本社会においてどのような影響をもたらすのだろうか。司法制度改革審議会で謳われた，「法の支配がこの国の血となり肉となる」ことは達成されたのだろうか。

　弁護士人口の増加による影響が顕著に認められるのは，組織内弁護士の増加であろう。2001年の時点でわずか66名であった組織内弁護士は，2020年には2,629名となり，弁護士人口全体の5.9％を占めるに至っている。このことは企業の意思決定やコンプライアンス意識にどのような影響を与えているだろうか。

　他方，弁護士人口の約半数が東京に集中している状況にあって，弁護士は一般市民にとってより身近な存在となったのであろうか。東京とそれ以外の地域では，市民の弁護士に対するイメージや，法的サービスの利用に対する意識はどのように異なるだろうか。

　約20年前，日本は真に法の支配を拡充するために，「社会生活上の医師」としての弁護士の人口拡大を決定した。この改革が現実に日本社会にもたらしたものが何であり，未だ法の支配が十分に実現されていないとしたら，その原因はどこにあるのか。司法政策の検討の場においても，これらの弁護士に着眼した法社会学的な研究と知見が寄与できるものは極めて大きい。

【4】　さらなる弁護士研究の国際比較

　グローバル化が進む中で，弁護士の実証研究の国際比較もまた，今後の重要な課題である。上に述べたように，日本では国際比較の視点を取り入れた弁護士研究の蓄積が既にあるが，過去20年で弁護士人口も法曹養成課程も大きく変化した日本の弁護士が，諸外国の弁護士と同じような発展傾向を示しているのか，あるいはどのように異なるのかを継続的に研究することは，学術的に有意義であるだけでなく，司法政策にも大きな貢献ができる課題である。特に，そのような成果を日本国内だけでなく広く国際的に発信すれば，日本の弁護士や司法政策の状況をより大きな文脈で捉えた，グローバルな学術的対話の促進にも極めて有益であろう。

《参考文献》

石田京子(2017)「若手弁護士は弁護士の質を下げているのか？——弁護士懲戒統計データからの検討」法と社会研究3号49-70頁

石村善助(1969)『現代のプロフェッション』至誠堂

太田勝造(2014)「弁護士の民事訴訟におけるパフォーマンス評価——法曹の質の実証的研

究」東京大学法科大学院ローレビュー9巻132-156頁

佐藤岩夫・濱野亮編(2015)『変動期の日本の弁護士』日本評論社

菅原郁夫・山本和彦・垣内秀介・石田京子編(2021)『民事訴訟の実像と課題――利用者調査の積み重ねが示すもの』有斐閣

田中成明(2005)「法曹倫理と医療倫理の対比――自立と共生，倫理と法の関係をめぐって」樋口範夫・土屋裕子編『生命倫理と法』弘文堂，265-289頁

棚瀬孝雄(1987)『現代社会と弁護士』日本評論社

ハインツ，ジョン・P／ロバート・L・ネルソン／レベッカ・L・サンデファー／エドワード・O・ラウマン(2019)『アメリカの大都市弁護士――その社会構造』(宮澤節生監訳)現代人文社

藤本亮・石田京子・武士俣敦・上石圭一・宮澤節生(2020)「62期弁護士第3回・67期弁護士第2回ウェブ調査――記述統計による分析」名古屋大学法政論集285号1-58頁

法曹人口調査二次分析検討会(2020)「弁護士ニーズはどこにあるのか？――法曹人口調査データの二次分析」法と実務16号4-222頁

宮澤節生・武蔵勝宏・上石圭一・菅野昌史・大塚浩・平山真理(2018)『ブリッジブック法システム入門――法社会学的アプローチ〔第4版〕』信山社

六本佳平(2004)『日本の法と社会』有斐閣

渡辺千原(2017)「プロフェッション概念再考――ポスト司法制度改革期の弁護士役割論に向けて」上石圭一・大塚浩・武蔵勝宏・平山真理編『現代日本の法過程(上)』信山社，437-465頁

和田仁孝(1994)『民事紛争処理論』信山社

Genn, Hazel G. & Sarah Beinart(1999), *Paths to Justice: What People Do and Think About Going to Law.* (Hart Publishing)

【石田京子】

20 講__ 検察官 ．．．．．．．．．．．．．．．．．．．．．．．．．．．．．．．．．．

▶ §1__「検察官」をどのようにとらえるか

　検察官は，行政権の一環として，刑事裁判を起こし公益を代表するといった検察権を行使するとともに，法律上の争訟の解決にあたる裁判所の司法権に密接に関わり，裁判官，弁護士と並んで実務法律家の一つと称される，独特の官職である。法律上，検察官の職務は，「刑事について，公訴を行い，裁判所に法の正当な適用を請求し，且つ，裁判の執行を監督し，又，裁判所の権限に属するその他の事項についても職務上必要と認めるときは，裁判所に，通知を求め，又は意見を述べ，又，公益の代表者として他の法令がその権限に属させた事務を行う」（検察庁法4条）と広範に渡っている。

　日本の検察官制度は，明治時代にフランス法を継受して導入され，裁判所構成法（1890年）で裁判所とともに規定された。各裁判所に付置される検事局（現在の検察庁にあたる）に検察官は勤務し，裁判官とともに司法官と称され，相互の官職を兼ねることもあり，弁護士とは実務修習などの養成制度が異なっていた。

　第二次大戦後，検察庁は検察庁法，裁判所は裁判所法という別の法で定められ，施設も分かれた。最高検察庁，高等検察庁，地方検察庁および区検察庁は，それぞれ，最高裁判所，高等裁判所，地方・家庭裁判所および簡易裁判所に対応して設置される（検察庁法1条，2条）。検察官の官職は，検事総長，次長検事，検事長，検事および副検事である（同法3条）。このうち，検事総長，次長検事および検事長は，内閣の任命と天皇の認証にかかる認証官である。検事および副検事は，法務大臣が任免する。副検事の資格に司法試験合格は必要なく，検察事務官などを経た者が多い。2020年度の定員は2758人（うち副検事879人）である。上記の各検察庁の長は，検事総長，検事長，検事正，上席検察官がそれぞれ務める。退官年齢は，検事総長は65歳，その他の検察官は63歳である（同法22条，2025年度までに65歳へ引き上げ予定）。

　検察官は，独立して職務を行うが（独任制の官庁と称される），検察権運用の統一をはかるため，事件処理に関して上級庁の長の指揮監督を受ける（同法7条～13条，検察官同一体の原則）。法務大臣は，検察官を一般に指揮監督できるが，個々の事件については検事総長のみを指揮することができる（同法14条）。捜査は，原則として司法警察職員（警察官）が行い，検察官は一般的な指示を与えることができる（同法

193条)。

　検察官は，上記の検察権の行使の一環として，刑事訴訟および執行手続に関与するほか，刑事以外の事項についても，公益の代表者として，触法少年および虞犯少年を家庭裁判所に通告し，人事訴訟事件で意見を述べるなど，様々な権限を持つ。また，法務省で法務行政職に就き（部長級以上はほぼ検察官が占める），国が裁判を起こされた時の代理人（訟務検事）を務め，戦前のように裁判官と身分を代える場合もある（判検交流）。近年は，法律顧問のような役割を果たし，アジア諸国等で法整備支援に従事するなど，国内外で活動の幅を広げつつある。

　検察官は，その意思に反する免官などは禁じられるものの（同法25条），上級庁の長の監督に服する点で，職権行使の独立が憲法で保障される裁判官と異なる。また，検事長以下の人事は法務大臣により行われ，転所の自由が裁判所法で保障される裁判官とは異なり，ほぼ2年ごとの異動が慣例化している。

　男女比において，女性検察官の割合は1991年に3.8％にとどまったところ，2020年は25.4％に増加している。この女性比率は，裁判官（27.0％）より若干低いが，弁護士（19.0％）よりも高い。

　検察官について，以上のような法制度およびデータ上の紹介は可能にしろ，日本では，現職の検察官に対するインタビューやアンケートなどの調査は困難であり，業務実態は不明な点が多い。実態研究は，後述する海外の研究者による調査と検察庁の不祥事を受けた内部アンケート調査程度に限られるものの，以下で，日本の検察官の実態にできる限り迫りたい。

▶§2＿「検察官」はどのように議論されてきたか

　第二次大戦後の検察官に関する議論は，消極的な評価と積極的な評価に分かれる傾向にある。消極的な評価を行う論者は，戦後刑事訴訟法の口頭主義・直接主義の理念に抵触しうる，検察官による起訴権限の独占と恣意性，自白の強要，身体拘束期間の長さ，証拠開示の不十分さなどを批判してきた。捜査段階の供述調書については，口頭主義が原則のはずの刑事裁判の証拠として事実上重視される傾向があるとして，「調書裁判」の語が多用される。

　司法の法社会学的研究を行った潮見俊隆は，検察官の職務権限の行使に対する民主的な監視と統制の乏しさ，指揮命令を通じた圧力や官僚的人事統制を指摘した（潮見1966）。刑事訴訟法学では，戦後刑事司法改革の指導理念の一つである「検察の民主化」の理念に照らして，刑事手続における検察と検察権の抑制のあり方が論じられてきた（川崎1997）。

著名な刑事法学者である平野龍一は，日本の刑事司法の特徴に，検察官が捜査段階の取調べで厳しく被疑者に自白を迫り，供述調書を作成して公判廷に証拠申請する点を挙げるとともに，高い有罪率の原因を，検察官が起訴に高度の嫌疑を要求することに求めた。そして，戦後刑事訴訟法の予定する口頭主義は形骸化しており，裁判所は，検察官が有罪と確信したものを「念のために確かめる」だけのものになっており，わが国の司法は「検察官司法」であるといわれるのもあたっていないとはいえないとし，わが国の刑事裁判はかなり絶望的であると評した（平野1985）。

　他方，現職および元検察官の評価は，刑事訴訟実務と検察官のあり方におおむね肯定的で，検察官が綿密な捜査を通じて有罪を立証する「精密司法」の語で形容してきた（他方で「精密司法」は，精密過ぎる日本の司法の問題性〔自白偏重，被疑者・被告人の身柄の長期拘束，書面重視等〕を指摘する文脈でも用いられてきた）。元検察官の宗像紀夫は，日本の治安の良さについて，刑事司法がその役割を十分に発揮してきた結果が寄与するところが大きいと考えられると評する。そして，検察官は，犯罪の真相を解明して，犯罪者に適切な科刑の実現をはかるべく検察権を行使してきたことに加えて，犯罪の被害者に対する配慮と保護も求められているとしている（宗像2002）。

　その後，アメリカ人研究者により，別の見方が提唱されることになる。ダニエル・H・フットは，アメリカとの比較の視点から，日本の刑事司法制度を「benevolent paternalism（慈父的温情主義）」モデルと称した。すなわち，捜査段階の厳しい取調べを伴う捜査，裁判の段階の真実の追求とともに，処分段階の改善更生と特別予防の考え方にもとづいた比較的寛大な取扱いが，日本の刑事司法の特徴であり，一外国人として日本の刑事司法制度全体を評価した場合，その制度を本当に誇るべきものとする（Foote1992，フット1999）。とりわけ，事件の処理を決める際に，検察官の最大の関心事が，犯罪者の改善更生にあり，社会復帰を果たすことを担保しうるような最低限の刑罰を科すにとどめる点の特筆は，従来の日本の研究者の議論にはほとんどなかったと言ってよい。

　デビッド・ジョンソンは，研究者として初めて，日本の検察庁において，1990年代に検察庁内での参与観察と検察官に対するアンケートおよびインタビュー調査を許された。その実態調査の知見にもとづいて，ジョンソンは，犯罪率の低さ，処理件数の少なさ，穏やかな政治環境，仕事がやりやすい法律（法務省を通じて内閣提出法案に影響を及ぼすことが可能），陪審員の不在（その後，刑事重罪事件への裁判員制度の導入あり）などにより，日本は検察官の「楽園」であると評した。また，起訴や求刑の一貫性（検察庁内の処理求刑基準，決済，監査などによる），矯正と自白が重視される点に特徴を見出す。総合的に，ジョンソンは，フットと同じく，アメリカとの比較の視点から，日本の検察官は，被疑者・被告人の反省を促し，更生をはかり，

犯罪被害者の回復に留意する側面を明らかにし，日本的司法は，問題はありながらも，かなり公正なものであると論じる（ジョンソン2004）。

▶§3＿「検察官」をめぐる日本（法・社会）の特徴

▶▶1＿刑事訴訟手続のデータ

以上の議論からは，日本の検察官について，評価は措いて，刑事訴訟手続全体を支配しているに近い面と，被疑者・被告人の反省と更生に留意する面をうかがうことができる。

前者の刑事訴訟手続における支配的な側面では，刑事訴訟手続全般への関与が注目される。刑事訴訟法上，検察官は様々な場面に主体として登場する。すなわち，被疑者の取り調べ（198条），逮捕（199条），勾留請求（204条・205条），釈放（208条1項），勾留請求延長（208条2項），公訴（247条），裁判所による保釈決定の際の意見（92条），公判前整理手続での証明予定事実提示と証拠開示など（316条の2以下），公判での冒頭手続（291条），冒頭陳述（296条），弁論（293条），上訴（351条），再審請求（439条），非常上告（454条，検事総長），裁判の執行（472条）などである。

警察等が検挙した事件は，微罪処分（刑事訴訟法246条但し書きにもとづき，検察官があらかじめ指定した軽微な事件は，司法警察員（巡査部長以上の警察官）が検察官に送致しない手続をとることができる，刑法犯につき2019年は全検挙人員の28.9％）の対象になったものや，反則金の納付のあった道路交通法違反を除き，検察官に送致される。

2019年のデータによれば（以下『令和2年版犯罪白書』にもとづく），検察庁新規受理人員は90万752人で，2001年の220万6980人が平成期における最多で，2006年まで200万人を超えていたが，その後漸減した。身柄事件（警察等で被疑者が逮捕されて身柄付きで検察官に送致された事件および検察庁で被疑者が逮捕された事件）の被疑者人員の比率（身柄率）は35.7％で，勾留請求率（身柄事件の被疑者人員に占める検察官が勾留請求した人員の比率）は92.3％である。勾留請求却下率（検察官が勾留請求した被疑者人員に占める裁判官が勾留請求を却下した人員の比率）は5.2％で，2003年以降上昇傾向にある（2002年は0.1％）。

検察官が行う起訴処分には，公判請求と略式命令請求があり，不起訴処分には，①訴訟条件（親告罪の告訴等）を欠くことを理由とするもの，②事件が罪にならないことを理由とするもの（心神喪失を含む），③犯罪の嫌疑のないこと（嫌疑なし）または十分でないこと（嫌疑不十分）を理由とするもののほか，④犯罪の嫌疑が認められる場合でも，犯人の性格，年齢および境遇，犯罪の軽重および情状酌量ならびに犯罪後の情況により訴追を必要としないこと（起訴猶予，刑事訴訟法248条）を理由と

するものなどがある。

　検察庁終局処理人員総数90万7273人のうち，処理区分別の割合は，公判請求8.9％，略式命令請求（簡易裁判所の書面審理にもとづく100万円以下の罰金または科料の裁判）22.2％，起訴猶予56.6％，その他の不起訴6.9％，家庭裁判所送致5.3％であった。不起訴人員（過失運転致死傷および道交違反を除く）の理由別割合は，起訴猶予70.4％，嫌疑不十分20.7％，告訴の取消し等4.1％，心神喪失0.3％，その他4.5％となっている。刑法犯の起訴率は38.2％で，1990年頃は50％台であったところ，1999年の59.4％をピークに，2005年から40％台に，2013年から30％台になり，減少傾向にある。他方，刑法犯の起訴猶予率は，平成の前半は30％台であったところ，2015年に40％を超え，2013年に50％台となり，増加傾向にある。

　通常第一審における被告人の勾留状況は，地方裁判所につき，勾留率73.5％で，2001年から2014年までは，2005年（82.3％）をピークに80％前後で推移していたが，2014年以降低下し続けている。保釈率は32.0％で，2003年（12.7％）を境に2004年から毎年上昇し続けている。

　裁判確定人員は24万5537人で，2000年（98万6914人）から毎年減少し，直近の10年間でおおむね半減している。無罪確定者は96人で，無罪率は0.039％である（通常第一審の地方裁判所は0.2％，裁判員裁判は1.3％）。

　他方，刑法犯検挙人員中の再犯者人員・再犯者率の推移を見ると，1970年代から1990年代半ばまで低下傾向にあったものの，1996年の27.7％から増加傾向に転じ，前年と同じ48.8％になっている。

　以上から，検察官の新規受理人員は20年間で半分以上減少しており，ジョンソンが実態研究を行った1990年代よりも処理件数はさらに少なくなっている。また，勾留請求却下率と保釈率の増加は，裁判員制度の実施に伴う裁判官のスタンスの変化や，裁判員裁判の前に行われる公判前整理手続などの影響によるものと考えられる。起訴率の低下と起訴猶予率の増加傾向は，裁判員裁判の無罪率増加傾向のほか，被疑者国選弁護制度の導入による起訴前の弁護活動と，検察審査会による強制起訴（起訴相当議決2回で可能となる）を想定して，検察官が起訴を慎重に判断していることが一因と推測される。

　すなわち，2000年代以降，主に司法制度改革による裁判員裁判と被疑者国選弁護制度の導入と検察審査会の権限強化により，検察官による刑事訴訟手続の支配は，若干ながら揺らぎが生じてきた。他方，再犯率は上昇傾向にあり，検察官による被疑者・被告人の反省と更生への留意が功を奏しているとは必ずしも言い難い事態が生じていることが分かる。

▶▶2__ 検察官制度の改革

　内閣に設置された司法制度改革審議会（1999-2001年）は，上記の裁判員制度およ
び被疑者国選弁護制度の創設や検察審査会の強制起訴制度を提言した一方，検察官
制度については，他職経験や研修制度の充実程度の言及しかなかった。しかし，後
に，2009年のいわゆる障害者郵便制度悪用事件で，厚生労働省元局長が164日の勾
留を経て無罪となり，大阪地方検察庁特捜部の担当検察官による証拠改ざんおよび
その上司による犯人隠避が露見し，同時期のえん罪事件への対応と合わせて，刑事
訴訟制度と検察官制度の改革が不可避となった。

　検察の在り方検討会議（2010-2011年）は，この極めて深刻な事態を受けて，失わ
れた検察の信頼の回復を図るべく，幅広い観点から抜本的に検察の在り方について
検討した。その結果，検察の使命・役割を明確にするべく，検察官の倫理の基礎と
なる基本規程を明文化すること，今日的な検察の使命・役割を一人一人の検察官が
再認識するための人材開発・育成・教育の改革を行うこと，従来の重層的な縦の決
裁とは異なる横の視点からのチェック体制を構築するほか，外部の目・外部の風を
導入すること，そして，被疑者の人権を保障し，虚偽の自白によるえん罪を防止す
る観点から，取調べの可視化を積極的に拡大することなどの改善策を，法務大臣に
提言した。

　上記提言と前後して，2011年に，最高検察庁は，検事に対する意識調査を実施
した（対象者は検事1444人，回答率90.4％）。現職の検察官に対する初めてと言える網
羅的なアンケート調査であり，興味深い結果が散見される。例えば，「自分が起訴
し又は公判を担当した事件が無罪になると，自分のキャリアにとってマイナスの影
響があると感じる」の問いに対する肯定的な回答（「大変よくあてはまる」「まあまあ当
てはまる」の合計）は31％に上り，検察官が起訴判断に際して有罪判決の獲得を前提
視する姿勢がうかがえる。「取調べについて，供述人の実際の供述とは異なる特定
の方向での供述調書の作成を支持されたことがある」の問いの肯定的回答は27％，
「任意性，特信性に問題が生じかねない取調べであると感じる事例を周囲で見かけ
たり，聞いたりすることがある」の問いの肯定的回答は28％あり，検察官による
取調べのあり方の問題を明らかにする結果と言える。また，最高検察庁は，検察官
の倫理規範として「検察の理念」を策定した。検察の精神と基本姿勢を示すもの
で，法令遵守，基本的人権の尊重，証拠・情報の適切な管理などの10か条からなる。
やや簡略な内容ながら，検察官の倫理規範が初めて策定，公表されたことになる。

　その後，法制審議会・新時代の刑事司法制度特別部会（2011-2014年）が設置された。
諮問事項は，近年の刑事手続をめぐる諸事情に鑑み，時代に即した新たな刑事司法
制度を構築するため，取調べおよび供述調書に過度に依存した捜査・公判の在り方
の見直しや，被疑者の取調べ状況を録音・録画の方法により記録する制度の導入な

ど，刑事の実体法および手続法の整備の在り方について，法務大臣に意見を述べることであった。検討を受けた意見とりまとめを受けて，2016年に刑事訴訟法が改正された。

　主な同法改正内容のうち，裁判員制度対象事件および検察官独自捜査事件を対象とする取調べの録音・録画制度の導入と，弁護人による援助の充実化（被疑者国選弁護制度の「被疑者に対して勾留状が発せられている場合」への拡大），身柄拘束に関する判断の在り方についての規定の新設（裁量保釈の判断に当たっての考慮事情の明記）や，証拠開示制度の拡充（検察官による証拠の一覧表の交付制度の導入など）は，前記の郵便制度悪用事件を受けた一定の改善点と言える。ただし，取調べの録音・録画は上記事件に限定され（全国地裁における刑事通常第一審事件数の約2％），例外事由も付記されている。また，被疑者国選弁護の開始時期は勾留後で，逮捕から勾留までの間は対象外である。他方，同部会の意見を受けた法改正内容には，法務省が従前より希望していた，捜査・公判協力型協議・合意制度および刑事免責制度（いわゆる司法取引）の導入や，通信傍受の合理化・効率化のほか，犯罪被害者等および証人を保護するための方策の拡充なども盛り込まれた。

　2018年には，自動車会社の外国人社長兼代表取締役が，金融証券取引法違反の容疑で突然逮捕された。その人物は，刑事責任を問われて，否認を続けたところ，家族との接見が制限され，取調べの弁護士同席が認められない中で，108日の長期に渡り勾留された。そして，保釈中の2019年末に国外へ逃亡し，「もはや私は有罪が前提とされ，差別がまん延し，基本的な人権が無視されている不正な日本の司法制度の人質ではない」などと，日本の刑事司法を糾弾する声明を公表した。同事件に端を発して，身体拘束を長期間続けて密室での取調べで自白を迫る「人質司法」があらためて問題視され，延べ130日近くの勾留は恣意的な拘禁にあたるとして，国連人権委員会作業部会により批判されるなど，日本の刑事司法の在り方は国際的に広く議論の対象になった。

　2020年には，別の事件が起こった。東京高等検察庁検事長が63歳の定年に達するところ，政府は国家公務員法の幹部職任期延長の規定を適用して任期を延長した。同法の適用は，従来の法解釈を変更するものであったが，関連する法務省と人事院の協議文書につき，法務省は，正式な決裁はしておらず口頭で決裁した旨を国会で報告した。さらに，検察官の定年を65歳へ上げるほか，検察幹部職の任期延長を可能とする検察庁法改正案が国会に上程された。これらの政府の判断と法案につき，その検事長を次期検事総長に就任させるために一般法を特別法に適用するという恣意的な法運用にあたる疑いや，検察幹部の恣意的な登用につながる恐れが，野党と市民から指摘される中，上記の検事長は不祥事により失脚し，法改正はとん挫した。

　これらの事件を受けて，法務大臣により法務・検察行政刷新会議（2020年）が設

置された。同会議は，上記の2つの事件により，政府，検察庁，法務省に対する国民の信頼，期待が大きく損なわれる深刻な事態を受けて，現下の法務・検察行政の問題点と課題を洗い出した上で，犯罪の複雑化，国際化に即応して国民の安全・安心を十分に確保し，国民の期待を担う令和時代の新しい法務・検察行政の在り方に関する検討を担った。

　同会議の主な論点は，検察の綱紀粛正，検察のみならず法務行政の透明化，その他の刑事手続全般の在り方の問題であった。しかし，検察官の倫理観の向上と幹部研修等の取組みの強化のほか，今後の法務行政において法律の制定・改廃に比肩するような重要な解釈変更を行う場合につき，必要な行政文書が的確に作成・保存されるとともに，所要の規定に基づく決裁がなされるよう，法務省内のルールまたは運用について必要な見直しを検討すべきであることと，日本の刑事手続について理解が得られるようにするための積極的な対外発信を行い，疑問を呈された場合には必要に応じて具体的な説明を行うべきであることが，提言されるにとどまった。

　以上の通り，検察官制度ならびに刑事訴訟制度の改革は，21世紀初頭の司法制度改革（検察官制度改革以外の事項）に加えて，時々の検察官や刑事裁判の不祥事を受けるかたちで進展してきた。その検討過程で出された意見は，機関としての提言，とりまとめや立法化に至らなかった内容を含めて，検察官制度の過去，現在と未来を考える上で，示唆に富む内容を含んでいる。従来，法社会学的な実態調査の難しかった検察官制度は，図らずも不祥事を通じて明らかになった部分があり，以上の検察官制度に関する改革は，評価は措いて，今後の学習・研究資料を提供している。

▶ §4＿「検察官」研究のその他の広がり，考えるべき論点

　従来の検察官研究について，21世紀に入り，様々な改革や事件を経て，再考の余地はあるだろうか。とりわけ，ジョンソンの評する検察官の「楽園」状況は変化したであろうか。

　前述の通り，主に司法制度改革を受けた裁判員制度，被疑者国選弁護制度の導入や検察審査会の権限強化により，勾留請求却下率の増加，取調べの録音・録画の導入，保釈率の上昇など，刑事訴訟手続が部分的に変わった。起訴率の低下と起訴猶予率の上昇などの近年のデータの傾向からは，検察官の起訴判断が裁判員＝市民の判断を念頭において慎重になっていることがうかがえる。裁判員裁判の公判でも，検察官は，公判前整理手続での争点と証拠の絞り込みを経て，主張，立証に工夫を施しており，裁判員経験者によれば，弁護人よりも分かりやすさの点で高く評価される場合が多い。ただし，裁判員裁判対象事件以外（約98％）の刑事裁判は，従

前通りの「調書裁判」と評される状態がほぼ続いているように見受けられる。

　起訴の判断については，検事意識調査の回答に見られる無罪判決獲得の偏重は，有罪の証拠が十分に揃い，被告人の責任能力を問えることが確実な事件に限定して起訴を行う反面，そうでない事件は不起訴にし，裁判員裁判対象事件以外の事件名で起訴する（「罪名落とし」と称される）ことにつながりかねず，法の適正な執行や被害者の見地からは問題もありうる。国際的にも日本の無罪率の低さは知られており（なお，否認事件に限定した無罪率が問われるべきところ，日本ではデータが十分に公表されていない），いわゆる「検察官司法」の見直しは急務であろう。不起訴事案について，後に検察審査会で再考され，強制起訴がありうることからも，検察官は，捜査を尽くした十分な事案の検討を行うことをいっそう問われている。

　検察官「楽園」状態の維持，向上につながる変化もある。刑事訴訟法改正による捜査手法の拡大（司法取引，通信傍受方法拡大など）などの刑事訴訟手続の変化と，いわゆる共謀罪などの刑事立法により，検察官の捜査権限は強化されており，今後の刑事訴訟手続での行使の在り方が注目される。

　起訴や求刑の一貫性には，「同じ事件には同じ処分を」という統一的な法執行の点で利点はありうる。ただし，個々の事案に即した検察官の判断と抵触しうる可能性もあり，検事意識調査結果からも，検察官同一体の原則の在り方や人事制度について，検察官の独立性尊重の見地から，今後見直しの余地があるのではなかろうか。

　東京高検検事長の任期延長および関連する検察庁法改正案上程の事件では，検察庁・検察官と政治との関係が問われた。仮に政権の意にかなう検事を検事総長ないし検察幹部に就けて任期を延長する恣意的な人事がまかり通れば，政治家の贈賄や疑惑に対する捜査や起訴を見送るなどの判断に影響を及ぼす可能性がある。長期に渡る与党政権下で，国民の信頼を保つために，検察官は独立不羈の立場の堅持に留意すべきであろう。

　検察官と対峙する弁護人のあり方も課題である。起訴前の被疑者国選弁護士制度は拡充されたものの，国選弁護は日本司法支援センター（法テラス）と契約する一般弁護士および法テラスに専従するスタッフ弁護士によって担われ，国選弁護費用が比較的低額なためもあり，刑事弁護を専門とする弁護士はいまだ多くない。強力な専門組織である検察へのカウンターバランスとして，アメリカなどでは公設弁護人（パブリック・ディフェンダー）制度が充実しており，日本でも，刑事弁護態勢の強化が，検察官および刑事訴訟手続に緊張感をもたらすことが予想される。

　その他に，刑事手続上の検察官の役割に関連して，残された刑事司法の課題としては，起訴前保釈制度の導入を含む長期に渡りうる勾留期間の是正，勾留場所として警察の留置場（代用監獄）を認めないこと，抽象的な「検察の理念」に代えた検察官倫理規定の策定（捜査情報のメディアへの恣意的なリークの禁止などを含む），検察

官手持ち証拠の開示の拡大，取調べ時の録音・録画の裁判員対象事件と検察独自捜査事件以外の事件への拡張，取調べ時に弁護人の同席を認めることや，検察官調書を伝聞法則の例外として比較的緩やかに刑事裁判の証拠として許容する刑事訴訟法条項の改正などが挙げられる。

　公益の代表者として，検察官は，刑事手続以外の領域でも活動している。アジア諸国での立法策定支援や実務法律家の養成協力など，法整備支援での長年の活動は評価に値する。既述の通り女性検察官の登用は拡大しつつあるところ，さらなる女性比率の向上が注目されるところである。刑事訴訟手続のオンライン化に伴う検察官のあり方への影響も検討に値する。刑事手続内外での検察官による活動の一層の充実と，法社会学におけるその実態研究のさらなる進展が，期待される。

《参考文献》
潮見俊隆(1966)「検察官」潮見俊隆編『岩波講座現代法6──現代の法律家』岩波書店，106-139頁
川崎英明(1997)『現代検察官論』日本評論社
ジョンソン，デイビッド・T.(2004)『アメリカ人のみた日本の検察制度』(大久保光也訳)シュプリンガー・フェアラーク東京
ジョンソン，デイビッド・T.(2017)「日本の「蜘蛛の巣」司法と検察の活動」(平山真理訳)指宿信他編『シリーズ刑事司法を考える　第3巻』岩波書店，29-51頁
平野龍一(1985)「現行刑事訴訟の診断」平場安治他編『団藤重光博士古稀祝賀論文集第四巻』有斐閣，407-423頁
フット，ダニエル・H(1999)「日米比較刑事司法の講義を振り返って」ジュリスト1148号，165-173頁
宗像紀夫(2002)「日本の刑事司法における検察の役割──特捜検事の見た司法制度改革，検察の責務及び犯罪被害者への配慮」森下忠他編『日本刑事法の理論と展望(下)』信山社，3-23頁
Foote, Daniel H. (1992) "The Benevolent Paternalism of Japanese Criminal Justice," *California Law Review* 80: 317-390.

【飯　考行】

21 講__ 裁判官と司法行政 ....

▶§1__ 裁判官のおかれた環境の重要性／問題性

　裁判官の職権は，規範的には「良心に従ひ独立して」行使され，「憲法及び法律にのみ拘束される」（憲法76条3項）べきものである。しかし社会的事実としては，あらゆる社会的行為がそうであるように，裁判官の職務も，各種社会関係の網の目，人事や予算の絡む組織構造，またマクロ・ミクロの権力作用の中で，それらの影響を陰に陽に受けつつ実現される。司法作用をそうした社会的相互作用の産物としてみる社会科学的視線はしかし，裁判官の独立という規範的要請を「高貴な嘘」として退けるシニシズムを意味するものではなく，またそうであってはならない。違憲審査制を備え，三権の一翼として立法・行政監視の役割を持たされた現代司法は，公権力との対峙・対決を本来的に予定する。裁判所による法の支配の貫徹や人権擁護も，政治的・社会的権力に対しての「貫徹」であり「擁護」にほかならない。よって裁判官がその中に置かれる社会関係・権力作用関係を怜悧に認識するリアリズムは，自由な社会に不可欠な憲法原理である裁判官の独立原則が対峙せねばならない現実的障壁を直視し，同時にそれに対抗する戦略を切り開くもの——少なくともそれを展望させうるもの——でもありうる。司法の現実を描写する法社会学的営為は，裁判官の独立原則の規範性・抗事実性を，その現実の姿を見据えつつ鍛えるための映し鏡である。そもそも裁判官の判決行動を規定する社会的因子の追究は，リアリズム法学以来の法社会学の伝統的問題設定でもある。

　裁判官の職務環境である裁判所組織は，そうした社会関係・組織構造の第一に挙げられるべきものであろう。裁判官の職務に影響を与える組織的要因としては，裁判所予算，人員といった資源問題も重要であり，日本ではその貧困が裁判官の過剰負担を引き起こしているとは，つとに指摘されるところである。しかしながら独立原則との関係で法社会学のみならず他の法学者や実務家の関心を惹いてきた日本の裁判組織のありようの筆頭は，いうまでもなく裁判官の内部統制の問題，いわゆる司法官僚制問題である。エリート裁判官が早期に選抜され，彼らが司法行政の中枢をつかさどり強大な人事権限を行使する一方で，現場の裁判官は最高裁事務総局を核とした強固で精緻な官僚機構の中にあって，本来もつべき独立と自由とを十分享受しているとはいいがたく，またそれは実際の裁判運営や判決行動の中にも影響し

ている，とするのが議論の基本線であろう。違憲判決や最高裁への批判的姿勢，また団体加入や政治的言動等を理由とした懲戒処分や差別的人事，その他直接間接の様々な巧妙な管理統制機構，裁判官の行政府（法務省）への出向，世間と隔絶した内向きの裁判官の日常生活等々多岐にわたる論点につき，多くが語られてきた。また歴史的には1970年前後のいわゆる「司法の危機」の時期がもった役割が決定的であったといわれる。そうした批判に対して，当の最高裁側は長年歯牙にもかけない態度であったが，近年の司法改革論議においては，「客観性」「透明性」を軸とした一定の改革のメスが，その評価はともかく，入れられることになった。

　これら論点や制度の現状，歴史的経緯などを個々に説明することは，紙数上不可能である（この点，木佐他〔2015: 3章，4章3節〕は，近年の司法制度改革の意義と限界までも踏まえつつ，法社会学的視点から日本の司法制度について概観を与えるものとして類書を見ず，初学者必読である）。以下，本講では日本の司法行政・裁判官制度に関する法社会学的の研究をレビューしながら紹介していく。なお関連する論点として，最高裁判所の違憲審査制についての法社会学研究は，別に論じられており（→11講参照），重複部分については論じない。本講では日本の裁判所制度や司法行政の実態や下級裁判所裁判官の判決行動などが主焦点である。

▶ §2__ 司法官僚制批判

　日本の司法行政・裁判官制度の法社会学的考察の本格的出発点は，1970年代の潮見俊隆の一連の仕事であろう。潮見は，日本の裁判所と裁判官について，次の4つの仮説を立てる。すなわち，①日本国憲法の「価値基準からすれば，その判決は，地方裁判所，高等裁判所，最高裁判所と上級審にいけばいくほどわるくなる」，②（個々の裁判官には立派な人が多いとしつつ）「日本の裁判官全体につうずる最大の欠陥は行政権力によわく，既成事実に引きずられる」ことである，③「日本の裁判官は，司法行政に密接に関係する司法特権官僚と，それ以外の実務裁判官の二つのグループに分化してきており，司法行政の優位がしだいに確立し，それが，裁判官制度の官僚化，裁判官の人間形成を通じて，現実の裁判にも微妙な影響を与えてきている」，④新憲法のもとでの戦後新世代裁判官と明治憲法下の旧世代裁判官との間に，「意識の面で大きな断層がある」，以上である（潮見1982: 57-77頁）。そして著名な裁判における最高裁判決と下級審判決との比較，司法行政をめぐる種々の事件や当局の言動，裁判所内部の序列の実態などを詳述することで，それら仮説は「相当程度にまで実証しえた」とする（潮見1982: 103頁）。

　潮見の取り上げる事例は，激動の日本の戦後司法の同時代的記録として貴重であ

る。とはいえ他方で今となっては，その「仮説」や「実証」の社会科学としての荒削りさ，性急さも隠し難い。「憲法価値に照らして悪い判決」かどうかなど社会科学の対象とはいえず，これらは総じて当時の司法判断に対する，自己の政治的価値基準に依拠した印象批評にすぎない，などと批判することも可能であろう。とはいえ上記の4つの仮説はより中立的に，①日本の裁判所の判断は上級審ほど保守的となる，②日本の裁判所は行政のチェック機能が弱い，③日本の司法制度は官僚機構として分析可能である，④裁判官の持つ価値観の分布は社会科学的考察対象である，などと言い換えることもできるし，潮見の表現の是非はともかく，現実の司法制度の問題点を指摘し，また司法と政治の関係をデータに即して批判的に分析することは，政治学とも踵を接する法社会学の重要な課題である。実際その後の研究は，この潮見の問題提起を受け止めつつ，精緻化し分岐展開していく（ちなみに政治学者の手による新藤2009は，入門的ながら記述のスタイルと批判的スタンスとにおいて，潮見の司法官僚制研究の直系現代版である）。

▶§3＿＿ 歴史研究，国際比較

　潮見の議論のその後の展開の１つの方向性は，日本の司法行政についての歴史研究である。比較的最近かつ総合的なものとしては，萩屋編著（2004）が，明治期から現代までに至る法曹任用制度や司法制度改革論議，司法行政や人事政策の流れを詳細かつ冷静に記述する。また別の流れとしては，司法行政・裁判所制度の国際比較がある。著名なものとして木佐（1990）は，日本と同じ大陸法系でありながら，司法改革を進めたことで権威主義と決別した西ドイツ（当時）の司法のありようを，詳細な現地訪問・インタビュー調査によって示し，日本の司法との違いを強調し，現職裁判官を含む司法関係者に大きな影響を与えた。また欧米諸国のみならず，アジアの近隣諸国を含む複数の国の司法制度の実態を，かなり詳細にまた比較可能なかたちで伝えるものとして，広渡編（2003）も貴重な情報を与える。日米両国の司法の現実を多面的かつ詳細に比較した重要な功績として，ダニエル・フット（Daniel Foote）の仕事（フット2007）がある。フットによれば，アメリカ司法では裁判官が個々に個性を持つ存在であることが当然視され，その判断には柔軟性があり，一般人との距離も近い。対するに日本の裁判官は，「名もなく顔もない」存在であり，その判決も統一性が重視され，一般市民からは概して隔絶された存在である。両司法のこうした特質については，それぞれ一長一短あるとして一方的な評価は避けつつ，透明性の低い日本の司法のあり方については，「日本国憲法の基礎となっている民主主義の思想にそぐわない」と手厳しい（フット2007: 326頁）。なお，別のところで

フットは，日本の司法は憲法問題や行政訴訟には概して消極的ながら，政治的には目立たないもののさまざまな分野において重要な役割を果たしてきた点も強調している。なお一点突破的な毛色の変わった国際比較として，裁判官の報酬保障につき，世界各国の数々の憲法規定と歴史，実務，判例等を横断的に参照する馬場（2007）がある。裁判官の報酬減額禁止が憲法上明文で規定（80条2項）されながら，デフレを理由にやすやすと減額される日本の実情が，きわめて例外的なものであることと，その背後にある日本の司法制度の特異性と制度的ねじれともいうべき特徴をあぶり出す。

▶§4＿ 政治学的実証研究

▶▶1＿ 政治の侍女か官僚統制か

　日本の司法官僚制の悪弊とされる差別人事につき，事例報告やルポルタージュを超え，方法論的にもデータの解釈の点においても洗練されたシステマティックな分析を提供しているのが，アメリカの日本法研究者であるマーク・ラムザイヤー（Mark Ramseyer）らの手による実証研究である（ラムザイヤー・ローゼンブルース1995，ラムザイヤー・ラスムセン1998）。例えば，1961年から65年までに任官した276名の下級審裁判官の経歴データを数値化し統計的処理を加えることで，エリート裁判官の東京・大阪集中，高齢採用者が処遇において不利であること，若い東大京大卒業者は初任ポストにおいては有利であるが，学歴はその後重要性を失うこと，判決の質的量的生産性はキャリアと有意であること，さらに最高裁や政権与党から睨まれた団体（「青年法律家協会」（青法協））への所属や戸別訪問禁止規定違憲判決に代表されるような政府側敗訴判決を出したことは，自身のキャリアに否定的に跳ね返ることなどが，論証されている。そしてこうした政治的論点に関して筆者は，「日本の裁判官たち（は），長く政権党であった自由民主党に有利なように判決を下すインセンティブに直面せざるをえなかった」，「自民党は，あからさまな介入によることなく，その政治的目的を達することが出来た」（ラムザイヤー／ラスムセン1998: 116-149頁），「自民党幹部は，司法部のトップには政治的に信頼できる者しか指名せず，彼らに司法部門全体を監督させるのである」（ラムザイヤー／ローゼンブルース1995: 15頁）と結論する。本研究は法社会学のみならず政治学の業績としても評価が高い。

　しかしこのラムザイヤーらの主張は，日本の司法は独立性を欠いた政治の侍女だというに等しく，論争的であり各種批判も招いた。強く反論した代表が，同じくアメリカの日本法研究者のジョン・ヘイリー（John Haley）である（ヘイリー1995，フット2007: 138-140頁）。それによれば，まずラムザイヤーらの議論においても，政治が

直接間接に司法や個々の裁判官に影響を与えた証拠は提出されていない，と批判される。その上で日本の司法は「自己規律的な専門家集団」からなる「自律性の高い全国統一的な官僚組織」であって，その政治からの独立性は世界で有数のレベルである，とされるのである。しかしながら他方でヘイリーも，個々の裁判官の特定の判決行動が，その後のキャリアに不利益に働くこと自体は否定しない。しかしそれは政治からもたらされるものではなく，最高裁事務総局すなわち司法官僚制の内部統制によるものだとするのである。

　理論的にいえばこれは，日本の司法における問題の最重要焦点は，政治や組織外部からの独立（司法権の独立・対外的独立）なのか，それとも組織内部における個々の裁判官の自由・自律性（裁判官の独立・対内的独立）なのか，ということになる。しかしフットもいうように，「下級審裁判所の裁判官は，自分の判断が将来の昇進にどう響くか意識し，判断にあたって束縛を感じている」としている点では両者の解釈に変わりはない（フット2007: 139-140頁, 秋葉2017: 95頁も参照）。また両者の見解を，最高裁判事を含む多くの現職，元職の裁判官への詳細なインタビュー調査を行い，制度やその運用，歴史的経緯など複眼的視点をふまえて統合しているのが，やはりアメリカの研究者のディヴィッド・ロー（David Law）（ロー2013）である。それによれば，日本の司法は全体としては自律的ではあるが，その司令部すなわち最高裁長官を頂点とする最高裁事務総局のトップ・エリートたちは「政治的影響に対して，制度的に応答的」である（ロー2013: 56頁）。日本の戦後の基調となっている長期保守政権のもとでは，そうした政治的影響力は，あえて見えやすいかたちで顕在化させることなく及ぼすことが可能であり，また司法全体は，そうした隠然たる一定方向の影響力を所与とし，それに挑戦しないかぎりで「自律的」たりえている，とするのである。こうしたローの見方は，ラムザイヤーらの議論とヘイリーの批判とを統合するもので，現実の日本司法をうまく説明する妥当なモデルだといえる。換言すればそれは極めて常識的な見方にすぎないともいいうるが，常識的理解を詳細なデータに基づいた社会科学的分析として立証して見せたところが重要である。この統合理論からすれば，ラムザイヤーらの議論は，日本の裁判官が一定の枠の中であれ，強い自律性をもつこととその意義についてあまりに無配慮であり，他方でヘイリーの反論は，長期保守政権がもつ司法に対する影響力についてナイーヴすぎるということになろう。

▶▶2＿ 出世の条件

　ラムザイヤーらの主張に対する第2の批判は，方法論や結論の解釈に関するものである。例えば，その統計的手法には欠点があり，特に青法協所属経験があった裁判官が，そのことを理由にカテゴリカルに経歴上の不利益を受けてきたとする主張

は支持できないとするものがある（ロー2013: 66頁）。この点は確かに，当時の最高裁事務総局の勧告に応じて脱退したメンバーの中には，その後最高裁長官にまで上り詰めた者が出るなど，個別事例との関連でもうなずけるところがある。いわば「転向派」と「残留組」とで明暗を分けたのである。また，行政事件等で国を敗訴させた場合や最高裁判決に反する判決を出した場合，その後のキャリアにおいて不利益を受けるという結論についても，それは一方で「国や最高裁に盾突いた」という政治的な理由による不当な差別だと解釈できるとともに，他方で，制定法解釈や確立した判例の扱いにおいて誤っているとされ，裁判官の資質に疑問がもたれた例であると解釈もできるとした，フットの見解も軽視できない（フット2007: 140-143頁）。これら両者の境界線は微妙であろう（明らかに不当で理不尽といってよい事例もあるが）。なおラムザイヤーらはまた，未翻訳の研究の中で，日本の刑事裁判で無罪判決を出したり租税関係事件で国に不利な判決を出した裁判官が，それを理由とした不利益処遇を受けるか，という点について検証し，この点については否定しているのだが，このこともこの点に関係するものである。法的構成や判断に問題がなければ無罪判決や違憲判決，行政側敗訴判決であっても許される場合もあるのである。ただし，何が許容される事件類型あるいは法的構成か，を決めるのはあくまで最高裁なのだが（この点については§5も参照）。

　なおラムザイヤーらの方法論は，政治学等における「合理的選択理論」に属する「本人（プリンシパル）＝代理人（エージェント）」理論というものに依拠している。彼らは，日本の裁判官は政府・自民党の「代理人（エージェント）」だと捉えるが，これはそうした方法論上の表現に過ぎないので注意が必要である。この理論によれば「エージェント」は「プリンシパル」に常に従属しその意のままになるとは限らず，政治状況など条件いかんによっては相対的な自律性や裁量・自由の余地（「エージェンシー・スラック」という）をもちうる。彼らによれば「裁判官の独立」とは，そうした エージェンシー・スラックそのものである。そして日本の場合は長期保守政権のもと，そうした余地が極めて小さい，と見るのである（ラムザイヤー／ローゼンブルース1995: 1-15頁）。

　以上の一連の研究は一線の下級裁判所裁判官とそのキャリアに着目したものであるが，その対極として，司法行政を担うエリート裁判官についての西川（2010）のキャリア研究がある。これは，裁判官出身の最高裁判官から全国各地の高裁長官，地家裁所長その他総計1000名を超える戦後すべての幹部裁判官を対象に，彼らがたどってきた出世コース（キャリアパス）を系統的に分析し，それが極めて緻密な序列・格付けのもとにあることを明るみに出す労作である。司法官僚機構の一定のポストにある者が，その先にさらに上の地位につく可能性があるのか，あるとしたらそれはどこか，それともそこはそうした可能性のない終着点なのか，また既存の序列に

変化は生じているか，生じている場合その原因はなにか，等々といったことが詳細かつ厳密に分析される。こうした分析は，司法内部や事情通には大まかには知られていた内部情報を，誰でも接近可能な知として体系化し可視化するとともに，司法官僚機構が作動するための権力資源のありようを生々しく描き出すものである。なお西川の他の司法研究には，戦後の最高裁判所裁判官の国民審査につき多角的かつ包括的に分析したもの（西川2012）がある。国民の関心が低く形骸化しているとされる国民審査であるが，詳細に検討すればそこには重要な歴史があり，いろいろなかたちで国民の意思が反映されていたことがわかる。一例として，沖縄においては国民審査の投票率が顕著に低く，逆に罷免を可とする率は顕著に高いといった事実が示されているが，沖縄の近代史を踏まえるといろいろと考えさせるものがある（西川2012: 4章）。

　以上の政治学的実証研究は，日本の司法の大きな枠組みや裁判官に課せられた現実的制約をマクロに描き出すものではあるが，その制度的制約の中で職務遂行する個々の裁判官の姿やその可能性を具体的に描くものではない。保守的な政治環境において司法も概して保守的たらざるをえないとしても，それは個々の裁判官がそうした制度的制約に絡めとられて独立性を完全に失っている，ということを意味しない。一定の制約の中でも良心的な，優れた，あるいは革新的な判決が出されることは往々にあるのであって，そうした事態の背景を個々の事例に即して検討することも，司法の法社会学の重要な分析視点である。そこで次にそのような裁判官の判決行動や判断過程に着目した研究を見ていきたい。

▶§5__ 裁判官の判断過程分析

　個別具体的な実証研究に先立って，そもそも一般の下級審裁判官の具体的な判断過程を社会科学的にとらえるためには，どのような分析枠組みが求められるのであろうか。既述の各種研究が示すように，日本の裁判官の職務環境は必ずしも好ましいものとはいい得ないとしても，他方で裁判官の判断過程において，政治状況にせよ組織圧力にせよ，法廷外の要因が一方的かつ決定的に影響を与えているという見方は一面的かつ極端に過ぎ，実態を丁寧に見るものとはいえない。またここまでに見てきたように，日本の裁判官の独立の現状に最も厳しい評価をするラムザイヤーらの議論でさえも，「あからさまな介入によることなく」裁判官は統制されているとみるものである。おそらく裁判官の現実の職務とそこに影響を与える諸要因との関係は，より複雑かつ微妙なものであり，お互いに牽制しあったり，他からの予想される反応に予期的に振る舞ったりする相互作用的なものであり，またそうした相

互作用に基づいて歴史的に形成され組織化・制度化されてきているものと考えるべきであろう。

　しかしこのような観点からしても，一般論としては日本の裁判官は，やはり裁判所組織や同僚裁判官などの影響を，欧米諸国に比べても受けやすい環境におかれているといわざるをえないし，最高裁や政権党との関係において政治的に微妙とされる事例においては，慎重・保守的な判断に傾きがちな状況に置かれていると認めざるをえないであろう。そもそも若くて成績優秀な司法試験合格者の中から選抜され，同じ部屋で机を接する中堅・ベテランの先輩裁判官の指導・教育を受けあちこち転勤しながら一人前になっていくキャリア・システムのもとにある日本の裁判官と，ベテラン法律家の中から指名され最初から個室を与えられ転勤などとも無縁の法曹一元制度のもとの英米などの裁判官とでは，政治状況といった外的要因以前に置かれている環境が大きく違う。

　こうした分析枠組みを踏まえつつ，次のステップとしては裁判官の判断過程を個別具体的に分析し，こうした見解の妥当性を検証していくことなどが求められるのだろうが，実際にはそれは容易ではない。日本において現職裁判官や裁判所を直接対象とした社会科学的な調査を行うことは，官僚機構の壁のため諸外国より困難であることをさておいても，裁判官の判断過程は一種のブラックボックスであり，それにどのような要因がどのようなかたちで寄与しているかなどは容易に判定しがたく，一般論以上の議論をすることは難しい。さらに少数意見制は日本では最高裁にしか認められておらず，評議の秘密もあることもアプローチを難しくしている。そういうわけで下級審裁判官の判決行動の法社会学研究は未開拓な部分が大きい。それゆえ近年まで，判決行動それ自体についてのものではなく，司法制度改革論議の中，日頃はその意見が表に出ることがあまりない裁判官たちの見解が公表された例外的な事例をとらえ，そこでの言説を分析し，現実的でありながらそれなりの多様性がある点や，司法行政の影などを指摘した研究が見られる程度であった。

　ところが近年，個別事件についての下級審裁判官の判断過程に関する，注目すべき研究が登場した。国籍法違憲判決についての秋葉（2017）である。これは違憲審査制や政策形成訴訟にもかかわるものでもあるため，ここでは他講（→10講，11講，15講）との重複を避け，下級裁判所裁判官の判断過程に関わる影響力のありかたという点に限って論じる。秋葉は，日本人父とフィリピン人母の間に生まれた子どもたちの日本国籍取得を認めた違憲判決を出した東京地裁の裁判官（菅野弘之）に着目し，その判決行動の規定要因を，自身のキャリアや本人の他の事件における判決内容，他の関連裁判官との関係などをたどりつつ跡づける。この国側敗訴の判決は，その後最高裁自らそれを支持する違憲判決につながる。またそれはキャリアに不利に働くどころか，逆に菅野はその後最高裁判事に迎えられる大抜擢を受ける。そう

した事態の背後に，時代状況の変化といった一般論や裁判官個人の個性といったものを超えて秋葉が見出すのは，①エリート裁判官として最高裁の内部事情や意見の分布などに通じていたこと，②従来の最高裁判決における少数意見の分布とその変化の方向性に意識的だっただろうこと，③控訴審（東京高裁）の司法消極主義傾向を意識しつつ，それを克服しうるだけの緻密な判決文を書いていること，などといった事態である（秋葉2017: 2章）。いうならば，したたかな戦略性をもって最高裁を納得させるだけの言説を提供した，ということであり，また裁判官の間には，「司法の役割を巡る高度かつ組織的な論争の表出」（秋葉2017: 106頁）ともいうべきダイナミックな関係性があることが示されたのである。すなわち司法官僚制内部の組織や同僚裁判官からの影響力というものは，単に裁判官個人の自律性を縮減しそこに保守的傾向を押し付けるだけのような単純なものではなく，一定の制約下ではあれ，場合によっては画期的な違憲判決をも出しうる可能性をも内包しているのである。

　秋葉の分析はエリート裁判官の間のものであるが，その視角はより広く裁判官全般に及ぼしうるだけの射程を持つ。それはまた日本の司法が新段階にあることを具体的に指摘し，また新しい方法をも導入する魅力ある研究である。他方で「『エリート裁判官』の間で，積極的な司法審査を肯定する考え方が広まって」おり，「そうした姿勢に沿った判決が最高裁の支持を受ける」（秋葉2017: 109-111頁）という傾向が定着しつつあるといえるかどうかは，なお慎重な見極めや検討が必要であろうと思われる。自民党一強復活の現況下において，最高裁人事にはいろいろ不穏な動きも見られ，なお予断を許さないからである。

▶§6＿ まとめと展望

　以上，日本の裁判所制度や司法行政の実態，下級裁判所裁判官の判決行動などについての法社会学的研究につき，概説的に紹介した。1970年前後の「司法の危機」の時代に培われた問題意識は，その後広がりと深さを得つつ継承・展開されてきた。
　一般的にいえば，日本の裁判所の置かれている状況は，特に裁判官の独立原則に照らしてみたとき問題含みだとする当初の問題意識は，現在まで，あるいは主旋律としてあるいは通奏低音として，維持されている。二度の政権交代を経たとはいえ，また連立政権が常態化しているとはいえ，自民党が政権に復活して長く，ポピュリズム的状況下で強権的な政権運営も目についてきた。
　他方で平成司法制度改革以降も最高裁事務総局による司法官僚制支配も依然として強固に見える。「司法の危機」の時代におけるようなあからさまな政治圧力や人事差別こそ姿を潜めているようにも見えるが，司法や裁判をめぐる外的内的環境が，

以前より風通しのよいものに大きく変容したとはいえないだろう。

　しかしこうした息苦しい見方にのみとらわれるべきでもないことを，これまでの諸研究は教える。最後に紹介した秋葉の研究など，その典型例である。そもそも「法と良心」にのみ拘束されるべき裁判官の職責の自律性の規範的要求は，やはり実際にも重く，それを軽んじるような言動は現場では厳に慎まれるともきく。日本の裁判官は静謐ながら誇り高いいわば貴族的ともいうべき法曹集団であって，その多くはプロフェッショナルとしての矜持と気概とをもって法廷に臨み判決を出しているであろう。次の転勤先や勤務評定，同僚の出世等を本心では気にしつつも，他方で法律論的に優れた判決を出した他の裁判官についても気になるだろうし，社会的に大きな反響をもった違憲判断などを出した同輩に対しても，政権党や最高裁の意向を慮るだけにとどまらない深い感慨を持つ者も少なくないのではなかろうか。逆に法的に拙劣な判決，政治性が露骨な合憲判決，あるいは最高裁に忖度しすぎるような判断などに対しては，眉をひそめる向きもあるにちがいない。それゆえ，自分の出した判決についての，勤務評定や最高裁の目だけではない，より広い法的・社会的評価も大いに気になることであろう。

　また外的内的環境があまり変わらない，という見方も一面的である。裁判官人口は弁護士人口ほど増えていないとはいえ，弁護士を含む法曹人口の増大や法科大学院世代の台頭は，長期的にみてなにがしかの変化を裁判官の職務環境にももたらすかもしれない。さらにより大きな変動要因の可能性となりうるのは，法曹なかんずく裁判官における女性の比率の増大である。今や新任判事補の3人に1人，裁判官全体のほぼ4人に1人が女性である。彼女たちが今後さらに増え，少なくともその一定数が責任ある地位にもついていく中で，日本の司法に何らかの変化をもたらすのか否か，興味深い点ではなかろうか。今後の裁判所におけるIT化の進展も，予想外の環境変化を現場にもたらすかもしれない。

　裁判所の実態に関する法社会学研究は，重要でありながらまだ層が薄い。司法組織の現状と動態を，マクロな視点から注意深くまた批判的に見つめ続けると同時に，その中で制約を受けつつも，おそらく多くは誠実に職務を果たしているであろうプロフェッショナルの手による司法作用を，ミクロにまたそのダイナミズムを追い社会科学的に捉えていく必要性は，高まりこそすれ減じることはないであろう。複眼的かつ想像力に開かれた自由な視座から，司法の現実と展望とを見遥かす次世代の司法の法社会学研究が，本書の読者の手によって生まれることを期待している。

《参考文献》

　秋葉丈志(2017)『国籍法違憲判決と日本の司法』信山社

　潮見俊隆(1982)『司法の法社会学』勁草書房

木佐茂男(1990)『人間の尊厳と司法権——西ドイツ司法改革に学ぶ』日本評論社

木佐茂男・宮澤節生・佐藤鉄男・川嶋四郎・水谷規男・上石圭一(2015)『テキストブック現代司法〔第6版〕』日本評論社

新藤宗幸(2009)『司法官僚——裁判所の権力者たち』岩波書店

西川伸一(2010)『裁判官幹部人事の研究——「経歴的資源」を手がかりとして』五月書房

西川伸一(2012)『最高裁裁判官国民審査の実証的研究——「もうひとつの参政権」の復権をめざして』五月書房

萩屋昌志編著(2004)『日本の裁判所——司法行政の歴史的研究』晃洋書房

馬場健一(2007)「司法の位置づけと立憲主義の日本的位相——裁判官報酬問題から考える」社会科学研究58巻2号5-38頁

広渡清吾編(2003)『法曹の比較法社会学』東京大学出版会

フット，ダニエル・H(2007)『名もない顔もない司法——日本の裁判は変わるのか』(溜箭将之訳)NTT出版

ヘイリー，ジョン・O(1995)「日本における司法の独立・再考」(浅香吉幹訳)石井紫郎・樋口範雄編『外から見た日本法』東京大学出版会，3-30頁

ラムザイヤー，J・マーク／フランシス・ローゼンブルース(1995)『日本政治の経済学——政権政党の合理的選択』(加藤寛監訳)弘文堂

ラムザイヤー，J・マーク／エリック・B・ラスムセン(1998)「日本における司法の独立を検証する」(河野勝訳)レヴァイアサン22号116-149頁

ロー，デイヴィッド・S(2013)『日本の最高裁を解剖する——アメリカの研究者からみた日本の司法』(西川伸一訳)現代人文社

【馬場健一】

22 講__ 家　族 ....

▶§1__ 法社会学は「家族」をどのようにとらえるか

　法社会学研究はその重点研究領域の1つとして，「家族」に大きな関心を寄せて
きた。それは，家族というものが国家や社会のありかたと深く関係しているためで
ある。一方で，国家や社会の側から規定され要請される規範やモデルに基づいて，
家族というものが構成されてきた。家族に関する規範は個々の人間や家族を超えた
「公」的なレベルにある国家や社会から発せられ，その規範の直接的・間接的な影
響を受けつつ個々の家族が形成され運営されてきたのである。他方で家族は，個人
が特定の他者と親密な関係を結び，自己の固有の生を営むことを可能にする「私」
の領域でもあり，その自由な共同体としての側面は市民社会の形成にも寄与しうる。
この家族の「私」的側面は，「公」による家族への介入が抑制あるいは排除される
ことによって成立するものであるが，最近では，家族のなかで生じる紛争の解決や
家族内の暴力の被害者保護のために，国家や社会からの家族への介入が積極的に行
われるようになっており，家族の「公」と「私」の境界は揺らぎつつある。このよ
うに，国家や社会と多面的かつ複雑にかかわりあう家族のあり方を探ることは，法
社会学にとって極めて重要な作業である。そしてその作業の先には，現代法秩序に
おける「公」と「私」の交錯や両者の相克の解明という，より大きな研究の沃野が
広がっている。

▶§2__ 国家が描く家族像と家族政策──明治期から戦後へ

▶▶1__ 家族に対する国家の関心
　家族のあり方やその営みというものは，昔から続く，ごく自然なものとして認識
されやすいものである。しかし実際には，家族のあり方には，公的・社会的な制約

が強く働いている。近代国家は，本来は多様な家族のあり方の中から国家にとって都合のよい家族のあり方を選択し，その家族像をもとにして家族に関する法体系を作り上げ，家族に関する政策を展開してきたのである。家族に対して国家や社会が関心を向けるのは，家族がその構成員を作り出し，これを養育し教育するという機能や，一定の文化形態の伝承を媒介するという機能を有し，それが社会の存続の基礎条件となっているためである（川島2000: 118-120頁）。国家が設定する家族像は，現実の家族関係をその方向へ導こうとする政策的な目標であり，それに基づいて制定された家族法を紛争に適用して裁断することを通じて，政策的目標の実現が図られてきた（利谷1987: 第Ⅱ章）。以下ではこの，「国家が設定する家族像」という観点から，日本の家族政策の歩みを振り返ってみたい。

▶▶2__ 明治民法下の家族像

　明治政府は，旧武士層の家族秩序を理想的家族像とし，そこに天皇を頂点とする家族国家的要素を加味して，政府公認の家族制度（「家（いえ）」制度）を作り上げた（川島2000: 150-152頁）。この家族制度の国民への浸透に大きな役割を担ったのが，1872（明治5）年に全国規模で編製された戸籍（壬申戸籍）であった。戸籍においては，親族団体（戸）を一単位として記載がされ，記載される者は尊属・卑属，直系・傍系，男・女という序列で記載され，それらの序列は戸主との続柄として表記された（二宮2006: 第2章）。戸籍の仕組みはその後も改良を重ね，徴税，徴兵や学制などの施策を実行するための国民把握機能だけではなく，成員の出生や婚姻といった身分変動に関する届出の権限を戸主に与えることで家族の行動を管理する役割を果たさせるという国民管理機能や，同じ戸籍に記載されている人々に家族としての一体性を感じさせるという家族観念創出機能をも有するようになった（利谷1987: 第Ⅲ章; 二宮2006: 第2章）。

　いわゆる民法典論争を経て，日本初の近代民法典（明治民法）が1898（明治31）年に施行された。明治民法は，すでに戸籍制度によって確立されつつあった家族制度，すなわち，戸主の戸主権により統率され家督相続によって永続性が保たれる家を，国家が認める家族像として明示した（利谷1987: 第Ⅱ章）。そして国家が認める家は，父系血統の連続に対する強い尊重，女性の蔑視，祖先と子孫の一体性とそれによる存続性，個人に対する家の優位といった意識によって支えられるべきものとされた（川島2000: 155-156頁）。このような家族像・家族意識は，天皇により統率される家父長制的国家秩序の形成をはかる明治政府にとっては極めて都合の良いものであった。教育勅語をはじめとする家族道徳教育において，国は家に擬制され，国（天皇）に対する忠と親に対する孝は同じ性質のものとされ（忠孝一本），家のため国家のために尽くす忠良なる国民（臣民）の育成がはかられた（川島2000: 164-170頁）。家父長制

をモデルとする権威主義的な人間関係は雇用関係をはじめとする家族以外の社会関係のモデルにもなり（川島2000: 16-23頁），安価で従順な労働力の調達を可能にして，国家の殖産興業政策を支えることにもなった。戦時下の国家総動員体制下においては，家族道徳に反するとみなされる言論の取締りが強化されるとともに，総力戦を実施するための人的資源の育成という目標に向けて，より露骨な形で家族への介入がなされるようになった（利谷1987: 第Ⅱ章）。このように明治から戦前の家族政策は，国家運営の都合に合わせて家族を定義し，家族と個人を上から統制しようとする性格が極めて強いものだったのである。

▶▶3__ 戦後家族法下の家族像

　敗戦を経て，戦後改革の一環として家族制度が改革された。日本国憲法24条は「個人の尊厳と両性の本質的平等」に立脚して家族に関する法律を定めるとし，それを受けて民法上の家制度は廃止され，権利義務における男女の平等化，家督相続の廃止と均分相続制の採用など，大幅な改正がなされた（昭和23年改正民法）。戦後の家族法における新しい家族像は，夫婦とその子からなる「近代小家族」（利谷1987: 第Ⅱ章）であり，戸籍の編製原理も，夫婦と未婚の子を単位とするものとなった。ただし，立法過程における保守派との妥協により，氏と祭祀承継の規定や親族の協力扶助義務の規定が民法に置かれるとともに，同じ氏を有する者を同じ戸籍に記載するという家族集団単位の戸籍制度が維持され，これらは新民法における「家」制度の残滓となった（利谷1987: 第Ⅱ章）。その後も，個人の自由と平等を基調とする家族像に対して保守派は抵抗し，憲法24条の改正に向けた議論が一時は活発化したが，戦前の封建的な家族制度を国民が乗り越えない限り戦後日本の民主化は実現しないという反論もなされ（川島2000: 23頁），次節で述べるように新しい家族像の日本社会への定着も進む中で，改憲論は政権内部でも十分な支持を得ることができず，24条を含め日本国憲法はそのまま維持された（辻村2016: 第Ⅳ章）。

　では，日本国憲法の「個人の尊厳と両性の本質的平等」の理念と，戦後民法における「近代小家族」のモデルのもとで，実際の日本の家族はどのように変容していったのだろうか。次節で検討してみよう。

▶§3__ 戦後家族のリアリティ──「近代小家族」モデルとその現実

▶▶1__ 近代小家族のひろがりと新たな問題

　戦後の家族は，理念としてだけではなくその現実の姿も「近代小家族」に急速に接近していった。戦後に一般化したライフコースは，一定年齢になればほとんどの

人が結婚し，子どもを2人ほどもうけ，主婦となった妻が家族のケアと家事にあたり，夫は会社で長時間の企業活動に従事するというものであった。このような「男性は仕事，女性は家庭」という性別役割分業により運営される核家族が増え，日本で初めて大衆化したのである（落合2019: 第1章）。

　現実の戦後家族は，70年代ごろまではいまだ少なくなかった三世代世帯と親族間の協力を通じて育児や高齢者のケアを引き受けつづけたが，核家族の増加や女性の社会進出の増大とともに，次第にその重荷に耐えられなくなっていった。家族は脆弱化して，夫婦の葛藤や親子の軋轢など深刻な問題を抱え，種々の社会的諸施策によるバックアップなしには家族としての機能を十分に発揮できない状況になった（原田1988）。にもかかわらず，政府は欧米の福祉国家とは異なる「日本型福祉社会」論を提唱し，家族を「福祉における含み資産」とみなして人間的ケアを家族に押し付け続けることにより，社会保障費の拡大を抑制するという道を選んだ（原田1988）。それと引き換えに，性別役割分業のもとでケア責任を担う妻・母・嫁としての女性の立場を保護することが家族法政策の課題として浮上し，配偶者の保護を図るための相続法制の改正（1980年の配偶者法定相続分の引上げと寄与分制度の創設）や，判例を通じた有責配偶者の離婚請求の制限などを通じて，「専業主婦としての妻の座」の保護が図られた（原田1988）。

　高度経済成長がおわり低成長期に入ると，女性の労働市場への進出がさらに進展した。1985年には男女雇用機会均等法が制定されたが，コース別人事による女性労働者の選別がなされ，総合職女性は長時間勤務や転勤を含む男性並みの仕事を求められて家庭との両立に困難を抱えることになった。しかし政府は労働における男女平等を追求するよりもむしろ，パート労働への税制上の優遇や無職の妻に基礎年金を保障する国民年金制度などの諸施策を通じて，女性が主婦の役割を引き受けその役割を害さない程度においてのみ就業しようとする傾向を促進した（原田1988）。それにより企業も，容易に雇用調整の対象にできる安価な女性非正規労働力を確保することができた（原田1988）。こうして「男は仕事，女は家庭と仕事」という新しい性別役割分業体制が構築され，こうした体制の維持が，人々の，とりわけ女性の家族に対する意識によって支えられるべきものとされたのである（江原1994）。

　この新しい性別分業の下での家族は，女性が就労するといってもあくまで男性を主たる稼ぎ手とするものであり，上述の通り女性は非正規雇用が中心であった。90年代になって雇用と労働の規制緩和が進み，非正規雇用が女性から男性にも広がると，若者の家族形成そのものが困難になった。長引く不況の中で企業倒産や解雇が珍しいものではなくなると，中間層においても家族を形成することはリスクとして受け止められ，非婚化や晩婚化が進んだ。他方で，各自の姓を保持することを望み，あえて法律婚をしない（あるいは婚姻をしたくてもできない）事実婚カップルなど，

ライフスタイルの多様化としての側面を有する家族の多様化も，一定程度進展した。性的少数者に対する差別や偏見を見直す動きも生まれ，法的な制度としては限界が多いものの，自治体のパートナーシップ証明など同性カップルの公的な承認のメカニズムも新たに生み出されてきた（ジェンダー・セクシュアリティについて28講参照）。

▶▶**2**__ 多様化・個人化する家族のリアリティに対する政策的対応の遅れ

こうして，家族の標準モデルとしての近代小家族は，現実として揺らいでいき，1980年代後半になると，晩婚化と非婚率の上昇，単身世帯の増加が次第に顕著になった。女性が生涯に産む子どもの数（合計特殊出生率）は，2005年には史上最低の1.26を記録した。1980年代ごろから離婚率も上昇し，2003年には戦後最高の2.30（人口千人あたり）を記録した。離婚後に再婚をするカップルも増え，ステップファミリーという家族形態も珍しいものではなくなっている。日本社会は，標準とされてきた初婚核家族よりも，それ以外の家族生活を営む人々や1人で生活を営む人々がむしろ多数派を占める社会へと変容していったのである。

西洋先進諸国においても，1960年代には離婚の増加，同棲の増加，婚外子の増加，出生率の低下，共働きの一般化といった新しい傾向が顕著となり，現実の家族の変容に対応すべく，有責主義離婚制度を改めて破たん主義化したり，婚姻せずに同棲するカップルに法的な承認と保護を与えたり，婚外子差別を撤廃するといった法改正がなされた。同性カップルのパートナーシップに法的効果を認めたり同性婚を認めたりする国も増えた（コマイユ2002）。労働における男女平等施策が進展し，それを支えるべく，社会福祉の充実やケアの市場化による家族ケア負担の軽減も進んだ（エスピン＝アンデルセン2001）。こうした一連の改革により，かつては，標準的な家族生活からの「逸脱」とされた様々な生活形態は，法的な承認を得て，正常化され，受容されていった。さらに，国境を越えた人の動きが活発になるにつれて，家族関係の国際化も大きく進展した（ベック・ベック＝ゲルンスハイム2014）。

日本でも，現実の家族の変化や人権意識の向上に応じて，1980年代の後半ごろから民法家族法規定の見直しに関する議論が活発化した。1996年の民法改正要綱案はそうした議論の成果であり，選択的夫婦別姓や離婚原因の原則的破たん主義化，離婚後の子の監護に関する規定の拡充など，家族の変化に応じた法改正が提案されたものの，政権内部の保守派の反対論に阻まれ法案として提出されないままとなった。先述の通り日本の家族も多様化しつつあるが，政府の家族政策は依然として初婚夫婦とその子からなる家族を想定したままであり，多様な家族のあり方を正面から承認するような改革は進展していない。価値観の面でも，戦後高度経済成長期に初めて一般化した近代的家族モデルを日本やアジアの伝統と誤解する「近代の伝統化」が改革の足かせとなっている（落合2018）。税制や社会保障も男性稼ぎ手・専業

主婦・子の「標準世帯」への補助は手厚い一方で，共働き世帯や母子世帯への再配分が薄く，これらの世帯における子どもの貧困を放置し，あるいは悪化させてしまっているとの指摘がなされている。

▶§4__ これからの家族と家族政策の展望
——家族の個人化をどう受け止めるべきか

▶▶1__ 個人を基盤とする家族政策の必要性

　これからの家族法，家族政策においては，家族のあり方を個人の選択の問題としてとらえるとともに，個人が平等に扱われる公平な制度設計が求められる。1990年代以降，個人の人権や平等といった憲法的理念の視点から家族法や家族政策を批判的に検討する「家族法の憲法化」（辻村2016: 第 I 章）が日本でも進展し，婚外子の国籍取得に関する差別を違憲とした最高裁判所大法廷判決平成20年 6 月 4 日，婚外子相続分差別を違憲とした最高裁判所大法廷決定平成25年 9 月 4 日，離婚後100日を超える女性の再婚禁止期間を違憲とした最高裁判所大法廷判決平成27年12月16日など，司法判断が先行することで法改正に結びついたケースも現れている（辻村2016: 第Ⅲ章）。これらの判決をもたらした訴訟は「政策形成訴訟」としての性格を有しており，保守政権下では実現しにくい家族法・家族政策の現代化を司法が促したという観点から積極的に評価されうるが（政策形成訴訟について**10講**参照），これからの家族政策のあり方について国民の議論を喚起し改革に取り組むべき立場にある立法府が，司法判断を契機としてその役割を活発化させることが強く期待される。

　さて，個人の尊厳や人権保障の観点からの家族法や家族政策の見直しや改革が求められるとして，そもそも個人に焦点を当てる家族政策や家族法には，どのような意義があるのだろうか。国家の持続可能性，家族の暴力や紛争への対応，家族の民主化という 3 つの側面から，検討してみよう。

▶▶2__ 国家の持続可能性

　少子化による人口減少は，現実として日本という国の存続そのものを脅かすに至っている。このような事態に至った大きな理由とされるのが，育児と介護の大部分を家族に負担させる家族主義的福祉政策である（エスピン＝アンデルセン2001）。だとすれば，従来の家族主義的福祉政策を転換し，子育て世代への社会保障を充実させ，家族形態にかかわらずすべての子どもと養育者に支援が行き届くようにすることが，人口回復のかなめになる。日本と同じように家族主義的な福祉政策の下で著

しい少子化を経験した他のアジア諸国においても，最近では脱家族主義の動きがみられるようになっている（落合2018）。

　他方で，個人の尊重という理念に照らせば，人口政策上の必要性を理由として，生殖をめぐる個人への干渉や抑圧が横行するような事態は避けなければならない。近年，生殖補助技術の発展により人々が子どもを持てるチャンスは以前よりも大きくなっており，人口政策の観点からも，公的助成などを通じて生殖補助技術へのアクセスを向上させるべきとの議論も活発になっている。しかし，生殖にかかわる選択が，常に自発的になされるとは限らず，生殖補助技術の利用への社会的圧力が高まれば，生殖に関する個人の自由な選択が脅かされる恐れがある。また，生殖技術の発展の中で，生まれてくる子どもが大人による選択や選別の対象とされてしまう事態が発生しやすくなっていることにも注意が必要である。子どもにも，あくまで独立の個人としての権利保障が必要であり，とりわけ生殖子ドナーや代理母を通じた生殖においては，子どもの出自を知る権利が保障されるべきだとの議論が有力に主張されている。生まれてくる子の権利の保障も，生殖補助技術の利用にかかわる制度構築において十分に考慮すべき課題となっているのである。

▶▶3__ 家族の暴力や紛争への対応

　家族の内部で発生した暴力や家族間の紛争に国家や社会が対処するとき，家族を一体として扱うのではなく，個々の家族メンバーの固有のニーズや，他の家族メンバーとの個別的な関係性に焦点を当てて，介入や支援を行わなければならない。欧米諸国の中には民法家族法がその中心的役割を担ってきたところもあるが，日本の民法はあるべき家族モデルを示すというイデオロギー的性質が強い反面，紛争解決を当事者の協議にゆだねる白地規定が多く，弱者保護のための明確で具体的な指針を提供する法の機能は脆弱であった（水野1998）。しかし2000年代に入ると，日本でも，児童虐待，ドメスティックバイオレンス（DV），高齢者虐待といった家庭内の暴力に対応する法律が制定され，親権に関する規定や成年後見制度など民法においても関連する法規が整備されるとともに，行政と司法がそれぞれの役割を担いつつ家族への介入や支援を行う体制の整備が進められてきた。こうした家族における弱者保護の展開は，国家が家族のあり方を示す「政治的公序」から個人保護のための「保護的公序」へと，家族に関する公序の組み換えが日本でも生じつつあることを示している（吉田2000）。

　ただ，弱者保護のためとはいえ国家が家族に直接的な介入を行えば，家族の私的側面が破壊される危険性が高まることにも注意が必要である。介入の対象となる個人を，自律的な問題解決の主体として尊重しつつ，暴力被害からの回復や家族再生を支える制度構築が求められる。離婚のような家族紛争に対しても，多様なニーズ

を有する当事者が問題解決の主体として必要なサービスを受けられるような多面的な支援システムを構築していくことが課題となる（南方・田巻2013）。制度的には，裁判所を通じた公的な紛争解決における当事者支援の拡充と，日常の家族生活に密接した紛争解決支援メカニズムの構築が課題となるが，両者を有機的に接合するという視点から，家族紛争解決における公私の結節点としての役割を果たしてきた家事調停の機能について改めて考究する必要性が高まっている（原田2017；稲田2021）。

▶▶4__ 家族の民主化

　身近な人との親密な関係性のあり方が個人の選択にゆだねられる社会では，既存の家族制度や行動様式への適合性よりも，他者との親密な関係性そのもの（純粋な関係性）に価値が置かれ，それが追求される（ギデンズ1995）。ただし純粋な関係性は壊れやすく，それが追求されればされるほど関係性が不安定なものになり，結局は個人の経済力や魅力がものをいう階層化の問題なども生じうる（山田2004）。日常の家族生活においても，家族各人の希望や利益をすり合わせるために複雑かつ微妙な調整が必要になり，それに失敗すれば家族は崩壊しかねない。しかし別の見方をすれば，現代の家族は，メンバーが相互に自律性を認めあい，話し合いを尽くしながら家族生活を営む場にもなりうるということでもある。自由で平等な関係において，各人が自己決定し交渉するという営みを通じて，家族の民主化への道筋が開かれるのである（ギデンズ1995，コマイユ2002）。

　すでに政治学の領域においては，家族における民主主義の可能性を切り開くため，議論の場の閉鎖性やメンバー間にある現実の不平等など，親密圏の特質から生じる熟議の阻害要因とその克服方法の検討がなされている（田村2017）。また，親密な関係性のなかで生まれる自己のアイデンティティや自尊感情，ケアや依存のニーズといった「私」の視点から，「公」における「個人」や「自律」，「自由」といった概念を問い直し，私的領域に押し込められてきた人間のケアを公共の問題として再定位しようという議論もなされている（キテイ・岡野・牟田2011）。社会的実践としても，例えばフランスのパートナーシップ制度であるPACS（民事連帯契約）は，同性カップルが自分たちの私的な問題を政治的な問題へと転換し，それを社会運動に結び付けたことによってはじめて可能になった（コマイユ2002）。こうして，「公」の世界に接近しつつ，新しい「公」のあり方をも提示する「私」の世界としての家族の可能性に，注目が寄せられ始めているのである。

▶ §5 家族に関する研究の今後——法社会学の視点から，そして市民の視点から

　現代の家族は，家族に関する個人の選択の多様化，個々の選択の背後にある社会経済的条件や制約，家族内部の人間関係の複雑化や不安定化，家族における紛争や暴力の存在とそれへの対応の必要性，家族関係の国際化など，急速に変容する社会環境の中で，多方向への変化や展開を見せている。このような状況に置かれた家族について深く考察するためには，家族をめぐる問題が実際にどのような状況において発生しているのか，それに法的・社会的にどのような対処が求められているのかを，具体的な文脈に沿って把握し検討していかなければならない。国家としても，特定の「あるべき家族」を提示しそれに基づいて家族関係を規律するよりも，多様な家族のあり方を認め，包摂しつつ，個別の問題解決の機能——とりわけ子どもなどの家族において脆弱な立場に置かれた者を保護し支援するための機能——を強化していく方向へ，家族法政策を展開していくことが求められる。「公」が「私」を一方的に規律するのでもなく，「公」が「私」に家族を委ねきるのでもなく，両者が有機的に結びあいながら，そこに生きる個人が，他者とともにそれぞれの家族生活を主体的に作り上げられるように，家族と国家の関係を現代の状況に即して構築していくことが要請されるのである。法社会学においても，こうした側面からの議論に貢献できるような家族研究が，今後より一層求められるように思われる。

　最後に，家族について研究する（考える）という営みは，研究者が独占すべきものではないということを強調しておきたい。市民である私たち1人1人が，自己の経験や社会の観察を踏まえつつ，家族について考えを巡らせ，自分なりに家族を実践していくことが，私たちの社会における家族のあり方に直接的な影響を与えるのである。このような視点から，例えば次のような問いを，読者のみなさんに投げかけてみたい。①日本の家族は，本当に「多様化」しているのだろうか。家族の現実の姿（リアリティ）と，家族の持つ価値（理念）という2つの視点からみて，「多様化」をどのようにとらえるべきだろうか。②現代の家族が，世代も性（性別だけでなく性的指向や性自認も含めて）も異なる，それぞれに独自の価値観や人生目標を持つ「個人」の集まりである（そのようなものになりうる）とすれば，このような家族が互いを尊重しつつ協力して生きていくための条件としてどのようなものがありうるのだろうか。こうした，家族をめぐる素朴で身近な，しかし，答えるのがなかなか難しい問いに正面から向かい合うところから，「家族」について改めて考えてみていただければと思う。

《参考文献》

稲田龍樹（2021）『家事調停協議論』信山社

エスピン＝アンデルセン，イエスタ（2001）『福祉資本主義の三つの世界』（岡沢憲芙・宮本太郎訳）ミネルヴァ書房（原書は1990年）

江原由美子（1994）「女性の意識変化と家族への影響——フェミニズムの観点から」法社会学46号117-122頁

落合恵美子（2018）「つまずきの石としての1980年代——「縮んだ戦後体制」の人間再生産」ゴードン，アンドリュー／瀧井一博編『創発する日本へ——ポスト「失われた20年」のデッサン』弘文堂，95-135頁

落合恵美子（2019）『21世紀家族へ——家族の戦後体制の見かた・超えかた（第四版）』有斐閣

川島武宜（2000）『日本社会の家族的構成』岩波書店（初出は1946年）

キテイ，エヴァ・フェダー／岡野八代／牟田和恵編（2011）『ケアの倫理からはじめる正義論——支えあう平等』白澤社

ギデンズ，アンソニー（1995）『親密性の変容』（松尾精文・松川昭子訳）而立書房（原書は1990年）

コマイユ，ジャック（2002）『家族の政治社会学——ヨーロッパの個人化と社会』（丸山茂・高村学人訳）御茶の水書房

田村哲樹（2017）『熟議民主主義の困難——その乗り越え方の政治理論的考察』ナカニシヤ出版

辻村みよ子（2016）『憲法と家族』日本加除出版.

利谷信義（1987）『家族と国家——家族を動かす法・政策・思想』筑摩書房

二宮周平（2006）『戸籍と人権』解放出版社

原田綾子（2017）「家族関係の再編成の観点から見た家事調停の現状と課題——未成年の子がいる夫婦の離婚事件の処理に焦点を当てて」家族社会学研究29巻1号49-62頁

原田純孝（1988）「「日本型福祉社会」論の家族像——家族をめぐる政策と法の展開方向との関連で」東京大学社会科学研究所編『転換期の福祉国家（下）』東京大学出版会，303-392頁

ベック，ウルリッヒ／エリーザベト・ベック＝ゲルンスハイム（2014）『愛は遠く離れて——グローバル時代の「家族」のかたち』（伊藤美登里訳）岩波書店

水野紀子（1998）「比較法的に見た現在の日本民法——家族法」広中俊雄・星野英一編『民法典の百年Ⅰ全般的観察』有斐閣，651-690頁

南方暁・田巻帝子（2013）「離婚問題における当事者支援とニーズ：実態調査を素材として」家族〈社会と法〉29号79-92頁

山田昌弘（2004）「家族の個人化」社会学評論54巻4号341-354頁

吉田克己（2000）「家族における〈公私〉の再編」法哲学年報2000年，45-61頁

【原田綾子】

23 講__ コミュニティ／コモンズ ....

▶§1__ コミュニティ／コモンズをどのようにとらえるか

　世界の社会科学者が取り組んできた主要問題として,「コモンズの悲劇」がある。これは,誰が所有者かはっきりせず,すべての人が利用できる共用牧草地(=コモンズ)では,自己利益の最大化のため皆が多くの牛を放牧してしまい,資源の再生力をはるかに超える過剰利用が生じ,すべての牛が滅亡してしまう悲劇を指す。人類が直面する多くの問題は,この喩えから説明できるため,この問題を解決する方法の研究が進められてきた。

　大きくわけて3つの解決方法が提示されてきた(高村2012)。1つは,共用地を分割し,区画毎に所有者を決め,各自の責任で利用させる私的所有権制度の導入という方法である。これは,最も影響力があり,多くの国でこの方法こそが経済発展を生み出すと考えられ,それを実現する法制度改革が推進されてきた。アメリカのロースクールの授業でも所有権制度の発生や必要性を説明するために「コモンズの悲劇」がよく用いられている。

　2つ目は,国家が資源利用の監督者となる方法であり,ここでは,共用地を国有地に編入し,各地の資源利用ルールを国家が定め,ルール違反を国家官吏が取り締まることが目指される。これも影響力を持ち,途上国の多くで地域住民が生活の糧を得るために慣習的に利用していた森林が国有地とされ,従来の利用を禁じる森林法が制定・実施されてきた。

　3つ目は,コミュニティによる共同所有・管理を促進することで持続的な資源利用を目指す方法である。コミュニティとは,境界で区切られる一定の領域内で共同生活を営み,そこに共属感情を持つ構成員からなる地域集団を意味する(マッキーヴァー1975: 46頁)。この地域集団が共用地を共同所有し,利用と管理のルールを定めて,ルール運営を自治的に行えば,各自が飼う牛の数が適切な範囲となり,持続的な資源利用がなされると考える立場は,コモンズ論と呼ばれる。このような考えを提唱したオストロムがノーベル経済学賞を2009年に受賞したこともあり,上記の有力な2つの方法への代替案として今日,影響力を持つようになってきた。

　本講では,コミュニティとコモンズの関係を考えるため,この3つ目の方法がどのようにして「コモンズの悲劇」を解決しうるか,を論じていく。法社会学でも「コ

モンズの悲劇」をどう考えるかは，法制度の中核をなす所有権制度の役割やフォーマルな法とインフォーマルなルールの相互関係をどう捉えるか，現代においてコミュニティは如何にして可能か，といった論点に関わるため，活発な研究がなされてきた（橳澤・名和田1993）。農村に限らず，都市でも人々は一定の領域内で共同生活を営み，実際には，コミュニティがさまざまなルールを定めて運用しており，国家法もそのような役割を促進・承認する制度を建築・景観規制で備えている（長谷川2005, 高村2012）。しかし，日本の法社会学にとって最初に問題となったのは，入会（いりあい）林野と呼ばれる江戸時代の慣習に由来する共用地は，誰が所有すべきか，という問題であった。

▶§2__ コミュニティ／コモンズはどのように議論されてきたか

▶▶1__ 入会林野問題の起源

　ここでは，入会林野につき法社会学がどのような研究を行ってきたのか，を辿ることから，コミュニティやコモンズをどのように捉えるべきか，を考えてみたい。

　ところで，桃太郎の話を声に出して始めることはできるだろうか。この昔話は，お爺さんが山に柴（しば）刈りに行くところから始まる。この柴とは，芝生のことではなく，柴木と呼ばれる鎌で刈れる低木であり，薪にしたり，草とあわせて田畑の土の中に敷き詰め，肥料とした。それ以外にも，山菜やキノコ，生活用具の材料，家畜の飼料である秣（まぐさ）など，農山村で生活するには，林野からさまざまな資源を毎日のように採取してくる必要があった。入会（いりあい）とは，同一の場所に複数の人々やムラが入り会いながら資源利用を行っている慣行を意味し，江戸時代の領主もこの慣行利用をムラごとに認めていた。この時代に排他的な利用権が個人に認められていたのは，田畑まであり，林野については，そのほとんどが入会慣行が認められた共用地であった。

　しかし，明治期に入り，西欧法を模範とする近代的な所有権制度が地租改正に伴い導入されるようになると，入会林野は，官有地か民有地かのいずれかに区分されることになる。政府は，官有地への編入を推進し，村人達の利用を禁じる措置を取る。先の解決策で言うと，2つ目の国家化が進められたが，国家は，官有化した林野を競売で払い下げ，最も高い価格を提示できる者に排他的利用を行わせることを企図していたので，1つ目の私的所有権導入も併せて推進したと言える。

　官有地編有を逃れ，運良く入会地を民有地として地券交付を受けたところも，ムラそれ自体が所有名義の主体になれなかったため，妥協策としてムラの有力者かお寺や神社の名義等で所有権を登記することも行われた。この場合，登記名義上の所

有権者やその相続人が自分達こそ真の権利者であると主張し，村人達の利用を禁じたり，無断で土地を売却したりといったことも発生した。各地で入会林野の利用と帰属をめぐる紛争や裁判が多発したため，明治民法の起草者もこの慣習的利用を認めざるを得ず，明治31年から施行された民法では，入会権を2つの条文（294条と263条）で認め，その権利の中身については，「各地方の慣習に従う」とした。

▶▶**2**__ 生ける法研究としての入会調査

このように民法で入会権は認められたものの，この権利を所有権を制限する用益物権として登記することを不動産登記法が認めなかったため，入会権の存在を公示することができず，登記名義上の所有権者と入会権を持つ村人達との紛争は，その後も多発した。この時期の法律学は，法典制定に影響を与えた外国法の法律書に専ら依拠して研究や講義を行っていたが，末弘厳太郎（1921）は，入会権の問題を念頭に農村の実生活を調査することの重要性を説き，そこで事実上妥当している「ある法律」を把握した上で「あるべき法律」を説くべきとし，これを通じてこそローカル・カラーある日本の法律学が構築されるとした。この末弘の提唱が日本における法社会学の出発点となる。

入会の歴史研究を行った戒能通孝は，登記名義人が勝手に売却処分してしまった岩手県小繋村での入会地をめぐる親子三代にわたる入会権闘争を法廷弁護人としても支援し，入会行為という事実上の支配こそが所有名義よりも優位にたつと主張した（戒能1964）。

この時期の入会権研究に影響を与えたのは，エールリッヒ（1984）の「生ける法」（→**02**講参照）という考え方である。これは，民衆の実生活や確信に根ざした慣習規範を「生ける法」と位置づけることで国家法に対抗できる法源性を認め，裁判所に「生ける法」を承認させることを通じて法全体の発展を社会の側から促そうとする考えである。共同生活を営む農村コミュニティには，入会林野というコモンズをどう利用すべきか，というルールが「生ける法」として存在する。この時期の法社会学研究は，この「生ける法」の存在構造を明らかにする農村調査を各地で進め，調査に裏付けられた入会権の主張が実際に裁判所で認められることも多かった。

▶▶**3**__ 所有権への問い

しかし，入会権が認められず，登記名義人の財産権が尊重され，村人達が森林窃盗罪として有罪判決を受けることもあった。また同様の問題は，世界中で生じていた。このことは，近代法は，財産を持つ者達の利益のために作られており，国家が警察や裁判を通じて法秩序を維持するのは，これらの者の利益のためであるとする法批判を生み出すことにもなる。マルクスは，このような法体系をブルジョワ法と

名付け，資本主義の成立と推進に国家と法がどのような役割を演じているか，を考究し，世界中に強い影響を与えた。マルクスがこのような視点を持つに至ったのは，入会慣行を続けたドイツの農民達が森林窃盗罪として投獄された事件を新聞記者として論ずる中で，国家が作り出した所有権とは誰のためにあるのか，を考えるようになったからであった（マルクス1959）。

　戦後の法社会学をリードし，入会権の調査でも主導的な役割を果たした川島武宜は，マルクスが批判した近代法が持つ問題をゲルマン民族に固有の仲間的共同体の法を重視することで乗り越えようとしたギールケの法学説に依拠しながら，入会権の法学説を理論化する（川島1983）。川島によれば，入会権とは，村落で共同生活を営む仲間的共同体が総有的に入会地を所有している権利であり，この入会共有地の運営や処分，権利の改廃は，この仲間的共同体の全員一致に委ねられる。また村落を離れる者は，仲間共同体の構成員ではなくなるため，自動的に入会権を失権する離村失権の原則が導かれた。この川島説は，判例でも認められた通説となる。

▶▶4　入会林野近代化法とコモンズ論

　しかし，川島自身が『入会権の解体』という本で定式化したように，石油がエネルギーの主役となり，農山村での生活様式が大きく変化していった1950年代半ば以降，入会林野から日常的に資源を採取する古典的利用形態は，消滅していき，入会地内に各戸の専用区域を設定しての分割利用形態，長期的な林業経営のため団体直轄で入会地を統制する直轄利用形態，外部の者に入会地を貸し出すなどの契約利用形態へと分解していった（川島他編1959, 61, 68）。

　またその頃，杉や檜など住宅用の木材が高騰していたため，国家は，植林に基づく林業経営の拡大を目標に掲げるようになる。旧慣に委ねられた入会地は，粗放的な利用に留まっているとの批判がなされ，旧慣を整理し，入会地を個人に分割したり，生産森林組合という近代的法人に所有・経営・管理を移行させることで林業経営の高度化を促進する入会林野近代化法が1966年に制定される。これまで入会権研究を行っていた研究者は，当初は，この立法に批判的であったが，徐々に各県でこの法実施を支援する入会林野コンサルタントを務め，生産森林組合に可能性を託するようになっていく。

　しかし，この近代化法の施行から半世紀が経過したが，実際に近代化された入会地は，四分の一程度に留まった。個人分割された入会地は，狭小すぎて利用が困難となる問題にも直面する。また近代化せずとも上手く運営を続ける入会集団も存在した。そのため2000年頃から入会権に基づく林野の共同管理をコモンズの持続的な管理として評価するコモンズ論が活発になり，再び調査も活発になる（室田・三俣2004）。またさほど利用されていない広大な入会林野は，廃棄物処理施設，自衛

隊基地，原発施設等の迷惑施設の立地場所となりやすく，入会集団が総会の多数決や役員会の決定で入会地を売却することが生じた。これに反対する少数住民は，入会権の全員一致原則に基づき，全員一致ではない形での入会地処分の決定は，無効であるとの主張を裁判で行い，勝訴することもあった。ここから入会権には，環境保全的機能があるという新たな位置づけが法学説でなされるようになり，コモンズ論と法学説が合流していく（中尾・江渕編2015）。

▶§3＿ 入会林野のその後から考えるコミュニティ／コモンズ

▶▶1＿ 過剰利用問題から過少利用問題へ

　以上のように法社会学者による入会権研究は，「コモンズの悲劇」という問題に対して，私的所有権の導入や国有化という手段を政府が推進しようとしたのを跳ね返し，コミュニティによる共同所有・管理ルールの可能性を示し，これを生ける法や総有という法概念を媒介に裁判所にも認めさせるという輝かしい成果を挙げた。その豊富な研究蓄積は，世界的にも稀であり，他分野からも頻繁に参照される。

　しかし，今日，多くの入会林野は，利用・管理されておらず，管理放棄が災害発生リスクを高める過少利用問題が生じている（高村2017）。入会林野の日常的な利用が弱まるに連れ，入会権を持つ者の間でも慣習が薄れ，登記上の所有名義を重視する傾向が強まる。六本（1986）は，近隣での紛争がコミュニティ内で自律的に解決されず，国家法システムである裁判所に持ち込まれる傾向を社会秩序の法化と命名したが，入会林野の運営でも国家法システムである登記制度の影響が強まっている。

▶▶2＿ 法化に伴う登記名義の影響力の検証

　ここでは，農林業センサスという5年に一度，すべての農家，森林所有者に行われる全国調査のデータからこの点を見ていこう。1960年から2000年までは，入会慣行に由来する山林を所有する全集団に調査が行われていた。ここでは，農林水産省からデータ提供を受けた入会に由来する山林を持つ集団への2000年調査の二次分析の結果を紹介していく（Takamura et al.2021）。

　前述したようにムラそれ自体が入会地の所有主体になれなかったため，入会地の所有名義は，妥協としてさまざまな形態が取られた。図表23_1は，その登記名義の種類別に村人が離村した場合にも入会権を持ち続けるか，否かをクロス集計したものである。記名共有とは，村人達の連名で所有権登記された形態であり，社寺とは，神社かお寺が村人達を代理する形で登記している形態，組合とは先の入会林野近代化法に基づき設立された生産森林組合や各種組合が所有者である形態，会社とは村

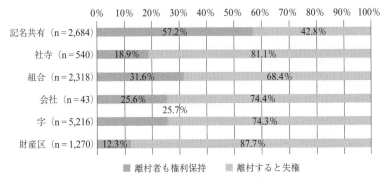

図表23_1 入会に由来する森林の所有名義毎の離村時における権利の扱い

記名共有 (n＝2,684) 57.2% 42.8%
社寺 (n＝540) 18.9% 81.1%
組合 (n＝2,318) 31.6% 68.4%
会社 (n＝43) 25.6% 74.4%
字 (n＝5,216) 25.7% 74.3%
財産区 (n＝1,270) 12.3% 87.7%

■ 離村者も権利保持　■ 離村すると失権

$x2 = 179.6.$　$p < .001$　$N = 12,071$

（出所）　2000年世界農林業センサス（慣行共有調査）

図表23_2　離村時の権利ルールと森林管理作業の実施の有無

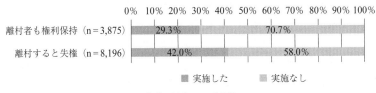

離村者も権利保持 (n＝3,875) 29.3% 70.7%
離村すると失権 (n＝8,196) 42.0% 58.0%

■ 実施した　■ 実施なし

$x2 = 179.6.$　$p < .001$　　出所は図表23_1と同じ

人達がより積極的に林業経営を行うために会社を設立した形態，字とは，行政区画である字が所有名義となっている形態，財産区とは，市町村の一部でありながら独立した法人格を持ち，村人達が自治的に入会地を管理している財産区が所有している形態を指す。従来の法学説によれば，登記名義が異なるのは，偶発的要因に基づくものであり，登記は形式に過ぎず，いずれの場合でも入会集団が実質的な所有主体であり，離村した者は，この集団の構成員ではなくなるので自動的に権利を失うとされていた。

　しかし，図表23_1の集計が示すように，記名共有だと離村しても入会権を持ち続ける割合が他の名義と比べて圧倒的に高く，登記名義のあり方が離村者の権利の有無に大きな影響を与えていることがわかる。慣習が薄れるに連れて登記制度という国家法システムの影響が強くなると，記名共有が通常の共有と同じように観念され，離村しても登記上の名義をそのままとして共同所有権を持ち続けることが多いことをセンサスデータは示している。

　次に離村しても権利を持ち続ける者がいると，森林管理にどのような影響がある

か，を見てみよう。図表23_2は，離村者が権利を持ち続ける集団とそうではなく自動的に失権する集団とで間伐等の森林管理を実施の有無に違いがあるか，をクロス集計したものである。これに基づけば，離村者が権利を保持する場合，管理実施率が自動失権の場合と比べて統計的に有意に低くなっている。林業現場からは，森林を伐採して収益をあげたり，管理作業を第三者に委ねたりする場合に全権利者の合意や印鑑が必要なため，離村しても権利を持ち続ける者がいると，これが難しくなり，必要な管理を行いにくくなることが指摘されているが，このことがデータにも示されていると解釈できる。また最近では所有者不明土地問題ということが言われるようになり，明治期に記名共有で登記された入会地の所有名義が未更新でそのままの場合，そこから辿れる相続人が千人以上に膨れあがることにもなり，その土地の一部に道路を設置する必要が生じても全権利者を探し出して合意が得ることが不可能なため，道路計画そのものを変更せざるを得ない問題がクローズアップされてきている。

▶▶3__ アンチ・コモンズの悲劇へ

　このような権利者の極端な増加や流出に伴う問題は，「アンチ・コモンズの悲劇」として説明される（ヘラー2018）。これは，1つの物や土地に対して共同権利者が増えすぎ，目的物の用途の変更に権利者の全員一致が必要な場合，その困難さから新たな利用が断念され，物や土地の利用が放棄され，荒廃していく悲劇を意味する。この悲劇は，過剰利用の悲劇であった「コモンズの悲劇」の反対の過少利用の悲劇をもたらす。コミュニティの構成員がコモンズの資源を自ら直接利用していた時代であれば，このような問題は意識されなかったが，入会林野の管理も第三者に委託契約することが増え，登記上の所有名義の影響が社会秩序の法化に伴い強まっていくと，連絡がつかない権利者の存在は，契約等の法律行為を不可能とさせ，利用断念をもたらす要因となるのである。

▶§4__ コミュニティ／コモンズを広げて考えるには

　最後にこれまで論じてきたことが他国ではどのような形で生じているか，を見ていこう。林野から資源を採取する慣習的利用は，どの国でもあり，この慣習的権利を法がどのような形で認めるべきかが問題になっている。最近では，オストロムのコモンズ論の影響が強くなり，コミュニティに権利を認める方向へ舵を切った国も増えつつある。

　インドネシアもそのような国の1つであり，国家がコミュニティに対して慣習

利用地をコミュニティの名で登記することを推進している（von Benda-Beckmann ed.2009）。地方分権改革も並行し，村にさまざまな政治的権限が認められるようにもなった。しかし，いざ登記しようとすると，コミュニティとは何か，その範域はどこまでであり，誰が構成員なのか，が問題となる。実際にコミュニティの境界を確定することは難しく，さまざまな紛争を惹起することにもなる。権限が与えられるようになった村は，少し大きく，村の登記となると，村のリーダーが勝手に土地を売却してしまう恐れもある。逆に実際のコミュニティの姿に近づけて登記しようとすると，血縁集団の連合体の代表者の名での登記となるが，これもその代表者が勝手に土地を処分してしまう恐れがある。このような恐れをなくす戦略的手段として日本の記名共有のように全員の連名で登記することも行われている。これは，勝手な売却を防ぐ当面の策としては良いかもしれないが，将来，「アンチ・コモンズの悲劇」をもたらすかもしれない。またこの場合でも実際には慣習利用地たるコモンズには，さまざまな村から人々が入り会いながら利用しているため，登記には，権利者を確定するためのコミュニティの線引きが必要となる。

　逆に中国では，社会主義の影響もあり，農村の土地は，早くから村コミュニティの総有となっていた（奥田編2014）。しかし，ここでも村のリーダーの恣意の恐れがあり，市場経済の進展に伴って土地の財産的価値が重視されるようになったため，林権改革が進められ，林地の所有権は，村コミュニティが持ち続けるが，利用権は，村コミュニティの構成員毎に区画分割して排他的に与えることを可能とした。この利用権たる林権は，所有権の上に登記された独立した物権となり，この法的保護を通じて市場で取引される権利となる。林業経営を積極的に進めようとする者は，市場で林権を購入し，経営する林地の集積をはかることが期待されている。村コミュニティの解体が急速に進展し，外部から新たに林業経営のため農村に進出しようとする主体が存在する場合，このような法改革も効果を挙げるかもしれない。しかし，細かく分割された林権が上手く集約され，一体的な森林管理を生み出すか，は，まだ定かではない。

　コミュニティとは，「コモンズの悲劇」を私的所有権制度の導入や国家化によって解決しようとした国家主導型の法改革へ対抗するために構築された「想像の共同体」と表現できるかもしれない。いざコミュニティを所有主体として法の中に取り込もうとすると，コミュニティ自体が権力を持つようになり，実際の社会関係との間でずれも生じ，このこと自体が新たな問題ともなる。法社会学とは，このようにして法が新たなコミュニティを構築する社会的な構成作用も観察して，その理論化を行う学問であり，本講が扱った入会林野の問題は，この理論化を歴史と比較を通じて行ってきた伝統がある。

《参考文献》

エールリッヒ，オイゲン(1984)『法社会学の基礎理論』(河上倫逸／マンフレート・フーブリ
　ヒト訳)みすず書房(原書は1913年)
奥田進一編(2014)『中国の森林をめぐる法政策研究』成文堂
戒能通孝(1964)『小繋事件』岩波新書
川島武宜(1983)『川島武宜著作集8——慣習法上の権利1』岩波書店
川島武宜・潮見俊隆・渡辺洋三編(1959,61,68)『入会権の解体Ⅰ，Ⅱ，Ⅲ』岩波書店
楜澤能生・名和田是彦(1993)「地域中間集団の法社会学」利谷信義他編『法における近代と現
　代』日本評論社，405-454頁
末弘厳太郎(1921)『物権法 上』有斐閣
高村学人(2012)『コモンズからの都市再生』ミネルヴァ書房
高村学人(2017)「過少利用時代からの入会権論再読」土地総合研究25巻2号40-68頁
中尾英俊・江渕武彦編(2015)『コモンズ訴訟と環境保全』法律文化社
長谷川貴陽史(2005)『都市コミュニティと法』東京大学出版会
ヘラー，マイケル(2018)『グリッドロック経済——多すぎる所有権が市場をつぶす』(山形浩
　生他訳)亜紀書房(原書は2008年)
マッキーヴァー，ロバート・M(2009)『コミュニティ——社会学的研究』(中久郎他監訳)ミ
　ネルヴァ書房(原書は1914年)
マルクス，カール(1959)「木材窃盗取締法にかんする討論」『マルクス=エンゲルス全集第1
　巻』大月書店(原書は1842年)
室田武・三俣学(2004)『入会林野とコモンズ——持続可能な共有の森』日本評論社
六本佳平(1986)『法社会学』有斐閣
Takamura Gakuto, Takashi Nishide, Yusuke Kanazawa & Masahide Hayashi(2021) "Bundle of
　Rights Reversed: Anticommons in a Japanese Common Property Forest Due to Legalization."
　International Journal of the Commons, 15(2): 1-17.
von Benda-Beckman, Franz & Keebet ed. (2007) *Changing Properties of Property*, Berghahn.

【高村学人】

24 講＿ 市場・企業 ....

▶ §1＿ 「市場」と「企業」をどのようにとらえるか

　経済活動の舞台である「市場」とそのプレーヤーである「企業」は，現代社会を考察するうえで無視できない。私たちの生活は市場経済によって成り立っており，市場経済は企業の利潤追求行動によって回っている。

　現代社会における法の機能を考える際も，市場と企業を視野に収めておくことは有益である。なぜなら，①法は市場・企業のあり方に影響し，逆に，②市場・企業が法のあり方に影響することもあるからである。もっとも，①および②にはいろいろな種類の「影響」が含まれている。便宜上，ここで図表24_1のように分類したうえで具体例を見ておきたい。

図表24_1 「市場」と「企業」の分類図

	①法が影響を与える	②法に影響を与える
市場	(A)	(C)
企業	(B)	(D)

　なお，ここでの「市場」とは，財やサービスが取引される場や機構を抽象的に指す言葉である。これに対し，「企業」とは生産・営利を目的として活動する主体を広く指し，多くの企業は複数の人たちが関与する組織体となっている。

（A）　法が市場に与える影響

　市場で行われるのは取引，すなわち売買や交換である。一般の商品市場では財やサービスが取引され，労働市場では労働力が取引され，そして証券市場では株式や公債などの有価証券が取引される。

　取引について定める最も基本的な法律は民法（特に財産法）である。民法は，どのような権利をいかなる条件のもとで取引できるかを定め，市場取引の枠組みを提供している。民法はどの市場にも適用されるが，それに加えて，おのおのの市場での取引を規律する法律がある。たとえば，労働法は労働力の取引に関するルールを定めている。また，金融商品取引法は取引可能な金融商品やその取引のルールについて規定し，証券市場に参加する業者に対して規制を課す。このように，法は市場

の構造やルールを形作り，市場の作用を左右する重要な役割を果たしている。

（**B**）　法が企業に与える影響

市場が法の影響を受けると必然的に企業にも影響を与えるが，それとは別に，個別の企業の行動に対して法が影響を及ぼすこともある。

企業は法的な存在である。会社法は企業の組織や運営などを規定し，企業の活動を規整している。一定の要件を満たした企業には法人格が与えられ，自然人と同様に独立した主体として行動できる。企業は私法上のルールだけではなく公法上のルールにも服し，たとえば環境基準や安全基準を満たさない経済活動は取り締まりの対象となる。

企業内部や業界内部では独自の非公式の規範が形成・維持されやすいため，公式の法制度の効果が弱まる可能性がある。後述するように，日本の組織では強力な内部規範が人々の行動を制御しているとの指摘がしばしばなされる。

（**C**）　市場が法に与える影響

ここには，市場の発展・変容に反応して法制度が変わるという影響や，市場の働きが法の効果を増幅したり減殺したりするという影響が含まれる。たとえば，金融商品，暗号資産，各種オンラインサービスなど，新しい財やサービスが取引される市場が発達していくと，それを規整する法制度が要請されるようになる。

こうした規整の試みが効果をもつ場合もあれば，法の力が市場の力に抗えずに不首尾に終わる場合もありうる。市場の力が優位になった典型例は，第二次大戦後に都市部を中心に広がったヤミ市である。ヤミ市は当時の食糧管理法や物価統制令に違反するものであったが，結局法律のほうが変わってヤミ物資が自由化された。法の網をかいくぐって市場が発達するという現象は，今なお世界各地で見られる。

（**D**）　企業が法に与える影響

こちらは，法過程の中での企業の行動によって法の内容や作用が変わるという意味での影響である。例を挙げると，法律を制定する過程（立法過程）では企業が利益団体・圧力団体としての役目を担い，立法の内容を動かすことがある。

司法過程（裁判その他の紛争解決の過程）では，企業はリピート・プレーヤーとしての地位を有する傾向がある。つまり，企業は司法制度を繰り返し利用するために，1回しか制度を利用しない人（ワン・ショッター）と比べて長期的には有利になりやすい（Galanter1974. 本講§2の ▶▶**2**【4】も参照）。

行政過程に目を転じると，法の執行に対して企業が何らかの影響力を行使する事例が見られる場合がある。企業は自然人よりも目立つために行政規制のターゲットにもなりやすいが，法の執行を免れるための資源を持ち合わせてもいる。

▶§2__「市場」と「企業」はどのように議論されてきたか

▶▶1__「市場」の法社会学

　「市場」は目に見えるものとは限らない。抽象的な概念としての「市場」は経済学が成立してから誕生した概念であり，時代背景や社会状況によってそのイメージは変容してきた。

【1】　市場経済の発展と法

　20世紀初めの時点で，市場経済は発展の階梯をすでに登りつつあった。そのような情勢のもとで，マックス・ウェーバー（Max Weber）は次のように述べている。

　「…経済が市場を通じての全面的な相互依存関係に基礎を置いているようなところでは，ある法規定からどのような予期しない可能的な付随的結果が生ずるかということは，広範にわたって，法規定の創造者の予測を超えるものになる」（ウェーバー1974: 61-62頁）。

　伝統的な社会関係と対比したとき，市場は御しがたい存在として立ち現れる。市場経済は従来の社会秩序を解体し，国家が正当な権力を独占するという帰結をもたらす。それと同時に，市場経済が浸透するようになると，法が「合理的な諸規則にしたがって計算可能な形で機能することが要求される」（ウェーバー1974: 64頁）。ウェーバーの著作には，市場を制御するために法がその機能を変質させ，形式合理的な近代法が生成されていくプロセスが描写されている。

【2】　市場の弊害と法

　20世紀前半，交通網や通信網の発達や大量生産システムの普及とともに市場経済が発達すると，アメリカ合衆国や日本で巨大な株式会社が出現する。アメリカではカーネギーやロックフェラー，日本では三菱財閥や安田財閥などの大資本家が企業群を傘下に置いていた。

　この時期は，市場や企業の大規模化による弊害が広く知られるようになる。たとえば，市場は所得や資産の格差を生み，十分な資源をもたない労働者は企業に搾取され不利な立場に置かれる。また，農村の窮乏や公害も社会問題として表面化した。

　このような状況を改善するために，法による社会政策が要請される。そこでは，法は市場が生み出す不利益から人々を保護するものとして観念される。市場経済に権利で対抗するという構図は戦前から戦後にかけて頻繁に見られ，たとえば「資本主義経済と法」や「消費者被害とその救済」が法社会学界で広く論じられた。

【3】　法化のなかの市場

　市場経済のメリットを促進しようとする場合も，反対にデメリットを抑制しようとする場合も，いずれにしても法の重要性は増す。市場に対する理解が進むにつれ

て，市場は法で制御できるもの，あるいはされるべきものと考えられるようになる。

　社会が法システムへの依存度を高めることを「法化 (legalization)」と言う（広渡1997；六本2004: 97頁）（→02講参照）。市場と「法化」は次の2つの面で関連する。第一に，市場経済が社会のさまざまな箇所に行きわたり，市場参加者の共通言語としての法の機能が重視されるようになると，「法化」が進んでいく。第二に，市場が生む弊害を抑えるために政府が法による制御を行うときも，やはり「法化」が進む。

　時代を経るにつれて後者の比重が大きくなるのだが，ここで「法」の機能が変質していることに注意していただきたい。つまり，要件・効果モデルに基づいたリーガリスティックな「法」よりも，手段・目的モデルに基づく政策的な「法」が優勢になりつつあるのである。この現象は，「形式合理的な法」から「実質合理的な法」への変質（→02講参照）と表現できる。

【4】　市場と法の共進化

　「市場」を法によっていかにして制御するのかは現在に至るまで難題であり続けている。歴史上，法を用いて市場を制御しようとする試みはたびたび失敗した。そのなかでも深い傷跡を残したのは，2008年のリーマン・ショックであろう。それ以降，市場の動向が人間の心理を反映していることが強く認識されるようになった。これは単純な手段・目的モデルでは不十分であることを意味し，法の機能は今後さらに変質していくと予想される。

　その一方で，市場経済は世界中に広がっている（小森田編2001）。市場は国境を越えるので，一国の法制度だけでは対処できない問題も発生している。市場と付き合うための新たな枠組みがますます必要となり，この点でも市場と法は「共進化」していると言うことができる。

▶▶2__「企業」の法社会学

　「市場」と比べると，「企業」は法社会学の研究対象となることが多かった。ただし，企業を直接の研究対象とするというよりは，法社会学のテーマの一部として企業の研究がなされる場合が多い。問題の設定のしかたによって，企業のどの側面に焦点を当てるかは異なる。ここでは4つを取り上げるが，【1】から【4】の順に，企業は受動的な主体から能動的な主体へと変わっている。

【1】　法的装置としての企業

　前に述べたように，企業はまずもって法的な存在である。企業は人的および物的資源の集合体で，そこには経営者，従業員，株主，債権者など，多くのステークホルダーが関与している。したがって，企業の法的構成のあり方は各ステークホルダーの行動に影響すると考えられるが，公式の法規範が現実にどの程度の影響力をもっているのか，あるいは公式の法規範と非公式の規範（ソフトロー）はどのような関

係にあるのか（どちらの影響力が相対的に強いのか）といった問題は，実定法分野のみならず法社会学でも議論されている（法社会学66号〔2007年〕を参照）。

【2】 法的サービスの需要者としての企業

　法的サービス（法役務）は法社会学における主要テーマである。この場合，企業は法的サービスの需要者として登場する。企業が活動する過程では，多様な法的問題が生じうる（契約，債権管理，労務管理，税務管理，知的財産に関する事務，訴訟対応などが例である）。1980年代以降，このような企業法務を扱う大規模な法律事務所が増加し，特に都市部の弁護士にとって企業法務は業務の中心となっている。現在は企業内弁護士も増加しつつある。

　ただし，弁護士数が低い水準に抑えられていた日本では，弁護士に法的サービスの提供を依頼するのではなく，法的問題を担当する部署（一般に「法務部」と呼ばれる）を企業内に設置し，自らが雇用する人員をそこに充てることが多い。法社会学では，企業法務部についての研究もある（宮澤1987; 米田1997）。

【3】 部分社会としての企業

　企業は多かれ少なかれ外部から隔てられた「部分社会」として存在する。このような「部分社会」にはしばしば独自の規範が確立する。では，企業の内部規範はいかにして生まれ，それは企業の外部にある公式の法規範とどう関係しているのか。法社会学の分野でこの問題にいち早く取り組んだのはフィリップ・セルズニック（Philip Selznick）である。セルズニックは，組織社会学の知見を参照しつつ，企業組織の法社会学的分析を試みている（Selznick1969）。彼は企業組織を契約の集合ではなくガバナンスのシステムとして把握し，公式の法制度がそのシステムのなかでどのような効果を及ぼすかを検討している。グンター・トイブナー（Gunther Teubner）〔トイプナーとも表記される〕，ローレン・エデルマン（Lauren B. Edelman）らも，組織内部における規範と公式の法規範の相互関係について射程の広い理論を展開している。

　このような観点からは，企業はルールを自ら作り出していく主体として捉えられる。企業は，外部の法規範から影響を受けながらも，独自の規範を確立する。場合によっては，企業で生成した規範が公式の法制度に取り込まれることがある。

【4】 法に働きかける主体としての企業

　より積極的に，企業は立法過程において顕著な役割を演じる存在でもある。大企業や経済団体（日本経済団体連合会，日本商工会議所，経済同友会など）の意向を反映したルールがたびたび作られる，というのはよく知られるところであろう。たとえば司法制度改革でも企業はアジェンダ・セッティングを行った。

　「法」を広い意味で捉えれば，判例法に対しても企業は一定の影響力を行使しうる。特に，法システムが資源を「持てる者」に有利になるというマーク・ギャランター（Marc Galanter）の指摘は重要である。大企業には他の当事者よりも物的・人的資源

を保有しているので，持久戦に持ち込めば企業が勝つ公算は大きくなる。また，類似の法的問題に繰り返し直面する企業は，問題を処理するためのさまざまな資源を動員しやすい立場にある（Galanter1974）。

▶§3__ 「市場」と「企業」をめぐる日本の特徴

▶▶1__ 日本の市場・企業の特徴

日本の市場と欧米の市場の相違点として指摘されるのは，日本には独特の企業結合の様式（企業集団・企業系列）があり，経済学が想定する市場原理が十分に作用していない点である。系列取引，株式の持ち合い，取引シェアに応じたリベート制，特約店制度など，安定的な経営には資する一方で閉鎖的で不透明な商慣行が根づいていた。これは「日本の取引慣行」と呼ばれる。

日本的取引慣行は，企業の目的が収益性の増大ではなく，企業そのものの存続や成長にある，ということと関連している。日本と欧米は同様の法制度をもってはいるが，本来の（法的な）企業所有者であるはずの株主の力は弱く，経営者が実質的な支配権を有する。会社は「家」の論理によって動き，それが安定的な経営を可能にする商慣行を生み出していったのである（川島1950；三戸ほか2018）。

日本的取引慣行は同質的集団による長期継続的取引を特徴としている。現在では国際化や技術革新によって変質しつつあると言われているが，実態調査によれば変化の度合いには差が見られ（宍戸2017），この慣行は今に至るまで日本の市場や企業の姿に影を落としている。

▶▶2__ 市場・企業に対する法の影響

【1】 企業の「内からの変化」

日本的取引慣行が発達した高度経済成長期の社会は，「企業社会」と特徴づけられることがある。つまり，日本の企業は従業員や経営者をメンバーとする一種の運命共同体であり，メンバーは企業を中心とする生活を送る。このような社会では，公式の法規範よりも非公式に形成される内部規範のほうが支配的になりやすい。

このことから，企業のなかには「法の出番がない空間」が残る（広渡1997）。そこでは，会社を第一とする強い共同体の規範が生じ，公式の法規範は弱い効果しかもたない。企業に対する法的権利の主張は忠誠心とは相反するものとみなされるので，構成員が企業に留まりながら権利を行使することは制約される（企業の不祥事，ブラック企業問題などは，その弊害を示す例である）。共同体的な規範が企業内部で優位になっている場合は，法規範の効果を企業の内部から及ぼして企業の行動を変えるのは困

難だということになる。

【2】　企業の「外からの変化」

　では，法が企業の行動を変える可能性は小さいのだろうか。実は必ずしもそういうわけではなく，特に企業の行動がその企業の評判や信用に響いてくるときには法は予想外の力をもつ場合がある。

　古典的な例は男女雇用機会均等法（雇用の分野における男女の均等な機会及び待遇の確保等に関する法律）であろう。1985年の（旧）均等法は，募集・採用・配置・昇進に関しては均等な取扱いを努力義務として規定するのみであった。しかし，均等法にはある程度の効果があったと考えられている。法の制定により，少なくとも明確な差別行動に対しては非難しやすくなった。

　1990年代には「コーポレート・ガバナンス」（企業経営を管理・監督するしくみ。株式会社の場合は，株主の利益を実現できているかを監視する）に注目が集まり，多くの企業で内部統制や監査のしくみが整えられるようになった。これも「外からの変化」の一例と言えよう。

　2000年代以降は，「コンプライアンス」がCSR（企業の社会的責任）とともに強調されてきた。コンプライアンスはもともと「法令遵守」と訳されていたが，次第にその範囲は拡大し，企業倫理や社会的要請をも包含する概念となっている。コンプライアンス違反をした企業は，法的責任を負うだけでなく，ステークホルダーからの信用の失墜による損害も受けることになる。日本の市場や社会の同質性は依然として高く，評判や信用の機能は強力である。

【3】　市場の変化

　企業の行動の変化は，言うまでもなく市場の変化も引き起こす。企業の行動を経由したこのような変化とは別に，日本市場の複雑性や閉鎖性を解消しようとする試みもあった。その背景には，経済のグローバリゼーションに伴って外資系企業が日本に進出し，日本固有の商慣行の除去が求められたという事情がある。

　典型例は，大規模小売店舗法（大店法）である。1974年に施行されたこの法律は，大型商業店舗の活動の規制と中小小売業者の保護を目的としていた。これに対してはとりわけアメリカ合衆国からの批判が強く，この問題は世界貿易機関（WTO）にも持ち込まれた。大店法は2000年に廃止され，代わって「大型店と地域社会の融和の促進」を目的とする大規模小売店舗立地法（大店立地法）が制定される。

　市場への新規参入を容易にして競争を促す法律は，規制緩和の流れのなかで数多く制定された。労働市場，エネルギー市場，農産物や医薬品の市場などで規制が緩和されてきたが，これらはすべて法が市場の構造を変えようとする例である。

　もっとも，法が市場を導くよりも，市場の急激な発達という実態が先行して法が後追いで作られるケースのほうが多い。次の項では，市場や企業が法に対して与え

る影響のうち，日本に特徴的なものを取り上げよう。

▶▶3＿ 法に対する市場・企業の影響

【1】 非公式の規範（ソフトロー）に対する影響

日本的取引慣行は非公式の規範，すなわちソフトローの一部を構成している。取引のプロセスにおいて何が期待されるかは，市場の構造によっても，企業の過去の行動によっても違ってくる。

日本では，契約条項を詳細に明文で記すことは少なく，暗黙の合意や覚書といった非公式の方法に委ねる傾向が見られる。また，契約の拘束力も絶対的なものとは考えられておらず，誠実協議条項などの形で再交渉の余地が残されることが通常である。法律の定める公式の規範と異なる非公式の規範が通用しているのである。

このような非公式の規範は，長期的な系列取引のもとで発生してきたと言われる。同質的なメンバー間の継続的な関係においては，契約書面を簡潔にして，事情変更を許容しやすい契約にするほうが合理的である（宍戸2017）。契約を強制する際には，法制度ではなく仲間内のサンクションが有効となる。同様のサンクションは系列内の企業のみならず系列外の企業にとっても一定の効果をもちうる。系列外の企業が系列内で悪い評判を得てしまうと，系列内の企業すべてとの取引の機会を将来にわたって失うかもしれないからである。

【2】 公式の法規範（ハードロー）に対する影響

市場や企業が公式の法規範（ハードロー）に対して影響を及ぼす経路としては，次の3つが挙げられる。第一に，ソフトローの生成や変容を通じてハードローが変わっていくという経路がある。ビジネス法の領域では，取引に関する上記のような非公式の規範が公式の法規範に反映されることがよくある（実際，日本では商慣習法は法源のひとつとされている）。

第二に，企業自身が立法機関や行政機関に意識的に働きかけることによってハードローが変更されるという経路である。大企業や経済団体が立法過程でも大きな影響を及ぼしていることはすでに述べたとおりである。日本は議院内閣制を採用しているため，圧力団体は関係省庁に働きかけを行うのが普通である。

第三に，市場のニーズの変化や社会的要請の高まりを考慮して，行政機関が規整ないし規制に乗り出し，その過程で法規範が定められる，という経路もある（第二点は行政機関がリアクティブに作用しているのに対し，第三点はどちらかと言うとプロアクティブに作用している）。現在では技術の高度化が目覚ましく，フィンテック（FinTech；ファイナンス・テクノロジー）の勃興，流通システムの革新，あるいは次々と開発される新たな商品やサービスの取引の普及など，市場は刻一刻と変動している。市場の急速な変化にどのように向き合ってルールを形成していくかは，日本だけでなく

各国の法制度が抱える課題となっている。

▶§4__「市場」・「企業」研究のその他の広がり，考えるべき論点

　市場・企業に関しては，未開拓の研究領域がたくさんある。残された課題のうち，ここでは3点について触れておきたい。

▶▶1__法と経済パフォーマンス
　1990年代以降，市場経済の発展と法制度の関連性をデータによって明らかにしようとする実証研究が経済学の分野で行われてきている。たとえば，La Porta, Lopez-de-Silanes, Shleifer and Vishny（1998）は，金融市場に関する法制度が経済パフォーマンスに与える効果を定量的に分析している。この論文では，世界49カ国の会社法や倒産法を参照して法的ルールや実効化の質を表す指標が作られている。著者らの主張は，法的ルールや実効化の質が各国の経済パフォーマンスに影響しているという点にある。この指標は法体系（英米法系，大陸法系など。論文では「法の起源（legal origins）」と表現されている）と強い相関があり，具体的には英米法系が経済発展にとって有利な法体系であるという結果が導かれている。
　彼らの研究は多くの経済学者の議論を喚起し，「法と金融」アプローチと呼ばれる一連の研究をもたらした（Glaeser and Shleifer2002）。法制度の違いが市場の発展や多様性を生み出すというテーゼは，法学から見ても興味深い。
　法と経済パフォーマンスに関係する研究は，「法と経済学」の分野とも連なる。会社法では近年この方向の研究がさかんであり（田中編著2021），法社会学にとって参考になる知見も多い。

▶▶2__経済のグローバリゼーション
　経済のグローバリゼーションが進行すると，一国の法制度だけでは市場や企業を規制することは不可能になる。国家の枠組みをもとにして作られてきた法制度は実効性を失い，各国の法制度同士が抵触しあう状況も多くなる（浅野ほか編2015）。すでに一部の大企業は法域そのものを戦略的に選択できるほどの力をもち，ギャランターの言う「持てる者」の優越は上位のレベルで起きつつある。
　個々の企業がグローバリゼーションにどのように対応しているのか，大きな力をもたない中小企業や一般の人々はどういう境遇に置かれているのか，日本的取引慣行はどう変容していくのか，そしてこれらの問題に対して法はいかなる役割を果たしうるか，といった問題は，経験的な研究を踏まえながら考察されるべき論点であ

る（→その他の論点については**29講**を参照）。

▶▶**3**＿ 市場とその他の領域

　市場と社会のその他の領域の関係もまた変化のさなかにある。なかでも，市場と国家（あるいは自治体）の境界，市場と地域コミュニティの境界（→**23講**参照），市場と家族との境界（→**22講**参照）はつねに揺れ動いており，市場が他の領域を侵食するという現象も観察される。

　たとえば，従来は家族のなかで担われてきたことが市場に委ねられるようになっている。家事，育児，介護などの各種サービスは市場で提供されている。代理出産ビジネスも含めて考えれば，出産までもが市場の領域に足を踏み入れている。

　市場メカニズムは法制度によって構築されている。法制度の選択は，「市場の領域に委ねるか，それとも他の領域に保っておくか」という選択に他ならず，長期的には人々の価値観を左右する可能性もある。

《参考文献》

浅野有紀・原田大樹・藤谷武史・横溝大編（2015）『グローバル化と公法・私法関係の再編』弘文堂

石田眞（1998）「〈企業組織の法社会学〉にむけて」日本法社会学会編『法社会学の新地平』有斐閣，194-203頁

ウェーバー，マックス（1974）『法社会学』〔世良晃志郎訳〕創文社

川島武宜（1950）『日本社会の家族的構成』日本評論新社

小森田秋夫編（2001）『市場経済化の法社会学』有信堂

宍戸善一（2017）「『日本的取引慣行』の実態と変容──総論」旬刊商事法務2142号4-16頁

田中亘編著（2021）『数字でわかる会社法〔第2版〕』有斐閣

広渡清吾（1997）「日本社会の法化──主としてドイツとの対比で」岩村正彦他編『岩波講座・現代の法15　現代法学の思想と方法』岩波書店，143-176頁

三戸浩・池内秀己・勝部伸夫（2018）『企業論〔第4版〕』有斐閣

宮澤節生（1987）『海外進出企業の法務組織──アメリカ法環境への適応をめざして』学陽書房

米田憲市（1997）「企業組織体における法的役務──法務処理体制の現象構造と法的役務の『専門性』」神戸法学雑誌47巻1号57-124頁

Galanter, Marc（1974）"Why the 'Haves' Come Out Ahead: Speculations on the Limits of Legal Change," *Law & Society Review* 9: 95-160.

Glaeser, Edward & Andrei Shleifer（2002）"Legal Origins," *Quarterly Journal of Economics* 117: 1193-1229.

La Porta, Rafael, Florencio Lopez-de-Silanes, Andrei Shleifer and Robert W. Vishny（1998）"Law and Finance," *Journal of Political Economy* 106: 1113-1155.

Selznick, Philip（1969）*Law, Society, and Industrial Justice.* Russell Sage Foundation.

【飯田　高】

25 講__ 包摂と排除 ⋯⋯⋯⋯⋯⋯⋯⋯⋯⋯⋯⋯⋯⋯⋯⋯⋯⋯

▶§1__ 包摂と排除とは何か

　近年，法社会学においても包摂と排除という概念が徐々に注目されつつある。

　包摂は排除の対義語であり，それぞれ社会的包摂，社会的排除などともいわれる。両概念には様々な定義があり，また，政治的次元と学術的次元において，やや異なる議論がある。

▶▶1__ 政治的次元における議論

　まず政治的次元における議論をみる。EUは社会的包摂を「貧困や社会的排除のリスクにさらされた人々が，経済的・社会的・文化的生活に十分に参加するため，また，かれらの生きる社会では標準的であると考えられる生活や福祉の水準を享受するため，必要な機会や資源を確実に得られるようにするプロセス」と定義する。他方，社会的排除とは「特定の諸個人が，貧困のため，基礎的能力や生涯にわたる教育の機会の欠如のため，又は差別の結果のため，社会の周縁に押しやられるプロセス」とされる（European Commission2004: 10）。この定義は①機会や資源へのアクセスの有無に焦点をあてている。また②いずれの概念も時間的に連続するプロセスとして把握されている。

　包摂や排除という概念が政治的に注目された背景としては，1980年代以降，ヨーロッパ諸国において若者が長期的に失業し，社会的・経済的格差が拡大してきたことがあげられる（岩田2008）。

　1997年アムステルダム条約117条は「持続的な高水準の雇用と，排除の撲滅のための人的資源の開発」を目標とし，2000年3月リスボン欧州理事会は「人間への投資と社会的排除の撲滅のために，ヨーロッパの社会モデルの現代化」を図ることとした。

▶▶2__ 学術的次元における議論

　他方，学術的次元では古くから社会学において議論が存在した。エミール・デュルケム（Émile Durkheim）は社会分業の進展が有機的連帯という形で社会的包摂を実現すると指摘した。T.H.マーシャル（T. H. Marshall）はシティズンシップ（市民的

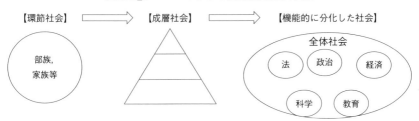

図表25_1　ルーマンによる社会構造変化の図式

【環節社会】　⟹　【成層社会】　⟹　【機能的に分化した社会】

部族,
家族等

全体社会
法　政治　経済
科学　教育

(出所)　ルーマン（2007: 207頁以下）の記述をもとに筆者が作成。

権利)の発展が社会的不平等を弱め,包摂をもたらすと考えた。ここでシティズンシップとは,ある共同体の全構成員に与えられた地位身分(status)である。タルコット・パーソンズ（Talcott Parsons）もマーシャルの影響を受け,包摂を「問題となる行動様式やそうした行動様式の組み合わせ,そして,そうした行動様式に従って行動することで,ヨリ広い連帯的社会システムにおいて,多かれ少なかれ完全な成員資格をもつものとして受け容れられるに至った個人や集団」を指すものとした（Parsons1972: 306）。

　だが,ニクラス・ルーマン（Niklas Luhmann）はパーソンズを批判し,パーソンズが排除を考慮していないと指摘した（ルーマン2007）。パーソンズによれば,全体社会はあらゆる人間のために包摂の可能性を用意していることになるが,現実はそうなっていないからである。ルーマンによれば包摂とは「人が社会的に人格として顧慮されるチャンス」のことであり,排除とは「そうしたチャンスがないこと」を指す。

　ルーマンによれば,社会構造は歴史的に①環節社会,②成層社会,③機能的に分化した社会（近代社会）へと変化したが（図表25_1参照）,①②③の各段階において包摂と排除とが存在したという（ルーマン2007）。

　①は原始的社会であり,そこで包摂とは各人が1つの環節（家族,部族など）に属することであり,排除とはそこからの排除を意味した。

　②は身分制的な階層社会であり,そこで包摂とは各人が特定の階層に属することであった。階層から排除された人々は修道士,浮浪者,海賊などになった。

　③は（全体）社会が様々な領域（法,政治,経済,教育,宗教などの機能システム）に分化した段階であり,各人はいかなる機能システムにも包摂されうる。機能システムに関与するかどうかは各人の選択による（たとえば,裁判を起こせば法システムに関与することになるし,貨幣を支払えば経済システムに巻き込まれる）から,排除はもはや存在しないように思われる。

　だが,ルーマンはブラジルのファヴェーラ（貧民窟）を訪問して以来,近代社会においてもあらゆる機能システムから排除される人々がいると指摘するようになった。ルーマンがとりわけ強調したのは,近代社会においては各機能システムが相互

に依存しているため，ある機能システムからの排除が自動的に別の機能システムからの排除をもたらし，排除の効果が累積的になることであった。

「インドの例：道路で暮らして固定した住所を持たない家族は，子供を学校に入れることができない。別の例：証明書を持たない者は選挙権を持たず，法的な結婚ができない。経済的な困窮は合法／違法という法的コードについての高度の無関心を生み出す」（ルーマン2007: 233頁）。ルーマンはさらに，今後の世界では，包摂か排除かがあらゆる機能システムを媒介するメタ・コードとして機能すると予測した。他方で，包摂の圏域にいる人々は，そこで人脈や友誼関係を利用して他者より有利に活動することができるとされた。

「インクルージョンのおかげで，たとえば満席の航空機に席を取ってもらったり，応募を優先的に扱ってもらえたり，学校や大学の試験に合格させてもらったり，政治的に後援してもらったり，逆に後援のおかげで政治的に頭角を現したりする」（ルーマン2007: 225頁）。

では，排除された人々を再び社会に包摂する機能システムはあるか。ルーマン自身は宗教や宗教組織による社会的奉仕（Diakonie）に期待を寄せた（ルーマン2016）。これに対して，ディルク・ベッカー（Dirk Baecker）は排除された人々を包摂する新たな機能システムとして「社会扶助」（Soziale Hilfe）を位置付けた（Baecker1994）。

以上にみた議論については，さしあたり次の3点が指摘できる。

第1に，ルーマン自身は明確に指摘していないが，社会的排除の契機は，しばしば住所やID, 証明書など，自らを同定する要素を失うことにある（長谷川2016）。ホームレスによる住民票転居届不受理処分取消訴訟（後述）などでは，大阪市北区が市内の公園のテント所在地にホームレスの住所を認めないことにより，ホームレスを当該地域から間接的に排除しようとしたといえる。こうした剥奪とは反対に，無国籍のロヒンギャ難民にブロックチェーン技術に基づくデジタルIDを与え，教育や経済に参加させ社会に包摂しようとするプロジェクトもある。

第2に，ルーマンのいう包摂概念は，たんに機能システムに参加するという意味での包摂を指すこともあるが，人脈や友誼関係を利用して自らに有利な形で政治的・経済的に活動することを意味する場合もある。両者を区別する方が議論が生産的になるように思われる。

第3に，ルーマンは排除をあらゆる機能システムからの全面的な排除として描く傾向があった。だが，現実の社会には包摂と排除との中間形態や混合形態が存在するように思われる。たとえば，刑務所に収監されている囚人や，入管の収容施設に収容された非正規滞在者は，法システムに包摂されているのか，排除されているのか。こうした問題は解答が容易ではない。

図表25_2　「包摂的な排除」と「排除的な包摂」

包摂的な排除 (Inkludierende Exklusion)	排除的な包摂 (Exkludierende Inklusion)
精神科・病院 刑務所（刑務官が管理） 若者向け支援 ［スポーツ］ファン向け企画 再教育［施設］ 利便供与（Patronage） 修道院	ハンセン氏病患者居住区 刑務所（囚人が管理） 若者ギャング フーリガン主義 マフィア，ギャング組織
	売春
障害，障害者［施設］ 介護施設 プロの軍隊 聖戦（ジハード） 教会 改革派の社会民主主義 　（Reformistische Sozialdemokratie）	安楽死［施設］ 傭兵 テロリズム 千年王国のカルト 革命的マルクス主義 　（Revolutionärer Marxismus）

（出所）　Stichweh（2009: 40）.

▶§2＿　包摂と排除との中間段階および交錯

　前節末尾で述べたように，近年では包摂と排除との中間形態・混合形態・限界事例とは何かが問われている。アルミン・ナセヒ（Armin Nassehi）は包摂の限界事例を例示した。たとえば，私人や企業の破産は経済システムの外部ではなく，その内部で起こる事象であり（支払という行為を観念できなければ，破産は語りえない），破産した私人や企業はなお経済システムに包摂されている。同様に，法的な不正，政治権力の喪失，教育上の不利益，宗教上の罰も，それぞれ法システム，政治システム，教育システム，宗教システムの内部で生ずる（Nassehi2002）。

　また，ルドルフ・シュティヒヴェー（Rudolf Stichweh）は「包摂的な排除」や「排除的な包摂」といった概念を考案した。かれの挙げた例は図表25_2の通りである（Stichweh2009: 40）。

　シュティヒヴェーによる「包摂的な排除」と「排除的な包摂」との区別はやや分かりにくい。簡単にいえば，「包摂的な排除」とは法システム（刑務所），宗教システム（修道院，教会），医療システム（精神科，病院），介護システム（介護施設）といった機能システムが用意した施設等に人々が収容＝包摂されるが，外部との社会的なコミュニケーションが断絶＝排除されるというものである。これに対して，「排除的な包摂」とは法や政治や宗教や医療といった機能システムの外部にある排除の圏域に包摂（放逐）されてしまう類型である（ギャング，マフィア，犯罪組織，傭兵，テロ）。もっとも，宗教的な信念に基づくテロは聖戦と区別できるかなどと考えると，上記の分類には曖昧な部分も残る。

▶§3__ 日本における社会的排除と法的対応

　最後に，日本社会における社会的排除と，排除された人々の包摂を目指した法的対応について，若干の例を示す。ただし，わが国の法律学においては，排除や包摂は法令用語でも講学上の概念でもない（その点で「差別」とは異なる）。わが国の法解釈学はこれまで女性，障害者，被差別部落，在日朝鮮人，外国人，性的マイノリティ等に対する差別を論じてきたが，包摂や排除を論じてきたとはいいがたい。

　差別とは平等の対義語であり，社会の中で，特定の個人や集団を多数者と法的に平等に扱わないことである（周知のように，日本国憲法14条は「法の下の平等」を規定する）。何を差別とみなすかは，時代や社会によっても異なりうる。20世紀以降は，形式的平等（個人を形式的に均等に取り扱うこと）ではなく，実質的平等（社会経済的弱者に保護を与え，結果として他の国民と同様の水準を確保すること）が重視されている（芦部2020: 129-130頁）。

　現時点では，ある個人や集団が社会から排除されていても，法的な観点からはそれを「差別」として取扱い，権利の救済を図らざるをえないことが多い。法解釈学において，包摂と排除をいかに位置づけるのかは今後の検討課題である。

　日本における社会的排除の例として，ホームレスと障害者について，簡単に紹介しておきたい。

▶▶1__ ホームレスの排除

　日本のホームレスは，2021年1月現在，3824人である（厚生労働省2021a）。男性3510人，女性197人，不明117人である。人は病気，けが，失業，破産，虐待など，様々な理由から誰でもホームレス状態に陥るおそれがある。もちろん，ギャンブルやアルコール中毒，薬物中毒など，本人の責に帰すべき事由からホームレス状態に陥る者もいる。だが，ホームレスとなるのはすべて自己責任であると評するのは適切ではないと思われる。日本では多くのホームレスが，物乞いではなく，空き缶収集や交通量調査など，さまざまな雑業で労働していることも考え合わせる必要がある。

　ホームレスが排除される態様は様々である。日本の市町村はしばしば公園や道路上のテントを行政代執行により撤去する。ホームレスが公園内のテント所在地を住所として住民票を置くことも最高裁によって否定された（最高裁第二小法廷判決2008〔平成20〕年10月3日最高裁判所裁判集民事229号1頁，長谷川2013）。ホームレスが寝られないように公園を閉鎖（供用停止）したり，通路や空地に柵や花壇などの障害物を設けるなど，アーキテクチュアによる間接的排除が行われることもある（長谷川2019a）。なお，2020年11月，路上生活をしていた64歳の女性が，東京都渋谷区内の

バス停で早朝に寝ていたところ，見知らぬ男性に撲殺されるという事件が起こった。これは近年に日本で起こったホームレス排除のなかでも，最も悲惨かつ不条理な事件の1つであろう。

　ホームレスを含む生活困窮者を社会に包摂するための法制度として，生活保護がある。生活保護法は憲法25条の生存権を具体化した法律である。受給者をみると，2021年3月現在，被保護実人員は205万3268人であり，被保護世帯数は164万1536世帯にのぼる（厚生労働省2021b）。もっとも，このうち受給前にホームレス状態にあった者（世帯）がどれほどいたかは不明である。生活保護を受給したホームレスは，福祉事務所から無料低額宿泊所（社会福祉法2条3項8号）や民間の寮への入所をあっせんされることが多い。ただし，無料低額宿泊所には生活環境が劣悪な施設も多いといわれる。民間賃貸住宅への入居は，連帯保証人が必要であったり，賃貸人の理解が必要となるため，しばしば困難である。

　ホームレスに対する支援立法として，2002年にホームレスの自立の支援等に関する特別措置法（ホームレス自立支援法）が10年間の時限立法として制定された。同法は2012年に5年間延長され，2017年に10年間の延長が決定された。

　また，2015年には，生活困窮者自立支援法が制定された。同法は，生活困窮者自立相談支援事業（法4条），生活困窮者住居確保給付金（法5条），生活困窮者就労準備支援事業等（法6条）を制度化した。

　ホームレスの実態を定量的に分析した文献は少ないが，丸山編（2018）は，NPO法人「自立生活サポートセンター・もやい」の相談記録からホームレスを含む生活困窮者の属性（年齢，性別，学歴），就労形態，世帯構成，公的支援の利用形態などを分析しており，参考になる。また，ホームレス排除の諸形態を分類したものとして，長谷川（2019a）がある。

　他方，女性ホームレスに密着して33名にインタビューを行い，掘り下げた分析を行うものとして，丸山（2014）がある。丸山は「自立した理性的主体としての生」を生きていない女性ホームレスのありかたを記述する。同書はわが国において絶対数の少ない女性ホームレスの声を掬い上げた労作として一読に値する。また，1人のホームレスからの聞き取りではあるが，生活保護を受給しながらも野宿生活に戻ってしまう精神状態について，包摂と排除の理論枠組から分析したものとして長谷川（2019b）がある。

　ホームレスは概して自らの過去の辛い経験を語りたがらず，また，知的障害や精神疾患を抱えている人もいることから，面接調査や質問票調査はしばしば困難である。調査にあたっても，調査対象者の精神的・肉体的状態，質問内容，質問方法などに繊細な配慮が必要であろう。

▶▶2__ 障害者の排除

　日本の障害者を身体障害，知的障害，精神障害の３種類の区分でみると，推計値ではあるが，身体障害者436万人，知的障害者109万４千人，精神障害者419万３千人である（内閣府2020）。

　障害者の社会的排除の態様としては，車椅子による公共交通機関の利用や店舗入店を拒否する，教育機関が障害者の入学を拒否する，障害者にハラスメント・虐待・差別を行うなどがある（DPI日本会議2017: 46頁以下）。行政が障害者に対して社会保障制度の手続に関する広報・周知徹底を行わず，訴訟に至った例もある（大阪高裁1993〔平成５〕年10月５日判決判例地方自治124号50頁）。2016年７月に起こった「相模原障害者施設殺傷事件」は，知的障害者福祉施設の入所者19人が元施設職員によって殺害された事件であり，わが国における障害者排除の最悪の事例であったと思われる。

　障害者に対する法的施策としては何があるか。障害者の就労を支援し労働市場へと包摂する法規制としては，身体障害者福祉法（1949年），身体障害者雇用促進法（1960年），知的障害者福祉法（1967年）などがあった。近年では，障害者雇用促進法（「障害者の雇用の促進等に関する法律」，1987年），障害者自立支援法（2005年），障害者差別解消法（2013年）などが制定されている。なお，日本政府は2014年，国連の「障害者の権利に関する条約」を批准した。

　障害者雇用促進法は障害者雇用率制度を設けており，すべての事業主に，一定割合の障害者を雇用する義務を課している。障害者の法定雇用率は，2021年３月１日，民間企業については2.3％，国・地方公共団体等については2.6％となった。

　障害者自立支援法は，障害者から福祉制度利用料を徴収する「応益負担」が導入されるなど，批判を浴びた（楠・姜2005）。障害者差別解消法は，障害者の不当な差別的取扱いをしないことを法的義務とするとともに，合理的配慮の提供を努力義務とする（法８条）。

　最後に，日本の障害者の包摂に関する業績として，榊原（2016）を挙げておきたい。同書は「弱視により身体障害者手帳を持つ」著者の博士論文に基づく単著である。榊原は社会システム理論，とりわけルーマンの社会的排除に関する議論を障害学に応用し，障害を排除から定義する点に特色がある（障害とは「断片的身体情報と社会的処遇の関係に帰責された社会的排除」であるとされ，社会的包摂は「社会的排除の解消」として定義される。榊原（2016: 146頁））。

　たとえば，障害児を普通学級で教えながらも，かれらに異なる学び方を許容する「異別処遇」は，障害児の「包摂」につながる「包摂的異別処遇」の一例である（障害のない生徒と同様の教育を受けさせれば，むしろそれについていけない障害児を排除する「排除的同一処遇」になってしまう）。このように，包摂と排除という抽象的な理論

図表25_3　処遇四象限図

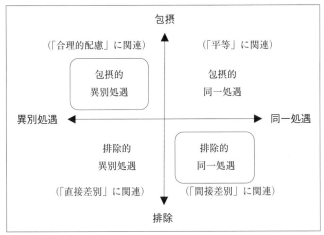

（出所）　榊原2016: 167頁（筆者が一部加筆）。

枠組に立ちながらも，具体的な障害者の処遇に関する評価の枠組を提供している点に，同書の（法）社会学に対する貢献が認められよう。

　障害者に対する面接調査や質問票調査においても，調査対象者が知的・精神的な障害を抱えている場合には容易ではない。調査にあたっても，調査対象者の精神的・肉体的状態，質問内容，質問方法などに繊細な配慮が必要であることはいうまでもない。

《参考文献》

芦部信喜(2020)『憲法(第七版)』(高橋和之補訂)岩波書店
岩田正美(2008)『社会的排除──参加の欠如・不確かな帰属』有斐閣
厚生労働省(2021a)「ホームレスの実態に関する全国調査(概数調査)結果について」[https://www.mhlw.go.jp/content/12003000/000769666.pdf](2021年6月7日アクセス)
厚生労働省(2021b)「被保護者調査(令和3年3月分概数)」[https://www.mhlw.go.jp/toukei/saikin/hw/hihogosya/m2021/03.html](2021年6月7日アクセス)
榊原賢二郎(2016)『社会的包摂と身体──障害者差別禁止法制後の障害定義と異別処遇を巡って』生活書院
DPI日本会議(編)(2017)『障害者が街を歩けば差別に当たる？──当事者がつくる差別解消ガイドライン』現代書館
内閣府(2020)『令和2年版　障害者白書』
長谷川貴陽史(2016)「住所・住民登録・居住」後藤玲子(編著)『福祉＋α9　正義』ミネルヴァ書房，61-72頁
長谷川貴陽史(2019a)「ホームレス排除の諸形態」法社会学85号90-106頁

長谷川貴陽史(2019b)「身分証明・自己排除・支援——元ホームレスへのインタビューを素材として」法と社会研究4号89-113頁

丸山里美(2014)『女性ホームレスとして生きる——貧困と排除の社会学』世界思想社

丸山里美(編)(2018)『貧困問題の新地平－もやいの相談活動の軌跡』旬報社

ルーマン，ニクラス(2007)「インクルージョンとエクスクルージョン」『ポストヒューマンの人間論［後期ルーマン論集］』(村上淳一訳)東京大学出版会203-250頁

ルーマン，ニクラス(2009)『社会の社会2』(馬場靖雄・赤堀三郎・菅原謙・高橋徹訳)法政大学出版局

ルーマン，ニクラス(2016)『社会の宗教』(土方透・森川剛光・渡會知子・畠中茉莉子訳)法政大学出版局

Baecker, Dirk(1994) „Soziale Hilfe als Funktionssystem der Gesellschaft", *Zeitschrift für Soziologie*, 23(2), S. 93-110.

European Commission(2004) *Joint report on social inclusion 2004.*〔http://ec.europa.eu/employment_social/social_inclusion/docs/final_joint_inclusion_report_2003_en.pdf〕(2018年8月10日アクセス)

Nassehi, Armin(2002) „Exclusion Individuality or Individualization by Inclusion?" *Soziale Systeme* 8, Heft 1, S.124-135.

Parsons, Talcott(1972)"Commentary on Clark," in Andrew Effrat (ed.), *Perspective in Political Sociology*, Indianapolis: The Bobbs-Merrill Co.,Inc., pp.299-308.

Stichweh, Rudolf(2009)„Leitgesichtspunkte einer Soziologie der Inklusion und Exklusion", in Rudolf Stichweh/Paul Windolf (Hrsg.), Inklusion und Exklusion: Analysen zur Sozialstruktur und sozialen Ungleichheit. Wiesbaden: VS Verlag für Sozialwissenschaften, S. 29-42.

【長谷川貴陽史】

第 **IX** 部＿ 社会変動と法

26 講＿ ガバナンス ．．．．．．．．．．．．．．．．．．．．．．．．．．．．．．．．．．．．．．．

▶§1＿ 近年のガバナンス論の広がり

　「ガバナンス」という言葉は，1980年代頃から政治・経済や学問の分野で次第に用いられるようになり，とくに2000年代に入って非常に広範に用いられるようになった。最近では，『ガバナンスとは何か』『ローカル・ガバナンス』『グローバル・ガバナンス』というように「ガバナンス」に関する書籍も多数出版されており，そこに掲げられるガバナンスの対象は，ガバナンスをめぐる理論のほか，最近刊行された書籍のタイトル（『○○ガバナンス』など）から拾っただけでも，地域（ローカル），自治体，コミュニティ，都市，村落，国際関係（グローバル，トランスナショナル），企業（コーポレート），非営利組織，福祉，生活保障，災害対応，科学技術，教育，文化芸術，スポーツ，環境，水資源，海洋，森林など実に多様である。そして，それら「ガバナンス」のもとに主題化されている課題の多くは，法社会学にとっても重要である。

　ガバナンスは，「統治」と表現されることがあるが，本来はもう少し広い概念である。また，近年，ガバナンスが関心を集めるようになった背景には，ガバメント（政府）の政治的有効性に対する信頼の低下がある。したがって，ガバナンスをめぐる議論は，何らかの意味で既存の組織や社会の変革・改革の関心と結びついていることが一般的である。以下，本講では，ガバナンスという用語が登場した歴史と背景，定義，類型的な特徴等を順次整理し，最後に，現代日本における多様なガバナンス変革・改革の動きの中から代表的と思われる３つの事例（ローカル・ガバナンス，コーポレート・ガバナンス，国の統治機構改革〔政治・行政・司法制度の改革〕）を紹介する。

▶ §2__ ガバナンスとは何か

▶▶1__ ガバナンスという言葉の沿革

　ガバナンスという言葉は古代ギリシャ語，ラテン語に古い淵源を持つ（宇野2016）。現在のgovernanceにつながるラテン語のgubernare（それはさらに古代ギリシャ語に遡る）は，「船を操舵する，航行する」を意味していた。これが，その後「ガバナンス」や「ガバメント」という言葉につながっていく。

　ガバナンスという言葉自体が登場したのは13世紀のフランスにおいてであり，それが14世紀に英語圏にも導入されたが，しかし，その後，一旦，この言葉はほとんど用いられなくなる。それに代わり，近代国民国家の形成過程で主に用いられるようになったのは「ガバメント（国家統治・政府）」という言葉である。そして18世紀から19世紀の時期には，ガバメントは，広く国家の政治的統合を指す言葉として確立するようになる。

　これに対して，ガバナンスという言葉が再び表舞台に登場するようになったのが，1980年代である。ガバナンス概念の再登場は，ガバメント（政府）の政治的有効性に対する信頼の低下と表裏の関係ある。「ガバナンスの概念は，主権国家に対する信奉に反比例する形で，盛衰を繰り返してきた。市民が統一主権国家に信頼を置いている間は，ガバメントが話題になることが多い。しかし，国家に信頼が置けないときには，ガバナンスという複雑でやっかいなプロセスにより関心が集中する」（ベビア2013: 21頁）。

　1980年代になり，政治や行政の各分野で，国民国家あるいは中央政府に対して懐疑的な見方が登場した。中央政府による官僚制的な行政の非効率性が指摘され，企業組織的なマネジメントを公共部門に導入しようとする動き（公共部門の民営化〔privatization〕や新しい公共管理〔New Public Management: NPM〕），中央政府の権限の地方政府への委譲（地方分権），さらには非営利組織（Non-Profit Organization: NPO）・非政府組織（Non-Governmental Organization: NGO）を初めとする各種の市民社会組織の活用などが相次いで提唱され，実際にも政策に反映するようになった。もはや公共政策や公共サービスの担い手は，ガバメント（政府）のみであるとは想定されなくなった。むしろ研究者や政策担当者の関心は，ガバメント以外の多様な主体の存在や，それらの主体間の関係をいかに調整するかに向けられるようになり，ガバメントと区別される「ガバナンス」という概念が脚光を浴びるようになったのである。

▶▶2__ ガバナンスの概念

このようにして時代の脚光を浴びるようになったガバナンスであるが，その定義についてはさまざまな試みがなされている。

広義の理解としては，政治学者のビーヴァー（Mark Bevir）〔ベビアとも表記される〕が，ガバナンスを「ありとあらゆる『治める』というプロセス」を指すものとしている。

> 「ガバナンスとは，政府によるものであろうが，市場によるものであろうが，ネットワークによるものであろうが，また，その対象が家族であろうが，民族であろうが，公式の組織であろうが，非公式組織であろうが，地域であろうが，さらには，依ってたつ原理が法であろうが，社会規範であろうが，権力であろうが，言語であろうが，とにかく，ありとあらゆる『治める（govern）』というプロセスを指す言葉である。」（ベビア2013: 4頁。一部訳語を変更した）

この説明は，ガバナンス概念が持つ次の特徴ないし問題関心をよく示している。

第1に，ガバナンスを行う主体の多様性である。現代のガバナンスにおいては，伝統的な統治の主体であるガバメント（政府）だけでなく，それ以外の主体，たとえばコミュニティや住民組織，NPO・NGO，企業等も重要性を持つようになっている。ガバナンスは，これら多様な主体やそれらのネットワークにより織りなされる「治める」プロセスを指すものである。

第2は，ガバナンスが問題となる対象の多様性である。「治める」ことは，地域（ローカル），自治体，コミュニティ，都市，村落，国際関係（グローバル，トランスナショナル），企業（コーポレート），非営利組織，福祉，生活保障，災害対応，科学技術，教育，文化芸術，スポーツ，環境，水資源，海洋，森林など，多様な対象について問題となり得る。ガバナンス概念は，このような「治める」ことの多様な広がりをカバーするのに適した概念である。

そして第3は，手段の多様性である。ビーヴァーが指摘するように法，社会規範，権力，言語など，「治める」ために用いられる手段は多様である。法社会学にとっては，もちろん，「治める」プロセスにおいて「法」がどのような役割を果たすかが重要な関心の1つであるが，その際，法以外のさまざまな手段の存在と，法がそれらの手段とどのような関係に立つかを意識しておくことが重要である。

他方，ガバナンスの定義としては，より具体的な問題に即したかたちでも，さまざまな提案がなされている。いくつかの例をあげれば，政府など公的機関におけるガバナンス（パブリック・ガバナンス）の問題を念頭に「ガバナンスとは，ある組織において重要な意思決定や舵取りをおこない，また，それらを監視する仕組みやメカニズム」（大山2010: 9頁）とするもの，コーポレート・ガバナンスを「ステークホルダー全体の経済的厚生の増進を図るために経営者を規律づける制度的仕組み」（宮

島編2011: 2頁）と定義するもの，さらに，社会科学におけるガバナンス概念の理論的彫琢の観点から，ガバナンスを「ステークホルダーの利益のためのエージェントの規律づけ」（河野編2006: 13頁）と定義するものなどである。ガバナンスの問題は多様な組織・問題・理念に即して論じられており，それぞれの文脈に即したガバナンスの定義が試みられている。読者は，それぞれの文献においてガバナンスにどのような定義が与えられているかに注意を払ってほしい。

▶§3__ 組織構造から見たガバナンスの類型——階層構造・市場・ネットワーク

　ところで，近年のガバナンス論においては，新しいガバナンスのあり方の特徴としてしばしば「ネットワーク」に言及されることがある。この点について説明しておこう。

　先に紹介したビーヴァーは，組織構造の特性に注目し，ガバナンスを，①階層構造（ヒエラルキー）型，②市場型，③ネットワーク型の3つに区別している。階層構造型のガバナンスは権威（authority）に基づく指揮命令を，市場型は価格（price）をシグナルとする競争を，ネットワーク型は相互信頼（trust）を前提とする情報や資源の交換を特徴とする。これら3つの類型には，それぞれ，効果的に機能する場面と，逆に限界・課題との両面がある。

　階層構造型のガバナンスは，政府の官僚機構が典型であるが，民間企業内部の組織構造（経営陣から社員への指揮命令）として現れる場合もある。階層構造が最も有効に働く場面は，組織が明確な目標を持っている場合であり，階層構造は，複雑な任務をより扱いやすいいくつかの単位に分割して対応すること（役割分担）や専門化を進めることで，目標の効果的達成を実現することができる。他方，階層構造型のガバナンスは，明確な目標がない状況で創造的な作業を行ったり，あるいは，変化する環境に自らを機敏に順応させたりすることには不向きである。

　市場型ガバナンスの利点は，価格をシグナルとした水平的・分散的な調整を通じて，変化する社会のニーズや課題に効率的に対応できる点にある。社会のメンバーに幅広い選択肢を提供することも市場型のメリットとして指摘される。他方，市場型のガバナンスの課題としては，市場の利点を活かすためには公正な競争が重要であるところ，それは必ずしも常に実現されるわけではないことや，市場を通じた調整においては，第三者に及ぼす影響（外部効果）が十分考慮されないことなどがあげられる（市場〔型〕の特徴については本書24講も参照）。

　多様な主体が情報や資源を相互に交換し依存し合う関係であるネットワーク型のガバナンスは，主体間に高いレベルの相互信頼が存在することを前提としている。

図表26_1 組織構造から見たガバナンス

	階層構造 （ヒエラルキー）型	市場型	ネットワーク型
ガバナンスの特徴	権威に基づく指揮命令	価格をシグナルとする競争	相互信頼を前提とする情報・資源の交換
情報・資源の流れ	垂直的（指揮命令）	水平的（競争）	水平的（交換）
効果的に機能する場面	明確に定まっている組織目標の効率的達成，役割分担・専門化	社会のニーズや課題への応答，選択の自由の拡大	効率性の高い情報流通，変化や革新への順応性・適応性
限界・課題	明確な目標がない状況での創造的作業や変化する環境への機敏な対応には不向き	公正な競争条件の確保，第三者への影響（外部性）の適切な考慮の欠如	ネットワークが複雑化した場合の調整・制御の難しさ，説明責任の不明確化

（出所） ベビア（2013）第2章の記述から筆者が作成

他方，そうして主体たちが繰り返し関係を持つプロセスの中で，相互信頼がさらに強化されるという循環的な関係も見られる。階層構造における指揮命令という垂直的な関係ではなく，主体間の水平的な関係が重要であることは市場型ガバナンスと同じであるが，市場型が主体間の関係を競争として捉えるのに対して，ネットワーク型は主体間の相互信頼を基盤とする点が異なる。ネットワーク型の利点としては，相互信頼を基盤として効率性の高い情報や資源の流通を可能にする点や，社会の変化や革新に機敏に対応する順応性や適応力の高さが上げられる。他方，課題としては，ネットワークが複雑になった場合の調整・制御の難しさや，ネットワークには調整・制御を行う明確な中心がないために，誰が誰に対して責任を負うのかを特定することが難しくなる場合があること（説明責任の不明確化）が指摘されている。

　ガバナンスをめぐる議論は，1980年代以降の，国民国家あるいは中央政府に対する懐疑を受けて登場したものであり，その意味で，ガバナンスへの関心の高まりは，組織原理としては，階層構造型から市場型やネットワーク型のガバナンスへという大きな流れを示している。その上で，当初期待された市場型（民営化・規制緩和）への批判的な見方の中から，ネットワーク型（参加・協働）が注目されるようになった経緯がある（イギリスの事例について，金川2008）。しかし，上に述べたように，ネットワーク型にも解決すべき課題がある。ガバナンスが論じられる場面は多様である。それぞれの場面で階層構造型・市場型・ネットワーク型のいずれを選択するか，あるいはそれらどう適切に組み合わせるかを考えていくことが重要である。

▶§4__ 現代日本のガバナンス論の諸相

　現代の日本では，さまざまな場面でガバナンスが論じられている。本講でそのすべてを扱うことはできない。以下では，現代日本における多様なガバナンス論の中から代表的と思われる3つの事例（ローカル・ガバナンス，コーポレート・ガバナンス，国の統治機構改革）を紹介する。なお，このほか，グローバル・ガバナンスについては本書29講で論じられている。

▶▶1__ ローカル・ガバナンス

　ローカル・ガバナンスは，たとえば「地域における多様な主体を規律づけることによって，地域の公共財を提供すること（あるいはその状態）」と定義される（宇野・五百旗頭編2015: 17頁）。従来，地域の公共財を提供する上で大きな役割を担っていたのは，国であった。しかし，国と並んで（あるいはそれ以上に）地方自治体のはたす役割が大きいのではないか，また，政府以外の主体が地域の公共財の提供にどのように関わるのかが問われるようになっている。

　現在のローカル・ガバナンス論の背景には，2つの相互に関連する動きがある。1つは，1990年代半ば以降活発化した地方自治体の行財政運営に対する国の関与の縮小や，国から地方自治体への権限や財源の委譲，つまり「地方分権」である。1993年6月に国会（衆参両院）において「地方分権の推進に関する決議」が行われ，1995年5月には地方分権推進法が成立し，内閣府に地方分権推進委員会が設置された。同委員会の5次にわたる勧告を受けて，1999年7月の地方分権一括法は，機関委任事務制度（知事や市町村長を国の機関として位置づけ国の事務を処理させる仕組み）の廃止等の改革を行った。機関委任事務は，地方自治体を「国の下請け機関」と見なす発想に基づいており，その廃止は，国と地方の関係を，「上下・主従」の関係から「対等・協力」の関係に大きく変えることに寄与した（第1次地方分権改革）。

　その後，2001年7月には地方分権推進会議が発足し，その意見に基づき，2002年から2005年にかけて，国庫補助負担金改革，税源移譲，地方交付税改革からなるいわゆる「三位一体改革」が行われた。さらに，2006年12月に地方分権改革推進法が成立し，内閣府に地方分権改革推進委員会が設置された。同委員会の勧告に基づき，地方に対する規制緩和（義務づけや枠付けの見直し）や国から地方への事務や権限の委譲が進められている（第2次地方分権改革）。

　また，以上の一連の改革の中で，国と地方の関係を調整するため，2000年に，国と地方自治体間の争いを処理するための国地方係争処理委員会が総理府（現，総務省）に設置された（地方自治法250条の7）。最近では，ふるさと納税制度をめぐり

国と大阪府泉佐野市との間に生じた係争について，国地方係争処理委員会が泉佐野市の主張を一部認め，国に再検討を勧告している（この事件はその後訴訟に発展し，最高裁が泉佐野市の主張を認める決定を下した）。

　ローカル・ガバナンス論のもう1つの背景は，国・地方自治体以外の地域の多様な主体の重要性の「発見」である（坪郷編2006，羽貝他2007）。過疎化・高齢化や地域福祉，まちづくり，防災と言った地域が抱える重要な課題は，地方自治体だけで解決することは難しく，住民自治組織，NPO，ボランティア組織，民間企業等の多様な主体が関わることが必要かつ効果的であることが次第に意識されるようになった。地域にとって何が重要な課題でありどのようなサービスを提供するかの決定や具体的な事業の実施に多様な主体を「参加」させることが重要であると考えられ（坪郷編2006），さらに進んで，地方自治体と地域の多様な主体との協力関係が「協働」の理念で捉えられるようになった（羽貝他2007）。そして，それら多様な主体間の関係は，地方自治体から住民への一方的な指揮命令の関係ではなく，（地方自治体も主体の1つに含む）多様な主体間の横のつながりや連携の関係，すなわち，§3で述べたネットワーク型ガバナンスの視点から捉えられるようになる。

　このときに重要となるのが先に述べた地方分権改革である。一般的に言って国と地域社会・住民との関係は遠く，重要な権限や資源が国にあるならば，地域の多様な主体の意見をそこに反映させることは難しい。これに対して，地方分権改革によって権限や財源が地方自治体に大幅に委譲された結果，具体的な施策の決定や事業の実施を，地域の多様な主体の意見を反映しながら実現していくこと（「参加」や「協働」）が現実的に可能となったのである。政府における国と地方自治体の関係の見直し（地方分権改革）および地域社会における多様な主体の発見の両者が相まって，今日，ローカル・ガバナンスとして捉えられる状況が出現した。ローカル・ガバナンスをめぐる議論は，現在，多様な広がりをみせている（羽貝他2007，宇野・五百旗頭編2015，白石他2017）。

▶▶2＿ コーポレート・ガバナンス

　コーポレート・ガバナンスとは，会社経営の適法性を確保し，収益性を向上させるために，会社経営者に適切な規律づけを働かせる仕組みを言う（宮島編2011，2頁。これとはやや異なる問題定義の試みとして田中・中林編2015）。

　コーポレート・ガバナンスをめぐる議論は世界的にはすでに1980年代から活発化していた。これに対して日本では，欧米の会社経営とは異なる「日本型」会社経営の成功体験から議論の開始は遅れ，日本でコーポレート・ガバナンスの議論が特に注目されるようになったのは1990年代以降のことである。そこには2つの背景があった。1つは，1990年代に，数々の企業の不祥事が明らかになったことである。

証券会社の意図的な損失隠し（山一証券事件〔1997年〕）や食品会社による輸入牛肉を国産と偽る産地偽装（雪印食品事件〔2002年〕），粉飾決算（カネボウ事件〔2005年〕，オリンパス事件〔2011年〕），組織的な不適切会計（東芝事件〔2015年〕）など多くの企業不祥事が発生し，それらは，社会的にも大きな問題となった。もう1つは，経済のグローバル化の影響である。とりわけ企業の資金調達のグローバル化の進行にともなう外国を含む機関投資家の活動の活発化や外国人投資家の持ち株比率の増大等により，企業経営は国内外の投資家・株主の厳しい目にさらされることになった。経営者には，より公正で透明性の高い経営と投資家・株主に対する説明責任が求められることとなった。

　このような背景の下で，コーポレート・ガバナンスに関する関心が高まり，2005年に，従来の商法会社編等を統合した会社法が制定・公布された（2006年5月施行）。また，2015年3月には，金融庁と東京証券取引所が中心となって「コーポレートガバナンス・コード」が策定され，社外取締役が経営者を監視する企業統治のチェック機能強化が推奨されることとなった（同コードは，その後，2018年6月，2021年6月に改訂されている）。そこでは，実効的なコーポレート・ガバナンスの実現に資する基本原則として，①株主の権利・平等性の確保，②株主以外のステークホルダーとの適切な協働，③適切な情報開示と透明性の確保，④取締役会等の責務，⑤株主との対話の5つが示されている。また，2014年2月には，金融庁が設置した有識者会議が「『責任ある機関投資家』の諸原則《日本版スチュワードシップ・コード》」を公表し，上場会社と機関投資家の間の対話のあるべき姿を提案した（同コードは，その後，2017年5月，2020年3月に改訂されている）。これらの動きを中心に，現在，コーポレート・ガバナンスをめぐる議論が活発に行われている（花崎2014，田中・中林編2015）。

　なお，コーポレート・ガバナンスをめぐる動きの特徴としては，その手法としていわゆるソフトローが重要な働きを営んでいることがある。02講でも触れたが，制定法（ハードロー）と異なり，裁判所等の国家機関によるエンフォースメント（法の執行・強制・実現）が保障されていないにもかかわらず，企業や私人の行動を事実上拘束している規範をソフトローとよぶ。「コーポレートガバナンス・コード」も「日本版スチュワードシップ・コード」もソフトローである。これらは，名宛人（上場会社，機関投資家）に対して一律の義務づけは行うわけではないが，これらのコードが示す行動規範を名宛人が自発的に採用することを期待し，その実効性担保の手法として，「名宛人は当該行動規範に従う（comply）か，それに従わない場合には，その理由を説明（explain）させる」という仕組み（comply or explainルール）を採用している。

▶▶3＿ 国の統治機構改革（政治・行政・司法制度の改革）

　ところで，現代のガバナンスをめぐる議論の背景にガバメント（政府）の政治的有効性に対する信頼の低下があることは先にふれたが，だからといって，ガバメントの役割がまったくなくなるわけではない。むしろ問われるのは，いかにして現代の状況において効果的に機能するガバメントを組織し直すかという課題である。このため，世界各国では，政治・行政・司法制度などの大規模な統治機構改革が行われている。日本でも，1990年代以降，政治・行政・司法の全般にわたり，統治機構の大きな改革が行われた（大石他編2016，待鳥2020。なお，▶▶**1**で述べた地方分権改革もまた，この統治機構改革の一環をなすものである）。

　すなわち，1990年代に入ると，「自民党一党支配」「官僚支配」「政財官の癒着」などさまざまに表現される戦後日本の政治・行政システムの行き詰まりが指摘されるようになり，その抜本的な改革が重要な政策課題となった。そこで，まず1994年に，衆議院の選挙制度を改革する改革が行われた。これは，戦後長らく衆議院選挙で採用されてきた中選挙区制が，政党間の競争を弱め，政策面での構想力や応答能力の乏しさ，政治腐敗の大きな原因になっているとの認識から，小選挙区制（正確には小選挙区比例代表並立制）を導入することによって，政策を基軸にした政党間の競争を促進しようとするものであった。

　また，一連の行政改革の議論も進められ，その集大成と言うべき行政改革会議の最終報告（1997年12月）では，「肥大化・硬直化し，制度疲労のおびただしい戦後型行政システムを根本的に改め，自由かつ公正な社会を形成し，そのための重要な国家機能を有効かつ適切に遂行するにふさわしい，簡素にして効率的かつ透明な政府を実現すること」を目的として，①内閣機能の強化，②中央省庁の再編，③行政機能の減量・効率化（独立行政法人の創設），④公務員制度の改革などが提言され，それらが順次実現されていった。

　そして，行政改革会議の最終報告が，そのような「『この国のかたち』の再構築は，行政改革のみによって成し遂げられるものではなく，国会改革や司法改革も欠かすことのできない課題であろう」とも述べていたように，一連の政治・行政改革改革は，最後の要としての司法制度改革を要請することとなった。

　1999年6月に内閣に司法制度改革審議会が設置され，同審議会は，最終意見書（『司法制度改革審議会意見書：21世紀の日本を支える司法制度』2001年6月）において多岐にわたる改革提言を行った。この提言を受けて，裁判の迅速化，仲裁法制の整備，労働審判制度の創設，被疑者弁護制度の導入，国選弁護制度の整備，総合法律支援制度の創設，行政訴訟制度の改革，知財高裁の設置，司法試験合格者数の大幅な増加，法科大学院制度の創設，裁判員制度の創設などの重要な改革が相次いで実施された。司法制度改革によって，日本の司法制度は大きく変化することとなったが，それは，

政治改革・行政改革に続く，日本のマクロな統治機構改革の一部をなすものであった（大石他編2016，待鳥2020。ただし，司法制度改革については，並行して，日本弁護士連合会などの「市民のための司法改革」を求める動きもあり，その影響も無視できない）。

　世界的に見ると，諸外国では，社会の根幹に関わる重要な問題や公共政策のあり方，さらに政治的論争の決着が司法の場に持ち込まれ，裁判所が統治システムの中で以前にも増して一層重要な役割を果たす傾向が「政治の司法化（judicialization）」として論じられている（佐藤2016）。立法・行政を含むマクロな統治機構全体の文脈のなかで司法制度の機能を考えていく必要がある。

《参考文献》

宇野重規(2016)「政治思想史におけるガバナンス」東京大学社会科学研究所他編『ガバナンスを問い直すⅠ』東京大学出版会，21-40頁

宇野重規・五百旗頭薫編(2015)『ローカルからの再出発——日本と福井のガバナンス』有斐閣

大石眞監修，縣公一郎・笠原英彦編(2016)『なぜ日本型統治システムは疲弊したのか』ミネルヴァ書房

大山耕輔(2010)『公共ガバナンス』ミネルヴァ書房

河野勝編(2006)『制度からガヴァナンスへ——社会科学における知の交差』東京大学出版会

金川幸司(2008)『協働型ガバナンスとNPO——イギリスのパートナーシップ政策を事例として』晃洋書房

佐藤岩夫(2016)「『政治の司法化』とガバナンス」東京大学社会科学研究所他編『ガバナンスを問い直すⅡ』東京大学出版会，229-260頁

白石克孝・的場信敬・阿部大輔編(2017)『連携アプローチによるローカルガバナンス——地域レジリエンス論の構築にむけて』日本評論社

田中亘・中林真幸編(2015)『企業統治の法と経済——比較制度分析の視点で見るガバナンス』有斐閣

坪郷實編(2006)『参加ガバナンス——社会と組織の運営革新』日本評論社

東京大学社会科学研究所・大沢真理・佐藤岩夫編(2016)『ガバナンスを問い直すⅠ・Ⅱ』東京大学出版会

羽貝正美他(2007)『自治と参加・協働——ローカル・ガバナンスの再構築』学芸出版社

花崎正晴(2014)『コーポレート・ガバナンス』岩波書店

ベビア，マーク(2013)『ガバナンスとは何か』(野田牧人訳)，NTT出版

待鳥聡史(2020)『政治改革再考——変貌を遂げた国家の軌跡』新潮社

宮島英昭編(2011)『日本の企業統治——その再設計と競争力の回復に向けて』東洋経済新報社

【佐藤岩夫】

27 講__ 少子高齢化社会 ....

▶§1__ 少子高齢化とはどのような現象か

　現在，日本は少子高齢化社会であるが，少子化，高齢化はそれぞれどのような現象を指しているのか。内閣府『平成16年版少子化社会白書』（2頁）によれば，人口学では，少子化を「合計特殊出生率が，人口を維持するのに必要な水準（人口置き換え水準）を相当期間下回っている状況」と定義する。厚生労働省の『令和元年人口動態統計（確定数）』によれば，日本の合計特殊出生率は第1次ベビーブームの1947年には4.54，第2次ベビーブームの1973年には2.14であった。しかし，その後数値は下がり続け，2005年に1.26という過去最低の数字を記録し，2019年には1.36であった。さらに，ピーク時には約270万人だった日本の出生数は2019年には約86万5千人となり，ピーク時の3分の1を下回っている。このように，日本の合計特殊出生率や出生数は長期的に下落している。

　他方，高齢化は全人口に占める65歳以上人口の比率（高齢化率）で示されることが多い。総務省による『人口推計（2021年3月報）』によると，2020年10月1日時点で日本の高齢化率は28.8%であり，日本は現在，高齢化率21%以上の超高齢社会である。平均寿命の伸長，ベビーブーム世代の高齢化，少子化，外国人受け入れに積極的でなかったこと等を背景に少子化が進み（岩村2008），現在，日本は高齢化率が世界で最も高い国の1つである。さらに，内閣府『令和3年版高齢社会白書』によれば，2015年には高齢者1人に対し現役世代2.3人という比率であったが，2065年には高齢者1人に現役世代1.3人になるという衝撃的な予測が出ている。

　それでは，少子高齢化社会という人口構造の変化と法システムはどのような関係にあるのだろうか。1つめの論点は，人口構造の変化およびそれによって生じる課題に対してどのような法規範や制度が新たに作られ，あるいは修正されるのかという点である。2点目は，新たな法規範や制度が少子高齢化社会にどのような影響を与えているのかという点である。本講ではとくに，①少子高齢化社会によってどのような課題が生じ，法システムがどのように対応しているのか，また②少子高齢化社会における課題に法社会学はどのようなアプローチが可能か，という2つの問いに答えることを目指す。少子高齢化社会については法社会学的研究の蓄積は多くないが，家族法，社会保障法，労働法，家族社会学等の関連領域で研究の蓄積がある。

これらを整理しながら，今後の法社会学的研究アプローチの可能性を検討したい。

▶§2＿ 少子化社会における法政策と課題

本節では，少子化によって生じる課題およびそれに対する法システムの対応について関連研究をもとに整理する。少子化社会に関わる論点としては，まず，人口減少という社会変動によって生じる課題に法規範がどのように対応していくべきかという議論がある。さらに，新しい法規範あるいは既存の法規範の修正によってどのように少子化を食い止めるかという政策的な議論や，その前提として，個人の自己決定権が十分に尊重されているかという議論がある。

▶▶1＿ 人口減少により生じる法的課題

内閣府『平成16年版少子化社会白書』の整理によると，出生数が減少し総人口が減っていくことによって，社会保障費の負担の増加，労働力の低下といった「経済的影響」，核家族化や学校の減少等「社会的影響」が生じる。ここではとくに経済的な影響に付随する法的課題について議論する。

公的年金制度の持続性の問題は，社会保障法学を中心に議論されてきた。日本の公的年金制度は基本的に賦課方式であり，現役世代の負担が増えているため，世代間公正にどう対応するのかが課題となり（樋口・関編2019: 4章〔中嶋他〕），支給開始年齢の引き上げ等の制度の見直しについて議論されている。

さらに，労働人口の減少は日本経済に大きな影響を与える。そこで労働力確保の方法の1つとして議論になるのが，外国人労働者の受け入れである。厚生労働省の『「外国人雇用状況」の届出状況まとめ（令和2年10月末現在）』によると，外国人労働者は2020年時点で約172万人であり，外国人雇用状況の届出が義務付けられ統計がとられるようになってから3倍以上に増加している。しかし，受け入れにあたって検討すべき課題は山積しており，労働法学を中心に議論されている。たとえば，労働法上は国籍・人種による差別を禁止しているものの，出入国管理及び難民認定法（以下入管法）によって在留資格・期間が規定されているため，有期雇用とされることが多く，そのような場合には必ずしも社会保険が整備されていないといった問題がある（奥貫2015）。このように，労働人口の減少の解決策の1つとして挙げられる外国人労働者の労働状況に関して，法システムが十分に対応しているとは言い難い。労働法制と入管法がどのように関連しており，どのような要因が外国人労働者の権利の実現を阻害しているかについて，量的，あるいは事例研究のような質的なデータをもとに検討し，政策提言につなげていくことも法社会学の重要な研究課

題となりえよう。

▶▶2 少子化対策の政策とその実効性

　政府は1990年以降，少子化対策として様々な政策を進めてきた。具体的には，1989年の合計特殊出生率が1.57となったことを受け（「1.57ショック」），1994年「今後の子育て支援のための施策の基本的方向について（エンゼルプラン）」，1999年「重点的に推進すべき少子化対策の具体的実施計画について（新エンゼルプラン）」，近年では2016年「ニッポン1億総活躍プラン」等により，保育サービスの充実・待機児童対策，結婚支援，雇用対策，母子保健，不妊治療費の助成，2019年10月からの幼児教育・保育の無償化等の支援を行ってきた。さらに，『令和3年版少子化社会対策白書』によれば，2021年時点で政府は不妊治療の保険適用拡大について検討しており，2022年4月から保険適用となる治療の範囲が拡大する予定である。しかしながら，これらの政策は果たして実効的であったのだろうか。確かに，保育の受け皿の確保等一定の成果は上げているが，合計特殊出生率が増減を繰り返しつつも1989年よりもさらに低下している現状を見るに，その効果は限定的であったようにも思える。

　少子化対策の政策が果たして実効的だったのかについて議論をするためには，まず少子化がどのような要因によって進行してきたのか，家族社会学・人口学による研究を整理する必要がある。まず指摘されるのは，「『少子化対策＝子育て支援』ではない」（松田2013: 219頁）という点である。岩澤（2015: 53頁）は，合計出生率2.01（基準値）から1.38（2012年）への変化の「約90%が初婚行動の変化」，「約10%が夫婦の出生行動の変化」により説明可能と示した。つまり，日本の少子化の大きな要因は未婚化である（赤川2017，松田2013，山田2020）。そして，未婚化を引き起こしている大きな原因として若者の収入・雇用の問題が指摘されている（松田2013，赤川2017，山田2020）。このような指摘を踏まえ，政府はこれまでのように子育て支援を中心に進めるだけではなく，まずは若者の雇用支援，とくに非正規雇用者の待遇改善の政策を進め，結婚したくてもできない人を支援するべきではないかという主張がある（松田2013）。

　次に，夫婦の産む子どもの数が減少傾向にあることもまた事実である。国立社会保障・人口問題研究所による『第15回出生動向基本調査』によれば，夫婦の完結出生児数は1977年には2.19人で，2005年までは2人を上回っていたが，2010年には1.96人，2015年には1.94に低下している。そこで，夫婦の出生行動との関連要因を探ろうと，出産意欲を従属変数とする分析が行われている。たとえば，山口一男（2009）は今後の出産意欲がない有配偶女性（子どもが2人以下）の子どもが欲しくない理由を，子ども数と関連付けて分析し，女性の回答傾向を分類した。その結

果，出産意欲がない女性は①子育て関連予算に制約があるタイプ，②2子を理想とし
すでに2子がいるタイプ，③育児に否定的意識があるタイプ，④育児とは別の生
き方を重視するタイプの4つに分類された。さらに，内閣府『令和2年度少子化社
会に関する国際意識調査報告書』(36-37頁) によれば，今よりも子どもを増やさない・
増やせない，あるいは，今よりも増やすが希望数までは増やさない・増やせない理
由として多いものから順に「子育てや教育にお金がかかりすぎるから」，「自分又は
配偶者・パートナーが高年齢で，産むのが嫌だから」，「育児の心理的，肉体的負担」
であった。とくに，すでに子どもがいる人に限定すると「育児の心理的，肉体的負担」
が2015年度調査と比べて増加している。また，すでに子どもがいる人のうち希望
数まで子どもを増やしたいという回答者の比率は，2005年度から2015年度までは
増加傾向にあったが（36.4%→46.5%），2020年度には希望数まで増やしたい回答者
の比率が27.6%となっており，約19%減っている。2020年度の調査結果については
コロナ渦の影響が大きいと思われるが，この傾向が中長期的に続いていくかについ
て注視が必要となろう。夫婦が子どもを増やそうと思わない背景については，子育
て支援政策によってかえって当事者の子育てに対する期待値が上がってしまったこ
とがあるのではないかという指摘もある（赤川2017，山田2020）。

　以上のように，家族社会学を中心に少子化に関わる要因に関して多数の調査が行
われており，未婚化・晩婚化，子育て・教育費用，雇用状況，職場環境，保育所整
備などが少子化に関連する課題として挙げられている。それに対し，結婚支援や不
妊治療など，結婚・出産前についても対策が行われているものの，やはり現状の政
策は出産後の子育て支援が中心となっているように思われる。

　このような少子化対策の政策をめぐる問題に法社会学はどのようなアプローチが
可能か。まず，個々の課題やニーズに対するこれまでの法政策の実効性を検討する
ことが重要になる。さらに必要となるのが，少子化対策の法的・社会的位置づけの
整理である。結婚，妊娠，出産はあくまで個人の自己決定に基づいてなされるべき
ものであり，政府や社会は個人に対し社会的な利益の側面を強調するのではなく，
結婚しない自由や子どもを産まない自由を含めて，個人の自己決定権を尊重する必
要がある。さらに，少子化対策がジェンダーに関する固定観念を反映したものになっ
ていないか，ジェンダー平等の観点から議論していくことも重要である（浅倉2005）。
たとえば，浅倉（2005）は少子化対策がその射程を広げていることについて，産ま
ない自由が批判され，産むことが社会において価値のあることだとみなされるよう
になり，性別役割分業に関する固定観念が強固になってしまうのではないかと懸念
している。

　また，少子化問題，子育て支援政策をめぐっては，2016年に注目を浴びたブロ
グ記事「保育園落ちた日本死ね！」およびそれに関連する活動のように，社会の側

から強く問題提起し，立法過程に影響を及ぼそうとすることがある。世論と立法過程にどのような相互作用があり，どのような過程で法律が成立したのか，立法過程に着目した研究も求められよう。

▶§3__ 高齢化社会における法政策と課題

　高齢者数が増加することで，高齢化が進んでいない状況下に制定された法制度では対応できない課題が生じたり，これまで法制度が設けられていなかった新たな課題が生じることがある（岩村2008）。そこで，高齢化社会という社会構造の変化に対応するためにつくられたのが，高齢社会対策基本法および具体的な方針としての高齢社会対策大綱である。以下では，具体的な課題として高齢者虐待，成年後見制度について整理したうえで，高齢者法および高齢者の法的ニーズに関する研究を概観する。

▶▶1__ 高齢者虐待
　従来は潜在化する傾向にあったが，高齢化，法整備，支援体制の強化などの要因によって以前よりも顕在化してきた問題として，高齢者虐待の問題がある。厚生労働省による『令和元年度「高齢者虐待の防止，高齢者の養護者に対する支援等に関する法律」に基づく対応状況等に関する調査結果』によれば，2019年度の養護者による高齢者虐待の通報件数は3万4057件，虐待と認定されたのは1万6928件であり，おおむね増加傾向にある。急増する高齢者虐待問題に対応するために，2006年に「高齢者虐待の防止，高齢者の養護者に対する支援等に関する法律」（以下，高齢者虐待防止法）が施行されるなど政府は対策を進めている。しかしながら，認知件数はあくまで問題が顕在化したケースである。ニーズを顕在化させるには高齢者本人による問題の自覚と表明が必要だが，親子間，とくに母と息子という関係性がそれを難しくさせることがある（春日2010）。さらに，本人の判断能力の問題から虐待を受けていることに気づかない場合もある。高齢者虐待問題をめぐっては，虐待を受けている高齢者の支援ニーズをどのように顕在化させていくか，そのためにどのような法制度が必要か，法専門家と行政機関の連携の実態と課題の分析などの理論的・実証的研究課題がある。また，高齢者虐待の問題は，次に述べる成年後見制度とも密接に関連している。高齢者虐待防止法9条2項で，市町村は虐待を受けた高齢者に対し適切に成年後見制度の市町村長申立てを行うことが規定されており，虐待を受けた高齢者への支援としての市町村長申立ての実態・判断プロセスについても検討が必要になろう。

▶▶2__ 成年後見制度をめぐる議論

　高齢化によって既存の法制度の変更・修正が必要になった例として、認知症など
で判断能力が低下した高齢者の権利擁護をめぐる課題がある。従来の禁治産・準禁
治産制度は症状が重度の能力低下に限定されている、利用が戸籍に記入されること
などから、利用者にとって積極的に利用しにくい、という問題があった（上山2015）。
そのため、旧制度が改正され、従来の「本人保護」に加え「自己決定の尊重」、「残
存能力の活用」、「ノーマライゼーション」（法務省『民法の一部を改正する法律案等要
綱の概要』）を核とする成年後見制度が2000年に開始された。近年では、とくに本人
の「意思決定支援」の側面が強調されるようになっている。

　成年後見関係事件の申立ては、最高裁判所家庭局『成年後見関係事件の概況』に
よれば、2000年度は年間計9007件であったのに対し、2020年には計３万7235件で
あった。このように、申立て件数自体は増えているものの、2020年時点で成年後
見制度（成年後見、保佐、補助、任意後見）の利用者数は約23万人であり、内閣府『平
成29年版高齢社会白書』によると2012年時点で推計462万人とされる認知症高齢者
数などをふまえると、実際の利用者数は潜在的な利用者の５％に満たない。利用者
数が増えない要因については、たとえば身上監護に関する利用者のニーズに即した
制度になっていないのではないかというが指摘ある（新井2014）。また、とくに補助
の利用が大きく増えない原因の１つに、補助は利用者の自己決定権を尊重したもの
であるが、それゆえに利用者の同意が得られず補助を開始できないことがあるとい
う（上山2015）。いずれにしろ、成年後見制度による支援が必要な人が利用できてい
るか、また裁判所の負担や担い手の確保等、需要と供給の両面からの検討が必要と
なる。

　さらに、成年後見制度の実務上の課題として、成年後見人の身上監護事務の範囲
の問題がある。とくに重要な論点が、成年後見人に医療行為の同意権を認めるべき
かどうかである（新井2014）。この点、立法担当官の見解によれば、「身体に対する
強制を伴う事項である」（上山2015: 126頁）ために成年後見人に同意権がないとされ
ているが、実際には成年後見人が医療行為への同意を求められることもおきている
（上山2015）ため、現場の実態を踏まえたさらなる理論的・経験的検討の必要がある。

　また、どのような人が成年後見人等に選任されているかというと、最高裁判所家
庭局『成年後見関係事件の概況』によれば、2020年は弁護士や司法書士、社会福
祉士など親族以外の第三者が成年後見人等に選任されるケースが全体の80.3％であ
り、市町村長申立てが増加傾向にある。このような運用実態は「成年後見の社会
化」と表現される（新井2014）。法学者らによる「成年後見の社会化」概念を、イン
タビュー調査や事例研究から社会学的にとらえなおそうとした研究として、税所
（2020）がある。税所（2020: 280-285頁）は、法学者らが指摘してきた第三者後見人

の増加，市町村長申立ての増加等といった要素以外の社会化概念として「民間企業による制度普及」，「成年後見の申立て費用」，「脱家族化／脱専門職化」，「家計管理」，「協議の場」，「市民による脱専門家」としての「社会化」を示したうえで，生協の成年後見事業の事例から身上監護を「生活支援全体の一部」（税所2020: 291頁）と捉えることの意義を指摘している。2016年に「成年後見制度の利用の促進に関する法律」が施行され，地域による支援ネットワークが重視されるなかで，「成年後見の社会化」のメカニズムに関しさらなる研究の蓄積が求められる。

▶▶3__ 高齢者法の誕生と発展

　以上のような高齢者にかかわる法的問題を総合的に扱う分野として，アメリカでは「高齢者法」（Elder law）という分野がある。アメリカでは，弁護士数の増加による競争の激化等を背景に弁護士が専門分野を設けようとするなかで，高齢者法が1つの分野として誕生・発展してきた（樋口・関編2019: 1章〔関〕，山口絢2020）。

　日本においても，近年，岩村編（2008），樋口・関編（2019）等，高齢者法に関する書籍が出版されている。関によれば，高齢者法は「社会保障法，労働法，民事法，医事法，刑事法といった各領域でそれぞれ取り扱っている高齢者に関わる法的課題を，体系的・横断的・学際的に取り扱う，高齢者に着目した法分野である。高齢者法は対象を高齢者に特化した法分野であり，高齢者特有の法的課題に焦点をあてることで，高齢者の権利保障を進め，その尊厳の保障を目指している」と定義される（樋口・関編2019: 1章〔関〕: 3頁）。関の定義にあるように，高齢者法は社会保障法や家族法などの法分野，さらに社会科学の諸分野を横断した学際的な学問である。超高齢社会には，高齢者虐待問題のように，1つの法分野だけではアプローチできない課題が多い。日本においても高齢者の法的課題に関する分野横断的な議論が求められ，本講で提案しているような法社会学的な研究アプローチによって，その議論の促進に貢献することが期待される。

▶▶4__ 高齢者の法的ニーズと司法ソーシャルワーク

　ここまで，超高齢社会における法的課題の検討を行ってきたが，それらはあくまで法制度あるいは法専門家・支援者側からの分析であった。当事者である高齢者は，超高齢社会においてどのような課題に直面し，どのように対応しているのか。高齢者から見て年金や相続の手続は難解であろうが，気軽に相談できる法専門家が身近にいるとは限らない。

　たとえば，65歳以上の高齢者の法律相談利用状況に関する貴重なデータとして，日本司法支援センター（以下，法テラス）による「法律扶助のニーズ及び法テラス利用状況に関する調査」がある。同報告書（2010年）によると，一般対象調査は2008

年に全国の20歳以上の3000名を対象（有効回答数1636）に実施された個別面接聴取による調査である。調査の結果，65歳以上は中年層と比べ比較的過去5年間の法律問題経験者の比率が少ないものの，法律問題に関する弁護士・司法書士への相談比率は，若年層よりも中高年層のほうが高かった。この結果を単純に解釈すると，高齢者は法的問題を抱えることは比較的少なく，問題を抱えたとしても法専門家にアクセスできそうである。

しかし，本当に高齢者は法的問題を経験することが少なく，問題を経験したとしてもスムーズに法律相談へアクセスできるのだろうか。ここで参考になるのが佐藤による法的ニーズ概念である（濱野他2017: 2章〔佐藤〕）。佐藤は法的ニーズを「法的サービスの利用機会の欠損」と定義し，問題の解決に法的支援が有効であると認識できていない「非認知ニーズ」，認識できたものの他者に表明できていない「非表出ニーズ」，他者に表明したものの実際に法的支援を利用できていない「表出ニーズ」の3つに区分した（濱野他2017: 2章〔佐藤〕: 151-152頁）。これを踏まえたうえで法テラスの調査結果を再検討すると，調査の回答者は自分の問題の解決に法律相談が有効であると認知しており，かつそれを表明できている人だと言える。しかし，年齢にかかわらず，自分の問題の解決に法律相談が有効だと気付かない人が一定数いると推察されるうえ，高齢者の場合は認知症等で判断能力が低下する場合がある。つまり，ここでいう法律問題経験率は顕在化されたニーズのことであり，とくに高齢者の場合は実際には潜在的な法的ニーズが埋まっている可能性がある。

この潜在的な法的ニーズにアプローチする取組みが，司法ソーシャルワークである。『充実した総合法律支援を実施するための方策についての有識者検討会報告書』や『平成30年版法テラス白書』の定義を踏まえると，司法ソーシャルワークとは，法専門家と行政・福祉関係機関，医療機関等が連携しながら高齢者・障害者等のニーズにアプローチし，彼らの問題の総合的解決を行うことある。司法ソーシャルワークという用語は，司法福祉分野ですでに使われていたものの，法専門家による現場での活動が注目され，のちに政策においても用いられるようになった（詳しくは濱野他2017: 1章〔濱野〕を参照）。このように，法専門家が福祉関係者と連携しながら人々の問題の総合的解決を目指す活動は，法実務はもちろん，司法アクセス（→**08**講）や弁護士論（→**19**講）の新たな視点として法社会学においても注目されている。

一部の弁護士は，実務経験を踏まえ，高齢者・障害者のニーズが潜在化しがちであり，弁護士側からのアプローチが必要であることを早くから指摘していた。この司法ソーシャルワーク，とくに法テラススタッフ弁護士と行政・福祉関係機関の地域連携ネットワークの実態および課題についての法社会学的研究として，濱野他（2017）がある。濱野他（2017）は，法テラスのスタッフ弁護士が扱ったケースの分析を踏まえ，スタッフ弁護士がどのように他機関と連携しながら当事者の潜在的

ニーズを発見して総合的な支援を行ったか，その活動の効果や課題について多角的な分析を行っている。とくに高齢者のニーズが潜在化している場合は，行政・福祉関係者が法律相談へのアクセスを媒介することがある。山口絢（2020）は，自治体・地域包括支援センター職員を対象としたインタビュー調査をもとに，高齢者が役所や地域包括支援センターにつながることに最初のハードルがあること，職員が典型的な法的問題かどうかで相談の要否を判断している可能性があること，職員が目的により複数の選択肢から利用する法律相談を選択していることを明らかにした。つまり，高齢者が行政・福祉関係者につながることができれば彼らがニーズの顕在化や法専門家へのアクセス支援を担うことが可能になる。他方，行政・福祉関係者にもつながれない高齢者や法専門家とネットワークのない行政・福祉関係者への支援といった課題も残されている。

　これまでに見てきたような高齢社会の法的問題の解決のために，法社会学はさらにどのような貢献が可能であろうか。たとえば，高齢者の法的支援に関しては，高齢者の潜在的な法的ニーズがどのように顕在化されているのか，高齢者本人を含め家族，福祉関係者等にアプローチすることでそのメカニズムを実証的に明らかにする方向性が考えられる。さらに，より広く司法アクセスの観点から高齢者のトラブル対応，法使用行動の規定要因を量的・質的に分析するというアプローチもあり，2016年度から20年度にかけて法社会学者を中心とした共同研究プロジェクト（科学研究費基盤研究（S）「超高齢社会における紛争経験と司法政策」）が進められた。

▶§4__ おわりに

　本講では，少子高齢化社会における法的課題と法政策，またそれらに関する理論的・実証的研究およびさらなる研究の可能性について概観してきた。これまで見てきたように政府は少子化対策を進めているものの，今後も人口減少・少子高齢化の傾向は続いていく可能性が高い。少子高齢化社会という社会構造の変化に法がどのように対応し，また法がどのようにその社会構造に作用していくのか，そのメカニズムを明らかにする法社会学的研究の拡大が期待される。

《参考文献》
赤川学(2017)『これが答えだ！少子化問題』筑摩書房
浅倉むつ子(2005)「少子化対策の批判的分析——妊娠・出産・育児・介護の権利保障の観点から」労働法律旬報1609号4-14頁
新井誠(2014)「成年後見制度の現状と課題——成年後見の社会化に向けて」新井誠・赤沼康

弘・大貫正男編『成年後見制度——法の理論と実務(第2版)』有斐閣，1-19頁

岩澤美帆(2015)「少子化をもたらした未婚化および夫婦の変化」高橋重郷・大淵寛編『人口学ライブラリー16——人口減少と少子化対策』原書房，49-72頁

岩村正彦(2008)「高齢化社会と法——現状とこれからの課題」岩村正彦編『高齢化社会と法』有斐閣，1-25頁

奥貫妃文(2015)「外国人労働者の雇用形態と社会保険加入をめぐる労働法的考察」労働法律旬報1833号23-33頁

春日キスヨ(2008)「ニーズはなぜ潜在化するのか——高齢者虐待問題と増加する『息子』加害者」上野千鶴子・中西正司編『ニーズ中心の福祉社会へ——当事者主権の次世代福祉戦略』医学書院，92-124頁

上山泰(2015)『専門職後見人と身上監護(第3版)』民事法研究会

税所真也(2020)『成年後見の社会学』勁草書房

濱野亮・佐藤岩夫・吉岡すずか・石田京子・山口絢・仁木恒夫・溜箭将之(2017)「地域連携と司法ソーシャルワーク」法と実務13号1-270頁(濱野亮による第2部第1章，佐藤岩夫による第2部第2章を引用)

樋口範雄・関ふ佐子編(2019)『高齢者法——長寿社会の法の基礎』東京大学出版会(関ふ佐子による第1章，中嶋邦夫・中田裕子・関ふ佐子による第4章を引用)

松田茂樹(2013)『少子化論——なぜまだ結婚，出産しやすい国にならないのか』勁草書房

山口絢(2020)『高齢者のための法的支援——法律相談へのアクセスと専門機関の役割』東京大学出版会

山口一男(2009)『ワークライフバランス——実証と政策提言』日本経済新聞出版社

山田昌弘(2020)「日本の少子化対策はなぜ失敗したのか？——結婚・出産が回避される本当の原因」光文社

【山口　絢】

28講 ジェンダー／セクシュアリティ ....

▶§1__ なぜジェンダーが問題になるのか

　なぜ法社会学でジェンダーが重要な問題であるのか。それは，ジェンダーという普遍性のある社会規範を理解することが，法の働きを理解するために有用だからである。法の動態を観察する対象には，立法過程，行政過程，司法過程とそれに携わる人々――議員，行政官，法曹など――はもちろん，日常生活における一般人の法制度や法にかかわる理解や意識なども含まれる。実際に法を動かすのは専門職から一般人まで，人びとである。人びとがどのように考え判断し行動するかは，その社会において作動している法規範や社会規範によって規律されている。法規範と社会規範は相互作用しつつ，当該社会の人びとの行動を方向づける。ジェンダーは，そのような社会規範の1つである。1つに過ぎないのだが，二重の意味で極めて重要な1つである。ひとつには，社会規範である以上，歴史的に変動し，社会ごとに多様性があるが，ジェンダー規範のない社会はなく，その意味で普遍的だからである。それゆえ，通時的にも，共時的にも，その時と場所におけるジェンダー規範の影響を考慮に入れずに法の社会的作用を明らかにすることは難しいだろう。
　もうひとつは，ジェンダーをとりあえず社会的性別としての女性と男性と理解しておくとして，社会的性別は，すべての人間を対象にして，2つの性別に分け，そのどちらかを割り振り，当該性別に応じた考え方，感じ方，判断，行動様式を要請する，性別二元論規範が基盤である。この規範によって，権力，経済力，価値，役割，その他の社会的資源が，不均等に配分される。2つの性別の一方が生命身体の危険に曝されることが多く，それに法が対応しない。能力やそれに応じた機会が奪われることが多く，それに法が対応しない。必要かつ根源的な貢献を評価されないことが多く，法はそれを放置する。この状況が個人の尊厳という法的価値の実現にとって，解決されるべき課題ではないはずがない。このようなシステマティックな一方の性からの剥奪は，他方の性にとっては，利益しかないわけではなく，役割による抑圧や過剰適応による被害を生んでいるが，それが対処すべき問題と認識されにくいという点で，看過できない。ジェンダーはすべての人にとって，その生き方にかかわるのだ。
　ジェンダーと結びついた異性愛主義規範は，過酷な状況を個人に強いてきた。セ

クシュアリティにかかわっては，多様な性のあり方は是認されるべきであるし，ジェンダーに一致しない性自認や性別表現はある。それらは近年，日本でも認知度が上がってきて，強固な性別二元論を揺さぶっている。しかしながら，それら「多様な」性別と性のあり方は二元論的性別からの差異や否定などによって認識され，その意味で，規範としてのジェンダーから自由ではない。また，可視化されず，法によって掬い取られないマイノリティが存在する可能性が常に残される。

　本講では，法と社会の諸問題を考える視点としてのジェンダーを共有することを目標とする。以下では，まずジェンダーとそれにかかわる諸概念の整理を行う。次にその概念の発展を，フェミニズム理論と運動のかかわりから，社会変動のなかに位置づけて振り返る。最後に，日本の法社会学的研究をいくつか紹介する。

▶§2__ ジェンダーとセクシュアリティ

▶▶1__ ジェンダーとセックス

　ジェンダーは，社会的性別として生物学的性別（セックス）と区別される。このような区別は，▶§3で見るように，第二派フェミニズム（学問を含む社会運動）の成果であった。生物学的・解剖学的とされる性別（セックス）は，多くは出生時に身体の外形的特徴（外性器）によって割り振られる。日本では出生届の性別欄の印が，その個人のいわば公的性別となる。生物としての性別にかかわる特徴は，外性器のほかに，性腺，内分泌物のバランス，露出していない生殖器やその機能，染色体（とそこに格納されたDNA）などが，生物としての性別を特徴づけるとされる。

　ところで，これらは，まさに生物としてのヒトの多様性が現れるところでもあり，たとえば染色体にも多様性があることは知られている。ではなぜ，生物としてのヒトは男女の2種類とされ，振り分けられるのか。それは，性別二元論規範（ジェンダー規範）がそう命じるからである。性別は社会的・文化的規範の産物である。その限りで，生き物としての人間の性別（に関する認識枠組み）も，ジェンダーに規定されているのである。

　生物学的性別と区別される社会的性別（ジェンダー）は，性別二元論規範を基盤として，人を男女の2種類に分け，それぞれに役割，特性，関係性について「これが自然」「当たり前」といった性に関する認識，価値判断，行動を規定し，社会制度（法制度ももちろん含む）にも反映されて，その時，その社会における性のありようを規律している，社会規範の体系である。

　ジェンダーにかかわって使用される用語をまとめておこう。「性差」は，集団としての男女間に観察される差異を記述する用語である。注意が必要なのは，これ

はあくまで集団間の平均値にすぎない（その範囲に収まらない個人はいくらでもいるし，平均値には実体はない）ということである。「性役割」または「ジェンダー役割」は，その性別に社会的に期待される思考，判断，行動の一定のパターンである。これは規範的期待であり，サンクションが伴う。「ジェンダー・ステレオタイプ」は，ジェンダーに関する社会に共有された思い込み，型にはめる考え方である。「ジェンダー・バイアス」は，ステレオタイプに基づく個人や組織の行動とその結果に看取されるものである。広い意味での性別による不当な取扱いを表すこともあるようである。

　これらとは別に，個人が自らをどのような性別であると認識するかを表すジェンダーアイデンティティ（性自認）は，二元論を疑ったり，否定したりする自認（クエスチョニング，ノンバイナリー）も含め，主観的性別であるといえる。個人の性別にかかわっては，自分がどう感じるかという性自認，どのように自分の性を表現するか（服装などの外見，立ち居振る舞い）という性表現などがある。恋愛や性的働きかけは，具体的他者を対象とする場合，その他者の性別に関する認識に基づいて行われる。しかし，それは当該対象にとっては「性他認」であり，本人の性自認や生物学的性別と必ずしも一致するとは限らない。人が社会的生物である限り，性別は純粋に個人的なものではない。

▶▶2__ ジェンダーとセクシュアリティ

　セクシュアリティは個人の性的欲望や行動にかかわる概念である。ジェンダー役割規範は，男女が「つがい」になることを要請する。生物としてのヒトは有性生殖で繁殖するけれども，みんなが異性愛でなければならない，異性愛以外に価値はない，というのは異性愛主義規範の作用である（ヘテロセクシズム）。

　セクシュアリティは，本来多様であるはずだが，ジェンダー規範が異性愛を要請する限りにおいて，それ以外の性的行動や関心は，例外的なものとされ，抑圧されうる（セクシュアル・マイノリティ）。セクシュアリティとジェンダーの多様性を表す言葉としては，SOGIESC（Sexual Orientation, Gender Identity and Expression, and Sexual Characteristics：性的指向，ジェンダーアイデンティティと表現，性的特徴）が包摂的な用語として使用されている（三成ほか2019：54頁，56頁参照）。他方，多数派（マジョリティ）に名付ける（ヘテロセクシュアル，シスジェンダー）ことは，マジョリティもジェンダーにかかわる多様なあり方の1つであることを示し，自明視されてきた「規範的」セクシュアリティやジェンダーを相対化する。

　男性ならこうすべき，女性ならこうすべきといったジェンダー役割は，性別に基づいて，異なる価値基準や行動，関係性を取り結ぶことを個人に命じる規範である。事象として観察可能である性のありようは，この社会規範に従った意識，判断，行動の結果であるが，それを観察することによって，規範の有効性が確認され，規範

が維持される。わたしたちは、家事が苦手な女性がいることや、育児が上手な男性がいること、競争が嫌いな男性がいること、国家運営手腕に優れた女性がいることを、経験的には知っている。しかし、それでも、ジェンダーに基づく思い込みはなくならない。それは、当てはまらない人は例外とされて、ジェンダー規範は破棄されず妥当性を保つからである。人の性別あるいは性にかかわるあり方は、生物としても、社会的な存在としても、関係形成においても、多様であることを、わたしたちは事実として知っている。しかし、それでも、性別は一義的には女性と男性であると、日常的には想定されている。それは、ジェンダーは一般に受容された規範であるからである（加藤2007）。ジェンダーに着目する研究は社会規範と法の研究であり、それは法社会学の中心的課題の1つである。

▶§3__ フェミニズム法学の展開と社会変動

▶▶1__ フェミニズムとジェンダー

フェミニズムは社会変動の結果でもあり、その動因でもある。約百数十年という比較的短い間に、わたしたちの生についての認識を大きく変容させてきたと同時に、それは法にも変化を促してきた。ジェンダーへの関心は、法と社会変動の観察につながる。

ここでは、女性の権利運動とその理論的基盤としてのフェミニズムの展開を米国を中心に整理し、ジェンダー概念をその中に位置づけてみる。

19世紀半ば以降、欧米において盛んになった女性の権利運動においては、各種の権利獲得が目指されていた。当時は、女性には選挙権はなく、法的に婚姻すれば民事法上死亡したも同然となり（「婚姻無能力」）、子どもの親権はなく、夫が妻へ暴力をふるうことは夫の「権利」であった。このような状況で展開された、目的を異にする多様な女性運動を第一波フェミニズムと呼ぶ。参政権獲得運動に象徴される、公的領域における権利の平等を目指したとされる。

1960年代からの女性解放運動においては、社会運動とともに学問的探求がなされた。この第二波フェミニズムにおける学問的成果によって、性別を生物学的性別と社会的性別に区別して理解し、後者をジェンダーと呼び、身体的性別とその性別にまつわる社会的意味づけ、役割期待などとの峻別が可能になった。身体的性別がその個人の適性、能力、役割、判断、価値を決めるという、生得的性別による決定論に対し、個人の社会的性別は、作られたものであり、その限りで変えることができると反論可能になった。女性の身体、女性の労働——有償・無償——、女性の経験する危害、女性の経験やそれに根差す価値の承認などが研究され、既存の学問の

根底にある前提を覆し，更新することにつながった。

　フェミニズム法学はこの第二波フェミニズムの成果を法学において展開するところから始まる。それまでの人権，公平，平等，権利，法理論，法実務（司法を含む）などが議論の対象となった。

　その後のフェミニズムは，セクシュアリティをめぐる議論，人種差別をめぐる議論が進展した1990年代を第三波とよばれ，2010年前後に第四波と呼びうる動きが出てきたとされる（北村2020）。

▶▶2__ 公私二元論と近代家族

　第二波フェミニズムの掲げたスローガンは，「個人的なことは政治的なことである（The personal is political）」であった。個人が経験することは，そのひと一人の問題ではなく，社会的につくられた権力や財力その他の社会的力の配分状況とその取決め方にかかわるという主張である。私的な領域での経験を公的な領域で取り組むべき問題へと認識を転換することを求める。

　たとえば，ヘーゲルによると，近代的家族，市民社会，国家の3つの領域に分けられ，それぞれに異なる価値と論理が支配するという。家族の領域は依存するものへのケアを女性が提供する場であり，それがあるからこそ，市場では自由で対等な市民として契約関係を取り結ぶことができるし，国家（政治）においては，一般的で普遍的な共通の利害を自律的市民として論じ決定することができる。国家と市民社会というふたつの領域において活動する主体を供給し，その必要を充たす（生命維持労働を提供する）場である家族は，私的領域とされ，国家の公的介入（による人身の保護）も，市民社会における個人間のような対等な関係性や自律的意思決定も，その中の主体（女性）には「ふさわしくない」とされてきた。

　公私二元論においては，公的領域は私的領域との差異において特定される。国家に対して私的自治の領域として市民社会が対置されることもあるが，国家に対しても市民社会に対しても，家族は私的領域である。近代社会では，この公私の境界線に性別二元論を捻り合わせて，人びとを振り分けた。すなわち，公的領域においては能動性，論理性，体力，精神力が要求され，「男性」の領域である。他方，私的領域においては，受動性，情緒性が求められ，か弱い「女性」の領域とされる。第二波フェミニズムは，これらの「性差」をジェンダーと呼び，社会的につくられたことを明らかにした。

　性による支配に着目したフェミニズム理論は，一方で，公的領域におけるジェンダーに基づく攻撃（セクシュアル・ハラスメント）の存在を，他方で，私的領域におけるジェンダーに基づく攻撃（ドメスティック・バイオレンス）の存在を明らかにした。いずれも，個人的な問題とされていたものを，ジェンダーに基づく攻撃であって，

権力作用にかかわる政治の問題であることを明らかにしたのである。

　性別による不平等——女性の労働は正当に評価されない，女性には機会が与えられない，女性には自分の身体の安全や完全性を確保できない，女性は私的関係においては暴力的支配の対象である——は，しかたがないか，「自然」であるとされてきた。フェミニズムは，それらはジェンダーの権力関係に基づく不当な扱いであり，人権の問題であって，法的ルールによる対応によって変えていくことを求めた。

　注意しなければならないのは，性別二元論，公私二元論は境界線を引くものであるということである。それら境界は自明ではなく，常に引き直されている。性別に関しては，生物学的性別自体の多様性，ジェンダーにかかる多様性は事実であるが，そこに境界線を引いて差異をつくるのは性別二元論の作用である。公私二元論は公私の境界線を引いて価値や負担のありかを決定しつつ，それが政治的決定であることを不可視化し，法はその境界を正当化し公的介入を阻むことがある。

▶▶3　社会変動の文脈に置いてみる

　19世紀末から20世紀初頭にかけては，各国で産業化が進展し都市化し，男性普通選挙権が認められるなどした時期である。米国では奴隷解放運動に熱心に取り組んでいた女性たちが，女性であるがゆえに発言権をもてないという経験から女性の参政権運動に取り組んだこともあった。第一波フェミニズムの成果として，女性は参政権を獲得した。民主主義を標榜する国家において，無視されていた国民の半数が政治に参加する権利をようやく得たのである。同時期の，あまり言及されないが極めて重要な成果は，「婚姻無能力」を立法によって廃止させたことである。これによって，婚姻しても，賃金も，相続した親の遺産も法的に彼女自身のものになり，自分の意思で契約を結ぶことも可能になった（司法試験に合格した既婚女性は開業できるようになった）。高等教育の門戸を開かせたことが，第二波フェミニズムの学問的探求が進展する条件を整えた。

　第二波フェミニズムは時代背景として，平和運動の盛り上がり，経済成長による主婦化と家電製品の普及などがある。女性の高等教育への進出が一定程度進み，フェミニズムの問題提起に関心を持つ女性研究者や女性法曹も存在していた。ジェンダー問題の社会問題としての認知は，1つには訴訟によって得られた。訴訟において，法廷の内外で後押しとなったのは，フェミニズム法学を学んだ法曹と社会科学研究者との協働である。法廷においては主張を基礎づける科学的根拠の提供，法廷外では裁判官，法曹のジェンダー・バイアスに対する異議申し立てとその対策における調査研究協力があった（南野2014）。第二波フェミニズムを受けて展開されたフェミニズム法学は，現在ではジェンダー法学と呼ばれることが多いが，以下のような法における視点の転換をもたらした（日本においても）。

雇用における性差別について，性別を直接指定しなくても，女性にとって極端に不利益となるような募集，採用，処遇における条件は，雇用者の差別的意図にかかわらず，許されない性差別(間接差別)であること。職場における望まない性的言動は，女性にとって職場環境を耐え難いものにするのであり，それはジェンダーに基づく差別の一形態であり，意に反した性的働きかけは性暴力であり，許されない性差別(セクシュアル・ハラスメント)であること。

　私的領域である家族(や親密な関係)における夫からの妻に対する暴力はジェンダーに基づく暴力であり，性差別行為であって，許されない人権侵害(ドメスティック・バイオレンス)であること。したがって，当事者が婚姻していても，公権力が介入すべき事案であること。女性の身体については女性が自身が決定権をもつ(リプロダクティブ・ライツ)こと。

　1980年代から1990年にかけて，国際社会において性暴力への取組みが進展し，ジェンダーに基づく暴力は，ジェンダーの権力関係における支配従属を強化し再生産するものであり，根絶すべきものとされた。性暴力被害者に関する経験的知見が蓄積され，性犯罪裁判における被害者の保護が導入され，同意がない性行為は違法であることが，現在では先進国の刑法における標準的考え方となっている。

　ドメスティック・バイオレンスは，その後の研究の成果から，当事者のジェンダーやセクシュアリティにかかわらず，親密な関係における権力関係を創出・利用し，それを再生産するものとされている。

　近年のセクシュアル・マイノリティの権利運動の1つである親密な関係の公的承認を求める運動の背後にある，家族，あるいは親密な関係の本質にあるのはケアする関係──相手の生を可能にする不断の行為によって結ばれた関係──であるというフェミニズムの主張は，生殖中心主義(再生産平等主義)的近代家族の異性愛主義(ヘテロセクシズム)を乗り越えようとしている。

　この節では，社会は変えられるし，変えてきたことを示した。法的手段も重要な方法であるが，ひとりひとりの行動変容によって，ジェンダー規範は変容させうる。その過程に，わたしたちはある。

▶§4＿ 日本の社会とジェンダー

　ここでは，日本のジェンダーにかかる状況を簡単に説明し，法社会学的研究の対象と方法について紹介する(日本においても，大正デモクラシー期の女性の人権運動においては，参政権，高等教育平等，婚姻無能力の解消に取り組んだが，それらの実現は現行憲法制定まで待たねばならなかった)。

国際社会における日本の位置を知る材料として，毎年公表時に報道される世界経済フォーラムによる『グローバル・ジェンダー・ギャップ報告書』（Global Gender gap Report）のランキングはよく知られている。

　2020版（2019年12月）では，比較可能なデータのある153カ国中，日本は0.652，121位であり，前年より順位を11下げている（2021版では120位）。指数は，4つの分野（健康・生存，教育到達度，経済参画，政治参画）におけるジェンダー間格差を，完全平等（格差なし）を1として数値化したものである。日本では，健康や教育では大きな格差はみられないが，経済と政治における格差が非常に大きいため，総合すると順位が下がる。日本では公的領域での男女間格差が非常に大きい。

　『男女共同参画白書』で格差の所在を確かめることができる。政治参画は国会議員の女性比率，経済参画は男女の賃金格差，正規雇用の比率に端的にみられる。社会を構成する重要な制度のひとつである法制度も，このような状況に少なからず寄与しているのではないだろうか。

　格差の所在を手掛かりに，関連する法律，執行状況，訴訟がジェンダー格差にどのようにかかわっているのかを，法社会学的に研究した例をいくつか紹介したい。そこには，法制度や法曹のあり方においても，社会に共有されたジェンダー規範やバイアスの作用が観察されるだろう。分析概念としてのジェンダーの利用方法としては，男女間（社会的性別の集団間）の格差に着目することで，社会のジェンダー格差が法制度にどのように反映されているか，その帰結としての法の作用がどのようなバイアスを持ちうるのかを見ることができる。

　たとえば，訴訟利用者における男女の数的な違いは，アクセスの違い，資源の違い，あるいは法制度への評価そのものへの違いが作用している。ジェンダー間での異なるニーズを受け止めることが法制度にできていないとすれば，法的ニーズの認知にジェンダー・バイアスがあるということである（神長2010）。

　法制度を動かす法曹においては，数的に大きな男女差がある。そもそも法科大学院や法学部への女性の進学率の違いがあり，それ自体がジェンダー規範の作用であろう。ところが，試験の合格率の違いは，法科大学院卒業から司法試験受験までの間のモチベーションの保ち方にかかわり，身近な存在（家族）のジェンダー意識が女性にとってはマイナスに作用することが，対象者が限られた調査ではあるが，指摘されている（松岡2018）。

　法曹としての仕事と家庭生活にジェンダーがどのようにかかわるのか。中村真由美らは，ジェンダーによるキャリア形成や仕事と家事育児の時間配分の違い，仕事の満足度とジェンダー役割意識について，質問紙調査を行った結果をまとめている。高度専門職にある女性は結婚後も仕事を継続し，家庭でもより平等な役割分担を行うことができるのではないか。女性の高学歴化と職業継続の未来像を高度専門職で

ある法曹の現在から読み取れるのではないか，という。ジェンダーから分析すると，ジェンダー役割意識が強いほど，両性ともに辞めたいと思ったことがある割合が高く，家事時間との関係では，女性は自身の家事時間が長いほど，男性は配偶者の家事時間が短いほど，やめたくなった経験の率が高い。家事時間は女性の方が長く，男女差が大きいが，仕事時間の男女差は小さい。弁護士であっても，家事・育児は女性が多く負担している。ただし，女性弁護士は同業者が配偶者である場合が半数であったのに対して，男性弁護士の配偶者は6割が専業主婦であるため，ジェンダー間格差が大きくなる（中村編著2015）。

　第62期弁護士を対象とした調査において判明した弁護士のキャリアにおける所得や事務所内の地位におけるジェンダー間格差について，石田京子（2015）は「個人の選択の結果として看過する」ことができないほど大きいとして，それがどこから生じるかを分析している。弁護士キャリアの初期の1年間においてすでに格差は存在し，5年経過すると，男女間格差が広がる傾向にある。その原因として，私生活における変化――結婚・出産――に着目すると，未就学児のいる女性回答者の所得と労働時間が顕著に低いことから，出産とその後の育児における負担が，配偶者の仕事にかかわらず，女性弁護士においては仕事を圧迫する傾向にある。男性弁護士において，未就学児がいることが大きな負担にならないのは，中村の研究でも指摘されているように，配偶者の3分の1が専業主婦であることも影響しているだろう。弁護士同士のカップルにおいても育児負担が女性に偏り，男性が仕事時間を多くとれることにより，その後のキャリアにける格差が固定化されかねない。

　法的判断とジェンダーの関係について，小宮（2011）は，裁判官による事実認定と法の解釈適用実践の過程を示す判決文を対象として分析している。ジェンダー（に基づく，被害者の言動の評価や，証言の信用性の評価）の判決行為における作用について，性暴力事件の判決を対象として，裁判官の行為（判決）において，複数の可能な解釈の選択がどのようにジェンダーを現実化するのかという視点から（行為者の意図や説明を上書きする，裁判官のジェンダーに基づく「客観的」理解の作用のあり方）分析を試みている。判決においてどのようにジェンダーが作用しているかを読みとり――人がかかわる限り，ジェンダーがかかわらない事象はない――明らかにすることは，法言説の特徴の新たな理解につながるだろう。

　法曹の，男女間の格差による社会的に置かれた状況の違いに対する理解や，事実認識におけるジェンダーの規範的作用の評価などが，実務においての判断や言動にどのように影響を与えるのか。具体的な紛争における言動や判断において，ジェンダー規範による役割認識などの自己の理解を，どのように反省できるか。ジェンダー規範は変化するため，研修等による更新が常に必要であるが，その体制が整っているか。研修については，法の執行過程においても，立法過程においても必要であるし，

立法や運用におけるジェンダー影響評価だけでなく，必要な予算配分がなされなければ，ジェンダー平等のための立法は実効性を持たないだろう。国際的には普及しているジェンダー影響評価，ジェンダー予算は日本では制度化されていない。さらに，法律自体も，一見ジェンダー中立に見えても，その運用解釈適用の場面でのジェンダー規範の作用によって，いずれかの性別に不均衡な影響を与えることがないかどうかが検討されねばならない。ジェンダー視点から解明されるべき課題は多い。

《**参考文献**》

石田京子(2015)「弁護士キャリアの『ガラスの天井』の構造分析──第62期弁護士追跡調査の結果から」ジェンダーと法12号164-180頁

石田京子(2017)「弁護士コミュニティのジェンダーギャップはなぜ問題なのか──アメリカの議論からの示唆と日本における課題」上石圭一・大塚浩・武蔵勝宏・平山真理編『現代日本の法過程(上)』信山社，605-623頁

岡野八代(2020)「ケアの倫理は，現代の政治的規範たりうるのか？──ジョアン・トロントのケア論を中心に」思想1152号6-28頁

加藤秀一(2017)『初めてのジェンダー論』有斐閣

神長百合子(2010)「民事訴訟と女性(1)」フット，ダニエル・H／太田勝造編『裁判経験と訴訟行動』東京大学出版会，45-67頁

北村紗衣(2020)「波を読む──第4波フェミニズムと大衆文化」現代思想48巻4号48-56頁

小宮友根(2011)『実践の中のジェンダー』新曜社

手嶋昭子(2016)『親密圏における暴力──被害者支援と法』信山社

内閣府男女共同参画局(2020)『男女共同参画白書令和2年版』http://www.gender.go.jp/about_danjo/whitepaper/r02/zentai/index.html

中村真由美編著(2015)『弁護士のワークライフバランス──ジェンダー差から見たキャリア形成と家事・育児負担』明石書店

朴宣暎(2016)「韓国の立法過程における性別影響分析評価(gender impact assessment)の制度化の成果および課題──「性別影響分析評価法」を中心に」法社会学82号154-166頁

松岡佐知子(2018)「女性法曹の増加の現状と課題」早稲田大学法務論叢3号93-129頁

三成美保・笹沼朋子・立石直子・谷田川知恵著(2019)『ジェンダー法学入門〔第3版〕』法律文化社

南野佳代(2012)「司法におけるジェンダー──バイアスへの取組と司法教育」法社会学77号271-296頁

World Economic Forum (2019) "Global Gender Gap Report 2020"

https://www.weforum.org/reports/gender-gap-2020-report-100-years-pay-equality

【南野佳代】

29講__ グローバリゼーション ....

▶§1__ グローバリゼーションとは何か，なぜ問題か

　私たちが想像する以上に人類は古代以来海や山を越えた交易を幅広く行ってきた。2013年に沖縄県うるま市の勝連城跡で3〜4世紀のローマ帝国の貨幣（コイン）が発掘されたが，この手のニュースは決して珍しいことではない。それにもかかわらず近時ことさらに「グローバリゼーション」が取り沙汰されるのは，無論，現代における財・情報・人の移動の量が，人類史上例をみない規模に増大しているからである。運輸／通信技術の高度化と普及（とりわけ航空技術の発達と各種情報技術〔IT〕の普及）は，財・情報・人の移動の金銭的・時間的コストを劇的に低下させた。世界の市場をまたにかけた投資や取引がIT技術によりほぼ瞬時に，かつ，大量に行えるようになったことで，人間の身体的感覚をはるかに凌駕する量の財・情報の移動が日々繰り広げられている。地球上のほとんどの人類の営為がグローバルに拡張したフラットな市場に取り込まれ，衛星放送やインターネットを通じて世界中の若者がスポーツの生中継を観戦しコメントをやりとりするようなことも日常的に行われている。情報空間の平準化がそれによりもたらされている。
　グローバリゼーションに注目が集まるのは，しかしその量的規模やスピードだけが原因ではない。領土と領海内に独占的に法的統制を及ぼす独立国家によって地球が分割された近代主権国家体制は，前近代の体制に比して，各国の境界（国境）の意味が増大した体制でもある。国境を許可無く越えることはしばしば犯罪であり法的サンクションを科される。領土内における正統なシティズンシップもまた法によって定められる。人の移動だけでなく財や情報の越境にも国家による課税や直接の統制が及ぶ。世界を統一的に統御する世界政府は存在しない。EUのような超国家的性質を部分的に帯びた政体もなかには存在するが，近代以降の世界の基本的な成り立ちは，各主権国家への領土の排他的帰属（国家法による領土と国民の排他的支配）である。相互に独立の主権国家間を画する境界線はかつてないほどに重要な意味を与えられている。だからこそ，各国間の境界を越えてなされる財・情報・人の移動は各国（の法）にとって重大な関心事となる。前近代の世界における海や山（あいまいな国境）を越えたゆるやかな人や財の事実上の移動とは質的に異なる問題として位置づけられるのである。逆説的なようだが，境界が明確に線引きされているか

らこそ越境が重大な問題となる。しかもそれは各国が用意してきた既存の統治機構では十分に把捉できないほどの量と速度で展開し始めている。国家法による制御という近代法の基本枠組がその限界に直面しつつある。

▶§2__ グローバリゼーションに伴う法的課題

　具体的にどのような問題がグローバリゼーションによってもたらされているのだろうか。

▶▶1__ 人の移動に伴う問題

　まず，端的に人の移動の増大に関わるものとして先進諸国における移民・難民の大量流入が問題となっている。言語や文化の異なる人々，とりわけ貧困層に属する人々が，貧困や戦争，迫害から逃れるために大量に国家内部に入り込んでくることは，しばしば文化的一体性への脅威，社会秩序の混乱，社会福祉の負担の増大といった問題と結びつけて理解されている。希望する人間を誰でも無条件に受け入れる国家は存在しない。ではどの程度，どのような理由で，どの期間移民・難民を受け入れるか，各国政府にとってかつてなくアクチュアルな課題となっている。

　長期的な移民とは異なり短期的な人の出入りは今やどの国においても常態化している。近時では先進諸国における少子高齢化の問題を補うべくケア労働者（介護労働者，ハウスキーパー，ベビーシッターなど）の国際的「出稼ぎ」が広く見られるようになっている。それ以前から，観光ビザで入国し肉体労働や第三次産業など各種職業に従事し続ける「不法」滞在者も後を絶たない。彼らは労働搾取の餌食となることが多い（日本では「外国人研修生」「外国人技能実習生」制度を用いた実質的な労働搾取も広く行われている）。非合法な人の移動である国際的な人身売買の問題も深刻である。発展途上国の女性や子どもがしばしばその犠牲となっている。関連して国境を越えた代理懐胎契約も多くの問題をもたらしている。他方で，グローバル・エリートとでも言うべき経済強者もまた世界をまたにかけたビジネスの展開に余念が無い。日々世界を飛び交う無数の航空便に乗る彼らは，文字通り国境なき経済活動の主役として「国籍不明」な人々でもある。また，米国のシリコンバレーのように世界中の優れた頭脳労働者を集積して成り立つ産業都市も存在する。さらには，イスラムやカトリックといった元々グローバルに展開する宗教のネットワーク，あるいは，世界中に広がる華僑ネットワークのような人の繋がりもまた，グローバリゼーションと連動して活性化し，独自の情報メディアを構築している。新しい動きとしては，環境運動，人権活動，平和運動などに関わる国際NGO（非国家的アクター）が，

それら社会運動を媒介としたグローバルな人的ネットワークと情報網を構築していることも挙げられる。一種の消費行動としての「医療ツーリズム」「出産ツーリズム」も近時の動きとして興味深い。社会保障や国籍法に関する外国人によるただ乗りの問題である。

　エリートから末端労働者まで人が無数に行き交う結果，ドイツで見られたように「ゲストワーカー」（ガストアルバイター）だったはずの人々（ドイツの場合主としてトルコ人）の定住化，移民化が進み，今や西側先進諸国の主要都市はどこも多国籍・多文化都市の様相を強めている。いわゆる国際結婚の増加は国際離婚の増加をも意味しているが，離婚した夫婦間の子どもの国境を越えた連れ去りという複雑な問題をしばしば伴っている。日本も1980年ハーグ条約（国際的な子の奪取の民事上の側面に関する条約）を遅まきながら2013年に国会承認し，ただちに実施のための国内法を整備したこと（条約の署名，発効は2014年）は記憶に新しい。2019年末から世界中を混乱させているCovid-19のパンデミックもその拡大規模と速度に関し人の移動と深く関わっていることは言うまでもない。

▶▶2__ 財の移動に伴う問題

　グローバリゼーションによって財の移動もかつてなく活性化している。電子商取引（e-commerce）は今や企業のみならずスマートフォンを手にする人々の日常の一コマですらある。その結果，複数のアクターが複雑に絡まる取引トラブルが多発しているが，その法的解決のための管轄や準拠法をめぐる高度な議論を人々が知悉しているはずもない。各種企業による国際的な取引や投資は複雑化を極めている。米国の低所得者向け住宅ローンであったサブプライム・ローンに代表される各種債権が組み合わされて証券化され世界的に流通した結果，世界的な投資のネットワークが形成され，その破綻が2008年のリーマンショックと呼ばれる深刻な金融危機を引き起こした。高度化・自動化が進み実体を把握しづらい金融工学的ストラテジーが，株式市場，為替市場，各国の財政を不安定化している。各国の財政・金融政策は常に対応が後手に回っている。同じように，経済強者による国際的な不動産投資，土地の買い占め，租税回避行動（BEPS：Base Erosion and Profit Shifting〔税源侵食と利益移転〕），知的財産権の侵害など，グローバルに展開する経済活動の結果各国の国内法による対応の限界が露わになっている問題は数多い。

　関連して，グローバルな市場を舞台にした大規模な生産と消費の活性化（その背後にある人類全体の飽くなき欲望の肥大化）が，世界の資源や自然環境・文化環境にもたらしている外部性の問題も深刻である。特に，偏在する第一次原料（シェール・ガス，レアメタルなど）の開発がもたらす環境破壊や，ファスト・ファッションの製造工場やカカオ豆などのプランテーションにおける低賃金労働，児童労働，奴隷労

働の問題は，それらの問題を抱える発展途上国の政府の力量の不足（あるいは利権）も相俟って，対応がなかなか進まない。他方で消費地の先進諸国の政府もまたそれら「外国」の問題に直接に介入する権限も意欲もない。それどころか，逆に，運輸やエネルギーといった重厚長大なインフラ技術の輸出を目論む先進諸国の国家元首たちがセールスマンとなって発展途上国に競って売り込んで歩いているありさまである。途上国への「輸出」品の中には有害物質を含有する産業廃棄物，ハイテク・ゴミなどもあり，アフリカなどでは深刻な環境破壊をもたらしている。加えて，グローバルな商品市場における消費者保護の問題も喫緊の課題と考えられている。

　他に，各種の国際標準（国際規格）の整備は，グローバルな経済活動ないし経済競争を整序するために不可欠であるが，国際企業を多数抱える先進諸国の利害（経済的覇権争い）と直結するだけに，しばしば激しい鍔迫り合いが展開される。

▶▶**3**＿ 情報の移動に伴う問題

　インターネットを中心とする新しいメディアの爆発的な普及がもたらす情報空間の平準化もまたグローバリゼーションの一側面である。スマートフォンやSNSを活用した市民による独裁政治への抵抗運動（チュニジアのジャスミン革命〔2010〜2011年〕など）といったプラスの側面がしばしば説かれるが，コインの裏側として，宗教原理主義，カルト，犯罪集団などもまた，ITメディアを多様に駆使していることはよく知られている。いわゆる「イスラム国」（ISIL）がネットメディアを巧みに用いて西側先進諸国から多数の若者の勧誘に成功していたことは衝撃的なこととして報じられた。インターネット(特にダークウェブや仮想通貨)を介した国際的なプライバシー侵害，詐欺，武器・薬物等の違法取引（ブラックマーケット）などの問題も現代ならではのものである。平準化した情報空間は反動として宗教原理主義や偏狭なナショナリズムなどを簇生させているが，他方で各地の伝統的な価値観や習俗への脅威となっていることもまた確かである。かつての帝国主義や植民地主義に代わる，現代版の普遍権力（地球全体を包摂し外部のない，新しい意味での〈帝国〉）の成立である（ネグリ＝ハート2000=2003）。

▶§3＿ 国家法の限界とグローバル・ガバナンス

　以上見て来たような，グローバリゼーションに伴って発生している多様な問題に法（学）はどのように応答しているか。基本的なポイントを整理しておこう（多様な法分野にわたる詳細は，浅野他2019，寺谷2020を参照）。

▶▶1 __ 国家／国内法の比重低下

主権国家の境界を越えて質的にも量的にも新たな様相を呈し始めている人・財・情報の移動に対して，各主権国家による統制は明らかに限界に直面している。関与する国家が多数にわたるグローバルな営為に対して，各国の国家法（国内法）や行政規制になし得ることは限られているからである。二国間でさえ利害対立があることが多いのに（環境規制や知的財産権保護などをめぐっては特に），関与する国家が多数にわたる場合は規制に関する各国政府間の調整がそもそも困難である。加えて，仮に国家間の合意がかろうじて成立したとしても，そうした各国政府が依拠する法・政治の枠組と，グローバルな市場，技術移転，情報拡散，人口移動などの論理との間には，原理的な離齬がある。後者の論理は，言わば世界大の普遍性を獲得した自律的コミュニケーションによって成り立っているものであり，一定の境界内の統御を前提とする国家法・政治の視角とはスケールもコードも異なっているからである。例えば，GoogleやAmazonが典型だが，グローバルに営利活動を展開する企業にとって，各国ごとに異なる行政規制や課税基準は——日本における「非関税障壁」としばしば批判されてきたその国固有の商慣習などと同様に——経済行動の合理性・効率性を恣意的に阻む外在的要因としてしか映らない。グローバルな競争を生き抜くために，それらの恣意的制約の影響をいかに最小化するか（例えばタックスヘイブンに本拠を置くなど各国法の抜け穴を巧みについて課税を回避する）がグローバル企業のガバナンス戦略の重要な1つであり（背後には経済強者による道具主義的な法理解の徹底がある），元々の出自が特定の国家にあるとしても当該国家（政府）の行政や財政に忠実でなければならない義務は（少なくとも法的には）ないと考えるのが普通である。経済だけではない。同じように，宗教ネットワーク，科学ネットワーク，民族ネットワークを介した人・財・情報の移動もまた，国家法，国内行政の論理とは異なる論理で動いている。結局のところ，グローバリゼーションがもたらす多様な問題に対し，各国政府は（可能な限り他国と協調しながら）自らの管轄が及ぶ自国内において必要な弥縫策（象徴はトランプ政権の場当たり的な移民規制や保護主義の復活）を法制化し，事後的な処置をその都度施していくということにならざるを得ない事態に陥っている。

▶▶2 __ 国際法の多元化・断片化

いわゆる国際法（国際私法・国際公法を含む）による応答も，決して十全なものとは言えない。確かに国際法学は今や法学の一分野として定着し，多様な法理の構築が進んでいる。しかし，元来は国家間の合意を基礎とする条約（treaty, agreement, covenant, pactなど呼び名はさまざまである）は，国益をかけた政治的駆け引き（ポリティクス）と密接に関わっており，国家法システムが国内の政治システムに対して作動

上の閉鎖性を有したオートポイエーシス・システムとなっている（ルーマン2003：第2章，第9章）というような関係では必ずしもない。その意味では条約は政治・経済的コンテクスト次第で容易に破棄され得る暫定的な合意ないし契約という側面を少なからず持つ。

　さらには，よく知られているように国際法を執行する権限を独占する超国家的な機関（究極は世界政府ということになろう）は存在しない。その意味では「一般国際法」のようなものは観念として保持しがたい。むしろ政策分野や地域，組織ごとに多様で多元的で必ずしも強制力を伴わない合意や規範生成がなされ続けているというのが実態である。国際法の多元化・断片化といった言葉で通常語られている事態である。国際司法裁判所や国際刑事裁判所といった試みも（当該裁判所に関する条約の締結国間で）なされているがそこで依拠すべき法源は何であるか，決して自明ではない。

　要するに，一口にグローバル・ガバナンスないし国際行政といった言葉で指示されているものは，こと法的統御という側面から見るならば，国家法による国家行政に比しても，集権的な執行機関を欠くというだけでなく，そもそも準拠している規範が多元的で断片的なものにとどまっているという意味で，多元分散的なものなのである。

▶▶3__ トランスナショナル法の構想

　こうした中で，伝統的な国際法理解を脱却したトランスナショナル法（とでも呼ぶべきもの）を模索する動きが理論的にも実務的に存在する。

　実体的規範の統合という点では，国際人権法の進展がまずは特筆すべきであろう。人権概念の高度な普遍性がその背景にある（寺谷2003）。関連して，ジェノサイドや人道に対する罪やテロリズムへの国際刑事裁判所や国連安全保障理事会による対応も一定の成果を挙げている。同じく一定の普遍性を想定できる商取引（私法）の分野では，ユニドロワ（Unidroit 私法統一国際協会）という国際機関が推し進める法の統一化が有名である。同機関が策定する「国際商事契約原則 Principles of International Commercial Contracts」（1994, 2004, 2010, 2016）は条約ではなく法の一般準則として定められたものである。国連国際商取引法委員会（UNCITRAL）が基点となって作られている各種条約（「国際物品売買契約に関する国際連合条約」など）もトランスナショナル法の形成に寄与していると言えそうである。同様に，金融，環境などの領域においても，一定の規範の統合の動きが見て取れる。発展途上国に対するいわゆる法整備支援（および「開発法学」）もトランスナショナル法の生成に貢献する面があるかもしれない（山元他2018: 159-173頁〔松尾弘〕）。

　手続面での整備もいろいろと試みられている。先述した，国際司法裁判所や国際刑事裁判所，さらにはUNCITRALが策定した「国際商事仲裁に関するモデル法」

(1985, 2002）をベースにした国際商事仲裁，「国家と他の国家の国民との間の投資紛争の解決に関する条約」による投資紛争解決国際センター（ICSID）における投資紛争の調停・仲裁などの紛争処理手続などが有名な取り組みであり，すでに一定の実績を上げている。国際私法学におけるいわゆる抵触法(Conflicts of Laws)の法理・学理を発展的に拡充して，グローバル・ガバナンスに適合させていくという有力な動きも存在する（浅野他2015: 第4章，同2019: 第15章〔いずれも横溝大〕）。

　実体・手続を問わず，近時ではヨリ直接的に「国際立法」の可能性について探究する議論も登場し始めている（寺谷2020: 第1部）。

▶▶4__ 自生的秩序／自律的レジーム

　法社会学的に興味深いのは，国家間の条約や各国の国内法による規制とは別に，グローバルに展開する様々なアクティビティの分野や組織ごとに，自律的レジームと呼びうる規範形成や紛争処理の仕組みが成立しているということである（ちなみに，これは，非国家的アクターが主体であるという意味で，国際法学において伝統的に講じられてきた「国際慣習法」〔国際司法裁判所規程第38条1項b〕とは異なる〔国際慣習法については，森2010〕）。法執行機関による垂直的な統制ではなく，多様なアクターの相互行為連関の中で生まれてきた自省的秩序であり，言わば国際社会における「生ける法」である（国際法学では，国家間の非条約合意や国際組織の非拘束的な宣言，ガイドラインなども含むものとして「ソフトロー」としばしば呼ばれる〔齋藤2005〕）。具体的には，国際的な商取引を行う商人達が自らのために作り出してきたレックス・メルカトーリアと呼ばれる一群の規範（約款や標準契約や統一規則など）であったり，WTOなどの国際機関が加盟国との間で作り上げてきた紛争処理メカニズムであったり（19世紀以降機能別に形成されてきた多様な国際行政組織については城山（2013）第3章参照），カリフォルニア州法の下で成立したNPOであるICANNによるIPアドレスやドメイン名の割り当て・調整，さらにはインターネット空間に関する規範形成であったり，多国籍企業が各国政府をはじめとする多様なアクターとの総論を通じて練り上げてきた内部的な行動規範であったり，国際標準化機構（ISO）というNGOによる国際標準定立に関する意思決定手続の整備やデュー・プロセスの保障などであったりする（トイブナー2012: 3-45頁，浅野他2015: 第10章〔横溝〕）。とりわけ国際経済法と呼ばれる分野にこの手のものが多い。

　これら生ける法の正統性や普遍性を国家法や国際条約との関係でどのように位置づけるかは一個の理論的問題であるが，グローバル・ガバナンスにおいて少なからぬ役割を果たしていることは間違いないであろう。ドイツの法社会学者グンター・トイブナーはここに「国家なき自己立憲化」を見出し，それは国家中心主義の発想に留まり続ける法と政治を尻目にグローバルな拡大をそれぞれに遂げている経済，

科学，メディア，保健，企業といったセクターがそれぞれに達成している自己構成的（constitutive）な統御メカニズム・規範・内部コードだとする。問題は，他方でそれぞれのセクターが固有の合理性を追求するあまり暴走し，リーマン・ショックのような自己破壊寸前の事態にまで立ち至りかねないことである。これに対しては，constitutionalism（立憲主義）のもう1つの側面である制限的（limitative）な立憲化による自己統御を各セクターに促進するために，各セクターの外部，とりわけ法が，一定の刺激を与えることで，セクター内部の自律的コードのメタ・レベルで作動するメタ・コードを生成させる必要があると説く。彼はこのような構想を，社会的立憲主義（societal constitutionalism/gesellschaftlicher Konstitutionalismus）と呼ぶ（トイブナー2012）。トイブナーの議論の成否はともかくとしても，グローバリゼーションの結果生み出される多様な問題に応答する法は，主権国家を中心的アクターとする国家法や（狭義の）国際法の概念よりは相当拡張的なものとして捉える必要があるということは，確かなようである。その作動のメカニズムも分散的なものたらざるを得ないであろう。事態の把握にはまさに法社会学的視点が有効な武器となる。

▶§4＿ 多文化主義／グローバル・ジャスティス／法のクレオール

グローバリゼーションの影響が明らかになる以前から，日本の法社会学（および法人類学）では，むしろ世界における法ないし法文化の多元性を指摘する議論が有力であった。千葉正士の多元的法体制論(legal pluralism)はその代表的なものであり，世界においても先駆的な業績とされる（千葉1998）。

静態的な像を描く千葉理論に対し，グローバリゼーションの容赦のない波は，グローバルな法秩序を動態的に把握する新たな理論を要請し始めている。そこでは，ソフトローや自律的レジームの生成が生み出している多元化，断片化に対していかなる普遍的原理による統合が可能かが理論的課題となっている。いきおい，議論は事実の記述よりも規範的なものたらざるを得なくなる。法社会学者よりも法哲学者や政治哲学者らによって議論が主導されている。その代表的な議論の1つは，グローバル・ジャスティス論である（宇佐美2014）。ジョン・ロールズやアマルティア・センの平等主義的リベラリズムと，すべての個人に世界市民としての等しい重み付けを与えるコスモポリタニズムとを基調とし，かつて南北問題とも言われた先進国と発展途上国の間の格差，また途上国内部で蔓延している女性や子どもや障害者といった最弱者に対する搾取や虐待の問題を，先進国の市民にも関わりのあるグローバルで普遍主義的な正義の問題として捉えようとするものである。

もう1つの新しい議論として，グローバリゼーションの過程で不可避的に発生す

る異なる法や法文化の接触が，ちょうど植民地などにおいて異言語（宗主語と現地語）の接触が相互融合的混成言語としてのクレオール語を各地で生んだように，「法のクレオール」を生成させるのではないかという議論がある（長谷川2012）。そこでは，単なる法概念の混淆や融合といった問題にとどまらず，価値的次元，行為的次元，制度的次元における人々の主体的な解釈的営為が法のクレオール化をもたらすことへの期待があり，その意味において普遍主義的であると同時に規範的な理論となっている。歴史上繰り返しなされてきた法の継受や法の翻訳といった営みに，グローバリゼーション下での法のクレオール化の手がかりが見出せないか，法哲学者，法社会学者，比較法学者，法史学者による多面的検討が行われてきているが，現時点では仮説的な見込みにとどまっている（比較法学における「混合法」論と比較せよ。（山元他2018: 24-37頁〔松本英実〕）。

　グローバル・ジャスティス論にせよ法のクレオール論にせよ，一種の「べき」論としての側面は否定しがたいが，古代ローマ以来，法が人間による作為的・抗事実的・主体的な営みであり続けてきたことを考えれば，単なる空理空論でないこともまた確かである。法の意味や機能についての反省の学でもある法社会学のなし得る貢献も小さくないであろう。

【参考文献】

浅野有紀他編(2015)『グローバル化と公法・私法関係の再編』弘文堂

浅野有紀他編(2019)『政策実現過程のグローバル化』弘文堂

宇佐美誠編著(2014)『グローバルな正義』勁草書房

齋藤民徒(2005)「「ソフト・ロー」論の系譜」法律時報77巻8号106-113頁

城山英明(2013)『国際行政論』有斐閣

千葉正士(1998)『アジア法の多元的構造』成文堂

寺谷広司(2003)『国際人権の逸脱不可能性——緊急事態が照らす法・国家・個人』有斐閣

寺谷広司編(2020)『国際法の現在——変転する現代世界で法の可能性を問い直す』日本評論社

トイブナー，グンター(2012)『システム複合時代の法』(瀬川信久編／尾﨑一郎・綾部六郎・橳沢能生・毛利康俊・藤原正則訳)信山社

ネグリ，アントニオ／ハート，マイケル(2003)『〈帝国〉——グローバル化の世界秩序とマルチチュードの可能性』(水嶋一憲・酒井隆史・浜邦彦・吉田俊実訳)以文社

長谷川晃編著(2012)『法のクレオール序説——異法融合の秩序学』北海道大学出版会

森大輔(2010)『ゲーム理論で読み解く国際法——国際慣習法の機能』勁草書房

山元一他編著(2018)『グローバル化と法の変容』日本評論社

ルーマン，ニクラス(2003)『社会の法1，2』(馬場靖雄・江口厚仁・上村隆広訳)法政大学出版局

【尾﨑一郎】

30 講__ 外から見た日本の「法と社会」...............

▶ **§1__ 日本の「常識」を疑う**

　本書全体の締めくくりとして，本講では，外国の研究者が日本の「法と社会」を扱った研究のいくつかを紹介する。戦後日本社会が大きく変動し，経済成長や文化の面での国際的な注目も増すなかで，外国の研究者が日本の法と社会のあり方に関心を持ち，それを深く考察する研究も多く発表されるようになった。外国の研究者による研究には，日本の研究者とは異なるユニークな視点から日本法を眺めることを通じて，日本の社会に定着している「常識」を疑い，新たな視点を開く意義を持つものも少なくない。「なるほど」と思うこともあれば，「それはどうだろうか」と首をかしげたりすることもある。しかし，違和感や疑問を含めてしばしば知的な刺激に富む。

　このような観点から取り上げるべき研究は多いが，ここでは，本書の性格を考慮し，次の2つの観点から対象を選定した。第1に，本書が法社会学のテキストであることから，もっぱら日本の法律（実定法）の紹介にとどまるものは避け，広く日本の「法と社会」（**01**講で述べた「『社会』のなかの『法』」および「『法』のなかの『社会』」）を扱ったものを選定した。第2に，学生から社会人に及ぶ幅広い読者層の便宜を考え，日本語で発表されている文献（翻訳や詳しい解説）を中心にした。

▶ **§2__ 日本人は裁判嫌いか？**──文化・制度・合理的選択

　戦後日本の法社会学研究の重要なテーマの1つに，日本ではなぜ訴訟が少ないのかという問題があり，これをめぐって外国の日本法研究者たちも参加する大きな論争が生じた（→**04**講，**09**講も参照）。

　口火を切ったのは，戦後日本を代表する法社会学者の一人である川島武宜である。川島は，1963年に発表した英語論文（Takeyoshi Kawashima "Dispute Resolution in Contemporary Japan," in Arthur T. von Mehren, ed., *Law in Japan: The Legal Order in a Changing Society*, Cambridge, MA: Harvard University Press, 1963, pp.41-72. その翻訳として川島1965）や，それをさらに発展させた1967年の『日本人の法意識』（川島1967）において，欧米諸国と比較して，日本では訴訟が少ないことや契約書で契約条件があ

まり詳細には定められないこと，さらに所有権が尊重されない傾向があることなどを指摘し，その原因は日本では近代的な法意識が欠如していることにあるとの理論を展開した。川島によれば，日本では，明治以降，政府によって，国家法のレベルでは近代的な法制度が確立されたが，しかし，国民の意識はそれに対応するものにはなっておらず，むしろ，明治以前の社会から続いてきた伝統的な法意識（前近代的法意識）が，現実の社会生活における人びとの行動を広範に決定してきたとされる。日本人の伝統的な法意識では，友好的ないし協同体的な関係を基礎とし，権利・義務を明確にしないことが好まれる。そのような伝統的法意識からすると，当事者の権利・義務を明確かつ確定的のものにする近代的な訴訟制度は好ましいものではなく，結果として，日本では訴訟が少なくなっているとされる。この川島の理論は，法に関する人びとの行動に影響を及ぼすより基底的な要因としての文化とも関連しているため，「文化説」とよばれ，日本で訴訟が少ないことを説明する有力な潮流を形成した。

　この川島の1963年の英語論文が発表されると，外国の研究者の注目を集めるところとなり，川島の議論に対する強い批判も現れた。その重要な1つがJ・O・ヘイリー（John O. Haley）の論文「裁判嫌いの神話」である（ヘイリー1978＝1979）。日本で訴訟が少ないことの理由についてヘイリーはいくつかの理由をあげているが，特に強調したのが，日本の司法制度あるいは裁判所の制度的有効性の低さである。ヘイリーは，具体的なデータに基づき，次のことを指摘する。第1に，日本の裁判所は裁判官の数が少ない結果，米国の裁判所に比較して事件負担が過重であり，訴訟遅延が著しい。訴訟の遅延は訴訟を減らす引き金となる。第2に，裁判所へのアクセスに関する重要な情報源である弁護士数も，日本は，米国と比較して著しく少ない。第3に，集中審理方式をとらない日本の裁判所の伝統的な審理の進め方や，日本の裁判所には米国における法廷侮辱制度のような判決を執行する強力な手段がないこと，また，日本では裁判所が行政機関の法執行を停止する権限も弱いことも，紛争解決についての司法制度の有効性を弱めている。結論として，日本における訴訟の少なさをもたらしているのは，法意識や法文化ではなく，これらの「訴訟を起こすために妨げとなる制度上の障害」であるというのがヘイリーの主張である。このようなヘイリーの考え方は「制度説」とよばれている。ヘイリーの論文では触れられていないが，「訴訟を起こすために妨げとなる制度上の障害」としては，欧米先進国では当たり前となっている法律扶助（リーガル・エイド）制度の整備が，伝統的に日本では著しく立ち遅れていたことも付け加えることができる。

　さらに，このような文化説と制度説の論争に中に割って入ったのが，J・M・ラムザイヤー（J. Mark Ramseyer）の合理的選択説（予測可能性説）である（ラムザイヤー1990）。ラムザイヤーは，法と経済学，とくに合理的選択論の立場から，川島の議

論に反駁する。ラムザイヤーによれば，人びとの行動を第1次的に動機づけるのは自己の利益を最大化しようとする欲求であり，人びとは，自己利益を最大化するという目的と整合的になるように合理的に行動する。訴訟よりもコンプロマイズ（紛争を当事者の交渉で解決すること）が当事者にとって有利であれば，当事者は，訴訟ではなくコンプロマイズを選択する。

　一般的にいえば，訴訟に要する費用はコンプロマイズよりは高くつくので，合理的に行動する当事者は訴訟ではなくコンプロマイズを選択するはずである。しかしその前提となるのは，判決の予測可能性（判決の期待値について両当事者の評価が合致する可能性）であり，これが低い場合は，コンプロマイズは困難になる。そして，ラムザイヤーによれば，日本では，この判決の予測可能性を高める条件がある。具体的には，①日本では，米国におけるような民事陪審制度は存在せず，もっぱら専門職の裁判官が判断するため，判決の結果を予測しやすい，②米国では，いったん訴訟が始まると集中的に審理され短期間で終わるのに対して，日本では訴訟が長期にわたることが多く，裁判官と当事者・代理人（弁護士等）の接触の機会が多くなるため，判決に至る前に訴訟の結果がどうなるかについての情報を得やすい，③日本の裁判所は判決統一のための損害賠償額算定方法・過失相殺率に関する基準を作成し公表していて，訴訟外の交渉でも参照できる，④州ごとに法律や裁判所の制度が分かれている米国と異なり，日本は全国共通の単一の法制度である。これらはいずれも，「日本の訴訟の予測可能性を米国に比べて高める要素である」。結果として，日本では，紛争の当事者が訴訟ではなくコンプロマイズで紛争を解決する傾向をもち，日本では訴訟が少なくなるのである。

　本書の読者は，以上の文化説，制度説，合理的選択説のいずれが説得的であると思うであろうか。最近では，後に触れるD・H・フット（Daniel H. Foote）が，文化説，制度説，合理的選択説それぞれの一面性を指摘し，「訴訟率は，制度的要因，経済的要因，さらに文化的要因，といった複雑な要因の相互作用の結果である」とのバランスのとれた見方を示しているが（フット2006），制度的要因，経済的要因，文化的要因がそれぞれ人びとの法行動に及ぼす影響や，それぞれの要因間の相互関係を考えてみることは，法社会学の重要な課題である。法意識・法文化についての**04**講の議論とも合わせて考えてほしい。

　なお，川島のみならず，「日本には権利の主張がなく，裁判に対する抵抗がある」という言説は随所で繰り返し行われている。このような見方に対して，丹念な調査を通じて，それとは異なる日本の法と社会の姿を明らかにした研究として，E・フェルドマン（Eric Feldman）の『日本における権利のかたち』（フェルドマン2003）がある。フェルドマンは，江戸時代における農民の抗議行動の伝統，明治期の自由民権運動の盛り上がり，1960年代および1970年代の「新しい権利」をめぐる運動，そ

して，現代のエイズ訴訟や，脳死と臓器移植論争などの事例の分析を通じて，「日本には昔から権利の主張や権利を求める戦いがあり，つねに成功してきたとはいえないにしても，今も継続している」との見方を示している。フェルドマンは，ヘイリーやラムザイヤーらよりも若い世代の研究者であるが，エイズ訴訟や脳死・臓器移植論争をめぐって，当事者へのインタビューなどのフィールドワークを精力的に行い，この本は，非常に優れた事例研究となっている。学生諸君がゼミのレポートや卒業論文をまとめるときの参考にもなるであろう。

　そのほか，Ch・ヴォルシュレーガー（Christian Wollschläger）の「民事訴訟の比較歴史分析——司法統計からみた日本の法文化」（ヴォルシュレーガー2001）は，日本，ドイツ，スウェーデン，米国等各国の司法統計を比較して，日本の長期的な訴訟率の推移を分析している。司法統計というハードなデータに基づき，しかも歴史分析と国際比較の幅広い視角から日本の訴訟率の長期的な動向についての一貫した解釈を示した研究として特色がある。

▶§3＿ 戦後日本の社会変動と法，日本型行政モデル

　戦後，日本の社会は大きな変動に見舞われた。第2次世界大戦の敗戦を契機とする「民主化」や「近代化」はその1つであり，また，1950年代から1960年代にかけての日本の高度経済成長は，工業化の進展とそれに伴う農村から都市への大量の人口移動（都市化），家族形態の変容（大家族から核家族へ），自動車の普及（モータリゼーション）等をもたらし，それとともに深刻な公害や労働問題，交通事故の多発などの社会問題が発生した。このような戦後日本社会の急速な変化に対して法制度がどのように対応したかという研究も，外国人研究者によって活発に行われた。

　F・アッパム（Frank Upham）〔「アバム」「アッパーム」とも表記される〕は，論文「社会的弱者の人権」（アバム2001）において，日本社会のメインストリームから排除されてきた「社会的弱者」，具体的には，被差別部落民，女性労働者，公害被害者等を対象として，それらの人びとが戦後日本社会の中でどのように位置づけられてきたかを明らかにする課題に取り組んだ。アッパムは，これら三者のそれぞれについて，歴史的・伝統的な問題状況，戦後の変化，平等や被害の救済を求める当事者たちの訴訟や立法要求，それに対する裁判所や政府の対応を整理し，いくつかの重要な結論を導いている。そのなかで法社会学的に見てとくに興味深いのは，アッパムが，戦後日本社会の急速な変化にともなう社会問題や紛争に直面した時の政府や法制度の対応について，次のような特徴が見られることを指摘した点である。

　アッパムによれば，被差別部落民，女性労働者，公害被害者らの平等や被害救

済を求める運動に直面した時，政府はそれらの事態を放置することはしなかった
が，しかし「転機とみられるときにはかならず，政府は，個人的な行動，なかでも
法的行為〔権利主張や訴訟提起―筆者〕を思いとどまらせ，行政に協力し，あるいは
頼ることを奨励した」。たとえば公害被害者を例にとれば，公害の原因企業や政府
の対応が消極的であることに業を煮やした公害被害者たちは，1960年代後半に相
次いで被害の救済を求める訴訟を提起し（いわゆる4大公害裁判），1970年代初頭に
相次いで勝訴の判決を勝ち取った。これは「日本人の政治活動のまったく新しい形
態」であり，「閉鎖的で合意を基礎にした伝統的な政治スタイルへの挑戦であった
ばかりでなく，抗争より調和を好むという日本人の自画像に対する挑戦でもあっ
た」。このような事態に直面して政府がとった対応は，問題や被害を無視すること
ではなく（それは反公害の世論の高まりを前にして政治的にはとり得ない選択だった），か
といって訴訟の場で現れる積極的な権利主張を奨励したり，そのような態度を社会
に定着させることではなく，訴訟以外の手段で問題を解決するルートを設けること
だった。具体的には，政府が基金を設けて公害被害者を救済する制度（公害健康被
害者補償制度〔1973年〕）や，訴訟以外の方法（調停，仲裁等）で紛争を解決する制度（公
害紛争処理制度〔1970年〕）が相次いで設けられた。これらの制度は，公害被害の救
済を効率的に行う役割を果たしうるものであるが，アッパムによれば「これらの制
度の創設者の目標は，そのような効率を超えたところにあった」。すなわち，それは，
訴訟による問題解決をあえて避けようとする，政府の意図的な選択だった。

　実はこの論文の基礎には，戦後日本の社会変動と法の関わりを包括的に扱った
アッパムの英語図書（Frank K. Upham, *Law and Social Change in Postwar Japan*, Cambridge,
MA: Harvard University Press, 1987）があるが，そこでの表現を引用すれば「日本の政
治エリートは，人々をなるべく訴訟利用から遠ざけるような法制度を意図的に設計
した」のであった。そしてそれはなぜかかといえば，「法廷での闘争や原告の要求
を認容する裁判所の判決は，個別的あるいは地域的な紛争を一般的あるいは全国的
な紛争へと変容させることに寄与する。それは，伝統的な支配体制にとっての危機
を意味する」からであるというのがアッパムの見立てである。アッパムの分析は，
高度経済成長期までの日本の大規模な社会変動とそれに対する法制度の対応をダイ
ナミックに描き出していて興味深い。なお，一連の公害訴訟や男女雇用機会均等訴
訟などは，社会問題の解決において裁判所がはたしうる新たな役割に目を向けさせ
た。その結果，日本でも「現代型訴訟」や公共訴訟，政策形成訴訟とよばれる分野
が注目されることとなる。これは**10講**のテーマである。

　なお，アッパムは，行政機関が，法によって与えられている公式の権限を行使す
るのではなく，むしろ行政指導のようなインフォーマルな手法によって政策目的を
実現する日本型の行政モデルにも関心を持ち，1995年に論文「日本的行政スタイ

ルの試論的モデル」を発表している（アッパーム1995）。この論文でアッパムは，大規模小売店舗法の運用やテレビ放送局の免許，自動車運転事業免許，土地利用規制などの事例分析を踏まえて，日本における行政手法の特徴を，①公的決定を私的当事者たちの交渉に委ね，②規制過程が垂直的ではなく水平的性格を持つこと，③行政過程と法的規範との距離が大きく，その結果，行政過程の厳格な司法審査が困難となっている点などを指摘している。また，M・K・ヤング（Michael K. Young）は，行政指導の司法審査を扱う論文において，日本の行政が複雑な紛争を解決する手段として私的解決に依存していること，裁判所自身も，行政の適切な裁量を確保しつつ同時に行政の濫用をチェックするための方法として「誠実な交渉」がなされたかどうかの判断枠組みを採用していることなどを指摘している（Michael K. Young, "Judicial Review of Administrative Guidance: Governmentally Encouraged Consensual Dispute Resolution in Japan," *Columbia Law Review*, vol. 84, No.4, pp.923-983[1984]. 全文の翻訳ではないが，納谷1987が詳細な紹介を行っている）。その後，日本では，特に1990年代後半から2000年代以降，行政過程の透明性や説明責任を強化する制度改革が進んでおり，アッパムやヤングの論文が書かれた当時と現在では状況は相当に変わっている。しかし，アッパムやヤングが指摘したような行政過程の日本的特徴が果たして現在では完全に払拭されたかどうか，たとえば欧米の規制行政のあり方と比較して現代の日本の規制行政はどのような特徴は持つのかを考えようとするとき，アッパムやヤングの研究は，議論のベースラインとしての意義を持っている。行政による法の実現を扱う**16講**や，行政活動の統制を扱う**17講**と合わせて読むことを勧めたい。

▶§4＿ 日本の裁判所の活動と組織

　「日本法や日本人の法意識に関する固定観念は山ほどある。…しかし，外から見ると，そういった『常識』の中には，実際には異なるものが多いように思われる…本書では，そういった『日本法の常識』を再検討してみたい」。このような書き出しで始まるのはD・H・フットの『裁判と社会——司法の「常識」再考』である（フット2006）。同書が挑戦する常識の１つは，日本では訴訟が少ないことをめぐる議論である。これについてフットが「訴訟率は，制度的要因，経済的要因，さらに文化的要因，といった複雑な要因の相互作用の結果である」との見方を示していることは§2で述べた。
　フットの研究が挑戦するもう１つの「常識」は，裁判所による法形成の問題である。この分野では，次のような日本の裁判官の消極主義的な姿勢が「常識」となっている。すなわち，「日本の裁判官は，〔ヨーロッパ〕大陸法の精神にのっとって，すべてを

網羅したとされる法典を単に解釈しているだけである。〔日本の〕裁判官は，英米法系の裁判官のように先例を通じて法を作ったりはしない」。しかし，フットによれば，「日本の裁判所には，少なくとも私人間の秩序の形成に関しては，法理を創造してきた歴史がある」。フットは，多様な分野の訴訟の具体的事例を丹念に整理し，日本の裁判所は，社会の変化により大量の事件が裁判所に持ち込まれるようになった場合や，社会に新たな問題が発生しその解決が社会的にも重大性を帯びているにもかかわらず議会や政府が機敏に対応しない場合に，積極的に政策形成を行ってきたことを明らかにする。

　フットは，多くの法分野における裁判所の判決を詳しく紹介し，それを裁判所による法形成・政策形成という視点から明快に整理・分析している。フットによれば，そこには，4つのパターンが区別される。すなわち，①少数の最高裁裁判官のイニシアティブによる「上からの規範形成」（たとえば，刑事事件の再審を拡大する新たな判断基準，法人格否認の法理），②新たな社会問題に対応して下級審からの判決を積み上げる「下からの対応」（たとえば，公害訴訟における不法行為責任についての新たな判断基準や，雇用機会均等事件，性的嫌がらせ〔ハラスメント〕事件における新たな判断基準），③下級裁判所による「人間関係の安定性の維持」の観点からの規範形成（たとえば，労働事件における解雇制限法理，借地・借家事件における正当事由法理），そして④「裁判所による組織的規範形成」（たとえば，大量の交通事故に対応するための損害賠償額算定や過失相殺率の判断基準，大量の破産事件を効率的に処理する新たな事件処理手続の導入）である（フットは，特に④は日本の裁判所に独特のパターンであるとする）。フットは，結論として，「日本の裁判所は，他の政府機関との関係では消極主義を取ってきたが，私人間の秩序が問題となったときは，法規範を作るのにしばしば大きな役割をはたしてきた」「そしてそこで創られた規範には，重要な政策的意味合いが含まれている。つまり，日本の裁判所は政策形成をしているのである」と述べている。

　さて，フットが日本の裁判所の積極的な法形成・政策形成を論じるとき留保したのが，「他の政府機関との関係」が問題になる場面，具体的には，憲法訴訟や行政訴訟の分野である。これらの分野では，日本の裁判所は，伝統的に消極的な姿勢をとってきたと言われる。

　その原因として指摘されることの1つが，日本における司法の独立性の弱さ，より正確には，実際に裁判権を行使している個々の裁判官の独立性の弱さである。この問題についても，外国人研究者による多くの研究がある。特に，プリンシパル-エージェント理論の枠組に基づき，戦後日本で長期一党支配を実現した自民党と裁判所との関係を実証的に分析し，結論として，「日本の裁判官は自民党の忠実な代理人（エージェント）であった」ことを主張するラムザイヤーらの研究（ラムザイヤー＝ローゼンブルース1995，ラムザイヤー＝ラスムセン1998），これに対して異議を唱え「日

本の司法部は，実際に，政治的コントロールもあり得るという環境の中でめざましい一貫性と自律性を維持している」とのべて，司法部が政治家（自民党）に従属しているとの見方を退けるヘイリーの研究（ヘイリー1995）は，それぞれ読み応えがある。両者の主張については，**21講**で丁寧な紹介と的確な整理が行われているので，それを参照してほしい。

　司法制度の分野では，他にも，日本の司法の消極性が形成されてきた過程を，司法関係者へのインタビューも交えて包括的に検討したD・ロー（David Law）の研究（ロー2013）や，裁判官の選任過程，裁判官の独立（上述のラムザイヤーらとヘイリーの論争についての明晰な整理を含む），裁判官による政治活動の制限，司法制度改革，裁判員制度等について，日米両国の裁判官制度に精通する立場から興味深い比較を行うフットの研究（フット2007）がある。また，2000年代はじめに行われた司法制度改革について，米国，オーストラリア，ベルギーなどの外国人研究者が多彩な観点から論じる特集「外国人研究者が見た司法改革（特集2004）にも興味深い指摘が含まれる。さらに，日本の検察官制度については，**20講**で触れられているD・ジョンソン（David Johnson）の精力的な研究がある（ジョンソン2004，ジョンソン2017）。ジョンソンにはさらに，死刑制度を通じて日本の刑事司法の特徴を明らかにする研究もある（ジョンソン2019）。

▶ §5＿　むすび

　本講では，外国の研究者から見た日本の「法と社会」の研究を紹介してきた。本講があえてこのような試みをした理由は，日本の「法と社会」を眺める視点を外に開き，多面化するねらいからである。日本の法と社会に対する旺盛な好奇心を持ち，それぞれ独自の社会的・学問的背景のもとで研究を進める外国の研究者が日本を対象とする研究を行うことで，日本社会で自明と思われている通念や常識を相対化し，新たな視点を提供してくれることがある。それは，われわれが日本の「法と社会」を見る眼を豊かにしてくれるのに役立つ。

　もっとも，ここには注意すべきこともある。外国の研究者が，日本社会とは異なる社会的背景を持っていることは，時にその研究者自身の社会に備わるステレオタイプなものの見方を日本研究に投影する偏りももたらしかねない。たとえば，文芸批評家のE・サイードが『オリエンタリズム』（サイード1993）で指摘したような西洋中心的なバイアスがかかっていないかなどは慎重に見極める必要がある。また，外国の研究者の研究の中は，議論に性急なあまり，日本社会の歴史や現実についての基本的理解を欠いていたり，日本における研究の蓄積への理解が十分でないと感じられるものも

なくはない。当然のことであるが，外国の研究者の研究だからといって特別扱いするのではなく，その内容に即して，優れた研究からは貪欲に学び，問題のある研究は批判的に読むという姿勢が重要である。また，法社会学のさらなる国際化に向けては，日本側からも，研究成果の国際発信を活発化することが今後ますます重要になる。

《参考文献》

アッパーム，フランク(1995)「日本的行政スタイルの試論的モデル」(寺尾美子訳)石井紫郎・樋口範雄編『外から見た日本法』東京大学出版会，49-84頁

アパム，フランク(2001)「社会的弱者の人権」(古関彰一訳)アンドルー・ゴードン編『歴史としての戦後日本(下)』(中村政則監訳)みすず書房，306-355頁

ヴォルシュレーガー，クリスチャン(2001)「民事訴訟の比較歴史分析──司法統計からみた日本の法文化(1)(2・完)」(佐藤岩夫訳)(大阪市立大学)法学雑誌48巻2号502-540頁，48巻3号731-776頁

川島武宜(1965)「現代日本における紛争解決」A.T.ヴォン・メーレン編『日本の法──変動する社会における法秩序(上)』(日米法学会訳)東京大学出版会，55-100頁

川島武宜(1967)『日本人の法意識』岩波書店

サイード，エドワード・W(1993)『オリエンタリズム(上・下)』(今沢紀子訳)平凡社

ジョンソン，デイビッド・T(2004)『アメリカ人のみた日本の検察制度』(大久保光也訳)シュプリンガー・フェアラーク東京

ジョンソン，デイビッド・T(2017)「日本の『蜘蛛の巣』司法と検察の活動」(平山真理訳)後藤昭編『シリーズ刑事司法を考える　第3巻　刑事司法を担う人々』岩波書店，29-51頁

ジョンソン，デイビッド・T(2019)『アメリカ人のみた日本の死刑』(笹倉香奈訳)岩波書店

特集(2004)「外国人研究者が見た司法改革」法律時報76巻2号6-49頁

納谷廣美(1987)「マイケル・K・ヤング著『行政指導の司法審査』──日本の行政勧告にもとづく合意による紛争解決──」(明治大学)法律論叢59巻5＝6号227-253頁

フェルドマン，エリック・A(2003)『日本における権利のかたち──権利意識の歴史と発展』(山下篤子訳)現代人文社

フット，ダニエル・H(2006)『裁判と社会──司法の「常識」再考』(溜箭将之訳)NTT出版

フット，ダニエル・H(2007)『名もない顔もない司法──日本の裁判は変わるのか』(溜箭将之訳)NTT出版

ヘイリー，ジョン・O(1978=1979)「裁判嫌いの神話(上・下)」(加藤新太郎訳)判例時報902号14-22頁，907号13-20頁

ヘイリー，ジョン・O(1995)「日本における司法の独立・再考」(浅香吉幹訳)石井紫郎・樋口範雄編『外から見た日本法』東京大学出版会，3-30頁

ラムザイヤー，J・マーク(1990)『法と経済学──日本法の経済分析』弘文堂

ラムザイヤー，J・マーク／エリック・B・ラスムセン(1998)「日本における司法の独立を検証する」(河野勝訳)レヴァイアサン22号116-149頁

ラムザイヤー，J・マーク／フランシス・M・ローゼンブルス(1995)『日本政治の経済学──政権政党の合理的選択』(加藤寛監訳)弘文堂

ロー，デイヴィッド・S(2013)『日本の最高裁を解剖する──アメリカの研究者からみた日本の司法』(西川伸一訳)現代人文社

【佐藤岩夫】

❖執筆者紹介 （＊印は編著者　担当講は目次参照）

＊佐藤岩夫 （さとう・いわお）　　　東京大学名誉教授，
　　　　　　　　　　　　　　　　　同相談支援研究開発センター特任教授

＊阿部昌樹 （あべ・まさき）　　　　大阪公立大学大学院法学研究科教授

　森　大輔 （もり・だいすけ）　　　熊本大学法学部准教授

　久保秀雄 （くぼ・ひでお）　　　　京都産業大学法学部教授

　仁木恒夫 （にき・つねお）　　　　大阪大学大学院法学研究科教授

　山田恵子 （やまだ・けいこ）　　　西南学院大学法学部准教授

　入江秀晃 （いりえ・ひであき）　　九州大学大学院法学研究院教授

　吉岡すずか （よしおか・すずか）　東海大学法学部教授

　前田智彦 （まえだ・ともひこ）　　名城大学法学部教授

　大塚　浩 （おおつか・ひろし）　　奈良女子大学研究院生活環境科学系教授

　見平　典 （みひら・つかさ）　　　京都大学大学院人間・環境学研究科准教授

　松原英世 （まつばら・ひでよ）　　甲南大学法学部教授

　佐伯昌彦 （さえき・まさひこ）　　立教大学法学部教授

　武蔵勝宏 （むさし・かつひろ）　　同志社大学政策学部教授

　渡辺千原 （わたなべ・ちはら）　　立命館大学法学部教授

　平田彩子 （ひらた・あやこ）　　　東京大学大学院法学政治学研究科准教授

　石田京子 （いしだ・きょうこ）　　早稲田大学大学院法務研究科教授

　飯　考行 （いい・たかゆき）　　　専修大学法学部教授

　馬場健一 （ばば・けんいち）　　　神戸大学大学院法学研究科教授

　原田綾子 （はらだ・あやこ）　　　名古屋大学大学院法学研究科教授

　高村学人 （たかむら・がくと）　　立命館大学政策科学部教授

　飯田　高 （いいだ・たかし）　　　東京大学社会科学研究所教授

　長谷川貴陽史 （はせがわ・きよし）　東京都立大学法学部教授

　山口　絢 （やまぐち・あや）　　　千葉大学大学院社会科学研究院准教授

　南野佳代 （みなみの・かよ）　　　京都女子大学法学部教授

　尾﨑一郎 （おざき・いちろう）　　北海道大学大学院法学研究科教授

スタンダード法社会学
The Standard Textbook of the Sociology of Law

2022年3月20日　初版第1刷発行
2024年6月20日　初版第2刷発行

編著者　　佐藤　岩夫
　　　　　あ　べ　まさ　き
　　　　　阿部　昌樹

発行所　　(株)北大路書房
　　　　　〒603-8303　京都市北区紫野十二坊町12-8
　　　　　電　話　(075)431-0361(代)
　　　　　FAX　(075)431-9393
　　　　　振　替　01050-4-2083

企画・編集制作　秋山　泰(出版工房ひうち：燧)
組　版　　　　　華洲屋(kazu-ya)
装　丁　　　　　上瀬奈緒子(綴水社)
印刷・製本　　　創栄図書印刷㈱

ISBN 978-4-7628-3184-3　C3032　Printed in Japan ©2022
検印省略　落丁・乱丁本はお取替えいたします。